TRIBUNAL DE CONTAS DO SÉCULO XXI

Edilberto Carlos Pontes Lima
Coordenador

Prefácio
Ivan Lelis Bonilha

TRIBUNAL DE CONTAS DO SÉCULO XXI

1ª reimpressão

3

Belo Horizonte

FÓRUM
CONHECIMENTO JURÍDICO
2025

© 2020 Editora Fórum Ltda.
2025 1ª reimpressão

É proibida a reprodução total ou parcial desta obra, por qualquer meio eletrônico, inclusive por processos xerográficos, sem autorização expressa do Editor.

Conselho Editorial

Adilson Abreu Dallari	Floriano de Azevedo Marques Neto
Alécia Paolucci Nogueira Bicalho	Gustavo Justino de Oliveira
Alexandre Coutinho Pagliarini	Inês Virgínia Prado Soares
André Ramos Tavares	Jorge Ulisses Jacoby Fernandes
Carlos Ayres Britto	Juarez Freitas
Carlos Mário da Silva Velloso	Luciano Ferraz
Cármen Lúcia Antunes Rocha	Lúcio Delfino
Cesar Augusto Guimarães Pereira	Marcia Carla Pereira Ribeiro
Clovis Beznos	Márcio Cammarosano
Cristiana Fortini	Marcos Ehrhardt Jr.
Dinorá Adelaide Musetti Grotti	Maria Sylvia Zanella Di Pietro
Diogo de Figueiredo Moreira Neto (*in memoriam*)	Ney José de Freitas
Egon Bockmann Moreira	Oswaldo Othon de Pontes Saraiva Filho
Emerson Gabardo	Paulo Modesto
Fabrício Motta	Romeu Felipe Bacellar Filho
Fernando Rossi	Sérgio Guerra
Flávio Henrique Unes Pereira	Walber de Moura Agra

Luís Cláudio Rodrigues Ferreira
Presidente e Editor

Coordenação editorial: Leonardo Eustáquio Siqueira Araújo
Aline Sobreira de Oliveira

Rua Paulo Ribeiro Bastos, 211 – Jardim Atlântico – CEP 31710-430
Belo Horizonte – Minas Gerais – Tel.: (31) 99412.0131

Técnica. Empenho. Zelo. Esses foram alguns dos cuidados aplicados na edição desta obra. No entanto, podem ocorrer erros de impressão, digitação ou mesmo restar alguma dúvida conceitual. Caso se constate algo assim, solicitamos a gentileza de nos comunicar através do *e-mail* editorial@editoraforum.com.br para que possamos esclarecer, no que couber. A sua contribuição é muito importante para mantermos a excelência editorial. A Editora Fórum agradece a sua contribuição.

Dados Internacionais de Catalogação na Publicação (CIP) de acordo com a AACR2

T822	Tribunal de Contas do século XXI / Edilberto Carlos Pontes Lima (Coord.). – 1. reimpressão. – Belo Horizonte : Fórum, 2020. 432p.; 14,5cm x 21,5cm Coleção Fórum IRB, v. 3 ISBN: 978-85-450-0713-5 1. Direito Administrativo. 2. Controle externo. 3. Direito financeiro. 4. Gestão pública. 5. Direito constitucional. I. Lima, Edilberto Carlos Pontes. II. Título. CDD: 341.3 CDU: 342.9

Elaborado por Daniela Lopes Duarte – CRB-6/3500

Informação bibliográfica deste livro, conforme a NBR 6023:2018 da Associação Brasileira de Normas Técnicas (ABNT):

LIMA, Edilberto Carlos Pontes (Coord.). *Tribunal de Contas do século XXI*. 1. reimp. Belo Horizonte: Fórum, 2020. 432p. (Coleção Fórum IRB, v. 3). ISBN 978-85-450-0713-5.

SUMÁRIO

PREFÁCIO
Ivan Lelis Bonilha 13

APRESENTAÇÃO
Edilberto Carlos Pontes Lima 15

A GOVERNANÇA DA SUSTENTABILIDADE AMBIENTAL A CARGO DOS TRIBUNAIS DE CONTAS NO SÉCULO XXI
Benedito Antonio Alves 19
1   Introdução 19
2   A necessidade de governança da sustentabilidade ambiental no século XXI 20
3   A governança da sustentabilidade ambiental a cargo da INTOSAI e suas regionais 30
4   A governança da sustentabilidade ambiental a cargo dos tribunais de contas brasileiros 34
5   Proposições sugestivas para o fortalecimento das ações de controle externo do patrimônio ambiental 39
6   Conclusão 44
      Referências 45

DOMÍNIO CONTESTADO: REFLEXÕES ACERCA DA CORRUPÇÃO E O PAPEL DOS TRIBUNAIS DE CONTAS
Celmar Rech, Cinthya Hayashida de Carvalho Zortéa 49
      Referências 59

A TRAJETÓRIA DO TRIBUNAL DE CONTAS DO ESTADO DO ESPÍRITO SANTO RUMO À CELERIDADE PROCESSUAL
Domingos Augusto Taufner, Rodrigo Flávio Freire Farias Chamoun, Claudia Stancioli César, Karina Ramos Travaglia 61
1   Introdução 61
2   Princípio da duração razoável do processo 62
3   Processo de modernização do TCE-ES 65

4	Aprovação da Resolução TC nº 300/2016	66
4.1	Processos do estoque	67
4.2	Processos autuados a partir de 2017	68
5	Processo de gestão de prazos processuais pelo TCE-ES	69
6	Resultados alcançados	71
7	Conclusão	74
	Referências	75

A RETOMADA DO DIÁLOGO INSTITUCIONAL NO CONTROLE SOBRE AS CONTAS DE GOVERNO
Doris T. P. C. de Miranda Coutinho 79

1	Introdução	79
2	*Accountability*, policentrismo institucional e novos paradigmas de controle	81
2.1	Republicanismo e a responsabilidade pública	82
3	Dever de prestar contas	85
3.1	Contas governamentais ou consolidadas	87
3.2	Resgate do diálogo no exercício do controle	93
4	Conclusão	97
	Referências	98

O TRIBUNAL DE CONTAS NO SÉCULO XXI: DESAFIOS E PERSPECTIVAS
Edilberto Carlos Pontes Lima, Gleison Mendonça Diniz 101

1	Introdução	101
2	Gestão de pessoas nos tribunais de contas: temas correlatos e tendências	105
3	Utilização intensiva das tecnologias de informação e comunicação voltadas ao controle externo e a cultura da inovação	114
4	Comunicação estratégica dos tribunais de contas com a sociedade: avanços e desdobramentos	118
	Referências	121

O TRIBUNAL DE CONTAS E A LOCALIZAÇÃO DA AGENDA 2030
Fernando Augusto Mello Guimarães, Adriana Lima Domingos, Rita de Cassia Bompeixe Carstens Mombelli 125

	Referências	136

CONTROLE EXTERNO PROSPECTIVO
Inaldo da Paixão Santos Araújo, Luciano Chaves de Farias 139
1   A nova administração pública pluricêntrica e seus reflexos no sistema de controle 139
2   As funções normativas dos tribunais de contas 143
3   Protagonismo da função pedagógica 145
4   Instrumentos efetivos para o controle externo prospectivo 148
4.1   Auditorias operacionais 151
4.2   Termos de Ajustamento de Gestão (TAGs) 154
4.3   Autos de Prazo para Regularização de Procedimento (APRPs) 156
4.4   Alerta aos gestores 157
5   Notas conclusivas 158
    Referências 160

NOVOS PARADIGMAS DE GOVERNANÇA E CONTROLE SOCIAL REFORÇAM RELEVÂNCIA DOS TRIBUNAIS DE CONTAS NO COMBATE À CORRUPÇÃO
Iran Coelho das Neves 163

SUSTENTABILIDADE COMO PRINCÍPIO CONFORMADOR DO TRIBUNAL DE CONTAS DO SÉCULO XXI 179
Ivan Lelis Bonilha 179
1   Introdução 179
2   Sustentabilidade 180
3   O auditor do século XXI 183
4   Tribunal de Contas do século XXI 185

PROJETOS COMO UMA ESTRATÉGIA PARA O DESENVOLVIMENTO SUSTENTÁVEL DA FUNÇÃO DE AUDITORIA OPERACIONAL
Joaquim Alves de Castro Neto, Leandro Bottazzo Guimarães, Marco Aurélio Batista de Sousa, Rubens Custódio Pereira Neto 191
1   Introdução 191
2   Revisão teórica 193
2.1   Planejamento estratégico como ferramenta para o desenvolvimento institucional 193

2.2	Auditoria operacional: mais que um instrumento de controle	195
2.3	A fiscalização operacional não é a panaceia para o controle externo	197
2.4	Auditoria operacional e o controle de resultados por evidências	200
2.5	Controle consensual em auditoria operacional	201
2.6	Gestão de projetos no controle externo	205
2.7	Gestão de projetos de auditoria e desenvolvimento de pessoas	207
3	A experiência do TCMGO com auditorias governamentais	209
3.1	A adoção das NBASP no âmbito do TCMGO	209
3.2	Programa De Olho nas Escolas	210
3.3	Destaques positivos do projeto até o momento	212
3.4	Resultados parciais do programa	214
4	Conclusão	215
	Referências	217

OS PARECERES PRÉVIOS EMITIDOS PELOS TRIBUNAIS DE CONTAS NAS CONTAS DE GOVERNO: AMPLIANDO SEU SIGNIFICADO COMO INSTRUMENTO DA QUALIDADE DEMOCRÁTICA

Milene Dias da Cunha		221
1	Introdução	221
2	Poliarquia e controle	222
3	Pareceres prévios emitidos pelos tribunais de contas	227
4	Considerações finais	233
	Referências	237

O PAPEL DO TRIBUNAL DE CONTAS NO COMBATE À CORRUPÇÃO

Moises Maciel		239
1	Introdução	239
2	Corrupção: definições, elementos caracterizadores e evolução histórica	240
2.1	A corrupção nas perspectivas nacional e internacional	243
3	Fiscalização e controle – a importância da atuação dos tribunais de contas no combate à corrupção	245

3.1	O controle realizado pelos tribunais de contas...................	246
4	Combate à corrupção e a atuação dos órgãos de controle.	250
5	Considerações finais...............	256
	Referências	258

A GESTÃO DE RISCOS COMO INSTRUMENTO DE EFICIÊNCIA NOS PROCESSOS DE TRABALHO DOS TRIBUNAIS DE CONTAS

Nestor Baptista, Luciane Maria Gonçalves Franco............... 261

1	Introdução...............	261
2	Marco teórico...............	263
2.1	A modernização técnico-administrativa dos tribunais de contas...............	263
2.2	Segurança e eficiência nos processos de trabalho...............	265
2.3	A gestão de riscos aplicada aos processos administrativos...............	267
3	Conclusão...............	275
	Referências...............	276

A ANÁLISE DAS CONTAS DE GOVERNO COMO UM ESPAÇO DE APROFUNDAMENTO DA PARTICIPAÇÃO DEMOCRÁTICA

Rholden Botelho de Queiroz............... 279

1	Introdução...............	279
2	Teoria preponderante do orçamento meramente autorizativo e a execução orçamentária das despesas de investimento...............	281
3	A solução passa pelo aprofundamento da democracia......	288
3.1	A importância da mediação de um órgão técnico...............	293
3.2	Parecer prévio e julgamento das contas de governo: local privilegiado para o debate acerca da execução orçamentária...............	298
4	Conclusão...............	310
	Referências...............	311

OS TRIBUNAIS DE CONTAS NA ERA DA GOVERNANÇA PÚBLICA: FOCOS, PRINCÍPIOS E CICLOS ESTRATÉGICOS DO CONTROLE EXTERNO

Rodrigo Flávio Freire Farias Chamoun............... 313

1	Introdução...............	313
2	Governança pública...............	315
3	O controle externo na era da governança pública...............	319

3.1	Focos estratégicos do controle externo	322
3.2	Princípios estratégicos do controle externo	326
3.3	Ciclos estratégicos do controle externo	328
4	Considerações finais	332
	Referências	334

FUNÇÃO SOCIAL DOS TRIBUNAIS DE CONTAS – UMA RELEITURA DA SUA MISSÃO CONSTITUCIONAL
Ronaldo Chadid 337

1	Introdução	337
2	Estado Social e função social	338
3	Origem da função social	341
4	Função social dos tribunais de contas	344
5	O alcance da atuação do Tribunal de Contas nos ciclos iniciais das políticas públicas	351
6	Atuação com foco na eficiência	352
6.1	Eficiência pedagógica	355
6.2	Cautelares	355
6.3	Atuação concomitante	360
7	Considerações finais	362
	Referências	365

PARA (MUITO) ALÉM DE UM TRIBUNAL DE CONTAS: DA CONFORMIDADE À PREDIÇÃO
Sebastião Helvecio Ramos de Castro, Renata Ramos de Castro 367

1	Noções gerais	367
2	Modelo de Westminster ou anglo-saxão	368
3	Modelo d'Orsay, judiciariforme ou napoleônico	371
4	Modelo de comitê de auditoria junto ao Poder Executivo	374
5	Conclusão	374
	Referências	375

A ADMINISTRAÇÃO PÚBLICA BRASILEIRA ENTRE A INFANTILIZAÇÃO E O EXPERIMENTALISMO DEMOCRÁTICO: UMA ANÁLISE DO DESAFIO DO SÉCULO XXI DA NECESSIDADE DE SE APRIMORAR O DIÁLOGO ENTRE OS TRIBUNAIS DE CONTAS E A SOCIEDADE CIVIL ORGANIZADA
Severiano José Costandrade de Aguiar, Dagmar Albertina Gemellir, Júlio Edstron S. Santos 377

1	Introdução...	377
2	Administração pública brasileira e o desafio de efetivar os direitos fundamentais e colaborar com o controle externo...	379
3	Tribunais de contas e a proposta de aplicação da teoria do experimentalismo democrático..........................	385
4	Considerações finais...	392
	Referências..	394

CONTROLE EXTERNO DA RECEITA: A EXPERIÊNCIA DO TCE/AP COM O LEVANTAMENTO DE GOVERNANÇA E GESTÃO FISCAL

Terezinha de Jesus Brito Botelho, Cirilo Alves Ferreira Neto, João Augusto Pinto Vianna, Rafaela Alves Fecury Lobato, Vitor do Espírito Santo Ferreira Côrtes.. 399

1	Introdução...	399
2	Antecedentes...	401
3	Instrumento de levantamento................................	402
4	Governança fiscal..	403
4.1	Liderança..	406
4.2	Estratégia..	407
4.3	Controle..	409
5	Gestão fiscal...	411
6	Conclusões...	418
	Referências...	421

SOBRE OS AUTORES... 425

PREFÁCIO

É com grande prazer que escrevo o prefácio deste terceiro volume da Coleção Fórum IRB.

O Instituto Rui Barbosa, a casa do conhecimento dos tribunais de contas, tem entre suas principais missões o aprimoramento das competências do sistema de contas brasileiro e, nessa perspectiva, promove, através da presente iniciativa, a difusão de ideias e o debate informado de alto nível.

Na qualidade de primeiro leitor da obra completa, posso assegurar que os textos trazidos a lume formam um conjunto representativo dos desafios postos às instituições de controle externo para o século XXI. Não somente isso, os trabalhos reunidos apontam caminhos a serem trilhados pelos tribunais de contas para bem desempenharem sua missão constitucional de modo a se colocarem à altura das demandas de uma sociedade cada vez mais consciente e que exige serviços públicos de qualidade.

Nesta coletânea, são abordados temas relacionados às contas de governo, às contribuições para o aprimoramento dos tribunais de contas e ao seu papel frente às exigências hodiernas.

As contas de governo são a missão constitucional mais relevante do sistema e que remetem diretamente aos pilares da democracia participativa. Trata-se de proporcionar à sociedade os instrumentos de monitoramento das ações da administração pública para além da fiscalização das contas. Defende-se aqui a necessidade de avaliar a qualidade das políticas públicas aplicadas pelos governantes, inclusive com o estabelecimento de uma relação dialógica entre as instituições controladoras, transformando os tribunais de contas em indutores do debate público sobre a execução orçamentária e, como consequência, em palco privilegiado para o exercício da cidadania.

O futuro da democracia depende da construção de instituições públicas robustas, capazes de dar respostas efetivas e de prover segurança na coordenação das expectativas sem se perderem em desvios de rota e em exigências desconectadas da realidade. Daí a necessidade constante de seu aprimoramento através de medidas que proporcionem a celeridade dos processos, a melhoria da qualidade dos servidores públicos e da comunicação com a sociedade e a promoção da inovação. Além de serem apresentados alguns mecanismos interessantes, como a utilização da estratégia de projetos na execução das auditorias e a aplicação da gestão de riscos no dia a dia dos órgãos de controle, sugere-se a ampliação do seu foco de análise para objetos voltados à fiscalização da receita.

Por fim, são analisados o papel dos tribunais de contas e sua transformação frente aos desafios do novo século. Sustentabilidade é a palavra-chave. São realçadas a análise de políticas públicas e a análise de riscos e de cenários para auxiliar a tomada de decisão, com ênfase nos objetivos do desenvolvimento sustentável. O combate à corrupção, sob enfoques preventivo e pedagógico, apresenta-se como elemento de destaque a ser incorporado pelas cortes de contas em seu trabalho de fiscalização, constituindo política de Estado necessária ao aprimoramento da gestão pública.

Brasília, agosto de 2019.

Ivan Lelis Bonilha
Conselheiro do Tribunal de Contas do Estado do Paraná.
Presidente do Instituto Rui Barbosa.

APRESENTAÇÃO

Vivemos em uma época de grandes desafios para as instituições. A velocidade do mundo contemporâneo, as rápidas mudanças nos padrões tecnológicos, muitas a influenciar o comportamento das pessoas e a dinâmica da sociedade, e a crescente insatisfação com os governos e seus órgãos fazem parte de uma realidade que não se pode ignorar. Mais e mais se desafiam as instituições para serem inclusivas, ágeis, flexíveis e responsivas. Ficar alheio ao espírito do tempo é caminhar para a irrelevância.

Os tribunais de contas estão atentos ao seu papel na sociedade contemporânea e têm empreendido esforços consideráveis para se sintonizarem com suas elevadas exigências. Este livro reúne um conjunto de reflexões que evidenciam esse ânimo. É fruto de mais uma parceria do Instituto Rui Barbosa com a Editora Fórum, constituindo o terceiro número da Coleção Fórum IRB, que já lançou dois livros de elevada repercussão no cenário nacional de debates.

Discutem-se aqui os mais variados temas com que se deparam os tribunais de contas, como a sua função no combate à corrupção e na avaliação de políticas públicas, a relevância da ética e das políticas de integridade e *compliance*, a importância das novas técnicas de auditoria, os avanços da governança pública, a essencialidade de inserir a inovação na agenda do controle, a revolução da tecnologia de informação, com destaque para o uso do *big data* e dos instrumentos de *analytics*, da inteligência artificial, da internet das coisas, aprofundando a utilização de métodos científicos e estatísticos no controle externo, entre outros temas candentes.

Uma marca que diferencia este livro é que os autores são membros dos tribunais de contas, estão à frente dessas instituições e lideram as transformações em curso. Não são apenas reflexões teóricas e especulativas, portanto. Por isso, o signo da prática, do conhecimento empírico, é muito forte aqui em todos os temas tratados, como na sustentabilidade, por exemplo. Esta inclui análises de ações e proposições para o fortalecimento das ações de controle externo do patrimônio ambiental; a sustentabilidade como princípio conformador do Tribunal de Contas contemporâneo; a análise sobre a contribuição da estratégia de projetos para o desenvolvimento sustentável da função de auditoria operacional; além da contribuição substantiva dos tribunais de contas para o processo de implementação da Agenda 2030 e seus objetivos de desenvolvimento sustentável.

Na temática da corrupção, por exemplo, os trabalhos abordaram desde o papel dos tribunais de contas no enfrentamento do fenômeno, às lacunas que dificultam ações eficientes, apontando instrumentos para o aprimoramento do controle, passando pela compreensão da corrupção a partir de seu histórico, suas perspectivas nacionais e internacionais, até a reflexão sobre novos paradigmas de governança e controle social para reforço do desempenho dos TCs no combate a tal mazela.

Um tema recorrente nas reflexões e de grande relevância são as contas de governo, destacando-se aspectos como o diálogo institucional como elemento essencial, os pareceres prévios como instrumentos para aperfeiçoar a qualidade da democracia, na medida em que dotam os cidadãos de informações fidedignas sobre o comportamento do governo, ampliando as possibilidades de participação democrática com mais qualidade e efetividade.

Outro assunto que mereceu reflexões foi a governança no setor público. Esta tem sido tema de intensos estudos, de forma que os órgãos de controle externo são constantemente desafiados a experimentar novos métodos de atuação. Nesse contexto, ponderações aqui presentes envolvem focos, princípios e ciclos estratégicos do controle externo, assim como experiências dos tribunais de contas relacionadas à receita pública, gestão fiscal, celeridade processual e, também, gestão de riscos como perspectiva de aprimoramento de processos de trabalho e tomada de decisão.

Por fim e não menos importante, o livro trata de controle externo prospectivo, do debate sobre um controle externo que busque consensos, em que o termo de ajustamento de gestão é um dos instrumentos mais utilizados, da função social dos tribunais de contas, a partir de uma releitura de sua missão constitucional, da necessidade de aprimorar o diálogo entre as cortes de contas e a sociedade civil, da aderência dos tribunais de contas brasileiros aos modelos consolidados das entidades fiscalizadoras superiores, frente às mudanças derivadas dos processos de globalização e dos desafios e perspectivas inerentes a tempos de incerteza radical.

Esta publicação reúne o pensamento do núcleo estratégico das cortes de contas, suas vivências e *expertises* associadas ao desejo de difundir, debater e fomentar as transformações que precisam continuar buscando os tribunais de contas para continuarem relevantes neste século tão desafiador.

Finalizo esta apresentação citando as palavras do grande compositor cearense Belchior: "Uma breve mudança em breve vai acontecer. O que há algum tempo era jovem, novo, hoje é antigo. Precisamos todos rejuvenescer". A velocidade das mudanças é cada vez maior. Rejuvenesçamos todos!

Uma excelente leitura!

Conselheiro Edilberto Carlos Pontes Lima
Presidente do Tribunal de Contas do Estado do Ceará.
Vice-Presidente de Estudos, Pesquisas e Extensão do IRB.
Presidente do Comitê de Gestão da Informação do IRB.

A GOVERNANÇA DA SUSTENTABILIDADE AMBIENTAL A CARGO DOS TRIBUNAIS DE CONTAS NO SÉCULO XXI

Benedito Antonio Alves

1 Introdução

Neste século XXI, na atual quadra vivenciada pela humanidade, todos os esforços da ONU e dos Estados-Membros, por seus órgãos especializados, inclusive no tocante às atribuições atinentes ao sistema de controle externo, devem se voltar às medidas protetivas do meio ambiente na sua concepção elasticida, compreendendo os meios biótico e abiótico, patrimônio público, tido na maioria das democracias hodiernas como direito fundamental do homem e do cidadão, sem quaisquer óbices geográficos, pois se trata de direito universal que transcende as fronteiras físicas dos Estados porque interessa à toda a humanidade, como destinatária de proveito sustentável às gerações presentes e futuras, uma vez se tratar de matéria imbricada não só ao *homo sapiens/technologicus*, mas, também, a todos os seres vivos do planeta, o que se encontra em harmonia com as metas da ONU insertas nos objetivos de desenvolvimento sustentável (ODS), abordagens tecidas no presente capítulo.

De modo estrito, esta produção acadêmica, que decorre de recente tese de doutorado defendida pelo autor, trata da análise pormenorizada e da verificação de se as exogenamente designadas entidades fiscalizadoras superiores (EFS) (INTOSAI e suas regionais) – instituições que, no ordenamento jurídico pátrio, são endogenamente denominadas tribunais de contas – podem, em sua jurisdição especializada extrajudicial, proceder à fiscalização, ao controle e ao *accountability* da governança da sustentabilidade ambiental, de modo preventivo, concomitante e posterior.

Apresenta-se quadripartida a abordagem da temática da seguinte forma: (i) a necessidade de governança da sustentabilidade ambiental no século XXI; (ii) a governança da sustentabilidade ambiental a cargo da INTOSAI e suas regionais; (iii) a governança da sustentabilidade ambiental a cargo dos tribunais de contas brasileiros; e, alfim, (iv) proposições sugestivas para o fortalecimento das ações de controle externo do patrimônio ambiental.

2 A necessidade de governança da sustentabilidade ambiental no século XXI

Prefacialmente, importante sublinhar que a sustentabilidade ambiental, no atual estágio da sociedade, sob o domínio do *homo sapiens*, perpassa por um momento singular de transformações generalizadas de toda ordem, tais como avanços tecnológicos, intensa globalização da economia e ações antrópicas predatórias ao meio ambiente, do que se infere, sem dúvida, se tratar de uma intrincada questão planetarizada a ser solucionada ainda na primeira metade deste século XXI, que afeta as modernas concepções das instituições, quer sejam estatais, quer sejam não estatais, sob as quais estão assentados os alicerces da sociedade global contemporânea, do que se impõem mudanças radicais de comportamento aos agentes públicos e privados, em especial no tocante à governança pública, para que haja efetivamente a preservação do meio ambiente sadio à presente e às futuras gerações. Sem isso, não há sequer futuro.

Diante da importância e da atualidade da temática, imbricadamente com a atuação dos tribunais de contas nos níveis global, transnacional e nacional, trata o presente artigo de estabelecer as concepções operacionais de sustentabilidade ambiental, da governança pública, especialmente no cenário de atuação das entidades fiscalizadoras superiores.

Em que pese à polissemia de sentidos que circundam o vocábulo *sustentabilidade* na concepção científica multidimensionalizada (seja social, biológica, geológica, econômica, política, ética, jurídica, tecnológica etc.), por se tratar de fenômeno polifacético ainda em construção em alguns campos científicos, que decerto transcende as ideologias de toda espécie e mesmo as concepções multiculturais das nações e as fronteiras físicas dos Estados, ainda assim, etimologicamente tratando, a palavra *sustentabilidade*, no vernáculo, é um substantivo feminino que atribui qualidade àquilo que é "sustentável".

De seu lado, o adjetivo "sustentável" refere-se ao verbo transitivo direto "sustentar", originário do latim *sustentare*[1] ou *sustinere*, que, para o que aqui interessa, significa defender, sustentar, resistir, subsistir, viver, proteger, amparar, nutrir, alimentar, fortificar, perpetuar, refrear, reprimir, restringir, firmar-se, conservar-se, manter-se, conter-se, impedir a ruína ou a queda, segurar para que não caia, ter-se em pé. Do que se pode constatar, por qualquer prisma que se analise a questão, a sustentabilidade está umbilicalmente ligada à proteção, conservação e manutenção do meio ambiente e da própria vida, numa concepção transnacional do que é ecologicamente correto e ético, e viável do ponto de vista socioeconômico, evitando-se, destarte, a deterioração da natureza por sua exploração antrópica irracional e egoística.

Há que se destacar a inspiração transcendente e imbricada da gênese conceitual da sustentabilidade por parte da ONU na Declaração de Estocolmo, quando se vê claramente o registro expresso de assuntos ligados à vida material (de natureza corpórea) e à vida espiritual (de natureza incorpórea) do ser humano, documento resultante da conferência acima declinada quando, no item inaugural de seu preâmbulo, proclama que "o homem é ao mesmo tempo obra e construtor do meio ambiente que o cerca, o qual lhe dá sustento material e lhe oferece oportunidade para desenvolver-se intelectual, moral, social e espiritualmente".[2]

Depreende-se implicitamente o surgimento hodierno do vocábulo *sustentabilidade*, com a ênfase tridimensional atualmente utilizada, no ano de 1987, a partir da publicação do Relatório Brundtland, elaborado pela Comissão Mundial sobre o Meio Ambiente, documento intitulado *Nosso futuro comum* ou, noutra sinonímia interpretativa, *Nosso bem comum*, do originário em inglês *Our commun future*,[3] quando propõe

---

[1] SCOTTI, Marcos. *Como ser sustentável no Brasil?*. Instituto Nacional de Educação Ambiental. Disponível em: http://inean.com.br?sustentabilidade/. Acesso em: 19 ago. 2017.
[2] ORGANIZAÇÃO DAS NAÇÕES UNIDAS. Disponível em: https://sustainabledevelopment.un.org/conferences. Acesso em: 20 jan. 2018.
[3] Extraído do livro: ONU: *Nosso Futuro Comum/Comissão Mundial sobre Meio Ambiente e Desenvolvimento*. 2. ed. Rio de Janeiro: Editora da Fundação Getúlio Vargas. 430 p. Título da obra em inglês: *Our commun future*. Oxford/New York: Oxford University Press, 1987.

uma inovadora concepção de sustentabilidade, cuja abordagem visa conciliar o desenvolvimento econômico com a preservação ambiental, sendo marco importante rumo à sustentabilidade do planeta, em sua tríade eminentemente valorativa e multidimensional do meio ambiente, contemplando, destarte: (i) o desenvolvimento; (ii) que atenda às necessidades das gerações presentes; (iii) sem comprometer as gerações futuras.

Cruz e Bodnar, destacados ambientalistas brasileiros que há muito se debruçam sobre o estudo da matéria tratando dessa evolução conceitual, lecionam que:

> [...] só a partir de 2002 é que passa a ser adequado utilizar a expressão 'sustentabilidade', ao invés de desenvolvimento com o qualificativo 'sustentável'; e complementam explicando: Isso porque a partir desse ano consolida-se a ideia de que nenhum dos elementos (ecológico, social e econômico) deve ser hierarquicamente superior ou compreendido como variável de segunda categoria.[4]

Nesse contexto, no que interessa à limitada abordagem aqui articulada, é possível, na abalizada doutrina pátria, anuindo em coro harmônico com o reconhecido pesquisador Juarez Freitas,[5] compreender o conceito integral e sistêmico de sustentabilidade no Brasil como sendo o princípio constitucional que determina, com eficácia direta e imediata, a responsabilidade do Estado e da sociedade pela concretização solidária do desenvolvimento material e imaterial, socialmente inclusivo, durável e equânime, ambientalmente limpo, inovador, ético e eficiente, no intuito de assegurar, preferencialmente de modo preventivo e precavido, no presente e no futuro, o direito ao bem-estar do homem e do cidadão.

Dessa concepção doutrinária elasticida, resultante do magistério de Freitas,[6] é possível apontar alguns elementos indispensáveis que compõem o conceito operacional de sustentabilidade ambiental intergeracional e que merecem abordagem científica, quais sejam: (i) tratar-se de um princípio axiológico constitucional; (ii) por ser insculpido

---

[4] CRUZ, Paulo Márcio; BODNAR, Zenildo. *Globalização, transnacionalidade e sustentabilidade*. p. 110.
[5] FREITAS, Juarez. *Sustentabilidade*: direito ao futuro. 2. ed. Belo Horizonte: Fórum, 2012. p. 54-73. Numa quadra da obra, o autor disserta sobre "o que se entende por natureza multidimensional da sustentabilidade", quando trata pormenorizadamente de cada uma das dimensões da sustentabilidade.
[6] FREITAS, Juarez. *Sustentabilidade*: direito ao futuro. p. 24-25.

na Carta Política brasileira, é, pois, em seus efeitos, plenamente eficaz; (iii) exige eficiência do gestor na utilização dos meios necessários e indispensáveis ao seu cumprimento; (iv) isso para a proteção do meio ambiente limpo e preservado; (v) o que, decerto, demanda uma postura ética e proba dos agentes públicos e privados na sua observação; (vi) umbilicalmente correlacionado com mais dois inafastáveis princípios: de um, o da prevenção com o escopo de evitar-se danos certos; (vii) de dois, o da precaução, consistente no dever de evitar-se danos altamente prováveis; (viii) sob a égide de uma cláusula solidária e compromissária com as presentes e futuras gerações (intra e intergeracional); (ix) no que impõe a responsabilidade do ente estatal (incluindo-se os tribunais de contas) e de toda a sociedade com a efetividade deste vetor princípio; e alfim, (x) externalizando a visão do bem-estar multidimensional (socioeconômica ambiental), para além da mera satisfação material, eis que compreende também o patrimônio imaterial.

Assim, independentemente das discussões acadêmicas que permeiam sobre a quantidade dessas dimensões, de fato a questão ambiental – aqui compreendido o ambiente em que vive o homem e todos os seres vivos do planeta –, de modo induvidoso em sua inteireza, compreende todas as ações antrópicas que justificam essa compreensão multidimensional. Ora, em síntese apertada, se o homem em seu ambiente se preocupa com a preservação da natureza (presente a sustentabilidade em sua *dimensão ambiental*); ao se dedicar a uma atividade econômica para a sua sobrevivência (presente a *dimensão econômica*); se a atividade econômica desenvolvida pretende ser inovadora e tecnológica voltada à produtividade (presente a *dimensão tecnológica*); ao cuidar dos reflexos sociais de sua vida e atividade econômica (tem-se a *dimensão social*); como a vida dos homens em sociedade e no desempenho de sua atividade econômica depende de regras de pacificidade e produz efeitos jurídicos (presente a *dimensão jurídica*); se tais regras de convivência resultam de decisões e gestões políticas legiferantes e governativas (presente a *dimensão política*); se pretende o homem em seu meio cultivar as suas origens e produções culturais expressivas multifacetadas (presente a *dimensão cultural*); e alfim, se a preservação dos recursos naturais às presentes e futuras gerações depende do comportamento humano, moral e ético no ambiente em que vive (presente, destarte, a *dimensão ética*).

Assim, no tocante à pontuação final da abordagem da dimensão ambiental da sustentabilidade, a concepção triádica de Juarez Freitas não pode ser olvidada em sua tão bem colocada síntese quando assegura, de um, que não pode haver qualidade de vida e longevidade digna em ambiente degradado; de dois, que não pode sequer haver vida humana sem o zeloso resguardo da sustentabilidade ambiental; e alfim, de três, ou se protege a qualidade ambiental, ou, simplesmente, não haverá futuro para a nossa espécie.[7]

Por isso, juridicamente tratando, Freitas assere que a sustentabilidade é:

> (a) princípio constitucional, imediata e diretamente vinculante (CF, artigos 225, 3º, 170, VI, entre outros), que (b) determina, sem prejuízo das disposições internacionais, a eficácia dos direitos fundamentais de todas as dimensões (não somente os de terceira dimensão) e que (c) faz desproporcional e antijurídica, precisamente em função do seu caráter normativo, toda e qualquer omissão causadora de injustos danos intrageracionais e intergeracionais.

Por decorrência do disposto no art. 225 da CF/88, o meio ambiente *lato sensu* considerado abrange quatro campos dimensionais: físico, cultural, artificial e laboral. Ao decompor o assunto, de modo bastante didático, explicita Bulos que o:

> Campo natural ou físico – abrange a terra, a água, o ar atmosférico, a flora e a fauna; campo cultural – alberga o patrimônio genético, histórico, artístico, paisagístico, arqueológico e turístico; campo artificial – engloba o espaço urbano composto por edificações e equipamentos públicos; e campo laboral – concerne ao meio ambiente do trabalho, que visa primar pela vida, pela dignidade, sendo contrário à periculosidade e à desarmonia do homem.

Daí que o meio ambiente ecologicamente equilibrado é um bem de interesse público. Por ser de interesse público, ao dispor a norma constitucional brasileira sobre a responsabilidade do poder público de promover a defesa e a preservação do meio ambiente, restam compreendidos na expressão "poder público" todos os Poderes do Estado (Executivo, Legislativo e Judiciário), em todos os seus níveis (federal, estadual, distrital e municipal), bem como se incluem todos os órgãos autônomos (Tribunal de Contas, Ministério Público e Defensoria Pública), também nos três níveis da Federação e no Distrito Federal.

---

[7] FREITAS, Juarez. *Sustentabilidade*: direito ao futuro. p. 65.

Contextualizando a questão, nesta novel concepção axiológica da sustentabilidade intergeracional, a partir da governança em matéria ambiental (compreendendo gestão, controle e fiscalização), resta induvidosa a imposição jurídico-legal de responsabilidade dos órgãos estatais autônomos, no particular dos tribunais de contas brasileiros, de fiscalizar[8] e controlar o patrimônio ambiental do espaço geográfico nacional, contemplando a possibilidade do exercício de um *accountability* efetivo, de modo firme, forte, unívoco, independente, eficiente e eficaz, de todos os atos atentatórios praticados contra o meio ambiente, com o escopo de assegurar qualidade de vida às presentes e futuras gerações.

No vernáculo, a palavra *governança* é anotada pelos linguísticos,[9] em sua maioria, como sinônimo de governo, poder de governar, governação etc. Entretanto, o significado empregado dista em muito da atual significação dada à governança, tanto no âmbito público quanto no privado.

A propósito, falando sobre governança, registra o ministro do TCU Augusto Nardes *et al*.[10] que a palavra portuguesa governo, donde se deriva, tem origem na antiga palavra grega *kuberman*, que significava a parte superior do leme das embarcações; ou *kibernetes*, como registra Stokke.[11] Daí que a palavra, etimologicamente, liga-se à navegação e à prática ou condição de piloto ou timoneiro das naus. Sem governança, o navio naufraga.

O vocábulo *governança*, com essa roupagem própria e característica específica atualmente utilizada nos meios acadêmicos, passou a ser conhecido a partir do final dos anos 1980, quando o Banco Mundial e o Fundo Monetário Internacional (FMI) passaram a utilizar a expressão *good governance*, traduzida para o português como "boa governança",

---

[8] CRUZ, Paulo Márcio; BODNAR, Zenildo. *Globalização, transnacionalidade e sustentabilidade*. Itajaí: Univali, 2012. p. 124-131.
[9] DICIONÁRIO Priberam da Língua Portuguesa [em linha], 2008-2013. Disponível em: https://www.priberam.pt/dlpo/governan%C3%A7a. Acesso em: 24 fev. 2018. O dicionário Priberam aqui citado, a título de exemplo, na mesma linha de outros dicionários brasileiros e estrangeiros, registra significados sinonímicos para as palavras governança e governo.
[10] NARDES, João Augusto Ribeiro; ALTOUNIAN, Cláudio Sarian; VIEIRA, Luis Afonso Gomes. *Governança pública*: o desafio do Brasil. p. 187.
[11] STOKKE, Olav Schram. Regimes as Governance Systems. In: YOUNG, Oran R. (ED). *Global Governance*: Drawing Insights from the Environmental Experience. Cambridge; Londres: The MIT Press, 1997. p. 27-63.

como sendo "um conjunto de princípios para guiar e nortear seu trabalho e ações com os países-membros".[12]

Destarte, a partir da década de 80 do século passado, com essa gênese mais contemporânea, o vocábulo inglês *governance* surge modernamente diante da preocupação do Banco Mundial em aprofundar o conhecimento das condições para a garantia de um Estado eficiente, contemplando não só a dimensão econômica, como também social, política, jurídica, ética e ambiental, na busca de soluções para problemas comuns que afetam todos os países de um mundo cada vez mais globalizado. Hodiernamente, a governança tornou-se tema essencial às atividades humanas e está no conteúdo de toda e qualquer reunião, documentos oficiais, assembleias, conferências e declarações institucionais de entidades internacionais ligadas à ONU e outras instituições transnacionais espalhadas por toda a Terra.[13]

A professora Ngaire Woods,[14] então conselheira do FMI e fundadora do Programa de Governança Econômica Global, com base no relatório sobre a África subsaariana (WORLD BANK, 1989), registra que a definição de governança do Banco Mundial abrange aspectos como "arranjos institucionais dos Estados; processos para a formulação de políticas públicas, tomada de decisão e implementação; fluxos de informação dentro dos governos; e as relações globais entre cidadãos e seus governos". A partir dessa manifestação inaugural de Woods, os pesquisadores majoritariamente adotam essa definição de governança.

Também há da parte da ONU uma concepção evolutiva bem mais elastecida e pormenorizada, contextualizando a questão no bojo de um conjunto de princípios essenciais à transparência e ao combate à corrupção, ao explicitar que a:

> Governança é "boa" e "democrática" para graduar a transparência das instituições e processos de cada país. As instituições referem-se à estrutura governamental, como os Parlamentos e os Ministérios; e os processos às atividades principais, como as eleições e os procedimentos legais, que devem ser vistos como livres de corrupção e transparentes para

---

[12] GONÇALVES, Alcindo; COSTA, José Augusto Fontoura. *Governança global e regimes internacionais*. p. 22.
[13] DINIZ, Eli. Governabilidade, democracia e reforma do Estado: os desafios da construção de uma nova ordem no Brasil dos anos 90. *DADOS – Revista de Ciências Sociais*, Rio de Janeiro, v. 38, n. 3, 1995, p. 400.
[14] WOODS, Ngaire. The challenge of good governance: for the IMF and the World Bank. *World Development*, v. 28, n. 5, p. 823-841, May 2000. p. 825.

a sociedade. O sucesso de um país para atingir esse padrão tornou-se uma medida chave de sua credibilidade e respeito no mundo. A boa governança promove a equidade, participação, pluralismo, transparência, accountability em um Estado de Direito, de forma eficaz, eficiente e duradoura.[15]

Na Alemanha, na concepção de Löffler, com arrimo na vivência prática de governança local, pode-se entendê-la como uma:

> Nova geração de reformas administrativas e de Estado, que têm como objeto a ação conjunta, levada a efeito de forma eficaz, transparente e compartilhada, pelo Estado, pelas empresas e pela sociedade civil, visando uma solução inovadora dos problemas sociais e criando possibilidades e chances de um desenvolvimento futuro sustentável para todos os participantes.[16]

Ainda na esteira da posição de Löffler, ao tratar de governança local como configuração regional da governança pública alemã, Jann entende que se trata de:

> Uma forma autônoma (self-organizing) de coordenação e cooperação, por meio de redes interorganizacionais, que podem ser formadas por representantes de organizações políticas e administrativas, associações, empresas e sociedades civis, com ou sem a participação estatal.[17]

Trata-se de uma mudança real e, por que não dizer, radical mesmo, na forma do exercício da gestão pública baseada na hierarquia de poder, a teor da ciência política estatal, na qual a atuação conjunta e cooperativa de atores públicos e privados[18] se afasta dessa posição verticalizada e unitária de poder para uma atuação horizontalizada de

---

[15] UNITED NATIONS ORGANIZATION. *Global issues*: governance. United Nations – UN. Disponível em: http://un.org/en/globalissues/governance. Acesso em: 21 fev. 2018.

[16] LÖFFLER, Elke. Governance: Die neue Generation von Staats-und Verwaltungs-modernisierung. *Verwaltung + Management*, v. 7, n. 4, 2001, p. 212.

[17] JANN, Werner. Governance. *In*: EICHHORN, Peter (Org.). *Verwaltungslexikon*, 3. ed. Aufl. Baden, p. 449-451, 2003. p. 449.

[18] Nos municípios, a onda de parcerias público-privadas (PPPs) é uma tendência cada vez mais forte. Em 2002, mais da metade das cidades alemãs conduzia projetos de PPPs, especialmente nos setores de desenvolvimento urbano, melhoria da infraestrutura técnica, abastecimento de água e energia e tratamento de efluentes. *In*: KISSLER, Leo; HEIDEMANN, Francisco G. Governança pública: novo modelo regulatório para as relações entre Estado, mercado e sociedade?. *Rev. Adm. Pública*, Rio de Janeiro: FGV, v. 40, n. 3, maio/jun. 2006. Trad. do original alemão: Elizabeth Lemcke. Contribuições à tradução: Alessandro Pinzani (UFSC) e

compartilhamento de poder, com a participação efetiva da sociedade, como se observa nas palavras de Jann ao retratar essa experiência prática, que:

> Sob a ótica da ciência política, a governança pública está associada a uma mudança na gestão política. Trata-se de uma tendência para se recorrer cada vez mais à autogestão nos campos social, econômico e político, e a uma nova composição de formas de gestão daí decorrentes. Paralelamente à hierarquia e ao mercado, com suas formas de gestão à base de "poder e dinheiro", ao novo modelo somam-se a negociação, a comunicação e a confiança. Aqui a governança é entendida como uma alternativa para a gestão baseada na hierarquia. Em relação à esfera local, ela significa que as cidades fortalecem cada vez mais a cooperação com os cidadãos, as empresas e as entidades sem fins lucrativos na condução de suas ações. A cooperação engloba tanto o trabalho conjunto de atores públicos, comunitários e privados, quanto também novas formas de transferência de serviços para grupos privados e comunitários.[19]

Considerando que a prática de boa governança pública em municípios alemães, diferentemente da simples governança, remonta aos anos 1960 do século pretérito, mesmo que teoricamente ainda não se utilizasse o vocábulo *governance*, com base nessa experiência voltada ao bem comum, define-se a governança local, nas vozes abalizadas de Damkowski e Rösener, como "uma ação conjunta via rede de todos os stakeholders (grupos de cidadãos, administração, prefeituras, associações tradicionais, clubes, empresas), em prol do bem da coletividade".[20]

Transitando desse conceito alemão localizado, uma concepção globalizada de governança vem à tona a partir do Fórum Mundial Econômico realizado em Davos, na Suíça, quando, na versão de 2010, surge a expressão *governança global* como essencial para o desenvolvimento econômico-social, com a proposição de numa modelagem que comtemple países ricos e emergentes, no sentido de que seus líderes sejam e estejam capacitados para lidar com os riscos sistêmicos que ultrapassam as fronteiras físicas dos Estados ou setor individualmente considerado (econômico, social, ambiental, tecnológico *et al.*), uma vez

---

Mário L. Rollof (Esag). Revisão técnica (lingüística): Ulf G. Baranow, Decigi/UFPR. Apoio: Sociedade Alemã para a Pesquisa (DFG) e Esag/Udesc.

[19] JANN, Werner. *Governance. In*: EICHHORN, Peter (Org.). p. 450.

[20] DAMKOWSKI, Wulf; RÖSENER, Anke. *Auf dem Weg zum Aktivierenden Staat*. Vom Leitbildzum umsetzungsreifen Konzept. Berlin, 2003. p. 73.

que seus efeitos, como os climáticos, por exemplo, acabam afetando generalizadamente todos os países do mundo.[21] Logo, nesse entendimento, toda ação local tem consequência global.

No âmbito do sistema de controle externo, o ministro Nardes, do TCU, tratando amiúde e longamente sobre a importância da governança na administração, relacionada com a atuação da Corte de Contas, aduz que a governança pública pode ser entendida como:

> A capacidade que os governos têm de avaliar, direcionar e monitorar a gestão das políticas públicas e serviços públicos para atender de forma efetiva as necessidades e demandas da população, utilizando-se de um conjunto de instrumentos e ferramentas adequadas.[22]

Para a INTOSAI, órgão que congrega as EFSs no mundo, o desafio da "governança nas organizações do setor público é determinar quanto risco aceitar na busca do melhor valor para os cidadãos e demais partes interessadas, o que significa prestar serviço de interesse público da melhor maneira possível".[23]

Dessarte, nessa quadra da humanidade, necessário que o Estado se transfigure do papel burocrático de mero executor apegado exageradamente às normas, distanciado do público, e se transforme no ator principal indutor do desenvolvimento sustentável multidimensionalizado e conectado a uma rede em que se plugam os diversos atores sociais para a melhoria efetiva da qualidade de vida de sua população, pois, como adverte Nardes,[24] a "governança é um ótimo instrumento para frear a ação de maus gestores".

A concepção de governança aqui esposada deve ser ampla, compreendendo a ação conjunta de Estado e da sociedade, de modo integrado, coordenado, catalisado, compartilhado e cooperativo na confecção e execução de projetos, contendo planos, indicadores e metas, e

---

[21] GONÇALVES, Alcindo; COSTA, José Augusto Fontoura. *Governança global e regimes internacionais*. São Paulo: Almedina, 2011. p. 15.
[22] NARDES, João Augusto Ribeiro; ALTOUNIAN, Cláudio Sarian; VIEIRA, Luis Afonso Gomes. *Governança pública*: o desafio do Brasil. p. 183.
[23] TCU – Tribunal de Contas da União. *Governança pública*: referencial básico de governança aplicável a órgãos e entidades da administração pública. p. 71-75. Disponível em: htpp://portal2.tcu.gov.br/portal/page/portal/TCU/comunidades/governanca/noticias_comunidade/detalhes_noticias_comunidade/Governan%A7a_P%C3BAblica_2014_Oficial.pdf. Acesso em: 13 mar. 2018.
[24] NARDES, João Augusto Ribeiro; ALTOUNIAN, Cláudio Sarian; VIEIRA, Luis Afonso Gomes. *Governança pública*: o desafio do Brasil. p. 196-197.

também deve buscar soluções pragmáticas ao atingimento de resultados eficazes com o propósito de disseminar a prática de boa governança pública que prime pelo alcance dos cinco Es da administração pública, que são eficiência, eficácia, economicidade, efetividade e eticidade, também perseguidos pela INTOSAI em suas disposições estatutárias e normativas comuns no âmbito internacional e, ainda, pela Associação dos Membros dos Tribunais de Contas do Brasil (ATRICON) e pelo Instituto Rui Barbosa (IRB), braço de ciência e pesquisa do sistema de controle externo brasileiro, por meio de suas resoluções e diretrizes voltadas ao aprimoramento e boa governança espraiada sobre todas as EFS, tanto no âmbito nacional quanto transnacional e mundial, respeitados os respectivos campo de atuação.

3 A governança da sustentabilidade ambiental a cargo da INTOSAI e suas regionais

O sistema de controle externo mundial é imprescindível à sustentabilidade ambiental do planeta. Integrante do sistema da ONU, a INTOSAI, que tem como lema *experientia mutua omnibus prodest*, que, traduzido, quer dizer *experiência mútua beneficia a todos*, figura como a segunda maior organização internacional do planeta, atrás apenas da ONU, com quem, inclusive, realiza atividades de cooperação em matéria de sustentabilidade ambiental, numa efetiva atuação que prima pela governança setorial, uma vez que busca a parceria, a cooperação, de atores públicos e privados, em multinivelamentos, antevendo resultados conducentes e reflexivos da boa governança.

Vale ressaltar que a INTOSAI, em sua estrutura organizacional, conta com um grupo especializado em matéria ambiental denominado INTOSAI-WGEA, responsável pela condução das auditorias ambientais globais. Esse grupo de trabalho sobre auditoria ambiental da INTOSAI foi criado em 1992, ainda durante os trabalhos preparatórios da Conferência Ambiental Rio-92, realizada pela ONU na cidade do Rio de Janeiro, visando proporcionar às EFSs uma melhor compreensão de seu papel nas questões relacionadas ao meio ambiente, bem como para facilitar o intercâmbio de informação e troca de experiências, e cuidar da elaboração e edição de diretrizes e outras publicações informativas a respeito da matéria.

Estabeleceu ainda o Grupo de Trabalho sobre Auditoria Ambiental (GT), com métodos utilizados para a execução das auditorias ambientais, sendo que um dos mais importantes produtos divulgados pelo GT foi a elaboração de um documento abordando a cooperação entre EFSs de diferentes países em auditorias de tratados ambientais internacionais, no qual se estabelecem as características das espécies dessas auditorias.[25]

Outro ponto extremamente importante no contexto é a singular capilaridade mundial da INTOSAI, que está estruturada em sete regionais espalhadas pelo mundo, que são Organização Latino-Americana e do Caribe de Entidades Fiscalizadoras Superiores (OLACEFS), Organização de Entidades Fiscalizadoras Superiores de Europa (EUROSAI), Organização de Entidades Fiscalizadoras Superiores de África (AFROSAI), Organização de Entidades Fiscalizadoras Superiores de Ásia (ASOSAI), Organização de Entidades Fiscalizadoras Superiores de CARIBE (CAROSAI), Organização de Entidades Fiscalizadoras Superiores do Pacífico (PASAI) e Organização Árabe de Entidades Fiscalizadoras Superiores (ARABOSAI), cada qual contando com um grupo de trabalho especializado em matéria ambiental, a exemplo do COMTEMA, grupo ambiental da OLACEFS.

Nessa vereda, o trabalho no tocante ao meio ambiente é feito por meio de auditorias ambientais, sob a observância de regras internacionais próprias denominadas ISSAIs (*International Standards of Supreme Audit Institutions*), ou seja, seguindo padrões internacionais das instituições superiores de auditoria, que se aplicam a todas as suas sete regionais. Como já se registrou alhures, cada regional conta com seu próprio grupo ambiental. Todos os grupos ambientais regionais mantêm intercâmbio e trabalham de modo sistematizado e integrado com a INTOSAI-WGEA, podendo, destarte, atuar nos quatro cantos da Terra, de modo integrado e catalisador como nenhuma outra organização internacional, dada a inigualável capilaridade institucional que possui. Nesse propósito institucional, vale ressaltar que a INTOSAI, preocupada com as questões ambientais que assolam a humanidade, já realizou, desde 1995, mais de 50 auditorias ambientais cooperativas,[26] incluindo as exitosas auditorias executadas nas áreas de preservação da América Latina, abrangendo

---

[25] BAHIA. *Tribunal de Contas do Estado*. Disponível em: https://www.tce.ba.gov.br/images/auditoria%20ambiental%20ampliando%20o%20alcance%20%20autor_%20%20marta_Jairo.pdf. Acesso em: 15 abr. 2018.

[26] INTOSAI - International Organization of Supreme Audit Institutions. Disponível em: https://www.environmental-auditing.org/media/5435/wgea_rio20_report_summary_2012-portugesetr.pdf. Acesso em: 15 abr. 2018.

quase todo o continente, e nas unidades de conservação do bioma Amazônia no espaço territorial brasileiro.

Nesse propósito, registra-se a inovadora auditoria ambiental transnacional que foi realizada em cooperação, com base nas normativas ISSAIs da INTOSAI, no espaço transnacional da América Latina, tendo por objeto 1.120 áreas protegidas, sob a tutela da OLACEFS, por meio da COMTEMA e das EFS associadas, sob a observância da INTOSAI, da qual o Brasil participou e coordenou os trabalhos de auditoria juntamente com outras EFS, mediante a ativa participação do Tribunal de Contas da União, oportunidade em que foram avaliados importantes biomas de 12 (doze) países latino-americanos: Argentina, Bolívia, Brasil, Colômbia, Costa Rica, El Salvador, Equador, Honduras, México, Paraguai, Peru e Venezuela.

Do mesmo modo, não se pode olvidar a realização da auditoria operacional coordenada pelo TCU em parceria com os TCEs que compõem a Amazônia Legal (Rondônia, Acre, Amapá, Amazonas, Pará, Roraima, Tocantins, Mato Grosso e Maranhão), importante área detentora de bioma que hospeda singular patrimônio natural onde estão 1/3 das florestas tropicais do planeta e 1/5 da água potável disponível na Terra, além da rica flora e megafauna, o que denota a sua importância significativa à estratégia global de conservação da biodiversidade, ratificada pela Convenção sobre Diversidade Biológica (CDB), principal acordo ambiental multilateral voltado à redução significativa da perda da biodiversidade em nível global, de natureza *hard low* – portanto, com força cogente. O bioma da Amazônia possui 247 UCs, sendo 107 federais e 140 estaduais nos nove estados que compõem a região (Rondônia, Acre, Amapá, Amazonas, Pará, Roraima, Tocantins, Mato Grosso e Maranhão).

Exogenamente, portanto, nos âmbitos transnacional e global, são perfeitamente possíveis a fiscalização e o controle da sustentabilidade ambiental, pois as organizações internacionais regionais da INTOSAI, todas elas, possuem competência para agir em proteção ao meio ambiente e têm feito isso mediante a execução de auditorias ambientais transnacionais, dentro da atuação global da INTOSAI em matéria de meio ambiente, por seu grupo ambiental especializado (INTOSAI-WGEA). Também importante registrar que a organização internacional atua sem imiscuir-se na soberania dos Estados onde as EFSs têm competência para tais misteres, majoritariamente nos regimes democráticos, com independência para o exercício das fiscalizações ambientais, valendo frisar que a maioria absoluta dos países onde estão sediadas as EFSs é signatária das convenções ambientais da ONU que asseguram o meio ambiente saudável intergeracional. E isso pode – e é feito – de modo preventivo, concomitante e posterior, dentro das competências conferidas às cortes de contas que atuam localmente, atuação essa que pode ser amplamente robustecida no atinente à governança da sustentabilidade ambiental.

Esse comportamento e a decorrente atuação da INTOSAI, na condição de organismo internacional que congrega as entidades fiscalizadoras superiores mundiais, demonstram de forma cristalina o importante papel da organização em estabelecer e desenvolver a boa gestão e a boa governança voltadas ao desenvolvimento sustentável de modo global, em todas as suas sete regionais em que atua transnacional e globalmente, isso em consonância com a política comunitária mundial da ONU, que, desde a Convenção de Estocolmo, passando por importantes convenções, como as do Rio-92, Rio + 10 e Rio + 20, e as COPs, de fato, erigiu o meio ambiente como princípio fundamental da pessoa humana e paradigma para a sustentabilidade ambiental da Terra.[27] Dessa atuação proativa, inclusive, adveio o estabelecimento dos dezessete objetivos de desenvolvimento sustentável (ODS), com metas propostas pela ONU a serem atingidas até 2030.

Essa ação afirmativa do sistema de controle externo mundial, sem dúvida, mediante a realização de auditoria ambiental específica, sem meras falácias e delongas, possibilitaria o célere atendimento entrelaçadamente dos 17 objetivos do desenvolvimento sustentável da ONU antes de seu termo (2030), com ênfase nos dois primeiros: (i) acabar com a pobreza em todas as suas formas, em todos os lugares; (ii) acabar com a fome, alcançar a segurança alimentar e melhoria da nutrição e promover a agricultura sustentável, além de contemplar entrelaçadamente quase a totalidade dos demais ODS.[28]

---

[27] INTERNATIONAL ORGANIZATION OF SUPREME AUDIT INSTITUTIONS. Disponível em: http://www.intosai.org/news.html. Acesso em: 15 abr. 2018.

[28] Os ODS são: Objetivo 1: Acabar com a pobreza em todas as suas formas, em todos os lugares. Objetivo 2: Acabar com a fome, alcançar a segurança alimentar e melhoria da nutrição e promover a agricultura sustentável. Objetivo 3. Assegurar uma vida saudável e promover o bem-estar para todos, em todas as idades. Objetivo 4. Assegurar a educação inclusiva, equitativa e de qualidade, e promover oportunidades de aprendizagem ao longo da vida para todos. Objetivo 6: Assegurar a disponibilidade e gestão sustentável da água e saneamento para todos. Objetivo 8: Promover o crescimento econômico sustentado, inclusivo e sustentável, emprego pleno e produtivo e trabalho decente para todos. Objetivo 9: Construir infraestruturas resilientes, promover a industrialização inclusiva e sustentável

4 A governança da sustentabilidade ambiental a cargo dos tribunais de contas brasileiros

Restou evidenciado que o meio ambiente é um macrobem pertencente à coletividade nacional, sendo estatuído constitucionalmente tratar-se expressamente de um bem que compõe o patrimônio público da Federação brasileira, consoante se vê também em outros dispositivos constitucionais, como os bens elencados no artigo 20 da CF/88 e, em especial, §4º do art. 225, que dispõe expressamente que alguns importantes biomas brasileiros, como a Floresta Amazônica, a Mata Atlântica, a Serra do Mar, o Pantanal Mato-Grossense e a Zona Costeira, são patrimônios nacionais, e sua utilização far-se-á, na forma da lei, dentro de condições que assegurem a preservação do meio ambiente, inclusive quanto ao uso dos recursos naturais. Tão importante patrimônio deve ser preservado na geração presente para que as gerações futuras, também titulares desse bem, possam dele usufruir.

Firma-se, desde já, o entendimento de que, por consectário lógico-racional, sendo o meio ambiente um bem que compõe o patrimônio público nacional, e por ser da competência dos tribunais de contas exercerem, dentre suas incumbências de órgão público, o controle externo desse patrimônio, logo, decorre daí, que a instituição de contas tem o dever – no bojo de sua jurisdição especializada de controle patrimonial, inclusive com possibilidade já reconhecida pelo STF de proferir decisões inibitórias em tutelas de urgências dotadas de força coercitiva e prescrições astreintes – de fiscalizar todos os atos praticados em face da sustentabilidade ambiental, de modo prévio, concomitante e posterior, como também preventiva e precavidamente, como sói faz com o patrimônio público, e aqui, em especial, visando à boa governança desse rico e inestimável patrimônio ambiental, que

---

e fomentar a inovação. Objetivo 10: Reduzir a desigualdade dentro dos países e entre eles. Objetivo 11. Tornar as cidades e os assentamentos humanos inclusivos, seguros, resilientes e sustentáveis. Objetivo 13. Tomar medidas urgentes para combater a mudança climática e seus impactos. Objetivo 14. Conservação e uso sustentável dos oceanos, dos mares e dos recursos marinhos para o desenvolvimento sustentável. Objetivo 15. Proteger, recuperar e promover o uso sustentável dos ecossistemas terrestres, gerir de forma sustentável as florestas, combater a desertificação, deter e reverter a degradação da terra e deter a perda de biodiversidade. Objetivo 16. Promover sociedades pacíficas e inclusivas para o desenvolvimento sustentável, proporcionar o acesso à justiça para todos e construir instituições eficazes, responsáveis e inclusivas em todos os níveis. Objetivo 17. Fortalecer os meios de implementação e revitalizar a parceria global para o desenvolvimento sustentável (ORGANIZAÇÃO DAS NAÇÕES UNIDAS. Disponível em: https://nacoesunidas.org/conheca-os-novos-17-objetivos-de-desenvolvimento-sustentavel-da-onu/. Acesso em: 3 jun. 2018).

não pertence somente às gerações presentes como também às futuras, na esteira inspiradora do desenvolvimento sustentável preconizado desde o Relatório Brundtland.

Daí resta evidenciada a importância ímpar do sistema de controle externo, que tem inigualável capilaridade multinível em todo o território nacional, como nenhum outro órgão de controle e fiscalização, o que certamente favorece a proatividade das entidades fiscalizadoras brasileiras no estabelecimento de políticas ambientais conducentes à boa governança da sustentabilidade ambiental.

Pelo menos três fortes motivos robustecem o entendimento de que os tribunais de contas brasileiros são juridicamente aptos a promover a efetivação da governança da sustentabilidade ambiental, por meio de sua jurisdição constitucional extrajudicial, como novo paradigma de pronta jurisdição garantista desse importante direito fundamental constitucionalmente assegurado. Seguem, pois, os motivos:

- *Primus*, porque os tribunais de contas de viés constitucional, no tocante à sua origem, composição, jurisdição, prerrogativas institucionais e funções, possuem jurisdição extrajudicial especializada de contas e capilaridade multinível em todo o território nacional por meio do TCU, do TCDF, dos TCEs e TCMs, e podem atuar de modo proativo, de ofício, por decorrência das atribuições constitucionais de curar o patrimônio público, independentemente de ser provocado, mas também podendo sê-lo mediante denúncias, consultas, representações e outros meios idôneos. Curar aqui significa proteger em sua inteireza dialética.

- *Secundus*, porque detêm competência constitucional para o exercício do controle do "patrimônio ambiental" enquanto espécie (que compõe o gênero "patrimônio público"), bem como para fiscalizar todos os atos praticados em matéria ambiental pelos órgãos da administração pública, e desta com particulares, ou destes com aquela, estendendo-se essa fiscalização às pessoas físicas ou jurídicas, nacionais ou estrangeiras, que, de qualquer modo, mantenham algum vínculo contratual ou de qualquer espécie idônea com a administração pública que, de qualquer modo, possam ensejar a atuação fiscalizatória e de controle da Corte de Contas, a mensurar precavida, preventiva e repressivamente qualquer ato ou fato que culmine em dano ao patrimônio ambiental.

- *Tertius*, porque os tribunais de contas são órgãos constitucionais desvinculados hierarquicamente dos demais Poderes da República, com autonomia e jurisdição extrajudicial administrativa especializada própria, o que lhes garante independência e segurança no tocante às decisões dotadas de coercibilidade por eles proferidas. Veja-se, por necessário, em completude robustecida, amiúde, cada um desses motivos.

No tocante ao primeiro motivo, referente às estruturas organizacionais e jurisdições, os tribunais de contas estão assim instalados no Brasil: na esfera federal, encontra-se instituído o TCU, com jurisdição em todo o território nacional; nos 26 estados da Federação, estão instituídos os TCEs, com jurisdição em todo o território da Unidade Federativa; com jurisdição no Distrito Federal, está instituído o TCDF; com jurisdição no município de São Paulo, está instituído o TCMSP e, no município do Rio de Janeiro, o TCMRJ; e, por fim, estão instalados os TCMs com jurisdição nos municípios situados nos estados do Ceará, Pará, Goiás e Bahia, o que permite constatar, destarte, a alta capilaridade que favorece o controle e fiscalização do patrimônio ambiental em todo o âmbito nacional e, ainda, a importância de poderem atuar de modo proativo, sem provocação, ao revés do Judiciário, que precisa ser provocado em face do princípio da inércia judicial e processual.

Logo, no tocante ao patrimônio ambiental, pode o TCU atuar em nível federal junto aos seus jurisdicionados (Ministério do Meio Ambiente, Instituto Chico Mendes e demais órgãos ambientais federais); de igual modo, podem os tribunais de contas estaduais atuar nas suas jurisdições estadual (junto às secretarias estaduais do meio ambiente e institutos e órgãos congêneres) e municipal (junto às secretarias municipais de meio ambiente e institutos e órgãos congêneres) e, em especial, no tocante às auditorias ambientais que as entidades fiscalizadoras superiores podem atuar em conjunto mediante firmação de termo de cooperação, consoante disposições insertas em suas normas organizativas, sem imiscuir-se nas atribuições orgânicas de outrem.

Quanto ao segundo motivo, o art. 70 da CF/88 estabelece a competência dos tribunais de contas para fiscalizar e controlar o patrimônio da União e, por decorrência, os tribunais de contas estaduais, bem como o Tribunal de Contas dos Municípios, por força das disposições insculpidas nas constituições estaduais e nas leis orgânicas municipais, que atribuem, em simetria, competência a esses órgãos de controle externo para fiscalizar e controlar os respectivos patrimônios dos entes sob suas jurisdições, que, de modo induvidoso, compreendem também o "patrimônio ambiental" como espécie do gênero "patrimônio público", haja vista que o patrimônio, contabilmente tratando, abarca o conjunto de todos os bens, direitos e obrigações.[29]

No contexto, importa ressaltar que *ex vi* das disposições contidas sistematicamente na CF/88, o meio ambiente é bem público de uso comum do povo, classificado como um macrobem de interesse de toda a coletividade, de natureza transindividual e de transcendência temporal e intergeracional, posto que pertencente às presentes e às futuras gerações. Daí, com mais entonação, devem as cortes de contas zelar pela preservação e conservação desse patrimônio ambiental imensurável e transcendente, não só de interesse nacional, mas também vertido aos interesses transnacional e global.

A fiscalização de que dispõe a CF/88 às cortes de contas contempla algumas modalidades, das quais duas interessam mais de perto à questão ambiental: (i) a fiscalização da legalidade, que vincula o administrador público na prática do ato administrativo ao império das normas constitucionais e infraconstitucionais, no sentido de só fazer o que a lei manda, o que, neste caso, leva ao cumprimento das determinações insertas nas normas constitucionais e infraconstitucionais aplicáveis ao meio ambiente; e (ii) fiscalização da legitimidade, legitimidade aqui que significa que, além de obedecer à lei, o administrador deve obediência às estratégias e aos instrumentos de governança contemplados no Programa das Nações Unidas para o Meio Ambiente (PNUMA), num todo articulado e integrado, no bojo de uma concepção não só simplesmente de atender ao comando legal, mas, acima de tudo, de atingir de modo eficiente e eficaz as metas e políticas públicas preconizadas para o bem da sociedade, primando também pelo princípio da economicidade.[30]

---

[29] A propósito, em completude, a CF/88, quando trata da competência na modalidade comum de todos os entes da Federação, ao que aqui interessa, dispõe no art. 23 e incisos em destaque que: "É competência comum da União, dos Estados, do Distrito Federal e dos Municípios. I – Zelar pela guarda da Constituição, das leis, das instituições democráticas e conservar o patrimônio público. (...) VI – proteger o meio ambiente e combater a poluição em qualquer de suas formas; VII – preservar as florestas, a fauna e a flora".

[30] COSTA MACHADO (Org.); FERRAZ, Ana Cândida da Cunha (Coord.). *In*: ALVES, Benedito Antonio. *Constituição Federal Interpretada*: artigo por artigo, parágrafo por parágrafo. 6. ed. Barueri-SP: Manole, 2015. p. 468.

Vale destacar que essa fiscalização por parte dos tribunais de contas compreende também a prestação de contas de todo gestor da *res publica* – leia-se aqui patrimônio ambiental – classificado, como já se disse algures, como macrobem público de uso comum do povo, consoante dispõe o parágrafo único do art. 70 da CF/88, que também preceitua que essa prestação de contas envolve todos os atos praticados pelo agente público, logo compreendidos todos aqueles praticados em matéria ambiental pelos órgãos da administração, e desta com particulares, ou destes com aquela, sejam pessoas físicas ou jurídicas, em todos os âmbitos federativos (aqui, federal, estadual e municipal), ou mesmo as pessoas físicas e/ou jurídicas de caráter internacional que mantenham qualquer vínculo jurídico de natureza ambiental.

Cumpre ressaltar, além disso, que, de modo sistêmico, o art. 71 da CF/88 ratifica essa competência atribuída às cortes de contas ao estabelecer ao longo de onze incisos a enumeração de atribuições concernentes ao *modus operandi* de sua constitucional tarefa de controle e fiscalização técnica da coisa pública, podendo, entre outras atribuições, realizar, por iniciativa própria, inspeções e auditorias de natureza operacional e patrimonial sobre matérias de sua competência junto aos seus jurisdicionados (inciso IV); aplicar sanções previstas em lei aos responsáveis em caso de ilegalidades e irregularidades, com multa proporcional ao dano causado, entre outras cominações, sendo que os valores referentes a débitos e/ou multas imputados, por meio de suas decisões, gozam de eficácia de título executivo, sendo, pois, dotados de liquidez, certeza e exigibilidade (inciso VIII c/c § 3º do art. 71); assinar prazo para que o órgão ou entidade adote providências necessárias ao exato cumprimento da lei, se verificada ilegalidade (inciso IX); sustar o ato impugnado em caso de desobediência às suas determinações, o que pode ser feito por meio de tutela de urgência, presentes seus requisitos autorizadores: *fumus boni iuris e periculum in mora* (inciso X).[31]

Insta esclarecer, no concernente ao terceiro motivo, que a desvinculação ou insubordinação aos demais Poderes da República, atribuída aos tribunais de contas brasileiros, decorre originariamente da própria Constituição Federal de 1988, que estatui uma plêiade de regras rígidas atinentes à sua instituição, organização, composição, competência

---

[31] COSTA MACHADO (Org.); FERRAZ, Ana Cândida da Cunha (Coord.). *In*: ALVES, Benedito Antonio. *Constituição Federal Interpretada*: artigo por artigo, parágrafo por parágrafo. p. 470-477.

e jurisdição, enquanto órgão fiscalizador autônomo no exercício do controle externo da administração pública, na proteção do erário, o que imprime independência e segurança nas decisões por eles proferidas, uma vez que somente o Poder Judiciário pode rever as decisões das cortes de contas e, ainda assim, no tocante à sua observância formal, sem adentrar ao mérito do dispositivo.

Isso tudo, de forma induvidosa, faz do Tribunal de Contas uma das mais importantes instituições brasileiras, com autonomia e competência originários da própria CF/88 para, em decorrência de sua jurisdição plena como órgão de controle e fiscalização preventiva, concomitante e repressiva, aplicar de pronto, com força cogente e coercitiva, o princípio fundamental da sustentabilidade intergeracional em todas as suas dimensões (ambiental, ética, econômica, jurídica, social e política), por ser de eficácia plena, de aplicação imediata e de observância não protelável, com o desiderato de lhe imprimir a efetividade necessária para tutelar eficiente e eficazmente os recursos ambientais (dos meios biótico e abiótico) em sua integralidade, contemplado o aspecto espacial (em todo o território dos entes estatais sob sua jurisdição), bem como o aspecto temporal (transcendência entre as presentes e futuras gerações) com vistas para o futuro, interpretando-o hermenêutica e exegeticamente "segundo a Constituição".

Diante de tudo isso, por óbvio, constata-se a possibilidade, juridicamente tratando, de os tribunais de contas brasileiros, em sua jurisdição especializada extrajudicial, seja por meio de auditorias nacionais e transnacionais e de outros meios idôneos contemplados na sua competência, de, efetivamente, de modo extrajudicial e proativo, controlar e fiscalizar o patrimônio ambiental do planeta por meio da determinação constitucional dirigida aos órgãos públicos e respectivos jurisdicionados legalmente responsáveis pela gestão do meio ambiente, que estabeleçam a efetiva governança da sustentabilidade ambiental, envolvendo para tanto não só os entes e órgãos públicos, como também a academia científica, as ONGs e a sociedade civil organizada, enfim, outros importantes *stakeholders externa corporis*.

5 Proposições sugestivas para o fortalecimento das ações de controle externo do patrimônio ambiental

Por oportuno, apresenta-se, sequencialmente, nesta pesquisa um decálogo de sugestões propositivas visando corroborar com o debate da matéria e propiciar o fortalecimento das ações protetivas (fiscalização e controle) ao meio ambiente. Desse modo, propõe-se:

- *1ª proposição*: que as organizações internacionais e nacionais que compõem a rede de controle externo *incontinenti* tomem as providências necessárias com vistas a proceder prontamente ao inventário patrimonial do meio ambiente com metodologia adequada à mensuração econômico-contábil e, após, constar como dados monetizados nos registros contábeis e figurar como ativo patrimonial ambiental no balanço público, compreendendo, destarte, o solo, a fauna, a flora, as florestas, os minérios, os fármacos, os cosméticos, a água, o ar e todos os demais elementos do mundo biótico e abiótico que possam ser mensurados monetariamente. Do mesmo modo, deve ser registrado, no passivo patrimonial ambiental, o valor apurado da dívida ambiental, contendo metodologia específica para proceder-se aos cálculos científico-contábeis; a título de exemplo: no tocante à poluição e ao assoreamento de rios, mares, nascentes, danos decorrentes da exploração mineral, da instalação de usinas energéticas e de outros empreendimentos industriais danosos, sendo que tudo isso deve ser mensurado e devidamente lançado matematicamente em contas contábeis para a demonstração das variações patrimoniais, considerando-se que, do ponto de vista contábil, patrimônio é o conjunto de bens, direitos e obrigações. Portanto, é necessário contabilizar os bens, os direitos e as obrigações ambientais e realizar outros procedimentos visando evidenciar a situação e as modificações do patrimônio ambiental, cumprindo, portanto com as funções de registro, orientação e controle dos atos e fatos contábeis relevantes, e isso cientificamente cabe à contabilidade ambiental, que deve entrar em atividade nos órgãos de controle para fazer os devidos registros patrimoniais ambientais, esparzindo-se essa propositura a todas as EFS.
- *2ª proposição*: que a INTOSAI, em conjunto com as suas organizações regionais, como a OLACEFS (no âmbito transnacional) e a ATRICON (no âmbito nacional), e outras organizações científicas, a exemplo do Instituto Rui Barbosa (IRB), no Brasil, e organizações congêneres, instale um grupo ou comissão especial multidisciplinar (contemplando contadores,

economistas, administradores, advogados, financistas, estatísticos, ambientalistas etc.) para o estabelecimento de normas contábeis padronizadas internacionalmente com o escopo de nortear a contabilidade pública ambiental a fim de contemplar informações adequadas e necessárias à alimentação de dados necessários ao inventário patrimonial ambiental e à prestação de contas ambientais por parte dos gestores de cada órgão do sistema ambiental de cada país, visando propiciar o controle e atender à sociedade como principal destinatária de informações nos portais de transparência para o controle social especifico para a área ambiental.

- *3ª proposição*: que as EFSs em níveis nacional (pelo sistema de contas de cada país), transnacional (mediante atuação das Regionais da Intosai) e global (por meio da atuação da INTOSAI) possam, concomitantemente, com o grupo mundial instalado, estabelecer imediatos estudos conjuntos de acordo com as peculiaridades locais para a implantação de um sistema de auditoria operacional, com normas específicas, voltadas à prestação de contas ambientais, que possam contemplar e facilitar a participação dos jurisdicionados na alimentação eletrônica de dados, com o escopo de exercer por meio de controle (*checklist*) a fiscalização e o controle das variações econômicas do patrimônio ambiental.

- *4ª proposição*: que tais normas padronizadas internacionalmente possam contemplar lançamentos contábeis pelo método das partidas dobradas (débito x crédito – ativo e passivo) de todo o patrimônio ambiental, ou seja, não só quanto ao ativo, mas também quanto ao passivo, mediante a monetização de todos os bens (materiais e imateriais), os direitos e as obrigações com a estimação dos prejuízos ambientais contabilizados, com o fim de a auditoria apurar se há superávit ou déficit patrimonial, visando ao equilíbrio do patrimônio ambiental.

- *5ª proposição*: utilizar, na insuficiência parcial de mão de obra do setor público de controle, por meio de termos de cooperação, o trabalho cooperativo de atores qualificados com *expertise* em cada área do conhecimento cientifico, provenientes da academia e da sociedade civil organizada com o desiderato de reduzir custos e contemplar a conjunção de conhecimentos imbricados e altamente cientifizados, de modo que abarque profissionais das mais diversas áreas do conhecimento humano, tais como: contadores, administradores, economistas, administradores, financistas, juristas, engenheiros civis, engenheiros ambientais, engenheiros agrônomos, engenheiros florestais, veterinários, matemáticos, estatísticos, geólogos, consultores, biólogos, químicos, físicos, gestores ambientais e outros profissionais com formação nas áreas científicas multidisciplinares e transversais envolvidas, integrantes do quadro de pessoal das entidades parceiras, sejam nacionais, sejam estrangeiras.

- *6ª proposição*: que, enquanto não sejam publicadas normas pela INTOSAI, as EFSs, no uso de suas atribuições autonômicas, desde já fixem normativas *interna corporis* e determinem que os seus respectivos jurisdicionados já prestem contas do patrimônio ambiental conhecido constando-os como bens não monetários nos seus respectivos sistemas contábeis, criando-se, para esse fim, um sistema de informação que possibilite a alimentação de dados pelo jurisdicionado, inaugurando a cultura do *accountability* ambiental.

- *7ª proposição*: recomendar às EFSs de todo o sistema de contas que, por meio de suas respectivas escolas de contas ou institutos congêneres públicos e privados, possam somar esforços para capacitar e treinar seus auditores e jurisdicionados, bem como outros atores em cooperação, visando à governança pública da sustentabilidade ambiental.

- *8ª proposição*: catalisar esforços no sentido de aperfeiçoar a governança pública ambiental, pois a "boa governança" é vital não apenas para garantir a regra ou a lei, ou assegurar o direito fundamental ao meio ambiente sadio para as presentes e futuras gerações, mas também para manter e expandir a infraestrutura social e econômica, ressaltando que os esforços nacionais proativos de governança são essenciais para que haja redução da pobreza[32] no mundo globalizado para o alcance

---

[32] Todos os países, todos os líderes mundiais, todos os homens devem se esforçar solidariamente para a redução da pobreza no mundo, no que importa relembrar nesta quadra histórica quando se fala nos ODS a importante e tão presente lição legada por John Fitzgerald

deste, que figura como o principal dentre os objetivos do milênio.[33]

- 9ª *proposição*: criar o Sistema Integrado de Governança Ambiental (SIGA) – denominação meramente propositiva –, com a participação de órgãos públicos e atores privados da sociedade civil organizada, visando ao monitoramento das ações praticadas em face do meio ambiente, mediante utilização de ferramentas tecnológicas de observação remota das áreas de preservação e outros sistemas utilizados pelos parceiros, abarcando primeiramente todos os órgãos de controle externo, órgãos de segurança em todos os níveis (federais, estaduais, e municipais), órgãos do Exército, Aeronáutica e Marinha, órgãos de sistemas de vigilância do espaço aéreo e, por exemplo, na Amazônia, o Centro Gestor e Operacional de Proteção da Amazônia, universidades, bem como todos os órgãos públicos que, por força de lei, têm responsabilidade ambiental, como secretarias estadual e municipais de meio ambiente, numa atuação integrada de ações envolvendo apoio estratégico da academia (universidades públicas e privadas), órgãos de controle externo, órgãos de controle interno, secretarias estaduais e municipais que têm aderência com o meio ambiente, órgãos multiníveis de turismo, de assuntos estratégicos, agências de vigilância sanitária humana e animal, juntas comerciais e órgãos fazendários multinível (federal, estaduais, distrital e municipais).

- 10ª *proposição*: na prática, os tribunais de contas, dada a sua responsabilidade ambiental, devem primeiro aperfeiçoar e fortalecer as suas estruturas orgânicas internas, dotando-as de órgãos especializados em matéria ambiental onde ainda não existem e, em seguida, ser indutores das políticas públicas voltadas à governança da sustentabilidade ambiental, devendo contar, para a implantação de tais projetos, pautada na economicidade e na busca do adequado *accountability* ambiental, via termo de cooperação, com o apoio político-institucional dos

---

Kennedy, quando, inspiradamente, aduziu: "Se a sociedade livre não sabe ou não quer ajudar os muitos que são pobres, acabará não podendo salvar os poucos que são ricos".

[33] UNITED NATIONS DEVELOPMENT PROGRAMME (UNDP). *HUMAN DEVELOPMENT REPORT 1997*. Chapter Four. Globalization - poor nations, poor people, p. 90-91.

tribunais de justiça, Ministério Público multinível, Ministério Público de Contas, associações de municípios e de câmaras de vereadores, Ordem de Advogados; apoio setorial, tais como federações da indústria estaduais, federações do comércio estaduais, federações das associações comerciais e da agricultura nos estaduais; conselhos regionais profissionais (OAB, CRC, CRA, CORECON, CREA etc.) e Sistema "S" (SENAI, SESC, SENAC, SENAR, SESCOOP e SEST); e apoio científico e tecnológico, por exemplo, da academia (universidades públicas e particulares); do Sistema de Proteção da Amazônia (SIPAM); da Empresa Brasileira de Pesquisa Agropecuária (EMBRAPA); Empresa Estadual de Assistência Técnica e Extensão Rural (EMATER) ou órgãos estaduais similares; Secretaria Estratégica de Tecnologia da Informação e Comunicação (SETIC) de cada órgão envolvido; Superintendência do Patrimônio da União (SPU); Instituto Nacional de Colonização e Reforma Agrária (INCRA), entre outros órgãos com atribuições multidisciplinares e transversais, imbricados no propósito de envidar, canalizar e catalisar esforços com o escopo de propiciar a governança da sustentabilidade ambiental de forma integrada, numa estratégia consentânea ao desenvolvimento econômico-sustentável em que prevaleçam a solidariedade, a cooperação e a sustentabilidade multidimensional, o aperfeiçoamento dos mecanismos de transparência da gestão e a comunicação com a sociedade local, visando ao bem-estar comum.

6   Conclusão

À evidência, constata-se que o meio ambiente – seja exógena ou endogenamente tratando – é de responsabilidade de todos quando a CF/88 assegura às futuras gerações uma quantidade de bens hoje disponíveis às gerações presentes, não apenas suficiente para a mínima condição de subsistência humana, mas o necessário para a garantia da vida plena em todas as suas formas, nos aspectos ecológico, social e econômico, sendo esse dever, além de um desafio, o compromisso e o dever fundamental da presente geração, pois, senão, não haverá futuro, nem para o homem, nem para qualquer ser vivo da Terra.

Não se olvide que o Brasil possui um patrimônio ambiental imensurável. Sem dúvida, é uma potência ambiental global. Daí decorre a sua enorme responsabilidade com a sustentabilidade ambiental frágil e periclitante do planeta. Por isso mesmo, necessário que seja implementada uma cultura de governança para além da mera intenção de melhorar a gestão pública e superar a indolência do aparelho burocrático estatal. A descontinuidade de ações, programas e políticas é patente, o que, maior das vezes, fica à mercê do governante de plantão, e por não existirem políticas públicas integradas e contínuas, a cada governo, fazem-se novos planos, sem estratégia perene, no interesse apenas de se auferirem votos e de aumentar o patrimônio político-eleitoral, sem uma duradoura e contínua política de Estado voltada ao futuro, o que compromete, inclusive, a gestão do meio ambiente.

Também resta devidamente demonstrada que urge a necessidade de as cortes de contas (EFS), dada essa responsabilidade que advém da Constituição da República e, ainda, por contar com um corpo técnico cientificamente qualificado, nacional, transnacional e globalmente tratando, em sua importante atuação de controle e fiscalização, na atual quadra do século XXI, ora vivenciada, envidarem esforços proativos em prol da boa governança da sustentabilidade ambiental, contemplando de modo efetivo, no esforço global e cooperativo, a realização do quanto consta da Agenda 21, bem como do atingimento das metas propostas pela ONU consoante os objetivos de desenvolvimento sustentável do milênio.

Referências

BAHIA. *Tribunal de Contas do Estado*. Disponível em: https://www.tce.ba.gov.br/images/auditoria%20ambiental%20ampliando%20o%20alcance%20%20autor_%20%20marta_Jairo.pdf. Acesso em: 15 abr. 2018.

COSTA MACHADO (Org.); FERRAZ, Ana Cândida da Cunha (Coord.). *In*: ALVES, Benedito Antonio. *Constituição Federal Interpretada*: artigo por artigo, parágrafo por parágrafo. 6. ed. Barueri-SP: Manole, 2015.

CRUZ, Paulo Márcio; BODNAR, Zenildo. *Globalização, transnacionalidade e sustentabilidade*. Itajaí: Univali, 2012.

DAMKOWSKI, Wulf; RÖSENER, Anke. *Auf dem Weg zum Aktivierenden Staat*. Vom Leitbildzum umsetzungsreifen Konzept. Berlim, 2003.

DICIONÁRIO Priberam da Língua Portuguesa [em linha], 2008-2013. Disponível em: https://www.priberam.pt/dlpo/governan%C3%A7a. Acesso em: 24 fev. 2018.

DINIZ, Eli. Governabilidade, democracia e reforma do Estado: os desafios da construção de uma nova ordem no Brasil dos anos 90. *DADOS – Revista de Ciências Sociais*, Rio de Janeiro, v. 38, n. 3, 1995.

FREITAS, Juarez. *Sustentabilidade: direito ao futuro*. 2. ed. Belo Horizonte: Fórum, 2012.

GONÇALVES, Alcindo; COSTA, José Augusto Fontoura. *Governança Global e Regimes Internacionais*. São Paulo: Almedina, 2011.

INTERNATIONAL ORGANIZATION OF SUPREME AUDIT INSTITUTIONS. Disponível em: http://www.intosai.org/news.html. Acesso em: 15 abr. 2018.

INTERNATIONAL ORGANIZATION OF SUPREME AUDIT INSTITUTIONS. *INTOSAI*. Disponível em: https://www.environmental-auditing.org/media/5435/wgea_rio20_report_summary_2012-portugesetr.pdf. Acesso em: 15 abr. 2018.

JANN, Werner. Governance. *In*: EICHHORN, Peter (Org.). *Verwaltungslexikon*. 3. ed. Aufl. Baden, p. 449-451, 2003.

KISSLER, Leo; HEIDEMANN, Francisco G. Governança pública: novo modelo regulatório para as relações entre Estado, mercado e sociedade?. *Rev. Adm. Pública*, v. 40, n. 3, maio/jun. 2006. Trad. do original alemão: Elizabeth Lemcke. Contribuições à tradução: Alessandro Pinzani (UFSC) e Mário L. Rollof (Esag). Revisão técnica (lingüística): Ulf G. Baranow, Decigi/UFPR. Apoio: Sociedade Alemã para a Pesquisa (DFG) e Esag/Udesc. Rio de Janeiro: FGV, 2006.

LÖFFLER, Elke. Governance: Die neue Generation von Staats-und Verwaltungs-modernisierung. *Verwaltung + Management*, v. 7, n. 4, 2001.

NARDES, João Augusto Ribeiro; ALTOUNIAN, Cláudio Sarian; VIEIRA, Luis Afonso Gomes. *Governança* pública: o desafio do Brasil. Belo Horizonte: Fórum, 2014.

ORGANIZAÇÃO DAS NAÇÕES UNIDAS. Disponível em: https://nacoesunidas.org/conheca-os-novos-17-objetivos-de-desenvolvimento-sustentavel-da-onu/. Acesso em: 3 jun. 2018.

ORGANIZAÇÃO DAS NAÇÕES UNIDAS. *Nosso Futuro Comum*. Comissão Mundial sobre Meio Ambiente e Desenvolvimento. 2. ed. Rio de Janeiro: Editora da Fundação Getúlio Vargas. 430 p. Título da obra em Inglês: "Our commun future". Oxford/New York, Oxford University Press, 1987.

ORGANIZAÇÃO DAS NAÇÕES UNIDAS. Disponível em: https://sustainabledevelopment.un.org/conferences. Acesso em: 20 jan. 2018.

SCOTTI, Marcos. *Como ser sustentável no Brasil?* Instituto Nacional de Educação Ambiental. Disponível em: http://inean.com.br?sustentabilidade/. Acesso em: 19 ago. 2017.

STOKKE, Olav Schram. Regimes as Governance Systems. *In*: YOUNG, Oran R. (Ed). *Global Governance*. Drawing Insights from the Environmental Experience. Cambridge; Londres: The MIT Press, 1997.

TCU – TRIBUNAL DE CONTAS DA UNIÃO. *Governança pública*: referencial básico de governança aplicável a órgãos e entidades da administração pública. Disponível em: htpp://portal2.tcu.gov.br/portal/page/portal/TCU/comunidades/governanca/noticias_comunidade/detalhes_noticias_comunidade/Governan%A7a_P%C3BAblica_2014_Oficial.pdf. Acesso em: 13 mar. 2018.

UNITED NATIONS DEVELOPMENT PROGRAMME (UNDP). *HUMAN DEVELOPMENT REPORT 1997*. Chapter Four. Globalization - poor nations, poor people. New York: Oxford University Press, 1997.

UNITED NATIONS ORGANIZATION. GLOBAL ISSUES: GOVERNANCE. United Nations – UN. Disponível em: http://un.org/en/globalissues/governance. Acesso em: 21 fev. 2018.

WOODS, Ngaire. The Challenge of Good Governance: for the IMF and the World Bank. *World Development*, v. 28, n. 5, p. 823-841, maio 2000.

Informação bibliográfica deste texto, conforme a NBR 6023:2018 da Associação Brasileira de Normas Técnicas (ABNT):

ALVES, Benedito Antonio. A governança da sustentabilidade ambiental a cargo dos tribunais de contas no século XXI. *In*: LIMA, Edilberto Carlos Pontes (Coord.). *Tribunal de Contas do século XXI*. Belo Horizonte: Fórum, 2020. p. 19-47. (Coleção Fórum IRB, v. 3). ISBN 978-85-450-0713-5.

DOMÍNIO CONTESTADO: REFLEXÕES ACERCA DA CORRUPÇÃO E O PAPEL DOS TRIBUNAIS DE CONTAS

Celmar Rech
Cinthya Hayashida de Carvalho Zortéa

Este artigo pretende analisar a questão da contestação ou enfrentamento do domínio atinente ao fenômeno da corrupção não a partir da simplória hipótese de herança histórica de constituição da sociedade brasileira, mas direcionando o olhar a um porvir alicerçado na efetivação de princípios e valores fundamentais. Dessa forma, buscamos compreender o papel dos tribunais de contas no enfrentamento da corrupção, identificando pontos sensíveis que apontem lacunas impeditivas de ações eficientes e o aprimoramento institucional dos instrumentos de controle, com vistas à contribuição para o debate e ampliação da agenda de pesquisa.

Inicialmente, necessário esclarecer que a função do Estado Social de Direito é precipuamente estabelecer e executar ações, atividades e programas, com vistas à supremacia do interesse público.

A Constituição Federal elenca em seu artigo 3º os objetivos fundamentais a serem alcançados pelo Estado e, de acordo com Ada Pellegrini Grinover, "para atingir esses objetivos fundamentais (aos quais se acresce o princípio da prevalência dos direitos humanos: art. 4º, II, da CF), o Estado tem que se organizar no facere e praestare, incidindo sobre a realidade social. É aí que o Estado social de direito transforma-se em Estado democrático de direito".

Em meados de 1980, o país foi marcado por um processo de democratização, e o regime de políticas públicas vivenciou significativa transformação em razão da promulgação da Constituição Federal, evidenciada pela criação de mecanismos de fomento da participação da sociedade civil na formulação, implementação e controle das mesmas.

Com o advento da Constituição Cidadã, mudanças foram observadas na gestão pública, com o resultado de um extenso e conflituoso processo de mobilizações sociais e políticas, sob a perspectiva de novos direitos e na busca pela eficiência na utilização e controle dos recursos públicos.

Nesse contexto, as políticas públicas passaram a integrar papel de destaque na agenda governamental, reforçando a participação de novos atores, investidos em competências argumentativas e técnicas aptas a diagnosticar problemas e a propor e formular alternativas.

De fato, inexiste uma perfeita e absoluta definição de políticas públicas; entretanto, é certo que a sua formulação e ciclo constituem um processo dinâmico, cuja evidenciação de problemas afeta a agenda governamental, que encontrará diferentes formas de rejeição ou apoio, bem como disputas em torno de decisões no campo de sua implementação, que indica a necessidade de mudança de paradigmas, sem superposição de objetivos, com a superação de resistências naturais ao ambiente de relações verticalizadas e rígidas, inerentes à administração pública, calcada em princípios de hierarquia e controle.

No bojo de tais considerações, no Brasil, até meados da década de 1980, as pesquisas acerca das patologias corruptivas se desenvolviam apenas no âmbito do direito criminal, da sociologia e ciência política. A crítica se construía sob o ponto de vista da ética, pela não adequação das práticas corruptas aos padrões éticos.

Não obstante as incontáveis críticas formuladas ao processo de globalização, merece destaque, no contexto dos países latino-americanos, a necessidade de adaptação aos movimentos internacionais de democratização, fortemente influenciados por políticas de transparência e combate à corrupção.

Historicamente, a concepção sobre corrupção sempre se associou à atuação ilícita de agentes públicos e ao entendimento de que apenas condutas descritas em tipos penais ligados à administração pública poderiam ser reportadas corruptas.

A atualidade revela-se histórica e politicamente marcada por intensas transformações de cunho social. As permanentes mudanças permeiam para além de registros históricos, mas especialmente no desafio e inquietações inerentes à construção do saber humano, sem adotar uma visão simplista no que tange à corrupção sistêmica.

Com efeito, desigualdades sociais e econômicas operam na incapacidade do Estado em lidar com práticas ilícitas. A ciência política trata o conceito de corrupção a partir da interação entre os setores público e privado, revelando um fenômeno de relações de poder que afeta a legitimidade do Estado Democrático de Direito, tendo em vista que fomenta a recorrência de práticas ilegais, ao tempo em que desestimula os processos de cooperação e competição simétricos.

As inúmeras abordagens de combate à corrupção evidenciam que reformas institucionais eficazes devem incluir uma estratégia nacional em longo prazo, que consolide e promova a integridade pública e a prestação de contas transparente.

Desde o início da democratização, com a promulgação da Constituição Cidadã, o Brasil experimenta um processo de mergulho em profusões de escândalos de corrupção, que trazem à discussão o desvio de recursos públicos e o descrédito das instituições de todas as esferas de poder, ao mesmo tempo em que se busca o aprimoramento de mecanismos de controle de patologias corruptivas e do fomento da transparência.

O sentimento experimentado na última década pela sociedade brasileira tem posicionado a corrupção num patamar de normalidade no espaço público, conforme entendimento de Fernando Figueiras em sua análise acerca da percepção dos diferentes atores envolvidos no controle do fenômeno.

Em que pesem os esforços envolvidos, no discreto contexto de inovações institucionais, não se pode olvidar que, em razão de um processo de degeneração da democracia, a corrupção tem provocado um sentimento comum de impunidade relacionado a problemas de ordem política, econômica e cultural que definem a forma como a sociedade percebe e constrói as relações de interesse público.

Nesse sentido, a conceituação das amplas práticas inerentes às patologias corruptivas parte da tese de que se trata de um desvio em relação à estrutura formal das normas, mas também se situa na compreensão de um problema estrutural dos campos político e mora, que esbarra na consequente conclusão do fracasso das instituições políticas.

A corrupção, ainda que identificada em tempos passados como ameaça à sociedade, foi tratada como resultado comum estabelecido em ocasiões de escassez econômica, a ponto de ser considerada útil ao desenvolvimento.

Em outra perspectiva, a corrupção já foi compreendida também como resultado de um excesso de regulação técnico-burocrática e, no contexto da democracia, Mark E. Warren discorre que o tema se distancia da perspectiva democrática na medida em que fomenta processos de exclusão e enfraquecimento de direitos sociais, dissipando os níveis de reciprocidade e confiança nas instituições.

No entanto, embora toda forma de corrupção envolva exclusão, diversas formas de exclusão não se enquadram como atos corruptivos no contexto da democracia, em que agentes políticos buscam justificar práticas sob o argumento da existência de um processo generalizado e acidental, desviando o olhar crítico para a questão sistêmica e multidisciplinar que envolve o domínio do fenômeno, o qual exige um exame cuidadoso acerca das projeções de concepções inerentes ao interesse público.

Ao longo da história do Brasil, as relações entre Estado e indivíduos mudaram no bojo de um comportamento legal e moral estabelecido, e muitos atos considerados corruptos foram mediados por processos decisórios do campo político, cuja compreensão se situa para além da simplória concepção de extorsão ou oferecimento de propina em virtude de sua capacidade de afetar a democracia e os valores nela envolvidos, a exemplo da igualdade, do debate aberto e da transparente prestação de contas.

No processo de redemocratização pelo qual passou o país, a questão da qualidade das instituições constituídas envolve condicionantes que se relacionam com a expectativa que o cidadão tem no que tange aos resultados que revelam se a democracia possui conteúdo qualitativo satisfatório. Trata-se da compreensão histórica de se houve falha na consolidação democrática e de como a corrupção tem se sustentado.

Do ponto de vista da consolidação democrática, imprescindível é a participação da sociedade civil no processo de governança e legitimidade das instituições para enfrentamento das questões sistêmicas que envolvem a corrupção, estabelecida pela centralização do poder e pela personalização da política nas nações em desenvolvimento, que fornecem um contexto social facilmente influenciável por incentivos materiais. Significa dizer, segundo a ótica de Oskar Kurer, que "não é a democracia que provoca a corrupção, mas o seu mau funcionamento".

A partir dessa percepção, resta clara a compreensão de que, se a corrupção aumenta, a democracia é prejudicada. Para ilustrar tal assertiva, de acordo com o PNUD (Programa das Nações Unidas para o Desenvolvimento – 2002), "para o cidadão comum, parece que a corrupção quebrou todas as barreiras e dita as regras da vida. Isso não é diferente de dizer que interpretam a vida em termos de corrupção".

Diante de toda a construção teórica produzida, conceituar corrupção é uma árdua tarefa, tanto do ponto de vista legal, econômico ou cultural, razão pela qual compreendemos que sua abordagem pode se dar na dimensão das instituições de controle, na perspectiva de que se trata de um problema de Estado e, por via de consequência, uma questão atinente ao regime democrático.

Nesse sentido, o controle da corrupção deve ser exercido enquanto política de Estado, associado a um ideal político de interesse público, no viés mais amplo dos controles inseridos na ordem democrática. Merece destaque a noção de interesse público e coisa pública no Brasil, atrelada ao Estado, e não à sociedade, o que conduz a uma reflexão acerca da tolerância às práticas corruptas no país, que, de acordo com Filgueiras, "pode resultar em situações de endemia da corrupção, que significa exatamente quando perdemos a moralidade política, quando perdemos os valores fundamentais e uma concepção mínima de bem comum que fundam a comunidade".

No que tange ao controle burocrático-administrativo, trata-se de cultura interna aos órgãos da administração, com vistas à gestão das políticas públicas, e ao equilíbrio do interesse público com a eficiência administrativa. Outra abordagem se refere ao controle judicial da corrupção no âmbito do ordenamento jurídico cível e criminal, com relevo para a prerrogativa de o Judiciário rever decisões administrativas, assim como ora impor o obrigatório ajustamento das condutas dos agentes públicos, ora individualizar na esfera penal a imputação de penas aos crimes praticados contra a administração pública. Finalmente, o controle não estatal da corrupção refere-se à atuação da sociedade civil no pleno exercício de sua liberdade política.

O que se constata é a necessidade de enfrentamento da questão do poderio da corrupção no país, identificando as falhas no controle, as dificuldades institucionais, os pontos sensíveis na perspectiva do controle público enquanto política de Estado, bem como a relação intrínseca com a questão moral, conforme valores e normas que o estrutura.

A par disso, a análise da corrupção relaciona-se a processos sociais que podem ser explicativos do fenômeno enquanto possibilidade permanente na órbita da ordem normativa para além do limite da ética; entretanto, há que se compreender que, apesar dos percalços apresentados no cenário político, que afetam frontalmente as instituições, a democracia permanece no topo do ordenamento, enquanto principal valor erigido pelo texto constitucional.

A corrupção, enquanto problema estrutural de política, economia e moral, revela sua face numa perspectiva multidisciplinar, e seu enfrentamento não pode ocorrer senão pela via democrática. Nesse sentido, o controle faz parte do amadurecimento democrático do país, na medida em que assegura em sua essência valores como transparência e compromisso com a pauta republicana.

A questão se revela complexa e contínua, tendo em vista que as práticas culturais se transformam e se amoldam; entretanto, a experiência nos mostra que aperfeiçoar insistentemente a transparência e a segurança jurídica nas ações de controle, alicerçadas em políticas de acompanhamento, constitui prática que pode estabelecer um legado que aponte para um controle sustentável da corrupção.

Os tribunais de contas, a despeito dos avanços tecnológicos e organizacionais que vivenciam enquanto aparatos institucionais das ações de controle, permeiam um cenário de reestruturação e consequente enfrentamento de práticas políticas historicamente não democráticas.

A rigor, em um exame mais detido das atividades de controle no Brasil, há indicativos robustos de que o cenário tem sido favorável à adoção de políticas de combate às patologias corruptivas.

O desinteresse histórico pelo tema fomentou durante longos períodos um sentimento generalizado de irrelevância do problema, porquanto os seus efeitos se institucionalizaram sistemicamente; entretanto, os avanços tecnológicos e a globalização contribuíram no sentido de expor práticas de atos corruptos, evidenciando seus efeitos nocivos à sociedade e obrigando os atores envolvidos a buscarem novas abordagens de prevenção e repressão ao problema, que passou a compor importante item da agenda política internacional.

A ausência de responsabilização e enfraquecimento das instituições resulta em desequilíbrio no processo de controle, tendo em vista que os pontos de resistência sempre se mostram mais relevantes que as mudanças. Em contraponto, as estruturas formalmente democráticas proporcionam o controle social, tendo em vista que possuem na sua raiz valores universais e institutos como os da transparência e governança. Mudanças de paradigmas requerem longo tempo de maturação, e o combate à corrupção pelos órgãos de controle passa pela necessidade de compreensão de uma abordagem nacional segura, que promova a integridade pública, que fortaleça competências, que assegure independência institucional e que possibilite a real participação da sociedade civil.

Para além do senso comum, o uso indevido de recursos públicos, a exposição da rede de clientelas e tantas outras práticas ilícitas revelam contraditoriamente um clamor moral e um inevitável olhar cético à promoção de políticas públicas pelo sentimento de impotência da sociedade, permissiva aos atos de corrupção, inerte à espera de escândalos diários noticiados pelos meios de comunicação.

Nesse sentido, merece destaque a convergente interpretação de que a corrupção se refere a uma sofisticada patologia que tem prosperado no cenário democrático, não pela ausência de conteúdo normativo, mas em razão de seu domínio diferenciado e inclusão histórica em instituições enfraquecidas que não promovem o interesse público, seja pela ausência de capacidade e confiança mútua, seja por desinteresse no enfrentamento de excessos pessoais.

A democracia no país encontra-se consolidada; entretanto, paradoxalmente, se estabelece em um ambiente de descrédito no que tange à confiança do cidadão nas instituições públicas em razão dos incontáveis episódios de corrupção expostos, revelando uma percepção negativa que o estagna a participar efetivamente dos processos de controle social.

A promoção do afastamento do cidadão da gestão pública ocorre quando se nega transparência às ações. Expor informações à sociedade com efetiva transparência significa possibilitar o controle social:

> [...] diz respeito ao direito que o cidadão tem de participar dos destinos da nação. Esse direito humano à participação se insere em uma concepção política, que não é apenas a da democracia representativa, mas que envolve o fato de que a sociedade deve participar da vida pública para além do já consolidado direito à representação (CANELA; NASCIMENTO, 2009, p. 40).

Indubitavelmente, a opção de participação no processo de controle social deve ser facultada ao cidadão; entretanto, a ausência de consciência de cidadania se revela evidente ao posicionar a sociedade como mera destinatária de uma prestação de serviços ineficiente, impossibilitando, assim, a aproximação entre Estado e sociedade enquanto forma de representação política com interesses convergentes, apta a inibir atos de corrupção:

> E não se venha trazer o argumento de que a complexidade da administração pública dificulta a participação social, isto é retórica ideológica, fundada, primeiro, na ideia de que o tema da administração pública possui um grau de complexidade e especificidade que vão desde sua dimensão gramatical/linguística à sua operacionalização, eis que conta com universo categorial tão próprio e pontual que só é alcançado pelos já iniciados em sua ciência, deixando os incautos cidadãos comuns do povo sem compreensão sígnica dos seus enunciados e discursos, o que inviabiliza, por consequência, a compreensão de suas práticas, eis que decorrência da operacionalização daqueles conceitos e discursos. Em tal cenário, o que resta à sociedade é, tão somente, avaliar os resultados das ações e políticas públicas, sendo-lhe vedado o alcance dos níveis de discussão e deliberação sobre a concepção/eleição daquelas ações e políticas – onde muitas vezes se encontram atos ilícitos e corruptivos fantasiados de perfeição formal (LEAL, 2013).

A administração pública brasileira encontra-se em um momento de transição, tendo no princípio da moralidade e combate à corrupção a intenção de manejo de ações positivas em contraposição aos aspectos negativos que sempre nortearam a execução dos serviços públicos. A mudança é lenta e demanda uma postura responsiva do Estado.

Nesse sentido, de nada contribuirão as políticas pontuais de enfrentamento às práticas corruptivas se o foco forem ações de efeito meramente repressivo, porquanto os resultados podem se revelar não confiáveis:

> "Existem dois motivos principais pelos quais a criminalização da corrupção parece ser uma estratégia equivocada de combate à corrupção". O primeiro motivo é que se criminaliza um grande número de atitudes sem conseguir diferenciar e punir as mais graves. Não se consegue punir as mais graves em virtude de um processo penal ultrapassado, o qual impede a sanção, facilita apelações contínuas e favorece a prescrição dos crimes. Além disso, quando se trata da esfera criminal, principalmente, há destacar o fato de haver uma dificuldade para a produção de provas e o fato de que, normalmente, esses crimes têm conexões internacionais, o que dificulta ainda mais a condenação, pelo

fato de haver a necessidade de cooperação jurídica entre diferentes países. Na esfera criminal, o problema do controle da corrupção deixa de ser um problema de controle burocrático para se tornar um problema de controle judicial. A criminalização da corrupção contribui para o empoderamento das instituições judiciais, deslocando a representação política da esfera parlamentar para o sistema de Justiça. A partir disso, os brasileiros percebem o Poder Judiciário como uma instituição menos corrompida e mais confiável do que as Câmaras Municipais, o Senado Federal e a Câmara dos Deputados. No entanto, o Judiciário tem se mostrado ineficiente em relação à corrupção, em particular, em relação aos crimes que envolvem o foro especial. Apesar da sucessão de casos de corrupção na vida pública brasileira, é baixo o índice de condenações criminais, criando uma sensação de impunidade que paira sobre a política brasileira (AVRITZER; FILGUEIRAS, 2011, p. 26-27).

Dito isso, resta-nos partir para a efetivação dos mecanismos postos à disposição dos órgãos de controle para, senão a erradicação, a minimização das práticas corruptivas. Nesse contexto, os tribunais de contas do Brasil, que são órgãos de estatura constitucional que detêm o conhecimento, talvez único no Brasil, de direito financeiro, contabilidade pública, ciclos orçamentários, responsabilidade fiscal e contas públicas, podem e devem ocupar um papel de vanguarda nesse assunto.

Para tanto, tem seu corpo técnico cada vez mais preparado e instrumentos tecnológicos de aferição da regularidade e legitimidade de cada gasto público cada vez mais elaborados, com uso de *big data* e inteligência artificial. O desempenho das atividades de controle, quando exercido com profundidade, indica, seja por meio da checagem direta, seja por meio de sinais decorrentes dos resultados obtidos por meio das políticas públicas, que algo pode estar errado.

Explicamos. À medida que uma política pública é submetida ao controle, sob os seus mais diversos aspectos, mas, sobretudo, do ponto de vista de resultado ao cidadão, facilmente se percebe eventual origem de uma possível prática corruptiva. Se não se alcança a prática ilícita, ao menos se sobressai com clareza a má gestão da aplicação dos recursos públicos, o que, levada ao extremo, acabaria por gerar quase que os mesmos efeitos deletérios de uma prática ilícita. Por que não dizer que a incompetência na gestão dos recursos públicos acaba desaguando no mesmo destino de uma prática ilícita, ou seja, esses recursos não são direcionados em benefício à sociedade.

No que se refere à busca por um Estado fiscalmente equilibrado, também não há outro órgão capaz de induzir tal prática aos entes federados do que as cortes de contas. E por que o Estado precisa ser fiscalmente equilibrado? O desequilíbrio financeiro de um estado da Federação pode ser causa de uma prática corruptiva.

Não trataremos de política macroeconômica, pois esta tem outras facetas que podem justificar a permanência durante um período de convivência com déficits, cobertos por aumento de dívida pública. Referimo-nos aos déficits gerados por entes da Federação que não emitem títulos da dívida pública e, portanto, têm seus desequilíbrios financeiros financiados por seus credores. Esses atrasos estatais junto aos fornecedores do Estado ou ao servidor público têm um potencial capaz de incentivar práticas deletérias às finanças.

A mais evidente das causas desses atrasos do Estado, que servem como fonte de financiamento, é a elevação do custo dos produtos e serviços oferecidos ao Estado. Se o fornecedor já sabe que vai receber atrasado, embute no preço o custo desse atraso. No entanto, a outra razão é muito mais séria, pois cria um ambiente propício de negócio espúrio. Se há 10 credores para receber e só há recurso para dois receberem, toda gama de possibilidades pode ocorrer, facilitando a prática ilícita da corrupção. Além disso, como externalidade negativa de todo esse processo é o rótulo que o ente estatal carrega de mau pagador, absolutamente incompatível com uma gestão fiscal responsável.

Nesse sentido, o espaço que o controle pode e deve exercer é incomensurável. Exigir um planejamento orçamentário compatível com os recursos estatais, ainda que não seja possível responder por todas as competências delegadas pela Constituição Federal. É melhor um orçamento real do que um orçamento inexequível. Prever o irrealizável merece atuação do controlador para corrigir tais práticas. Afastar práticas orçamentárias e financeiras criativas, separando os recursos por fonte. Se o recurso é de financiamento para construção de uma ponte, não pode, ainda que momentaneamente, ser utilizado para outras finalidades. A ação do controlador deve evitar que o Estado se alavanque, evitando que se valha de recursos de fontes carimbadas para uso em despesas correntes de natureza diversa.

Um orçamento equilibrado, as finanças em ordem, a contabilização adequada e o cumprimento da ordem cronológica de pagamentos e, o mais importante, com total transparência pública criam um cenário que blinda a estrutura estatal da ação de agentes corruptores, e esse cenário é induzido por uma Corte de Contas atuante. Daí a importância de os controladores exigirem transparência, equilíbrio e responsabilidade fiscal.

Temos que, no geral, os controladores caminham a passos largos nesse sentido, exigindo inclusive que as rubricas de despesas mais significativas, tais como pessoal e previdência, sejam equacionadas com equilíbrios de longo prazo. Exigir que o governante esteja sempre vigilante às pressões corporativas, cujas concessões carecem de prévio estudo dos impactos no longo prazo. Constante necessidade de revisitar os benefícios previdenciários, ajustando-os à realidade demográfica do país.

Tudo isso, associado a uma forte e austera política de sanção ao gestor irresponsável, com reflexos tanto na sua elegibilidade quanto na questão pecuniária, milita a favor de um cenário que afugenta ou, ao menos, amedronta a possibilidade da prática de corrupção.

Ainda que muitas vezes nos deixemos contaminar por uma apatia, um descrédito das instituições, temos que não há saída democrática senão dentro do aprimoramento institucional. Quando olhamos para um passado recente, precisamos admitir que evoluímos muito. Cada vez mais a sociedade não tolera práticas ilícitas ou corruptivas. Há menos espaço para fazer despesa pública sem que seja dada ampla publicidade. Daí a necessidade de cada poder e órgão exercer com firmeza a cobrança para o cumprimento dos princípios que regem a administração pública: legalidade, impessoalidade, moralidade, publicidade e eficiência. E exercer o efetivo cumprimento desses princípios significa reduzir a quase zero o espaço para práticas de corrupção.

Um ambiente fiscalmente equilibrado e totalmente transparente é árido para ilicitudes. Diante disso e, mormente, frente ao papel central das cortes de contas na indução desse cenário que está o desafio dos próximos anos. Não conseguimos antever um ambiente de retrocesso nesse ponto. Sociedades mais evoluídas superaram essa aparente metástase em que nos encontramos e discutem efetivamente resultados de políticas públicas, e está em nossas mãos fazer com que o nosso país também caminhe nesse sentido. Portanto, mãos à obra em favor de um país melhor, mais eficiente, menos desigual e mais honesto. Mãos à obra.

Referências

ABRAMO, C. W. Percepções pantanosas. A dificuldade de medir a corrupção. *Novos Estudos – CEBRAP*, n. 73, 2005.

FILGUEIRAS, Fernando. *A corrupção do Estado*: perspectivas teóricas e seu processo social. set. 2006.

FILGUEIRAS, Fernando. *A tolerância à corrupção no Brasil*: uma antinomia entre normas morais e prática social.

FREY, Klaus. Políticas públicas: um debate conceitual e reflexões referentes à análise de políticas públicas no Brasil. *Planejamento e Políticas Públicas*, Rio de Janeiro, n. 21, jun. 2000.

GIDDENS, A. *The Consequences of Modernity*. Stanford: Stanford Univ. Press, 1990.

HUNTINGTON, S. P. *A ordem política nas sociedades em mudança*. São Paulo: EDUSP; Rio de Janeiro: Forense-Universitária, 1975.

KUMAR, Pawan. Conceptualizing policial corruption in a democracy: a contested domain, *Revista Estudos de Política*, Campina Grande, v. 1, n. 2, 2012.

MOISÉS, J. A.; CARNEIRO, G. P. Democracia, desconfiança política e insatisfação com o regime: o caso do Brasil. *Opinião Pública*, v. 14, n. 1, 2008.

ROSE-ACKERMAN, S. *Corruption and government*. Causes, consequences and reform. Cambridge: Cambridge University Press, 1999.

WARREN, Mark E. What Does Corruption Mean in a Democracy? *American Journal of Political Science*, v. 48, n. 2, abr. 2004.

Informação bibliográfica deste texto, conforme a NBR 6023:2018 da Associação Brasileira de Normas Técnicas (ABNT):

RECH, Celmar; ZORTÉA, Cinthya Hayashida de Carvalho. Domínio contestado: reflexões acerca da corrupção e o papel dos tribunais de contas. *In*: LIMA, Edilberto Carlos Pontes (Coord.). *Tribunal de Contas do século XXI*. Belo Horizonte: Fórum, 2020. p. 49-60. (Coleção Fórum IRB, v. 3). ISBN 978-85-450-0713-5.

A TRAJETÓRIA DO TRIBUNAL DE CONTAS DO ESTADO DO ESPÍRITO SANTO RUMO À CELERIDADE PROCESSUAL

Domingos Augusto Taufner
Rodrigo Flávio Freire Farias Chamoun
Claudia Stancioli César
Karina Ramos Travaglia

1 Introdução

O controle externo, exercido por órgão distinto daquele que praticou o ato administrativo, é fundamental para que a sociedade certifique que o administrador público agiu de forma correta na utilização dos recursos públicos.

No entanto, o controle externo deve agir com qualidade e agilidade nas competências constitucionais a ele delegadas. O controle tempestivo contribui para a verificação mais célere quanto à regularidade da atuação dos gestores públicos, de forma a evitar a prática de atos irregulares e lesivos ao patrimônio público e, ainda, possibilitar a reparação mais efetiva dos danos decorrentes dessas práticas.

Comprometido com a observância no cumprimento dos prazos processuais, o Tribunal de Contas do Estado do Espírito Santo (TCE-ES) está se empenhando para que a apreciação e o julgamento dos processos de controle externo sejam realizados em conformidade com as metas estabelecidas na legislação pertinente.

Nesse sentido, a intenção do TCE-ES é instituir gradativamente uma nova cultura organizacional, tendo como base as diretrizes finalísticas presentes no planejamento estratégico da instituição.

Para que as ações de celeridade do trâmite processual sejam possíveis, estão sendo monitorados os prazos que as unidades possuem para instrução dos processos, de forma a garantir a efetividade das ações individuais e coletivas em prol do interesse público.

O acompanhamento dos prazos processuais é realizado pela corregedoria do tribunal, pois é a unidade responsável pelo aperfeiçoamento das ações de controle externo. Essa ação permite maior comprometimento por parte dos membros e servidores do tribunal em atuar de forma mais célere a fim de contribuir para o alcance dos objetivos institucionais.

As informações quanto aos prazos são fornecidas por meio de sistema informatizado, que proporciona aos usuários, com maior segurança e transparência, dados que permitem aos gestores das unidades um melhor remanejamento dos recursos humanos e materiais disponíveis, contribuindo para a melhoria da governança institucional e, principalmente, para a prestação de respostas tempestivas à sociedade quanto à regularidade da atuação dos gestores públicos.

Assim, constituindo um dos grandes pilares de sua atuação, a agilidade do julgamento dos processos pelo TCE-ES é de grande relevância social, pois favorece a redução da malversação do patrimônio e recursos públicos, de forma a proporcionar a melhoria da efetividade e eficiência da gestão pública em benefício da sociedade.

2 Princípio da duração razoável do processo

O princípio denominado *duração razoável do processo* foi introduzido no ordenamento jurídico brasileiro como princípio fundamental previsto no inciso LXXVIII do art. 5º da Constituição Federal de 1988.

> Art. 5 - Todos são iguais perante a lei, sem distinção de qualquer natureza, garantindo-se aos brasileiros e aos estrangeiros residentes no País a inviolabilidade do direito à vida, à liberdade, à igualdade, à segurança e à propriedade, nos termos seguintes:
> (...)
> LXXVIII - a todos, no âmbito judicial e administrativo, são assegurados a razoável duração do processo e os meios que garantam a celeridade de sua tramitação (BRASIL, 1988).

Esse princípio visa assegurar a todos, no âmbito judicial e administrativo, a razoável duração do processo e os meios que garantam a sua tramitação de forma célere com vistas à efetividade da atuação institucional.

Contudo, a demora na entrega da prestação jurisdicional, não raras vezes, tem comprometido a análise de legalidade e de eficiência da gestão avaliada. Para Rui Barbosa (1999), "justiça atrasada não é justiça, senão injustiça qualificada e manifesta. Porque a dilação ilegal nas mãos do julgador contraria o direito escrito das partes, e, assim, as lesa no patrimônio, honra e liberdade".

Nas palavras de Melo Filho, Ferreira e Mota (2017), "o transcurso do tempo já se configura por si só, uma injustiça". Isso porque de nada adiantará a formação de um processo que contemple as fases de investigação, acusação e julgamento, observando todas as garantias legais e constitucionais, se ao final não for possível alcançar o fim maior que justifica a própria existência do processo, qual seja, a efetiva e regular gestão dos recursos públicos em benefício da sociedade.

Desse modo, se a demora no julgamento for grande a ponto de inviabilizar o alcance de resultados esperados, corre-se o risco de que o processo de contas se converta, tão somente, em uma sequência de atos administrativos desvinculada de seus propósitos legítimos, impedindo a adoção de medidas, tais como a imputação de multas ou a correção tempestiva da conduta irregular praticada.

Nesse contexto, não é possível alcançar efetividade e justiça nos casos em que a tramitação de um processo se estenda além do tempo necessário para sua conclusão, permitindo, por exemplo, que determinados atos ilegais, que deveriam ser, de imediato, retirados do mundo jurídico, continuem sendo praticados ininterruptamente, incidindo seus efeitos como se fossem válidos.

Assim sendo, é necessário que a entrega da prestação jurisdicional seja realizada dentro de um prazo razoável para que a expectativa da sociedade com relação às cortes de contas se mantenha alta.

Isso, porém, não significa dizer que, para alcançar a celeridade processual, a administração tenha como foco, unicamente, a redução de prazos, posto que "processo rápido nem sempre significará processo justo"; com efeito, é preciso levar em conta a necessidade de ponderação entre o tempo necessário para o desenvolvimento dos atos processuais e garantia da qualidade dos atos praticados.

Apesar de a eficiência não se restringir ao alcance da celeridade processual, é inegável que uma atuação tempestiva poderá contribuir como fator de mudanças no contexto político e social dos órgãos e entes submetidos ao controle dos tribunais de contas.

Como exemplos de benefícios, destacam-se a inclusão do nome dos agentes políticos, cujas contas tenham sido reprovadas, na lista de inelegibilidade encaminhada ao Tribunal Regional Eleitoral; o ressarcimento ao erário; a possibilidade de inabilitação de empresas consideradas inidôneas; o estabelecimento de determinações e recomendações; a concessão de cautelares; entre tantas outras ações de controle externo que, se realizadas em tempo razoável, permitem alterar a realidade dos fatos sob os aspectos legais e gerenciais.

Ademais, a celeridade processual também poderá contribuir consideravelmente para o planejamento da gestão, tendo em vista que o posicionamento tempestivo dos tribunais de contas com relação às prestações de contas anuais possibilita ao gestor a proceder os ajustes necessários nos instrumentos de planejamento, tais como o Plano Plurianual, a Lei de Diretrizes Orçamentárias e o Orçamento Anual.

Logo, uma decisão célere permitirá o conhecimento da atuação de seus representantes a tempo de interferir nos resultados das eleições e de exigir novos métodos de atuação e aprimoramento da gestão pública, sob a forma de controle dos resultados.

Além de ser um instrumento em favor da sociedade, a efetivação da duração razoável do processo também pode se reverter em favor dos gestores públicos, principalmente os que atuam de maneira séria com os recursos públicos. Esses gestores também podem ter seus atos questionados, sendo isso algo natural.

Entretanto, a demora do processo pode deixar indevidamente o seu nome e a sua conduta com mácula ou com dúvida perante a sociedade por um tempo longo e, caso ocorra prescrição, não haverá julgamento, eternizando a dúvida sobre a conduta de um bom gestor. Marinoni (2008) aborda o assunto da seguinte maneira:

> O réu também tem direito à celeridade do processo, embora o seu interesse não tenha a mesma qualidade do interesse do autor. O direito do demandado à celeridade do processo, mais do que exigir prestações positivas do Estado, tem a configuração do direito de defesa, constituindo uma garantia do cidadão contra o Estado, precisamente uma garantia de que não será submetido ao poder estatal – jurisdicional ou administrativo – por mais tempo que o necessário.

Por tantas razões, a implantação do controle de prazos busca atender os legítimos anseios sociais, quais sejam, garantir o direito a um pronunciamento final em seu justo tempo e assegurar maior grau de efetividade às decisões proferidas, contribuindo para a correta aplicação dos bens e recursos por parte dos administradores públicos.

3 Processo de modernização do TCE-ES

A missão do TCE-ES é gerar benefícios para a sociedade por meio do controle externo e do aperfeiçoamento da gestão dos recursos públicos, e a sua visão é ser um órgão reconhecido pela sociedade como um instrumento de cidadania.

Para tanto, seria necessário: promover a melhoria dos processos internos, de forma a melhorar o desempenho da gestão; aprimorar e intensificar o uso da tecnologia da informação; adotar a especialização no controle externo e, ainda, utilizar a informação estratégica para o aperfeiçoamento das ações de controle externo.

Quanto aos recursos humanos, também seria importante a adoção de estratégias a fim de melhorar o comprometimento e o desempenho de seus servidores e membros. E quanto às finanças, seria necessário proporcionar a qualidade e a eficiência do gasto institucional.

Com base nessas premissas e considerando as necessidades da sociedade no que tange à utilização mais responsável dos recursos públicos, o TCE-ES aprovou o Planejamento Estratégico 2016-2020 visando atender os objetivos a serem perseguidos por toda a organização em busca do aumento da eficiência e da eficácia dos trabalhos de fiscalização e de controle, com a finalidade de contribuir para a efetiva e regular aplicação dos recursos públicos em benefício da sociedade.

Assim, a partir do planejamento estratégico, o TCE-ES construiu vários instrumentos que estão tornando mais efetivo o controle externo e também facilitando a participação da sociedade no controle social. Como exemplos, podem ser apresentadas as seguintes iniciativas: sistema CidadES, em que o cidadão pode acompanhar as finanças municipais; Painel de Controle da Macrogestão Governamental, que, entre outras atividades, permite um acompanhamento tempestivo dos limites máximos de gastos com pessoal de cada um dos poderes estaduais; transparência maior dos julgamentos com acesso mais fácil aos processos, bem como transmissão ao vivo das sessões; implantação do ensino a distância, efetivando a função de orientar, que cabe às cortes de contas.

Entretanto, além das ferramentas voltadas para o aprimoramento dos trabalhos de controle externo, acompanhamento e participação da gestão, era necessário, também, o desenvolvimento de ações voltadas para a promoção da tempestividade no julgamento dos processos instaurados no âmbito do TCE-ES. Isso porque, sob a análise da efetividade, é preciso ter em conta duas vertentes de atuação: uma voltada para o fomento das estratégias de fiscalização e controle externo, dentre as quais se ressaltam o tratamento de informações obtidas junto aos jurisdicionados e o desenvolvimento de ferramentas e soluções eletrônicas de suporte para as fiscalizações; e outra voltada para a promoção da tempestividade e qualidade no julgamento dos processos de controle externo instaurados pelo tribunal.

Atento a essas necessidades e em estrita observância ao princípio da duração razoável do processo, o planejamento estratégico do TCE-ES previu em seu objetivo 2, item 1, o exercício do controle externo com excelência e celeridade, de forma a cumprir tempestivamente as metas de apreciação e julgamento dos processos estabelecidos pela legislação pertinente.

Dessa forma, o sistema de controle de prazos desenvolvido por demanda da corregedoria do TCE-ES surge como resultado previsto no planejamento estratégico da Corte de Contas, trilhando-se pela mesma direção adotada pelo Marco de Medição do Desempenho dos Tribunais de Contas (MMD-TC), que integra o projeto Qualidade e Agilidade dos Tribunais de Contas (QATC), desenvolvido pela Associação dos Membros dos Tribunais de Contas do Brasil (Atricon).

4 Aprovação da Resolução TC nº 300/2016

Segundo a Constituição do Estado do Espírito Santo, compete ao Tribunal de Contas do Estado do Espírito Santo (TCE-ES) auxiliar na fiscalização contábil, financeira, orçamentária, operacional e patrimonial do estado, municípios e das entidades da administração direta e indireta quanto aos aspectos da legalidade, legitimidade e economicidade.

Essa atuação é formalizada no âmbito do tribunal em processos de controle externo, nos quais são, em geral, classificados, individualmente, por órgão a ele jurisdicionado.

Com base no princípio da duração razoável do processo e no Planejamento Estratégico 2016-2020 do TCE-ES, foi aprovada a Resolução TC nº 300/2016, que estabelece prazos para apreciação e julgamento dos processos e metas de redução de estoque processual no âmbito do Tribunal de Contas do Estado do Espírito Santo.

Na Resolução TC nº 300/2016, os processos de controle externo são divididos em estoque e novos processos. São considerados como estoque os processos autuados até 31 de dezembro do ano de 2016 e ainda pendentes de deliberação. Os processos novos são os autuados a partir do ano de 2017. Essa divisão permitiu dar tratamento diferenciado aos processos do estoque e aos processos autuados a partir de 2017.

4.1 Processos do estoque

Segundo o art. 8º, II, da Resolução TC nº 300/2016, o percentual de apreciação e julgamento para a redução e eliminação do estoque inventariado (processos autuados até o ano de 2016) deve ser cumprido na seguinte proporção:

a) 25% em 2017;
b) 50% em 2018;
c) 75% em 2019;
d) 100% em 2020.

Assim, realizado um inventário que identificou o quantitativo de processos autuados até o ano de 2016 e ainda pendentes de apreciação ou julgamento, o TCE-ES, segundo a citada resolução, comprometeu-se a eliminar esse estoque até o ano de 2020.

Ressalta-se a preocupação do tribunal em designar uma "comissão técnica responsável pelo acompanhamento das ações estabelecidas para a redução e eliminação do estoque processual", formalmente composta por auditores de controle externo, responsável pela seleção dos critérios para definição dos processos de análise prioritária para cada ano.

Assim, os critérios de seleção de prioridade adotados pela comissão levaram em consideração os seguintes fatores:

- prestação de contas anuais de governo e de órgãos do Poder Legislativo, do Poder Judiciário Estadual e do Ministério Público Estadual;

- consultas;
- processos em que a prescrição da pretensão punitiva esteja prevista para ocorrer até 2019;
- processos com instrução encerrada, ou seja, pendentes de parecer ministerial, voto e julgamento/deliberação;
- processos em que tenha sido apontado dano ao erário e em que a prescrição da pretensão punitiva esteja prevista para ocorrer até 2020;
- processos cuja natureza seja de incidente de prejulgados.

Com base nos critérios apontados pela comissão técnica, o plenário do tribunal ratificou, por meio de decisão plenária, a lista dos processos a serem deliberados a cada ano a fim de que fossem apreciados/julgados com prioridade aqueles que se enquadrassem nas situações definidas pela citada comissão.

4.2 Processos autuados a partir de 2017

Conforme preconiza o art. 3º da Resolução TC nº 300/2016, os processos autuados a partir do ano de 2017 possuem tramitação e deliberação priorizadas no âmbito do TCE-ES, adotando-se como parâmetros para apreciação ou julgamento os seguintes prazos:

Quadro 1 – Prazos estabelecidos pela Resolução TC nº 300/2016

(continua)

Assunto	Prazo
Prestação de contas anual do governador do estado	Emissão de parecer prévio no prazo de até 60 (sessenta) dias a contar do seu completo recebimento
Prestação de contas anual de prefeito	Emissão de parecer prévio no prazo de até 24 (vinte e quatro) meses a contar do seu completo recebimento
Prestação de contas anual das câmaras municipais, Tribunal de Justiça, Ministério Público e mesas da Assembleia Legislativa	Julgamento em até 18 (dezoito) meses, a contar do seu completo recebimento
Demais prestações de contas	Julgamento até o término do exercício seguinte àquele em que lhe tiverem sido apresentadas

(conclusão)

Assunto	Prazo
Tomada de contas especial, instaurada de ofício, determinada ou convertida pelo tribunal, representação e denúncia, sem cautelar deferida	Julgamento em até 11 (onze) meses do recebimento completo da tomada de contas especial instaurada ou determinada e, nos demais casos, da autuação no tribunal
Processos em que haja pedido ou concessão de medida cautelar quanto ao pedido de concessão, análise com absoluta prioridade, salvo se houver tempo suficiente para ouvir a outra parte e/ou o órgão técnico	Julgamento do mérito da cautelar ser realizado no prazo de até 6 (seis) meses da concessão da medida
Fiscalizações e demais processos	Julgamento em até 18 (dezoito) meses da autuação do processo
Recursos e pedidos de revisão	Julgamento em até 10 (dez) meses da autuação do recurso
Agravo	Julgamento em até 5 (cinco) meses da autuação
Embargos de declaração com efeito modificativo	Julgamento em até 5 (cinco) meses da autuação
Embargos de declaração nos quais não haja efeito modificativo	Julgamento em até 30 (trinta) dias
Consultas	Apreciação com emissão de parecer em consulta em até 6 (seis) meses da autuação

Fonte: Resolução TC 300/2016.

Os prazos contidos no art. 3º da Resolução TC nº 300/2016 resultam dos prazos dispostos nas constituições federal e do estado do Espírito Santo, na Lei Complementar Estadual nº 621/2012 (Lei Orgânica do TCE-ES), na Resolução TC nº 261/2013 (Regimento Interno do TCE-ES) e nas diretrizes emanadas pela Associação dos Membros dos Tribunais de Contas do Brasil (Atricon).

5 Processo de gestão de prazos processuais pelo TCE-ES

Em que pese a existência de prazos legais para que o tribunal julgue os processos de sua competência, não existiam, até o ano de 2017, ferramentas informatizadas que pudessem aferir, com segurança, o cumprimento dos prazos processuais dos processos de controle externo no âmbito do TCE-ES, dificultando o gerenciamento dos prazos dos processos e dos recursos humanos alocados para instrução das peças processuais.

Os poucos controles que existiam eram realizados manualmente, não traduzindo de maneira fidedigna a real situação quanto ao atendimento aos prazos legais de julgamento dos processos de controle externo.

Para que fosse possível o acompanhamento dos prazos estabelecidos pela Resolução nº 300/2016, era necessária a geração de módulo eletrônico capaz de fornecer de forma segura e transparente as informações quanto ao cumprimento dos prazos para instrução por parte dos servidores e de apreciação ou julgamento por parte dos membros (conselheiros) da instituição.

Com base nessa necessidade, o TCEES definiu como projeto prioritário para os anos de 2017 e 2018 a configuração de painéis de controle de prazos processuais que pudessem auxiliar no gerenciamento tanto dos processos do estoque quanto dos processos autuados a partir do ano de 2017.

A Secretaria de Tecnologia da Informação foi a unidade responsável pela configuração do módulo, e a corregedoria do tribunal efetuou todas as etapas de validação dessa ferramenta, que foi construída no âmbito do sistema de gestão interna do Tribunal de Contas do Espírito Santo, denominado e-TCEES.

Atualmente, em plena atividade, o sistema de controle de prazos processuais desenvolvido pelo TCEES está disponível de forma clara e transparente na plataforma de trabalho de todos os membros e servidores do tribunal. Os prazos considerados pelo sistema informatizado foram os estabelecidos com base na Resolução TC nº 300/2016.

Nos painéis do sistema, é possível o acesso a informações gerenciais pelos administradores de cada setor, bem como a verificação do cumprimento dos prazos processuais pelos relatores, setores, servidores e pelo próprio tribunal.

A assessoria de comunicação (Ascom) e a ouvidoria do TCE-ES possuem amplo acesso aos painéis, podendo fornecer à sociedade informações acerca do cumprimento dos prazos dos processos de controle externo de responsabilidade do tribunal, fortalecendo sobremaneira o controle social em benefício da coletividade.

Assim, o módulo eletrônico de gestão de prazos processuais contribui para a melhoria de algumas atividades institucionais, tendo em vista que:

- permite o controle gerencial dos processos localizados nas unidades do tribunal;
- provoca o empenho dos conselheiros em atender os prazos para julgamento dos processos de controle externo;
- promove a dedicação dos gestores das unidades técnicas em atender os prazos estabelecidos para as unidades que estão sob suas responsabilidades;
- possibilita maior comprometimento dos servidores em realizar suas tarefas quanto à instrução dos processos de controle externo;
- serve como instrumento de apoio às ações da corregedoria do TCE-ES;
- incentiva o controle social.

No processo de acompanhamento quanto ao cumprimento dos prazos processuais, destaca-se a participação da corregedoria do tribunal, que tem, entre outras atribuições, a competência para fiscalizar as unidades e os procedimentos administrativos do TCE-ES, com o objetivo de garantir a regularidade, a eficiência e a eficácia das ações de controle externo, bem como as atividades de gestão interna, cabendo-lhe a função de auxiliar o aprimoramento dos processos de trabalho.

Nesse sentido, a corregedoria monitora, bimestralmente, o prazo de instrução dos processos pelas unidades, acompanha os prazos de apreciação e de julgamento dos processos de controle externo e, quando necessário, a unidade realiza reuniões com os gestores das unidades, que apresentam oportunidades de melhoria quanto ao cumprimento dos prazos processuais.

6 Resultados alcançados

O marco inicial para a implantação do sistema de monitoramento dos prazos processuais foi a aprovação da Resolução TC nº 300/2016, que estabelece prazos para apreciação e julgamento dos processos e metas de redução de estoque processual no âmbito do Tribunal de Contas do Estado do Espírito Santo.

Com a completa implementação do sistema informatizado de controle de prazos processuais no TCE-ES, tornou-se possível gerenciar, monitorar e dar maior transparência às diversas etapas que consolidam a atuação constitucional do tribunal. Além disso, esse sistema possibilita fornecer à corregedoria do tribunal instrumentos de controle capazes de contribuir para o efetivo aprimoramento das ações de controle externo.

Segundo o Relatório Institucional Anual 2017 do TCE-ES, a partir do monitoramento dos prazos, foi observado que a meta prevista para o ano de 2017, que era reduzir em 25% o estoque de processos de controle externo autuados até 31 de dezembro de 2016, foi superada, tendo em vista que, apenas no primeiro ano de implementação da Resolução TC nº 300/2016, o TCE-ES conseguiu reduzir 50,85% desse estoque processual.

Quanto aos processos autuados a partir do ano de 2017, foi apresentado na 45ª Sessão Ordinária do Plenário do TCE-ES, realizada em 18 de dezembro de 2018, um estudo acerca das melhorias quanto ao cumprimento dos prazos processuais após dois anos de vigência da Resolução nº 300/2016 no âmbito do TCE-ES. A seguir, são demonstrados alguns dos resultados alcançados:

Quadro 2 – Estudo comparativo

(continua)

ASSUNTO	RESOLUÇÃO Nº 300/2016 – TEMPO EM DIAS ANTES*	RESOLUÇÃO Nº 300/2016 – TEMPO EM DIAS APÓS**	DIFERENÇA EM DIAS
Prestação de contas anual de prefeito	695	330	-365
Prestação de contas anual de ordenador			
Tomada de contas especial determinada	2490	175	-2315
Tomada de contas especial instaurada			
Tomada de contas especial convertida			
Controle externo – fiscalização – levantamento	425	462	37
Controle externo – fiscalização – inspeção	1876	271	-1605
Controle externo – fiscalização – auditoria			
Controle externo – fiscalização – monitoramento			
Controle externo – fiscalização – denúncia	1195	154	-1041

(conclusão)

ASSUNTO	RESOLUÇÃO Nº 300/2016 – TEMPO EM DIAS ANTES*	APÓS**	DIFERENÇA EM DIAS
Controle externo – fiscalização – representação	378	148	-230
Pedido de reexame	1103	229	-874
Recurso de reconsideração	1672	221	-1451
Pedido de revisão	1575	163	-1412
Agravo	88	149	61
Embargos de declaração	499	120	-379
Consultas	376	157	-219

* As informações coletadas antes da Resolução nº 300/2016 foram decorrentes do estudo efetuado pelo auditor de controle externo do TCE-ES Lucas Salim.

** Fonte: Sistema e-TCEES.

Com base nas informações contidas no quadro 2, observa-se que o prazo médio para apreciação de uma prestação de contas anual de prefeito era de 23 meses; após a Resolução TC nº 300/2016, o prazo médio foi reduzido para 11 meses.

Ressalta-se, também, que as fiscalizações nas modalidades inspeção, auditoria e monitoramento tinham média de 62 meses para conclusão; atualmente, são, em média, 9 meses.

Atenta-se que a maior redução de prazo para julgamento foi verificada em tomadas de contas especiais (determinadas, instauradas ou convertidas), com redução de 77 meses, ou seja, de 83 meses para, em média, 6 meses.

Importante destacar também a redução dos prazos de julgamento dos recursos, como, por exemplo, o de reconsideração, que era, em média, de 55 meses e, atualmente, é de 7 meses.

Tal constatação deixa claro o ganho de efetividade, sobretudo em se tratando de demanda recursal, principalmente considerando o período de tramitação desde o processo principal até o trânsito em julgado.

Do mesmo modo, os prazos para a emissão de parecer consulta, que antes era, em média, de 12 meses e, atualmente, é de 5 meses. Registre-se, a propósito, que, dependendo do tempo de tramitação de um processo de consulta, sua decisão poderá ser inócua, desvinculada de seu propósito ou finalidade pública, na medida em que a dúvida suscitada, quando não respondida em tempo hábil, poderá culminar na inoperância do órgão consulente e, não raras vezes, na inaplicabilidade da decisão intempestiva proferida pela Corte de Contas.

Todas essas iniciativas exitosas buscam combater a eternização dos processos no TCE-ES. Com base nos resultados apresentados, pode-se concluir que, atualmente, o TCE-ES está contribuindo significativamente para que não haja prescrição dos fatos contidos nos processos de controle externo.

O mérito desses resultados advém do envolvimento dos servidores e membros do tribunal, haja vista que, atualmente, o tempo médio de elaboração de instruções técnicas conclusivas é de 60 dias, dos pareceres do Ministério Público de Contas é de 11 dias e dos votos dos conselheiros e conselheiros substitutos é de 36 dias, conforme apontado no sistema de controle de prazos processuais do TCE-ES.

Nesse contexto, é importante ressaltar a relevância da Resolução TC nº 300/2016, que estabeleceu prazos para apreciação e julgamento dos processos e metas de redução de estoque processual no âmbito do tribunal, a implementação do sistema de controle desses prazos, a atuação da corregedoria e o compromisso dos servidores e membros envolvidos.

Assim, os instrumentos de atuação do tribunal, acompanhados de um firme processo de fiscalização, trouxeram, de maneira direta ou indireta, muitos resultados positivos, tais como: o estado do Espírito Santo ficou com nota A do Tesouro Nacional em matéria de capacidade de pagamento dos seus compromissos; apenas três municípios do estado estão extrapolando o limite máximo de gastos com pessoal previsto na Lei de Responsabilidade Fiscal; e o índice de transparência dos órgãos públicos tem alcançado valores excelentes.

7 Conclusão

O Tribunal de Contas do Estado do Espírito Santo tem como missão gerar benefícios para a sociedade por meio do controle externo e do aperfeiçoamento da gestão dos recursos públicos. Para que isso seja possível, é fundamental que o julgamento dos processos de sua competência seja realizado de forma tempestiva.

O objetivo desta pesquisa foi demonstrar a trajetória do TCE-ES a partir da evolução do processo de controle de prazos processuais efetuado pelo órgão a fim de evidenciar os resultados obtidos pela instituição após o rigoroso monitoramento das metas institucionais.

Assim, importa destacar que, a partir da aprovação da Resolução nº 300/2016, aliado ao desenvolvimento de sistema eletrônico de controle de prazos processuais, foi possível realizar o gerenciamento, monitoramento e dar maior transparência quanto à avaliação da tempestividade para apreciação e julgamento dos processos no âmbito do tribunal.

Ressalta-se também a participação da corregedoria nesse cenário por ser a unidade responsável pelas ações de acompanhamento dos prazos processuais, de forma a contribuir para a efetividade das ações individuais e coletivas em prol do interesse público.

No entanto, as ações mais relevantes nesse contexto foram a participação e o comprometimento dos servidores e membros da instituição, oferecendo contribuições para o alcance das metas previstas no planejamento estratégico do TCE-ES.

Dessa maneira, de forma a atender o princípio da duração razoável do processo, o TCE-ES está cada vez mais empenhado em cumprir com efetividade e celeridade os prazos processuais, entregando à sociedade resultados efetivos quanto à atuação de controle externo.

Assim, o empenho quanto ao cumprimento dos prazos processuais no âmbito do Tribunal de Contas do Estado do Espírito Santo representa um dos grandes pilares da sua atuação, tendo em vista que o julgamento tempestivo dos processos de sua competência fortalece o controle, oportuniza à sociedade obter respostas mais céleres quanto à correta aplicação dos recursos por parte dos administradores públicos e promove iniciativas voltadas à participação social quanto ao acompanhamento das ações públicas, contribuindo para a melhoria da efetividade e eficiência da gestão pública em benefício da coletividade.

Referências

ATRICON - ASSOCIAÇÃO DOS MEMBROS DOS TRIBUNAIS DE CONTAS DO BRASIL. *Qualidade e Agilidade dos Tribunais de Contas*: diretrizes e marco de medição de desempenho. Brasília: Atricon, 2017. 292p.

BARBOSA, Rui. *Oração aos moços*. Edição popular anotada por Adriano da Gama Kury. 5. ed. Rio de Janeiro: Edições Casa de Rui Barbosa, 1999. Disponível em: http://www.casaruibarbosa.gov.br/dados/DOC/artigos/rui_barbosa/FCRB_RuiBarbosa_Oracao_aos_mocos.pdf. Acesso em: 17 maio 2019.

BRASIL. Constituição (1988). *Constituição da República Federativa do Brasil*. Brasília, DF: Senado Federal, 1988. Disponível em: http://www.planalto.gov.br/ccivil_03/constituicao/constituicaocompilado.htm. Acesso em: 25 fev. 2019.

ESPÍRITO SANTO (Estado). *Constituição do Estado*. Disponível em https://www.tce.es.gov.br/biblioteca/legislacao/normas-externas/estaduais/. Acesso em: 21 abr. 2019.

ESPÍRITO SANTO (Estado). *Decisão Plenária nº 03, de 14 de fevereiro de 2017*. Indica os processos que compõem a seleção da meta de que trata o art. 8º, inciso II, alínea *a* da Resolução TC nº 300, de 29 de novembro de 2015, e que deverão ser deliberados pelo Tribunal de Contas no exercício de 2017. Disponível em: https://www.tce.es.gov.br/biblioteca/legislacao/resultado-tipo/?tipodenorma=22&numeronorma=03&anonorma=2017. Acesso em: 28 abr. 2019.

ESPÍRITO SANTO (Estado). *Decisão Plenária nº 04, de 20 de fevereiro de 2018*. Indica os processos que compõem a seleção da meta de que trata o art. 8º, inciso II, alínea *b* da Resolução TC nº 300, de 29 de novembro de 2015, e que deverão ser deliberados pelo Tribunal de Contas no exercício de 2018. Disponível em: https://www.tce.es.gov.br/biblioteca/legislacao/resultado-tipo/?tipodenorma=22&numeronorma=04&anonorma=2018. Acesso em: 18 fev. 2019.

ESPÍRITO SANTO (Estado). *Lei Complementar nº 621, de 8 de março de 2012*. Dispõe sobre a Lei Orgânica do Tribunal Contas do Estado Espírito Santo. Disponível em: https://www.tce.es.gov.br/biblioteca/legislacao/resultado-tipo/?tipodenorma=11&numeronorma=621. Acesso em: 21 abr. 2019.

ESPÍRITO SANTO (Estado). *Resolução nº 300, de 29 de novembro de 2016*. Estabelece prazos para apreciação e julgamento dos processos e metas de redução de estoque processual no âmbito do Tribunal de Contas do Estado do Espírito Santo. Vitória, ES, nov. 2016. Disponível em: https://www.tce.es.gov.br/wp-content/uploads/2017/06/Res300-2016-Estabelece-prazos-processos-1.pdf. Acesso em: 28 abr. 2019.

ESPÍRITO SANTO (Estado). *Resolução TC 261, de 4 de junho de 2013*. Aprova o Regimento Interno do TCEES. (Atualizado até a Emenda Regimental nº 010/2019). Disponível em: https://www.tce.es.gov.br/biblioteca/legislacao/resultado-tipo/?tipodenorma=20&numeronorma=261&anonorma=2013. Acesso em: 28 abr. 2019.

ESPÍRITO SANTO (Estado). *Tribunal de Contas do Estado supera em 100% meta de julgamentos em estoque*. Vitória, ES, 2018. Disponível em: https://www.tce.es.gov.br/tribunal-de-contas-do-estado-supera-em-100-meta-de-julgamentos-em-estoque/. Acesso em: 28 abr. 2019.

ESPÍRITO SANTO (Estado). Tribunal de Contas. *Plano Estratégico 2016-2020*. Vitória/ES: TCEES, 2015. 36p. Disponível em: https://www.tce.es.gov.br/portal-da-transparencia/o-tribunal/planejamento-estrategico/plano-estrategico-institucional/. Acesso em: 02 abr. 2019.

ESPÍRITO SANTO (Estado). Tribunal de Contas. *Relatório Institucional Anual 2017 do TCEES*. Vitória/ES: TCEES. Disponível em: https://www.tce.es.gov.br/imprensa/publicacoes/. Acesso em: 02 abr. 2019.

MARINONI, Luiz Guilherme. Direito fundamental à duração razoável do processo. *Revista Bimestral de Direito Público*, Belo Horizonte: Fórum, ano 10, n. 51, set/out. 2008. p. 42-60.

MELO FILHO, Aécio de Souza; FERREIRA, Brunno Kléberson de Siqueira; MOTA, Tércio de Sousa. A aplicabilidade do princípio da razoável duração do processo: uma análise sobre a morosidade processual nas varas estaduais cíveis comuns de Campina

Grande - PB. Âmbito Jurídico, Rio Grande, XIV, n. 84, jan. 2011. Disponível em: http://www.
ambito-juridico.com.br/site/index.php?artigo_id=8886&n_link=revista_artigos_leitura.
Acesso em: 02 abr. 2019.

Informação bibliográfica deste texto, conforme a NBR 6023:2018 da Associação Brasileira de Normas Técnicas (ABNT):

TAUFNER, Domingos Augusto *et al.* A trajetória do Tribunal de Contas do Estado do Espírito Santo rumo à celeridade processual. *In*: LIMA, Edilberto Carlos Pontes (Coord.). *Tribunal de Contas do século XXI*. Belo Horizonte: Fórum, 2020. p. 61-77. (Coleção Fórum IRB, v. 3). ISBN 978-85-450-0713-5.

A RETOMADA DO DIÁLOGO INSTITUCIONAL NO CONTROLE SOBRE AS CONTAS DE GOVERNO

Doris T. P. C. de Miranda Coutinho

1 Introdução

Na origem do Estado, nutre-se uma imagem irrestrita e concentrada do poder político. Isso porque havia uma coincidência entre o conceito de soberania, que, por definição, é una, perpétua e indivisível, e a instituição régia, a encarná-la. À época, a figura do monarca atuava como o "fecho da abóbada", proporcionando uma convergência, sob seu domínio, dos poderes fragmentados da nobreza feudal.[1]

O avanço do controle sobre a esfera pública ocorre somente em seguida, quando do abandono do modelo monárquico de feição absolutista e a assunção de um Estado de Direito. Desde então, tendo por cerne a contenção do poder político, a teoria jurídica caminhou por diversas vias, sempre a encontrar novos desafios e novas perspectivas pelas quais se firma a inestimável – porém, transitória – legitimidade pública. Os novos paradigmas de soberania refundaram a estrutura organizatória do Estado com o fito em melhor servir os indivíduos.

---

[1] Em outros termos, a ideia de Estado nasce em um ambiente de "fechamento do poder", como bem elucida Moreira Neto (2001, p. 5), em que os múltiplos controles eram realizados em função do monarca, sempre a reforçar o domínio de sua autoridade. Por isso, é possível falar em uma sociedade tutelada pelo Estado, e não o contrário.

Ao entender-se a sociedade como fonte autônoma e natural do poder,[2] passa-se a enfrentar a existência do Estado como uma artificialidade e, por consequência, como um instrumento dos sujeitos que lhe dão origem: o povo. Com isso, a esfera pública, que já era entendida como o espaço de deliberação dos interesses comuns da coletividade – mas sob o manto do paternalismo patrimonialista monárquico –, redireciona seu agir: entendendo-se agora a sociedade como seu fundamento originário, também nela estará o seu desígnio final.

Perceba-se, com isso, a inversão paradigmática empreendida na legitimação do Estado, que terminou por tornar seu poder mais transparente e responsável: o agente (representante), atuando em nome e em razão do principal (representado), assume o ônus da responsabilidade frente a este. Ora, nisso consiste o conceito de representação, em face do qual, inclusive, a atividade parlamentar, entre outras, é recepcionada como expressão e defesa dos interesses da coletividade "no" Estado, de modo que seus agentes são agentes da sociedade "no" Estado, e não "do" Estado.

Essa incursão teórica, aparentemente apenas terminológica, possui um destacado papel nas reflexões sobre a função de controle externo. São agentes de controle externo os intermediários entre o Estado e a sociedade na fiscalização da gerência do patrimônio público – embora remanesça na própria sociedade parcela desse poder de controle. Por isso, atuam os órgãos controladores na defesa imediata (prioritária e absoluta) dos interesses da sociedade.

De outro prisma, contudo, passou-se a entender progressivamente as limitações dos arranjos político-partidários na tutela dos interesses públicos primários. Em vista disso, o sistema de controle caminhou para além dos tradicionais instrumentos partidários, equalizando-os com atuações técnico-jurídicas. Assim, ao lado dos partidos, movidos que são por vínculos político-ideológicos, insculpiu-se um controle técnico-jurídico exercido pelas instituições superiores de controle (ISC),[3] as quais, inobstante permaneçam a cargo de antigas instituições

---

[2] Na modernidade, essa compreensão dessacralizada do poder inicia-se em Hobbes – inobstante o mesmo termine por aderir a um Estado centralizado – e se desenvolve com os demais autores liberais inspiradores das revoluções dos séculos XVII e XVIII.

[3] Duas grandes categorias de ISC se consolidaram no mundo: o modelo de tribunal de contas, proveniente da Europa continental, e de auditoria ou controladoria-geral, de origem anglo-saxônica.

(criadas há séculos), experimentam uma ressignificação do seu papel,[4] que acompanha a própria transformação da relação entre o Estado e a sociedade.

Por isso, está no epicentro desse fenômeno a alteração da forma como se sucede o processo decisório, sempre a ocasionar um remodelamento da ordem jurídica que o conforma. Daí a necessidade de, primeiro, se discorrer acerca da transformação da teoria jurídica acerca da legitimidade pública para, apenas em seguida, abordar a temática central: a importância do dever de prestar contas na Constituição Federal de 1988 e a necessidade de diálogo institucional no exercício do seu controle. Para tanto, realizou-se uma pesquisa bibliográfica, dando-se uma abordagem qualitativa acerca dos posicionamentos jurisprudenciais e, sobretudo, doutrinários sobre o assunto.

2 *Accountability*, policentrismo institucional e novos paradigmas de controle

A cada momento da sociedade, corresponderá um modelo de Estado, que, por sua vez, dará origem a uma forma específica de administração pública. Tal como já apontava Moreira Neto (2001, p. 5), é possível vislumbrar que as transições dos modelos de Estado revelam um processo de metamorfose social, que, de um arquétipo fechado, passa progressivamente a uma sociedade aberta, pluralística, a exigir um renovado paradigma de ordem.

Vive-se atualmente uma mudança profunda na organização político-institucional do Estado. De uma estrutura em que as decisões substanciais eram tomadas em organismos formais de governo, dispostos essencialmente em três segmentos (Executivo, Legislativo e Judiciário), muda-se a outra, em que o poder decompõe em variados centros sua manifestação, nem todos integrantes da esfera pública. Em mesmo

---

[4] Moreira Neto (2003, p. 36-37) apresenta um interessante panorama da evolução dos destinatários do Tribunal de Contas. Primeiro, este atuava como órgão destinado a cuidar dos recursos da Coroa (e, por isso, tinha como destinatário de suas funções o monarca). Em seguida, passou a ter como destinatário o Poder Executivo, que herdou as antigas estruturas da realeza. Após, possuiu o Parlamento como seu destinatário, tornando-se dele mero órgão complementar – e subordinado –, em uma tradição de dependência que se arrastou até bem recentemente. Somente agora o Tribunal de Contas alcança sua independência orgânico-funcional, passando a ter a sociedade como sua principal destinatária.

sentido, observa-se uma diversificação[5] de agentes compreendidos no processo deliberativo, dispersando os paradigmas de controle mútuo.

Ocorre que, para se conceber uma nova composição orgânica do Estado, deve-se, antes de tudo, entender a diversificação das funções políticas de soberania estatal, com o redimensionamento de funções de intermediação e de controle relativas à fiscalização, promoção e defesa dos interesses públicos. A crescente especialização de funções políticas redundou em uma correlata complexização do arcabouço institucional,[6] conduzindo a uma releitura da teoria da separação de poderes, sem esvaziar, porém, seu real propósito, que é a contenção do exercício do poder político.

2.1 Republicanismo e a responsabilidade pública

Um Estado republicano vocaciona-se a instituir um poder político não pessoal, não hereditário, fundado em um documento superior a serviço da população, e não do Estado.[7] Por conseguinte, a ideia central do regime republicano é a índole não patrimonial da esfera pública, ao entendê-la como de serventia do povo, o que transporta à esfera pública um inexorável caráter de controle (*answerability*) e, por consequência, uma necessária submissão a responsabilidades (*enforcement*).

Repise-se também que o reconhecimento da existência de uma natureza cívica no laço nutrido entre as sociedades civil e política conduz ao problema da legitimidade do poder político, que opera no campo da cultura, vez que se refere ao permanente processo de ressignificação da relação de mando entre o Estado e o povo. Reforce-se

---

[5] Neste aspecto, sobressai lição de Moreira Neto (2011, p. 82) ao apontar os três novos eixos pelos quais é possível um agrupamento das funções públicas: 1) as funções estatais exercidas no Estado por cidadãos, instituídas com vistas à definição do poder político e de seu exercício, caracterizando-o como democrático; 2) as funções estatais exercidas pelo Estado através de agentes, legalmente investidos em distintos modos de atuação do poder estatal vinculados à realização dos interesses públicos que lhe são constitucionalmente cometidos, sobretudo, pela provedoria de governança e pela provedoria de justiça; e 3) as funções estatais exercidas no Estado por agentes legalmente investidos no exercício de competência constitucional para prover diretamente a realização de interesses da sociedade, caracterizando novas funções independentes de zeladoria, controle e promoção da justiça.

[6] Daí porque a propositura de Canotilho (1993, p. 711) acerca da estruturação orgânico-funcional do Estado, ao qualificá-la como policêntrica, encontra melhor guarida na atualidade do que as leituras ainda afeitas à tradicional tripartição institucional do Estado.

[7] Vislumbra-se com isso um poder que "serve ao", e não "se serve do", cidadão. Está aí o núcleo cívico com que esse regime se afirma, que se concretiza mediante um vínculo retributivo entre os instituidores (sociedade civil) e os seus representantes (sociedade política), mediado pelas instituições conformadoras do Estado de Direito.

com isso que o debate acerca do controle sobre as funções políticas extrapola a mera questão de alocação eficiente dos recursos públicos, que, por si só, já apresenta expressiva complexidade. Ela abarca também uma problemática de cunho moral, sobretudo em um contexto, como atualmente se vive, de agigantamento da administração pública e aprofundamento do seu papel interventivo na coletividade, consoante pondera Willeman (2017, p. 42).

Ter em mente o escopo moral do regime republicano é fundamental para poder-se, agora, traçar o caminho pelo qual as múltiplas atividades de controle se desenvolveram. Primeiro, a legitimação da esfera pública ocorreu mediante a democratização da representação parlamentar, formando-se, com isso, uma via de integração da comunidade nas decisões do Estado. Após, também as funções de provedoria de governança – tradicionalmente vinculada ao Executivo – passou a se sujeitar às eleições.

A isto corresponde, ensina O'Donnell (1998, p. 28), a modalidade vertical de *accountability*, em que, mediante a ideia de autogoverno, os indivíduos de súditos são convertidos em cidadãos, muito embora permaneça, contudo, o desequilíbrio de poder entre ambos – daí sua caracterização como vertical. A sujeição de determinadas searas aos pleitos eleitorais periodicamente organizados permitiu uma inédita via de controle retrospectiva sobre a *performance* dos agentes eleitos. O eleitor, munido do poder de escolha, passou a poder sancionar os candidatos através da não condução, ou não recondução, dos mesmos aos cargos pleiteados.

Para tanto, seriam fundamentais as condições de obtenção e circulação de informações em dada sociedade.[8] Sem elas, obsta-se a análise da *performance* dos políticos pelos eleitores, inviabilizando-se a devida responsabilização.

De outro lado, mesmo em face de sistemas políticos suficientemente sofisticados, em que há uma ampla difusão das informações de interesse público, o caráter periódico das eleições terminaria por tolher a coerção sobre os representantes caso a responsabilização operasse tão

---

[8] Não à toa, Dahl (2015, p. 27) aponta para os aspectos que aproximam uma "poliarquia" de uma democracia: liberdade de formar e aderir a organizações, o direito a voto, a elegibilidade para cargos públicos, o direito de líderes políticos disputarem apoio e votos, a realização de eleições livres e idôneas, a existência de liberdade de expressão. Essas condições condicionam os "custos de delegação" (FILGUEIRAS, 2011, p. 70), em que, quanto maior for a assimetria de informação entre o principal e o agente, menor será a qualidade da atuação dos agentes públicos.

somente por essa via de controle. Daí porque, ao lado da democratização dos procedimentos de preenchimento de determinados cargos, são constituídos órgãos especializados na fiscalização permanente sobre a esfera pública, intensificando a responsabilização (penal, civil e/ou administrativa) dos malfeitos. Essas instituições compõem a modalidade horizontal da *accountability* (O'DONNELL, 1998, p. 40).

Para uma melhor compreensão dessa espécie de *accountability*, é fundamental retomar que a partilha das funções políticas entre os núcleos orgânicos do Estado impõe aos mesmos a responsabilidade pela realização dessas funções, determinando-lhes não apenas um limite à ação, como também – e sobretudo – um dever de agir, sob pena de sofrerem sanções diversas. É nesse quadrante que operam as "instituições híbridas"[9] de controle (aqui compreendidos o Ministério Público e o Tribunal de Contas, entre outras instituições), vez que operacionalizam múltiplas atividades de monitoramento sobre a esfera pública, legitimando-a para além do escrutínio eleitoral, e a democracia homologatória, proporcionada pelo sufrágio.

Enquanto na espécie vertical de *accountability* há um vínculo direto entre representante e representado, denominado "relação de agência" – no qual o principal (cidadão) participa imediatamente, controlando e sancionando o representante de forma direta –, na modalidade horizontal essa participação é apenas mediata, cabendo a terceiros – no caso, as instituições híbridas –, em nome do principal, assim o fazer. Por conseguinte, é mais sofisticado e menos compreendido o elo a legitimar a atuação desses órgãos de controle: ele é derivado do texto constitucional na sua interminável luta pela proscrição do arbítrio do poder – mediante a garantia do devido processo legal, em sentido amplo, a compreender a instauração do império da lei através de um sistema de pesos e contrapesos e da busca pela realização dos interesses públicos primários.

Tal como sublinha Willeman (2017, p. 44), esses órgãos institucionalizam a desconfiança sobre o poder político, almejando coibir tanto as intromissões indevidas de órgãos sobre outros (*balanced horizontal*

---

[9] Seguindo lição de Moreira Neto (2001, p. 67), são os organismos componentes do Estado que, valendo-se de sua autoridade (a lhe conferir um desempenho eficaz e independente), defendem interesses diretamente extraestatais (defesa até então realizada sobretudo pelos instrumentos político-partidários tradicionais). Com isso, aponta o autor para a distinção entre as funções "do" Estado (que promovem a governança, ainda fortemente vinculada às agremiações partidárias, e a justiça pública) e as funções "no" Estado (referentes à zeladoria, controle e promotoria de justiça).

accountability) quanto as possíveis irregularidades cometidas na gestão dos interesses públicos (*mandated horizontal accountability*). No primeiro caso, eles operam levando a efeito a tradicional fórmula de freios e contrapesos, balanceando a atuação dos órgãos constitucionais de soberania. Já no segundo, por meio de variadas instituições (*ombudsmen*, auditorias, controladorias, conselhos de Estado, etc.), visa-se "controlar e prevenir, evitar e, se necessário, sancionar condutas ilícitas praticadas por outras instituições" (WILLEMAN, 2017, p. 45).

Note-se com isso que, da multiplicação das funções estatais, decorreu a complexização do arranjo de pesos e contrapesos, desconcentrando ainda mais o exercício do poder político. O efeito imediato dessa nova roupagem institucional é o aprofundamento da responsividade pública: não apenas em razão do avanço do controle social, que experimenta atualmente um recrudescimento do seu papel contestador – resgatando, em mesmo passo, a sua função legitimadora –, como também pelo fortalecimento dos órgãos independentes de fiscalização e controle, vinculados diretamente à salvaguarda dos direitos fundamentais.

3 Dever de prestar contas

Discorrer acerca do dever de prestar contas não é tarefa simples, tanto porque, em sentido amplo, abrange a própria noção de transparência frente à sociedade a que toda a esfera pública se sujeita, quanto porque, em sentido restrito, encerra um conjunto de atividades multidisciplinares e interinstitucionais. Talvez por isso esse tema seja tão secundarizado na seara acadêmica.

Em uma digressão histórica, verifica-se que já na Declaração Universal dos Direitos do Homem e do Cidadão, elaborada em 1789, estabeleceu-se o direito estendido a todos os cidadãos de verificar, por si ou por meio de seus representantes, acerca da necessidade de determinada contribuição pública, de consenti-la livremente, de observar o seu emprego e de lhe fixar a repartição, a coleta, a cobrança e a duração, podendo a sociedade pedir contas a todo agente público pela sua administração. Note-se, pois, que o espírito republicano é avesso à obscuridade da seara pública.

Em uma república, a gerência do patrimônio coletivo passa a ocorrer sob o primado da lei. Nele, não se permite aos detentores do poder a utilização indiscriminada das importâncias do povo. Para tanto, os administradores desse patrimônio não apenas devem, de forma permanente, dar conhecimento e motivar seus atos – a tornar sua atividade translúcida ao público –, como, em momentos e por instrumentos específicos, devem os mesmos prestar informações técnicas – como na prestação de contas, em sentido restrito, prevista no art. 70, parágrafo único, da CF).

Esse debate remonta à incessante luta pela restrição da atividade financeira do Estado, pela qual se conquistou a "liberdade fiscal" de que fala Torres (1991, p. 2). De um lado, ascendo o orçamento como instrumento político-jurídico de racionalização da dimensão financeira estatal, conferindo previsibilidade às despesas públicas, e, de outro, instituindo-se os tributos como principal fonte de recursos para manutenção do Estado. Em ambos os casos, será atribuído ao povo o poder do consentimento, seja por si ou por seus representantes, de modo que a própria fiscalidade estatal passa a ser entendida, consoante leciona Torres (1991, p. 2), como uma autolimitação da liberdade, como um preço a ser pago para que haja distanciamento do patrimônio do homem ao do Estado.

Sobressai desta breve reflexão o destacado papel desempenhado pelas leis orçamentárias em um Estado Democrático de Direito: elas não somente conformam o devido respeito à legalidade, elemento indissolúvel ao Estado de Direito, como também – e sobretudo – transportando-lhe a devida legitimidade, vez que adensam no povo a confiança em suas instituições, servindo, por isso, como esteios à estabilidade do sistema político.

Reconhecer, de partida, esse diferencial é indispensável para se compreender que o princípio da prestação de contas se fundamenta, a um só tempo, na incessante busca pela otimização do emprego dos recursos públicos, bem como na moralidade particular que permeia todo o regime republicano: a moral da responsabilidade.[10] A dimensão orçamentária estatal exerce um papel tão flagrantemente importante no Estado de Direito que a violação aos dispositivos da lei orçamentária pode configurar, inclusive, crime de responsabilidade (art. 85, VI, da CF c/c art. 10 da Lei nº 1.079/50), como assim também o é a não prestação

---

[10] Com grande pertinência, Canotilho (2008, p. 17-30) aponta para os vários princípios componentes da moral republicana na seara financeira: princípio da responsabilidade financeira; princípio da transparência na utilização e gestão de valores públicos; princípio do controle da boa administração no âmbito do erário; princípio da justiça intergeracional na partilha dos recursos públicos; e o princípio da unidade da República garantidor de autonomia financeira aos entes territoriais autônomos com respeito à coesão econômica e territorial, à solidariedade interterritorial e aos vínculos comunitários.

de contas (art. 85, V, da CF c/c art. 9º da Lei nº 1.079/50), vista pelo legislador como mácula grave à probidade na administração pública.

Sucede que seria verdadeiro equívoco conceber a atividade parlamentar restrita a tão somente debater e aprovar as propostas orçamentárias. Com igual relevância, devem os representantes do povo fiscalizar o seu cumprimento, *pari passu* (controle concomitante) ou mesmo após a execução, julgando-lhe o conteúdo (controle retrospectivo). Daí porque, ao lado da discussão acerca do trâmite de elaboração, aprovação e promulgação das leis orçamentárias, se apresenta o dever de prestar as contas de governo, momento final para avaliação da execução do orçamento e do desempenho das políticas públicas.

3.1 Contas governamentais ou consolidadas

Prevê a Constituição Federal, em seu art. 70, parágrafo único, que prestará contas qualquer pessoa física ou jurídica, pública ou privada, que utilize, arrecade, guarde, gerencie ou administre dinheiros, bens e valores públicos, ou que, em nome desta, assuma obrigações de natureza pecuniária. Nesse amplo dever, encontram-se as duas modalidades de prestação de contas: a de governo, contida no art. 71, I, da CF – incumbência restrita ao chefe do Poder Executivo –, e a de gestão, compreendido no art. 71, II, da CF, tarefa que abarca múltiplas autoridades, circunstância que motiva o constituinte a referir-se a elas de maneira genérica, como "administradores e demais responsáveis",[11] enquadrando-se nesse dispositivo todos os que praticam, por imposição legal ou delegação de competência, atos administrativos de gerência do dinheiro público.

Na essência, ambas circunscrevem informações administrativas diferentes, embora complementares: as contas governamentais (ou consolidadas) apontarão para aspectos prevalentemente políticos, enquanto as de gestão (ou de ordenação de despesa) conterão um cunho essencialmente técnico-jurídico. Também por isso é comum a

---

[11] É possível encontrar no art. 80 do Decreto-Lei nº 200/67 o conceito de ordenador de despesas, que é toda e qualquer autoridade cujos atos resultarem emissão de empenho, autorização de pagamento, suprimento ou dispêndio de recursos da administração pública ou pela qual esta responda. Além disso, estabelece o mesmo artigo que os órgãos de contabilidade deverão realizar a inscrição de todos os ordenadores da despesa do órgão que se vinculam e que estes só estarão exonerados de sua responsabilidade após julgadas regulares suas contas pelo Tribunal de Contas.

menção de que as contas consolidadas serão formadas por um conjunto de atos políticos referentes à execução global das finanças públicas, de natureza orçamentária, sobretudo, enquanto as de gestão, não, vez que conterão atos administrativos, em sentido mais restrito, a compreender a realização de despesas concretas.

Constarão das contas governamentais informações quanto às demonstrações das receitas e despesas, da dívida pública, dos índices de aplicação de recursos nas áreas de saúde (art. 198, §§1º a 3º, da CF, art. 77 da ADCT e art. 3º e 4º da LC nº 141/2012) e de educação (art. 212 da CF e art. 60 da ADCT) e o sumário anual do comportamento orçamentário e financeiro global do ente federado. Outrossim, deverá ser apontado o desempenho da arrecadação em relação à previsão, destacando as providências adotadas no âmbito da fiscalização das receitas e combate à sonegação, as ações de recuperação de créditos nas instâncias administrativa e judicial, bem como as demais medidas para incremento das receitas tributárias e de contribuições (art. 58 da LC nº 101/2000). Conterão também demonstrativos do Tesouro Nacional e das agências financeiras oficiais de fomento, especificando os empréstimos e financiamentos concedidos com recursos oriundos dos orçamentos fiscal e da seguridade social e, no caso das agências financeiras, avaliação circunstanciada do impacto fiscal de suas atividades no exercício (art. 49, parágrafo único, da LC nº 101/2000). Portanto, o conteúdo dessas contas corresponde a um contexto "macro" do planejamento, organização, direção e controle de políticas públicas, possuindo um caráter tanto político quanto técnico-jurídico.

De outro lado, a ordenação de despesa compreende a realização de despesas públicas de forma efetiva, impactando de forma mais imediata no patrimônio público por meio de licitações, contratos e ordens de pagamento. Em outros termos, espelha o universo "micro" da administração pública, de caráter mais técnico-jurídico.

São três as modalidades das contas de gestão: as contas ordinárias, cujas prestações se dão anualmente; as contas especiais, cuja prestação se dá somente quando identificado dano ao erário; e as contas extraordinárias, que devem ser apresentadas quando da extinção, liquidação, dissolução, transformação, fusão, incorporação ou desestatização de unidades jurisdicionadas. Em todos os casos, serão informados os dados gerenciais, financeiros e contábeis da gestão dos recursos públicos, demonstrando o prestador que zelou pelo bem público.

Nesse ponto, é fundamental retomar lições de Cretella Júnior (1987, p. 79). Consoante reforça o autor, os atos políticos designam uma parcela de atos administrativos (gênero) que correspondem às decisões de direcionamento do governo e que, por isso, são realizados apenas pela cúpula do Executivo. Ambas (tanto as tarefas governamentais quanto as administrativas, em sentido restrito) se guiam norteadas pelo ordenamento jurídico; porém, as atividades governativas se situam mais próximas à Constituição – sendo dela, em regra, uma execução direta, daí a maior discricionariedade com que são realizadas –, enquanto as administrativas se vinculam ao ordenamento constitucional e infraconstitucional.

Cada uma dessas atividades corresponde a modos distintos do "poder político em ação" (MIRANDA, 1992, p. 92-97). Existem diferenças materiais, formais e orgânicas entre ambas, e identificar essa distinção é essencial para compreender a diferença do regime jurídico de julgamento dessas duas espécies de conta pública.

A função governamental, pelo aspecto material, interpreta os fins do Estado – definindo primariamente o interesse público – e, ante a eles, escolhe os meios para atingi-los. Nessa tarefa, importam-se motivações de ordem extrajurídica, que lhe facultam ampla margem deliberativa. Pelo prisma formal, concentra-se uma liberdade sujeita quase que exclusivamente a balizas constitucionais. Pela perspectiva orgânica, corresponde a órgãos que possuem correspondência necessária com a forma de governo e, por isso, é realizada pela alta direção do Estado.

Já a função administrativa, pela dimensão material, destina-se à satisfação constante das necessidades coletivas; pelo aspecto formal, é dotada de iniciativa e conveniência, o que implica na persecução do interesse público com tratamento imparcial dos particulares; e pela perspectiva orgânica, é realizada sob coordenação e subordinação de seus órgãos executores desconcentrados.

Feita essa diferenciação, importa registrar que o sistema de controle externo é comum às três esferas federativas, vez que a Lei Maior estabelece o princípio da simetria[12] (art. 75). Com ele, preceituou o constituinte originário que as prescrições contidas nos artigos 70 a 74 da Constituição são aplicáveis a estados e municípios.

---

[12] Julgando as ADIs nº 849/MT e 3.715/TO, assentou a Suprema Corte brasileira que as normas constitucionais que conformam o modelo de organização do Tribunal de Contas da União são de observância obrigatória pelos regramentos constitucionais dos estados-membros.

No caso das contas de governo, a sua prestação deve ocorrer no prazo de sessenta dias, contados da abertura da sessão legislativa (art. 84, XXIV, da CF), cabendo à Câmara dos Deputados, de forma privativa, tomá-las[13] em caso de descumprimento do prazo (art. 51, II, da CF). Antes do julgamento, contudo, incumbe ao Tribunal de Contas a apreciação do seu conteúdo, que emite, ao final de iguais sessenta dias,[14] o "parecer prévio"[15] (art. 71, I, da CF). Trata-se de função indelegável e necessária – obrigatória, consoante já assentado pelo STF[16] –, de assessoramento técnico ao posterior posicionamento político que assumirá o Legislativo (art. 49, IX, da CF).

Consigne-se, no entanto, que o caráter opinativo do parecer prévio configura apenas parcialmente um efeito não vinculante, dado que, uma vez emitida a argumentação técnica da Corte de Contas, caberá ao Legislativo contestá-la, ainda que politicamente, mantendo a dialogicidade e a racionalidade do controle externo, que é, por essência, concomitantemente político e técnico-jurídico. Em outros termos, a emissão do parecer prévio inverte o ônus argumentativo, competindo aos parlamentares a incumbência de desconstruir a análise em caso de discordância com aquele. Do contrário, converter-se-á o parecer prévio em peça meramente retórica e ornamental, circunstância já advertida por Medauar (2012, p. 132).

Ademais, a regulamentação da matéria em leis esparsas termina por complicar ainda mais essa atividade, que, pela própria amplitude, já possui de forma intrínseca um elevado grau de complexidade. Um primeiro desencontro normativo ocorre no tocante à possibilidade de reapreciação pelo Tribunal de Contas das contas governamentais. Isso porque as leis orgânicas dos tribunais de contas e os seus respectivos regimentos internos admitem a interposição de "recurso de

---

[13] Estabelece o art. 215 do regimento interno da Câmara dos Deputados que competirá à Comissão de Finanças e Tributação proceder à tomada de contas do presidente da República. Após a análise das informações recolhidas, a comissão encaminhará seu parecer ao Congresso Nacional com a proposta das medidas legais e outras providências cabíveis.

[14] Estabelece o art. 56, §2º, da LC nº 101/2000 que o atraso na emissão de parecer prévio impedirá que o respectivo Tribunal de Contas saia de recesso. Ocorre que, na prática, esse mandamento legal não é obedecido. Não se encontrou registro de adiamento de recesso em razão do atraso na apreciação de contas governamentais.

[15] Destaca Medauar (2012, p. 132), inclusive, que essa deliberação política final acompanhada de uma análise técnica empreendida por uma instituição superior de controle (ISC) é uma prática disseminada ao redor do mundo, tanto no modelo de tribunais de contas quanto no de auditoria ou controladoria-geral.

[16] Na ADI nº 261/SC, sob a relatoria do min. Gilmar Mendes, entendeu o colegiado pela inconstitucionalidade de normas estatuais que possibilitavam ao Legislativo julgar as contas do governador sem a prévia apreciação do Tribunal de Contas.

reconsideração" (denominado também de "pedido de reexame" em alguns tribunais).[17] Com isso, os sessenta dias aos quais se refere o art. 71, I, da CF estarão flagrantemente prejudicados, muito embora deles dependa o Legislativo para processar e julgar definitivamente as contas.

Entende-se a preocupação do legislador com os prazos. Antes de abordá-los, porém, cumpre realizar uma digressão conceitual sobre o papel do orçamento.

É o orçamento público o principal instrumento político-jurídico de escolha das prioridades governativas.[18] Deixou-se de enfrentar as leis apenas como programas limitadores da ação pública, passando-se a enfrentá-las como verdadeiros "programas finalísticos" (CASTRO, 2010, p. 105-106), dado que expressam os interesses públicos de determinada comunidade política. Isso coincide com a própria transição da noção de Estado: abandona-se a concepção que encontrava nos órgãos estatais uma postura neutra, como se fazia no período liberal, reclamando-lhe, então, uma maior intervenção nos assuntos antes adstritos à sociedade civil.

Para além da teoria, essa inflexão conceitual apresenta diversos efeitos práticos. As leis orçamentárias deixaram de ser consideradas como um retrato frio e contábil da fixação das despesas públicas para manutenção das atividades estatais[19] – uma ferramenta de fiscalização política, consequentemente –, convertendo-se em um importante dispositivo de planejamento e programação das atividades do poder público na busca pelo desenvolvimento econômico e social.

Com isso, em complemento à sua dimensão inafastavelmente política, adquire o orçamento um caráter técnico-econômico: de um lado, opera como mecanismo de otimização dos recursos públicos, compatibilizando as necessidades coletivas com as receitas estimadas e efetivamente ingressadas no tesouro; de outro, consagra a correlação entre economia privada e as finanças do Estado na medida em que o

---

[17] No âmbito do TCU, por exemplo, essa peça processual – denominada "recurso de reconsideração", muito embora recurso não seja, dado que é endereçada ao próprio relator das contas – está prevista no art. 32 da Lei Federal nº 8.443/92 (Lei Orgânica) e regulamentada, entre outros, nos arts. 285 e 278 do seu regimento interno. No âmbito do TCE/TO, por sua vez, prevê-se o mesmo como "pedido de reexame", que é previsto nos arts. 59 e 60 da Lei Estadual nº 1.284/2001 (Lei Orgânica) e regulamentado, entre outros, nos arts. 222, 246 e 247 do seu regimento interno.

[18] Reconheceu o STF, quando do julgamento da ADI-MC nº 4.048-1/DF, relatado pela min. Ellen Gracie, que as leis orçamentárias são as leis materiais mais importantes do ordenamento jurídico.

[19] À época do seu surgimento no século XIII, o orçamento era compreendido tão somente como instrumento político-jurídico de equalização das despesas com relação às receitas, a facilitar, igualmente, a fiscalização sobre a esfera pública. Neste contexto, explica Piçarra (1989, p. 256), buscava-se moldar o fenômeno político ao jurídico.

orçamento serve como vetor à política econômica do Estado, orientando, por conseguinte, a produção e o consumo nacionais. Em seu bojo, essas transformações ensejaram a reconfiguração dos princípios orçamentários, agora centrados também na promoção de um equilíbrio econômico e na redução das desigualdades materiais.

A perspectiva do orçamento-programa aperfeiçoou a pretensão intervencionista do Estado. Trata-se de um instituto de "natureza complexa" (BULOS, 1998, p. 284), a compreender os seguintes aspectos: 1) jurídico, porque se origina do ordenamento jurídico em vigor; 2) governamental, dado que espelha, documentalmente, as opções, planos e programas das ações governativas em diversas áreas de interesse público; 3) econômico, por revelar determinada forma de apreciação do contexto econômico e financeiro de um país e refletir a gerência de recursos do Estado; e 4) técnico, por estabelecer de forma clara e racional as receitas e despesas, os cálculos estatísticos, as apresentações gráficas e contábeis, entre outros, a expressar um método, portanto.

Ao se transportar ao âmbito orçamentário uma perspectiva finalística – uma finalidade de gestão, como meio de programação e planejamento das políticas públicas, e não somente como técnica contábil –, enseja-se um vínculo de médio e longo prazo entre as leis orçamentárias, o que termina por reforçar a indispensabilidade de avaliações periódicas (concomitantes e retrospectivas) para correção dos possíveis equívocos.

Ora, a apreciação das contas de governo é um importante instrumento de controle retrospectivo acerca da execução orçamentária, em que se oportuniza uma ponderação a respeito do andamento das políticas públicas. Nesse sentido, mostra-se impreterível compreender a prestação das contas consolidadas como a etapa final do longo ciclo do orçamento, que se inicia com a propositura pelo Executivo dos projetos de leis orçamentárias (arts. 61, §1º, II, "b", 165 e 166, §6º, c/c art. 84, XXIII, da CF), é examinado por comissão legislativa mista de caráter permanente (art. 166, §1º, da CF) e apreciado pelos membros dos órgãos legislativos (arts. 48, II, e 166 da CF) para, somente após a promulgação pelo chefe do Executivo (art. 84, IV, da CF), ser executado ao longo do respectivo exercício financeiro.

Dito de outro modo, o julgamento dessa espécie de conta serve mais ao aperfeiçoamento dos planos e programas (art. 165, §4º, da CF) compreendidos nas leis orçamentárias com vistas às seguintes do que propriamente como via punitiva ao chefe do Executivo em caso de rejeição das mesmas. Isso redobra a necessidade de uma apreciação e julgamento célere das contas governamentais, dado que fornecerá subsídios ao aperfeiçoamento das políticas públicas em curso.

3.2 Resgate do diálogo no exercício do controle

A transformação do Estado decorre antes da mutação do fenômeno da autoridade. No centro desse fenômeno está a alteração do relacionamento daquele com os cidadãos, fartos que estão da opacidade com a qual o Estado tradicionalmente se movia. O rearranjo institucional busca responder a esse cenário de ampla desconfiança e risco sobre a esfera pública, traduzindo-se em novas balizas legitimatórias da contemporaneidade: a da ética e a da eficiência.

A perspectiva economicamente engajada atribuída aos governos que se apresentava somente como responsabilidade política apresenta-se hoje, também, como uma responsabilidade jurídica. Esse novo marco advém do reconhecimento da força normativa da constituição – conquista da sociedade que impõe renovado e amplo controle sobre os assuntos de interesse comum. Se é a Lei Maior o instrumento pelo qual se manifesta a unidade política de determinada sociedade, é com base nela que se referendará toda a atuação do governo – em sentido amplo, compreendidos aqui todos os órgãos constitucionais de soberania. Essa vinculação terminou por enlaçar toda a coletividade política aos compromissos axiológicos manifestados na Constituição, impondo com isso que seu movimento fomente os valores coerentemente dispostos no texto constitucional. No tocante à esfera pública, esse reconhecimento se traduz em uma perspectiva de resultados, que se soma à de representação, já tradicionalmente concebida às funções constitucionais.

O conceito de democracia, que orbitava em torno de uma noção procedimental – a de que esse regime corresponde a uma técnica política de busca de consensos em que prevalece a vontade da maioria em torno dos assuntos de interesse comum de determinada sociedade –, volta-se agora ao seu conteúdo material, qual seja, de que esse regime é calcado na realização de valores constitucionalmente relevantes. Estabelece-se uma rigorosa sindicabilidade sobre as políticas públicas, em todas as suas fases,[20] no seio das quais as instituições assumem uma

---

[20] É possível segmentar o conceito de política pública em fases horizontais, que envolvem a sua preparação, formulação, implementação, monitoramento e avaliação, e verticais, que podem ser de programa, plano ou projeto.

postura mais proativa. É indubitável que não é o bastante a inserção das políticas públicas na agenda governamental, permanecendo sua regência ao alcance tão somente do Executivo. Deve-se ser esta, sempre que possível, convertida em política de Estado.

A revisitação da teoria de segmentação orgânico-funcional do Estado – que tradicionalmente se apontava como a teoria da separação de poderes –, no tocante às políticas públicas, reforça que, para a realização desta, se mostra necessária uma revisibilidade compartilhada, em que todas as funções políticas, conjuntamente, as delapidam. Nesse contexto, o Parlamento encontra novamente grande espaço de atuação tanto nas funções legislativas quanto nas de controle:

> Por um lado, retomam a importância da atividade parlamentar como meio para referenciar as políticas públicas no longo prazo, dela tendo que se valer para positivar no ordenamento jurídico parâmetros mais rigorosos no tocante à moralidade e à eficiência administrativa. Por outro, prevê-se um novo papel à fiscalização e ao controle, tornando-as mais ativas no sancionamento aos malfeitos (COUTINHO, 2018, p. 160).

Esse resgate do papel das funções exercidas pelo Legislativo, que ainda está em curso, contrapõe o predomínio do Executivo dentro do quadro geral das funções políticas, embora exerça tipicamente apenas a governativa e a administrativa. Ocorre que, dentro dessas duas amplas funções do Executivo, consoante pondera Comparato (1998, p. 8), encontra-se relevante parcela dos poderes coativos em relação ao povo – polícia judiciária e a administrativa, o poder de tributar, o poder de expropriar, entre outros –, sem falar na maior concentração de recursos que se encontram sob sua tutela imediata. Daí porque, embora eleito pelo povo, a representação que ele exerce não é propriamente a de defesa da sociedade contra o domínio do Estado. Essa posição está mais ligada ao Parlamento, que emergiu historicamente como o segmento orgânico de contraste aos poderes governamentais – daí porque estão sob sua batuta a fiscalização e o controle do Executivo.

É interessante constatar, inclusive, tal como já explicava Fontes (2008, p. 33), que a função de controle exercida pelo Parlamento possui como nota diferenciadora a importância da oposição – em regra, uma ala minoritária – em comparação com o Legislativo, que é mais diretamente ligado com a maioria parlamentar. Inclusive, em diversos ordenamentos constitucionais,[21] reserva-se à oposição o exercício da função do controle parlamentar. Inobstante, para que o controle político a cargo do Legislativo atinja maiores resultados, o mesmo deve ser acompanhado de subsídios técnicos – tarefa, em geral, a cargo de instituições não apenas especializadas, como também dele independentes – orgânica e funcionalmente (sobretudo no modelo de Tribunal de Contas). Acerca da função que desempenham, há independência, dado que a ambos concerne o exercício de competências constitucionais inconfundíveis, e harmonia, por compartilharem uma finalidade comum: a de concretização do controle externo.

Com isso, a Constituição criou um sistema de justificação recíproca, por meio do qual cada um dos órgãos de controle externo passou a ter de fundamentar ainda mais adequadamente as suas práticas. Apenas dessa forma poderão os outros agentes de controle delas se valerem. Quer-se apontar com isso que o diálogo institucional realizado por meio do dever de arguição potencializa as capacidades institucionais dos demais órgãos, dado que se possibilita um melhor aproveitamento do trabalho realizado.

Nessa perspectiva, o controle externo técnico não pode ser entendido como desconfiança com a atividade parlamentar (controle externo político). Na realidade, quando não opera com exclusividade – porque, nos casos contidos nos incisos II, V, VI, VIII, IX e XI do artigo 71 da CF, os tribunais de contas atuam isoladamente, sem participação do Legislativo –, ele complementa a função controladora realizada pelos parlamentares, como é nos casos contidos nos incisos I, III, IV, VII e X do artigo 71 da CF – aqui compreendidos a apreciação e o julgamento das contas governamentais.

Outra consequência desse arranjo se refere ao papel contramajoritário do controle técnico. Isso porque é comum que o chefe de governo detenha maioria – mesmo no sistema presidencialista, em que não há uma subordinação ao Legislativo na composição do Executivo – e, por isso, seu descumprimento às autorizações contidas nas leis orçamentárias, caso assim o faça, em geral é acompanhado de uma anuência política do Legislativo. Neste sentido, cabe ao órgão de

---

[21] Para ficar em um exemplo da América Latina, citemos o caso da Argentina. Neste país, após profunda reforma constitucional (ocorrida em 1994), passou-se a prever no artigo 85 que o controle externo parlamentar será auxiliado pela *Auditoría General de la Nación*, órgão dotado de independência funcional, cuja presidência é necessariamente ocupada por um membro escolhido pelo partido político de oposição com maior bancada.

controle externo técnico apontar – dotado que está com as garantias funcionais que resguardam os seus membros – as irregularidades cometidas pelo líder governamental.

Parece evidente que os termos empregados no texto constitucional traduzem uma vontade do legislador originário no sentido de que haja um diálogo funcional entre os órgãos de controle externo, sob pena de frustrar o liame racional e colaborativo guardado entre ambos. Porém, não é assim que ocorre na prática. As decisões parlamentares, em geral, desconsideram a avaliação técnica sem sequer apresentar argumentos em contrário. Ora, de nada adiantará, por melhor que seja o trabalho técnico desempenhado, se a decisão final não o enfrentar no mérito.

É possível notar que o ordenamento jurídico é demasiadamente evasivo com relação ao julgamento das contas governamentais: não prevê prazo para a decisão final, tampouco prevê instrumentos de provocação que permitiriam a agentes externos exigir um trâmite célere da questão, possibilitando, inclusive, o aproveitamento do mérito da decisão no aperfeiçoamento das leis orçamentárias seguintes. Assim, a Constituição termina por permitir que a procrastinação faça parte do cálculo político a ser feito pelo Legislativo.

Uma solução interessante para pôr fim à possibilidade de postergação do julgamento seria a previsão, em sede constitucional, de prazo para a deliberação parlamentar, sob pena de trancamento da pauta legislativa, como já ocorre com a apreciação pelo Parlamento acerca de veto presidencial (art. 66, §6º, da CF), de medida provisória (art. 62, §6º, da CF), entre outros casos. Seria esta uma solução mais adequada que o prevalecimento tácito do parecer prévio, que também demandaria uma emenda à Constituição. Isso porque a Constituição Federal, nos atuais termos, não abre margem ao prevalecimento do parecer prévio, nem mesmo em nível municipal (art. 31, 2º, da CF), consoante decidiu o plenário do STF no RE nº 729.744/MG. Ou seja, o parecer prévio não produz efeitos jurídicos de julgamento, nem mesmo quando não há uma deliberação final por parte do Legislativo. Ocorre que, como visto neste trabalho, as contas governamentais envolvem uma dimensão fortemente política e, por isso, o seu julgamento está a cargo de um controle externo igualmente político, embora subsidiado por uma análise técnica anterior. É fundamental assim o seja.

A discussão acerca do aperfeiçoamento do regime de julgamento das contas governamentais extravasa a definição apenas de quem dará a última palavra.[22] Mais do que estabelecer onde se encerra o processo decisório, deve-se aprimorar como este se dará, apontando quais devem ser as interações formais e informais entre os agentes envolvidos no processo deliberativo.

Ora, se são as políticas públicas um conjunto de ações coordenadas – que envolvem, portanto, fases interligadas –, é inadmissível que não se confira relevância às etapas finais nas quais se avalia o êxito ou fracasso do que inicialmente se projetou. Será precisamente nesse momento que ocorrerá a "retroalimentação" (RIANI, 2013, p. 145), em que se decidirá pela manutenção, aperfeiçoamento ou extinção da política sob análise. Depende disso a racionalidade do processo de implantação das políticas públicas.

Por isso, não é possível se prescindir do julgamento das contas governamentais caso se queira realizar um aperfeiçoamento constante das decisões orçamentárias, podendo, sim, que o controle político não acompanhe o técnico – contido no parecer prévio emitido pelo Tribunal de Contas –, desde que apresentados argumentos para tanto. Deve-se entender, portanto, que está em jogo rejeitar ou aprovar as contas apresentadas, mas nunca lhe procrastinar o julgamento, como atualmente se faz.

4 Conclusão

Para o atendimento das expectativas sociais, não bastam o desenho da política pública e a sua inserção na agenda governamental. Se assim o for, sempre existirá o risco da descontinuidade dos programas traçados. Mas não somente isso. A sociedade espera políticas públicas

---

[22] A afirmação se dá exclusivamente no tocante às contas governamentais, acerca das quais não restam grandes dúvidas de que a competência decisória seja mesmo do Legislativo. Este registro é importante porque uma decisão recente do STF se mostrou notoriamente equivocada. Trata-se do posicionamento firmado no RE nº 848.826/DF, em que se estabeleceu que será a Câmara Municipal que julgará as contas de gestão quando o seu prestador for o prefeito, figurando o Tribunal de Contas como mero órgão auxiliar, como ocorre nas contas governamentais. Como visto, as contas governamentais e de gestão são formal e materialmente diversas, em nada importando a figura do prestador. Bom, o fato é que, com esse entendimento, fez o STF com que mesmo as ilegalidades na ordenação de despesa – que compreende desde desvios de recursos públicos, fraudes à licitação, irregularidades em execução contratual, entre outras irregularidades graves que impactam diretamente a moralidade administrativa – estarão sujeitas a um julgamento político. E, pior, possibilitou que o prefeito concentre toda a ordenação de despesa, obstando que haja um julgamento técnico – que estaria a cargo do Tribunal de Contas.

eficientes, e isso será possível apenas mediante um incessante processo de monitoramento e revisão das atividades planejadas, em um ciclo virtuoso de retroalimentação, em que há um aproveitamento das experiências adquiridas subsidiando as decisões posteriores. No presente, cresce ainda mais a necessidade de políticas eficientes em razão da pauperização dos recursos públicos, que, finitos por definição, se dividem entre demandas sociais crescentes.

Em vista disto, não seria razoável conceber – como de fato não o fez o constituinte – que a atividade parlamentar se restringiria tão somente a aprovar as leis orçamentárias. Em mesmo grau de importância, mostra-se necessário que os representantes do povo exerçam uma fiscalização sobre a sua execução e, sobretudo, que monitorem os resultados alcançados quando da prestação de contas governamentais. Para isso, contarão com o auxílio técnico do Tribunal de Contas, cujo trabalho, registrado no parecer prévio (art. 71, I, da CF), não pode ser desconsiderado sem a devida argumentação.

Dito de outro modo, a apreciação e o julgamento das contas de governo manifestam inequívoca circunstância de codecisão. Nada mais natural, pois a função de controle externo compreende, concomitantemente, uma forte carga política e técnico-jurídica, de tal modo só será exitoso quando do estabelecimento de uma relação dialógica entre as instituições controladoras.

Referências

BULOS, Uadi Lammêgo. Finanças Públicas e orçamento. *Revista de Direito Administrativo*, Rio de Janeiro, v. 211, p. 281-299, jan./mar. 1998. Disponível em: http://bibliotecadigital.fgv.br/ojs/index.php/rda/article/view/47144. Acesso em: 18 abr. 2019.

CANOTILHO, José Joaquim Gomes. *Direito constitucional*. 6. ed. rev. Coimbra: Almedina, 1993.

CASTRO, José Nilo de. *Direito municipal positivo*. 7. ed. rev. e atual. Belo Horizonte: Del Rey, 2010.

COUTINHO, Doris de Miranda. *Prestação de Contas de Governo*: relação entre o parecer prévio emitido pelo Tribunal de Contas do Estado e o julgamento das contas pelo Legislativo referente aos exercícios de 2013 a 2015. Dissertação (Mestrado em Prestação Jurisdicional e Direitos Humanos), Universidade Federal do Tocantins. Palmas, 2019. Disponível em: http://hdl.handle.net/11612/1119. Acesso em: 20 abr. 2019.

CRETELLA JÚNIOR, José. *Teoria do ato de governo*. *Revista de Informação Legislativa*, v. 24, n. 95, p. 73-84, jul./set. 1987. Disponível em: http://www2.senado.leg.br/bdsf/handle/id/181774. Acesso em: 10 abr. 2019.

DAHL, Robert Alan. *Poliarquias*: participação e oposição. 1. ed. São Paulo: Editora da Universidade de São Paulo, 2015.

FILGUEIRAS, Fernando. Além da transparência: accountability e política da publicidade. *Revista Lua Nova*, n. 84, p. 353-364, 2011. Disponível em: www.scielo.br/pdf/ln/n84/a05n84.pdf. Acesso em: 08 abr. 2019.

MIRANDA, Jorge. Funções do Estado. *Revista de Direito Administrativo FGV*, v. 189, p. 85-99, jul./set. 1992. Disponível em: bibliotecadigital.fgv.br/ojs/index.php/rda/article/download/45284/47716. Acesso em: 12 abr. 2019.

MOREIRA NETO, Diogo de Figueiredo. Algumas notas sobre órgãos constitucionalmente autônomos (um estudo de caso sobre os Tribunais de Contas no Brasil. *Revista de Direito Administrativo*, v. 223, 2001, p. 1-24. Disponível em: http://bibliotecadigital.fgv.br/ojs/index.php/rda/article/view/48309. Acesso em: 08 abr. 2019.

MOREIRA NETO, Diogo de Figueiredo. O Tribunal de Contas do Município do Rio de Janeiro e a Emenda Constitucional nº 25/2000. *Revista de Direito*, v. 5, n. 9, jan./jun. 2001. Rio de Janeiro: A Câmara, 2001.

MOREIRA NETO, Diogo de Figueiredo. *Poder, Direito e Estado*: o direito administrativo em tempos de globalização – in memoriam de Marcos Juruanena Villela Souto. Belo Horizonte: Fórum, 2011.

MOREIRA NETO, Diogo de Figueiredo. O parlamento e a sociedade como destinatários do trabalho dos tribunais de contas. *In*: SOUSA, Alfredo José de *et al*. (Org.). *O novo Tribunal de Contas*: órgão protetor dos direitos fundamentais. Belo Horizonte: Fórum, 2003.

O'DONNELL, Guilhermo. Accountability horizontal e novas poliarquias. *Revista Lua Nova*, v. 44, p. 27-54. São Paulo: USP, 1998. Disponível em: http://www.scielo.br/pdf/ln/n44/a03n44.pdf. Acesso em: 08 abr. 2019.

RIANI, Frederico Augusto D'Avila. Constituições programáticas, funções estatais, políticas públicas e a (in)competência do Judiciário. *Sequência*, Florianópolis, n. 66, jul. 2013, p. 137-160. Disponível em: http://www.scielo.br/scielo.php?pid=S2177-70552013000100006&script=sci_abstract&tlng=pt. Acesso em: 20 abr. 2019.

SILVA, Sebastião Santanna. *Os Princípios Orçamentários*. 2. impr. Rio de Janeiro: Editora FGV, 1962.

TORRES, Ricardo Lobo. *A ideia de liberdade no estado patrimonial e no estado fiscal*. Rio de Janeiro: Renovar, 1991.

WILLEMAN, Marianna Montebello. *Accountability democrática e o desenho institucional dos Tribunais de Contas no Brasil*. Belo Horizonte: Fórum, 2017.

Informação bibliográfica deste texto, conforme a NBR 6023:2018 da Associação Brasileira de Normas Técnicas (ABNT):

COUTINHO, Doris T. P. C. de Miranda. A retomada do diálogo institucional no controle sobre as contas de governo. *In*: LIMA, Edilberto Carlos Pontes (Coord.). *Tribunal de Contas do século XXI*. Belo Horizonte: Fórum, 2020. p. 79-99. (Coleção Fórum IRB, v. 3). ISBN 978-85-450-0713-5.

O TRIBUNAL DE CONTAS NO SÉCULO XXI: DESAFIOS E PERSPECTIVAS

Edilberto Carlos Pontes Lima
Gleison Mendonça Diniz

1 Introdução

Os tribunais de contas (TCs) brasileiros vêm passando por um processo de intensa modernização. Talvez sejam a instituição que mais evoluiu no Brasil nos últimos 15 anos. Há um intenso esforço de integração, de disseminação de boas práticas, do estabelecimento de parâmetros mínimos a serem seguidos em todo o território nacional. Há vários marcos importantes nessa trajetória, tais como o programa de modernização financiado pelo Banco Interamericano de Desenvolvimento (Promoex) – que iniciou de forma sistemática o processo de aproximação dos vários tribunais de contas –; a criação, na primeira década do ano 2000, do programa de qualidade e agilidade dos tribunais de contas, organizado pela Associação dos Membros dos Tribunais de Contas do Brasil (Atricon), aprimorado mais recentemente pelo Marco de Medição de Desempenho, com certificação pela Fundação Vanzolini; além de muitas iniciativas do Instituto Rui Barbosa de qualificação dos integrantes dos tribunais de contas e disseminação de boas práticas, como, por exemplo, a edição das Normas Brasileiras de Auditoria do Setor Público, inspiradas nas normas internacionais editadas pela *International Organization of Supreme Audit Institutions* (INTOSAI).

Todo esse esforço tem como premissa de que o grande desafio de qualquer instituição é permanecer relevante. Para tanto, há que se compreender o espírito do tempo, acompanhar as tendências, evitar posturas reativas e tentativas de conservar o que a dinâmica da sociedade e da economia não permite.

As primeiras décadas do século XXI revelam algumas características que, de um lado, trazem notícias promissoras, mas, de outro, geram angústias e perplexidades. Há uma sociedade exigente, impaciente e com muito mais canais de acesso a informações e possibilidades de se articular. Paralelamente, enfrenta-se uma transformação radical do mundo do trabalho, com consequências ainda longe de serem adequadamente dimensionadas, tudo isso possibilitado pelos notáveis avanços da tecnologia da informação, cujos efeitos se irradiam em diferentes áreas e atividades.

As possibilidades de conectividade, o acesso e uso de grandes bancos de dados, a utilização sem precedentes da inteligência artificial, o desenvolvimento de plataformas analíticas poderosas e a ascensão do *blockchain* tornam viável uma série de políticas e análises e ampliam consideravelmente a produtividade.

Grande inquietação se apresenta em como muitos setores e atividades vão se situar nesse cenário de mudanças radicais. Muitas atividades serão varridas, e outras serão criadas. O efeito líquido será a criação de postos de trabalho ou muitos estarão fadados à exclusão dessa nova ordem? Não apenas trabalhadores com baixa qualificação profissional correm riscos, mas também profissões altamente especializadas, tradicionais e com enorme prestígio social, como contadores, médicos, advogados e até juízes, veem-se às voltas com a possibilidade de se tornarem supérfluas e desnecessárias.

Harari (2018) cita inúmeros casos em que máquinas, movidas por inteligência artificial, atuam melhor do que seres humanos: pilotar aviões, ensinar idiomas, combater em voos simulados, pesquisar e analisar jurisprudências, diagnosticar e prescrever tratamentos médicos, entre inúmeros outros.

Também relevante é a ampliação sem precedentes que as novas tecnologias proporcionam no campo da participação popular nas escolhas públicas. Embora seja uma boa nova do ponto de vista de democracia, representa também um enorme desafio. É que afasta de uma vez por todas o conceito schumpeteriano de democracia, como disputas entre partidos políticos, em que o ganhador adquire legitimidade para executar sua agenda sujeito à fiscalização do partido derrotado. O alcance da participação dos cidadãos, não apenas organizados em entidades não governamentais, mas também individualmente, agora é muito mais intenso e profundo e implica interferir no dia a dia da política pública, bem como avaliar, sugerir e influenciar novas políticas.

É que o acesso a grandes massas de dados abertos, combinado com o uso de instrumentais analíticos computacionais, muitos de uso livre, foi amplificado dramaticamente nos últimos anos e tende a ser exponencialmente expandido nos próximos anos. E não apenas dados estruturados são passíveis de análise pelas plataformas computacionais, mas também massivos dados desestruturados, incluindo textos.

A questão ética é das mais importantes no debate atual. Ela abrange o tratamento adequado a tais dados e suas inúmeras possibilidades de análise, muitas delas invasivas de privacidade. Diversos escândalos surgiram nos últimos anos nesse campo, envolvendo desde o uso de informações de clientes obtidos sem autorização para fins comerciais até manipulação de informações para fins políticos e eleitorais.

Adous Huxley, em *Brave New World*, contemplava as possibilidades tecnológicas da primeira metade do século XX para construir sua distopia sobre um mundo com experimentos biológicos que permitiam a existência de seres humanos programados geneticamente e a eliminação de seres que não interessavam ao sistema. Boa parte de suas especulações era, na época em que escreveu, mera ficção, ainda distante de estar disponível para utilização. Não é o caso hoje, quando manipulações genéticas são tecnologicamente acessíveis e têm sido largamente utilizadas em animais. Produtores bovinos, por exemplo, podem escolher que só nasçam fêmeas, que as vacas produzam determinada quantidade de leite, entre várias outras escolhas antes impossíveis. Estender isso para os seres humanos é apenas questão de decisão política, não mais uma questão de disponibilidade tecnológica, com todas as sérias implicações éticas e morais envolvidas.

Nesse turbilhão, como se situa a administração pública e, particularmente, como ficam os órgãos de controle, notadamente os tribunais de contas? Em primeiro lugar, hão que dispor de um diagnóstico adequado sobre os desafios exigidos nesta era. Em segundo lugar, é essencial uma postura de se sintonizar com todas as possibilidades, identificando que os riscos são elevados e inerentes, mas que a pior estratégia é se alhear do que está ocorrendo, sob pena de se tornar irrelevante.

Assim, parece essencial que as instituições sejam interativas, no sentido de buscar a proximidade e o *feedback* constante com a sociedade. Para tanto, a aproximação por meio da abertura de diversos canais de diálogo é importante, quebrando barreiras e distanciando-se de posturas que impliquem isolamento. O diálogo deve se estender o máximo possível. No campo dos tribunais de contas, é imperioso que alcance os órgãos sujeitos à fiscalização, no sentido de abrir canais de diálogo de forma que as dificuldades de quem gere a máquina pública sejam levadas em conta, num processo de empatia mútua, e que sejam inclusivas, fazendo com que sua atividade agregue valor, privilegie os mais pobres e gerem benefícios maiores que os custos. Nesse sentido, não se admitem instituições extrativistas, predadoras, autorreferenciadas e ensimesmadas, que existem quase que exclusivamente para manterem a si próprias, desconectadas com a realidade e as necessidades do cidadão.

No âmbito dos tribunais de contas, amplia-se a atenção de seus dirigentes, servidores e diversos *stakeholders* quanto à entrega de melhores resultados à sociedade. Essa preocupação associa-se diretamente ao desempenho de suas atividades, vem justificar o porquê de sua existência e finalidades, além de traduzir um esforço ininterrupto na implementação de ações que caracterizem a relevância dos órgãos de controle externo.

A sociedade tem exigido continuamente uma atuação efetiva dos TCs, considerando, entre outros fatores, que os processos, procedimentos e técnicas empregados no controle externo evoluíram substancialmente a partir de sua configuração inicial pelo uso intensivo das tecnologias de informação e comunicação (TIC), pela mudança na forma de comunicação midiática, assim como pela necessidade de inovação e de formação de profissionais com alto nível, devidamente conectados às novas tendências globais e preparados para enfrentar os novos desafios e cenários que se projetam na administração pública. Notórios são os progressos nas cortes de contas nas mais variadas perspectivas. Porém, como é possível continuar avançando?

Este capítulo apresenta uma série de estratégias que avalia como necessárias para que os tribunais de contas estejam sintonizados com as demandas da sociedade, preservando, assim, e até ampliando, a sua relevância, além de estimular uma promissora discussão a partir da descrição de trajetórias, avanços e oportunidades acerca da atuação e modernização dos TCs como órgãos de controle externo. Nesse contexto, pretende-se contribuir com a formação e o aprimoramento das cortes de contas brasileiras como instituições capacitadas para atender às demandas sociais exigidas no século XXI.

Para colaborar com a reflexão sobre o TC no século XXI, a próxima seção destaca aspectos da gestão de pessoas nos TCs, tais como: gestão do conhecimento, gestão de competências, ênfase no mérito, avaliação de desempenho, ascensão na carreira, formação profissional de ponta, iniciativas e tendências. Em seguida, discutem-se a utilização intensiva das TICs voltada ao controle externo e a cultura de inovação. Por fim, é apresentado um panorama com ações, avanços e desdobramentos da comunicação estratégica dos TCs com a sociedade.

2 Gestão de pessoas nos tribunais de contas: temas correlatos e tendências

O século XXI é intensivo em conhecimento. Os profissionais que integram os tribunais de contas devem levar tal critério na mais alta escala. Nesse sentido, investir muito fortemente em formação contínua dos seus quadros é essencial, formação que deve estar sintonizada com as exigências contemporâneas e atenta às tendências. Não basta a formação tradicional sobre a legislação que rege as finanças públicas, as contratações públicas, a responsabilidade fiscal, a contabilidade pública e as normas e procedimentos de auditoria. O arsenal de conhecimentos para que o profissional moderno possa desempenhar suas atividades com alta produtividade é muito maior, muito mais exigente. Nesse sentido, uma das exigências essenciais para os integrantes da instituição é a afinidade com ciência de dados e suas múltiplas possibilidades, mas também com estatística aplicada, com construção de algoritmos, entre outras áreas do conhecimento.

Por um período, a maioria dos instrumentos de gestão nos TCs focava-se na dimensão fiscal, o que restringia boa parte da gestão de pessoas à análise de gastos com pessoal. Observou-se uma transformação na perspectiva da denominada *administração de recursos humanos*, na qual a ênfase recaía no controle de gastos com pessoal e procedimentos administrativos, para *gestão estratégica de pessoas*, que procura conciliar os objetivos individuais e organizacionais, caracterizando-se, inclusive, como uma dimensão do planejamento estratégico do TCs.

A dimensão humana tem sido objeto de interesse e de vários estudos nas cortes de contas. Vários assuntos encontram-se correlacionados à gestão estratégica de pessoas nos TCs; porém, devido à sua amplitude, serão observadas na sequência, de forma sucinta, algumas considerações sobre a gestão do conhecimento, a gestão de competências, ênfase no mérito, avaliação de desempenho e formação profissional.

Na acepção de Pais (2016), as organizações públicas têm se confrontado com a necessidade de desenvolver uma cultura organizacional com base no conhecimento de seus colaboradores e voltada para a prestação de serviços públicos mais eficazes. Dessa forma, a gestão do conhecimento deve ser encarada como um fator estratégico nos TCs, de forma que seus servidores sejam continuamente colaborativos por meio do compartilhamento de conhecimentos, sendo capazes de captar e disseminar a percepção adquirida e produzida em seu *locus* de atuação.

De acordo com Mendes (2013), gestão é o ato de administrar, planejar e liderar projetos, pessoas ou equipes em uma organização, ou seja, é o ato de organizar uma instituição para que esta chegue a algum objetivo previamente planejado. Competência, por sua vez, está ligada a três variáveis, conhecidas como CHA, ou seja, conhecimento, habilidades e atitudes. O conhecimento é adquirido com a formação educacional do indivíduo, pois é fundamentalmente teórico. Já a habilidade está associada ao que é prático, à aplicação do conhecimento no dia a dia de determinada atividade. Por fim, a atitude é basicamente o comportamento humano, os valores e os sentimentos das pessoas envolvidas.

Ferreira e Pilatti (2013) enfatizam que a gestão do conhecimento é uma ferramenta complexa, capaz de gerar resultados potencialmente significativos por meio do conhecimento existente e do capital intelectual. Nessa perspectiva, os esforços organizacionais devem ser coordenados em nível estratégico e operacional, com regras formais e informais, alinhadas com ações essenciais de inovação e combinando competências, tecnologia e conhecimento.

Dentre os estudos realizados com enfoque na gestão do conhecimento nos TCs, recorta-se a investigação de Castelo *et al.* (2018) para compreender a percepção dos auditores de controle externo do TCE-CE sobre os processos de gestão do conhecimento e a orientação cultural do Tribunal de Contas do Estado do Ceará (TCE-CE). A partir do modelo utilizado, constatou-se que os auditores percebem perspectivas da gestão do conhecimento em suas ações estratégicas, administrativas e operacionais, assim como a orientação cultural do órgão para o conhecimento, confirmando que o TCE-CE atenta aos processos de aquisição, compreensão e interpretação do conhecimento, além de sua retenção, preservação e memorização interna, com o propósito de melhorar os serviços prestados.

Uma realidade quanto à gestão de pessoas nos TCs tem sido a adoção do modelo de gestão por competências. O marco legal que regulamentou a implantação da gestão de competências no setor público foi o Decreto nº 5.707/2006, ao instituir a política e as diretrizes para o desenvolvimento de pessoal da administração pública federal (BRASIL, 2006).

Por meio do Acórdão nº 3.023/2013, o Tribunal de Contas da União fez um levantamento sobre governança e gestão de pessoas, recomendando a órgãos superiores, tais como o Conselho Nacional de Justiça (CNJ), o Conselho Nacional do Ministério Público (CNMP), a Secretaria de Gestão Pública e a Comissão Interministerial de Governança Corporativa e de Administração de Participações Societárias, que orientassem suas unidades jurisdicionadas quanto à necessidade do estabelecimento formal de objetivos de gestão de pessoas alinhados às estratégias do negócio e fundamentação dos processos de recrutamento e seleção em perfis de competências. Essa diretriz também se estendeu aos tribunais de contas estaduais por meio das recomendações da Atricon (TCU, 2013).

As estratégias para implantação do modelo de gestão por competências são diversificadas, o que remete aos TCs analisarem aquela que melhor se adapta aos seus propósitos institucionais. Lourenço (2018) explica que a maioria dos modelos propõe no mínimo as seguintes etapas: a) mapeamento das competências necessárias e ideais; b) identificação das competências disponíveis na organização; c) identificação de lacunas; e d) desenvolvimento de competências.

O CNJ desenvolveu um manual de implantação da gestão por competências, recomendando que o processo seja feito em oito etapas: (i) definição da equipe de implantação; (ii) institucionalização do projeto de implantação; (iii) mapeamento das competências necessárias; (iv) diagnóstico de competências e análise de lacunas; (v) implementação dos programas de desenvolvimento de competências; (vi) monitoramento das competências; (vii) desenvolvimento do sistema de recompensas; e (viii) avaliação do programa de gestão por competências (CNJ, 2016).

Brandão e Bahry (2005) ensinam, conforme exposição na figura 1, que a gestão de competências se trata de um processo contínuo, que se inicia com a formulação da estratégia e a definição de indicadores de desempenho, segue para o mapeamento de competências voltadas à execução da estratégia, avança para a captação e desenvolvimento de competências, continua com o acompanhamento e avaliação do

Figura 1 – Etapas da gestão por competências

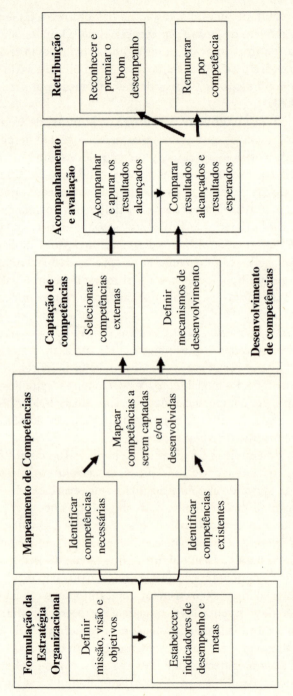

Fonte: Adaptada de Brandão e Bahry (2005).

processo e conclui com a retribuição. Para os autores, o mapeamento de competências deve representar um desempenho ou comportamento do que é esperado pelo profissional, isto é, o que ele deve ser capaz de fazer.

A Atricon criou o Projeto de Qualidade de Agilidade dos TCs (QATC), que envolve o Marco de Medição de Desempenho dos TCs (MMD-TC), com o objetivo de realizar um diagnóstico robusto das cortes de contas e alavancar o crescimento dessas instituições (ATRICON, 2015). Na última versão do manual relativo ao MMD-TC em 2019 existem 25 indicadores distribuídos entre seis domínios e desdobrados, cada um deles, em até quatro dimensões. Relativamente ao domínio "Governança Interna", consta o indicador "Desenvolvimento Profissional", que tem como uma de suas dimensões "Gestão de Competências e Liderança" (ATRICON, 2019). Isso evidencia a importância quanto à implantação do modelo de gestão por competências pelos TCs.

A gestão de competências pode influenciar diretamente os sistemas de avaliação de desempenho e, adicionalmente, relaciona-se à promoção de servidores com base na meritocracia, isto é, reconhecendo-se o trabalho de alto nível e o esforço individual no momento de nomeações internas.

A capacidade de gerar resultados à sociedade por uma corte de contas está intimamente relacionada à competência, integração, motivação e comprometimento de seus servidores. Atenta-se, hodiernamente, à introdução da meritocracia nas políticas de gestão de pessoas como forma de promover o fortalecimento institucional e a modernização do controle externo.

Schulze (2012) entende meritocracia como um instrumento de gestão que considera o método ou técnica para prestigiar o servidor e/ou empregado mais capacitado, qualificado e com aptidão para desempenhar determinada função, estabelecendo-se uma relação direta entre a qualificação de indivíduo e o trabalho a ser desempenhado, de maneira que seu reconhecimento seja pautado por critérios mensuráveis e por seus méritos próprios.

A implantação do modelo gerencial pressupõe que se adotem políticas de reconhecimento dos colaboradores por seu desempenho, com estímulo à maior competitividade, incentivo à inovação, desenvolvimento de competências gerenciais e prevalência da meritocracia. Espera-se que os servidores públicos adotem comportamento e valores próximos daqueles esperados no setor privado – autonomia, competitividade, empreendedorismo, criatividade e esforço – para os quais o trabalho é um fator essencial (BARBOSA, 2001).

Conquanto o desempenho organizacional das organizações públicas deva estar focado no atendimento à satisfação dos cidadãos e usuários, a qualidade dos serviços é alavancada pela melhoria do desempenho individual dos servidores e pela conscientização da responsabilidade de cada servidor (VASILIEVA *et al.*, 2015; CHO; LEE, 2012). Essa compreensão serve como desafio às entidades públicas quanto ao gerenciamento de seus colaboradores de forma estratégica, com o fito de explorar habilidades e competências que agreguem valor às instituições e melhorem os serviços prestados.

Um atributo basilar a respeito da avaliação de desempenho é que os servidores considerem seus instrumentos como medidas válidas e justas. Rasheed *et al.* (2011) entendem que, se os servidores não sentirem confiança na imparcialidade de seus gestores e na transparência da avaliação, provavelmente não a reconhecerão como legítima. Segundo Cho e Poister (2013), a confiança é elementar para influenciar os comportamentos e as atitudes dos servidores, o que fortalece o comprometimento organizacional.

Nos TCs, comumente, os sistemas de avaliação de desempenho dos servidores levam em consideração o atingimento de metas corporativas e individuais. Os critérios de avaliação de desempenho dos servidores são aferidos, geralmente, por meio de fatores técnicos e comportamentais, como: produtividade, qualidade do trabalho, autodesenvolvimento, colaboração, iniciativa, assiduidade, pontualidade, entre outros. Contudo, critérios mais racionais e pragmáticos de avaliação precisam ser constantemente pensados e aplicados; afinal, os tribunais precisam continuar se modernizando.

Quanto à ascensão na carreira profissional, existe uma relação direta com o investimento dos servidores em competências. Os colaboradores identificam mais facilmente suas preferências, descobrem potencial para novos papéis ou atividades nos tribunais ou reconhecem de forma mais clara a direção que desejam dar para suas carreiras, na medida em que suas competências são desenvolvidas e exercitadas no dia a dia (TCU, 2016).

Um ponto que não merece ser olvidado e que pode influenciar na ascensão de carreira dos servidores denomina-se âncora de carreira, que se trata de um conjunto de fatores da autopercepção do qual um indivíduo não abre mão diante das escolhas profissionais. A âncora indica as capacidades, necessidades e valores individuais. Quanto mais elevada for a experiência de um profissional, maior a percepção acerca desses três elementos direcionadores (FARO et al., 2010). Schein (1996) propôs uma categorização de oito âncoras de carreira: competência técnica; competência gerencial; autonomia e independência; segurança e estabilidade; criatividade empreendedora; vontade de servir e dedicar-se a uma causa; puro desafio; e estilo de vida. Para cada âncora, está associado um padrão de motivações e recompensas.

Diante da dificuldade de implantar o modelo gerencial em substituição ao modelo burocrático, constituído ao longo da história do funcionalismo brasileiro, Faro et al. (2010) realizaram um estudo no Tribunal de Contas da União (TCU) para identificar as âncoras de carreira dos servidores e entender os fatores impeditivos da implementação do modelo gerencial. Os resultados indicaram incompatibilidades entre as principais âncoras de carreira dos servidores e aquelas propostas pelo modelo teórico utilizado; além disso, o sistema de recompensas do TCU gerava maior resistência às alterações preconizadas pelo modelo.

Franco et al. (2017) relatam que a remuneração estratégica deve também ser considerada como uma inovação e veículo de modernização da gestão pública, superando a remuneração por descrição de cargos cujos planos de carreira são divididos em níveis usualmente alcançados por critérios objetivos e básicos, como tempo no serviço público, em vez do potencial individual ou desempenho diferenciado de cada servidor público.

Cavazotte, Moreno e Turano (2015) salientam que a rotatividade, as aposentadorias e as transferências de pessoal podem acarretar perda de *know-how* e capital intelectual, alertando a importância do desenvolvimento pessoal dos servidores públicos e a retenção de talentos. A partir dos argumentos favoráveis ao desenvolvimento e à aprendizagem, é inteligível que a moderna gestão valorize a formação acadêmica e profissional com recompensas compatíveis aos conhecimentos e habilidades do profissional, pois tendem a se refletir nos resultados da organização.

Werner e Trittel (2011) estudaram a remuneração por desempenho no serviço público alemão e verificaram que há várias formas de pagamento por desempenho; porém, nem todos os sistemas de remuneração foram bem sucedidos, considerando que a participação dos servidores na escolha e implantação do sistema de remuneração é essencial.

Franco *et al.* (2017) analisaram diversos estudos no setor público e concluíram que a remuneração variável relacionada diretamente à produtividade não promove resultados positivos, tendo em vista que sua eficácia é limitada em relação à mudança de atitude e pode impactar apenas em determinadas atividades, o que lhes levou a propor outras ações que impactassem positivamente na produtividade do servidor público, como o incentivo remuneratório à qualificação, que influenciaria em sua motivação por um período mais amplo.

Quanto à formação profissional do servidor público, entende-se tratar de um processo de aquisição de conhecimento teórico, técnico e prático em áreas diversificadas de formação, possibilitando aos colaboradores a ampliação de sua visão de mundo, mudança de comportamento e criação de consciência colaborativa cujos reflexos colaboram com a construção de instituições mais sólidas e de uma sociedade democrática mais justa e eficiente.

Dentre diversas ações de investimento na formação profissional dos servidores públicos, pode ser citada uma iniciativa do TCE-CE ao criar um curso de especialização *lato sensu* intitulado *Fronteiras do conhecimento em auditoria governamental: desafios para o século XXI*. O objetivo do curso concentrou-se em oportunizar o aprendizado de conceitos, técnicas e melhores práticas relativas ao novo perfil do auditor governamental do século XXI. Dessa forma, o servidor passa a ser qualificado para exercer novas atividades, desenvolver competências distintas, habilidades pessoais e interpessoais, além de dominar técnicas e ferramentas de análise de dados que culminem com o aumento da produtividade e da qualidade do trabalho em seu setor de atuação.

Por fim, algumas iniciativas e tendências relacionadas à gestão de pessoas têm sido objeto de discussão e implantação nos TCs, conforme apresentação no quadro 1:

Quadro 1 – Iniciativas e tendências em gestão de pessoas

(continua)

1. Automação de recursos humanos (controle de ponto digital)	Tecnologia que permite automatização de processos, escalabilidade de contratações, cálculo de horas extras, pagamento de adicionais noturnos, de insalubridade, periculosidade etc. O controle de ponto digital monitora a jornada dos servidores internos, externos ou em *home office*.

(conclusão)

2. Desenvolvimento humano	A instituição assume a responsabilidade pelo desenvolvimento pessoal e profissional dos servidores, utilizando novas estratégias de treinamento e desenvolvimento para formar *experts* em seu campo de atuação. Presença de laboratórios de inovação. Recompensas com políticas de remuneração e premiações.
3. Experiência do servidor	Investimento na experiência do servidor, pautado em estratégias inovadoras de motivação, retenção e comunicação. Realidade aumentada para treinamentos práticos. Personalização da comunicação. Promoção de espaços de trabalho mais confortáveis. Mobilidade corporativa.
4. *Gamification*	Utilização de estratégias de jogos para estímulo à competição saudável no ambiente de trabalho ou para conscientização dos servidores quanto a determinadas questões.
5. Análise de dados	Utilização da tecnologia e da automação de processos, permitindo ao setor de gestão de pessoas identificar mais facilmente perfis de liderança na instituição, profissionais que possam ser promovidos ou que precisem de uma mudança de posição para resultar em uma atuação mais estratégica.
6. Trabalho remoto (teletrabalho ou *home office*)	Adoção de modelo de trabalho mais flexível, colaborando para o aumento da produtividade, retenção de talentos, aumento da confiança entre gestores e subordinados e emprego das TICs.
7. Equipes de alto desempenho	Mudança do foco técnico-operacional de treinamento e desenvolvimento. Aquisição de novas competências pelas equipes de trabalho. Minimização da necessidade de supervisão constante. Formação de equipes multidisciplinares e flexíveis.
8. RH digital	Uso de soluções de tecnologia para gestão de pessoas, como aplicativos móveis, seja para controle de ponto, acompanhamento de servidores via GPS em viagens, consulta de informações cadastrais dos servidores, extratos de pagamento e banco de horas. Utilização de redes sociais corporativas (ex.: comunicação via WhatsApp etc.).
9. *Feedback* contínuo	Comunicação com os servidores em intervalos menores e de forma contínua. Melhoria e rapidez do aprendizado. Aumento de *performance* técnica e comportamental. Diminuição do *turnover*, demissões ou exonerações.
10. Benefícios de bem-estar	Busca de maior qualidade de vida. Prática de esportes. Serviço de massoterapia. Diminuição de horas no trânsito. Maior tempo com a família. Convênios com academias, clubes e *spas*. Programas de nutrição. Jornada de trabalho flexível.

Fonte: Adaptado de Barros (2019).

3 Utilização intensiva das tecnologias de informação e comunicação voltadas ao controle externo e a cultura da inovação

A possibilidade de se utilizar grandes bases de dados, cruzar informações de bases diferentes e realizar análises das mais variadas com esses dados se ampliou dramaticamente nos últimos anos. Nos tribunais de contas, tais possibilidades se destacam em várias de suas áreas de atuação: na fiscalização de contas, na medida em que as análises computacionais proporcionam a visualização mais precisa e abrangente, possibilitando identificação de fraudes em licitações, estratégias de conluio de licitantes, práticas de superfaturamento de preços, entre inúmeras outras possibilidades.

A inteligência artificial permite que muitas tarefas antes realizadas por seres humanos possam ser automatizadas, com resultados surpreendentemente superiores, além de expandir consideravelmente a capacidade de predição de modelos. Na fiscalização, isso pode ser muito útil para antecipação contra possíveis estratégias de fraudes e de práticas irregulares.

A computação em nuvem, por sua vez, potencializa a utilização de gigantescas massas de dados, com custos muito menores do que as formas tradicionais de armazenamento, abrindo avenidas de possibilidades para utilização e análise de dados e informações antes de utilização economicamente inviável.

É perceptível que a evolução tecnológica no controle externo tem avançado em um ritmo exponencial. As tecnologias digitais estão modificando os modelos de negócios, as estruturas das instituições, os produtos, os serviços e a forma de interagir com a sociedade. A adoção de novas metodologias e tecnologias é requisito essencial para a inovação, de forma que os TCs precisam se ajustar incessantemente à velocidade da transformação digital.

Silva (2016) elucida que os sistemas de informação têm crescido de forma que os principais atos e fatos administrativos (contratações, pagamentos, licitações, concessões de benefícios etc.) podem ser representados digitalmente, colaborando para que informações sobre o Estado e de interesse do controle externo estejam cada vez mais disponíveis, ou seja, prontas para análise e consumo.

Na área de controle, a existência e a disponibilidade de volumes robustos de dados não garantem que sejam suficientes para extrair indícios ou provas de atos ilícitos contra o erário. Dessa forma, cresce o desafio de lidar com a complexidade, diversidade e o imenso volume de informações disponibilizadas, exigindo-se especialistas que conheçam com profundidade as regras de negócio de determinado segmento, assim como a estrutura da base de dados em análise. Além disso, é preciso superar vários obstáculos quanto ao acesso dos dados às instâncias do controle externo, tais como: ausência de termos de cooperação, dificuldades técnicas de acesso, qualidade incerta dos dados e falta de integração entre diferentes bases de dados (BALANIUK, 2010).

Stumpf (2016) elucida que, em relatório de atividades do TCU em 2014, chegou-se ao consenso dos três principais desafios que o tribunal deveria superar para obter bons resultados com a análise de dados: a) desafio técnico, concernente especialmente à qualidade dos dados; b) desafio regulatório, relativo às restrições legais e normativas; e c) desafio cultural, atinente aos aspectos comportamentais das pessoas envolvidas.

Viera *et al.* (2016) orientam que algumas resoluções da Organização das Nações Unidas (ONU) enfatizam o papel das entidades fiscalizadoras superiores (EFS) e da INTOSAI no alcance dos objetivos de desenvolvimento sustentável (ODS). Em seus relatórios, encontra-se a importância do uso intensivo de análise de dados (*data analytics*), assim como a utilização de dados geoespaciais. Dentre os benefícios das geotecnologias, encontra-se a abordagem universal e padronizada para o monitoramento de informações relevantes, como indicadores econômicos, educacionais, de saúde e ambientais, assim como a análise e a modelagem de dados, a criação de mapas e a detecção e monitoramento de suas modificações ao longo do tempo, de forma consistente e padronizada.

Outra característica associada à utilização intensiva das TICs nos TCs refere-se às iniciativas de dados abertos com o propósito de tornar as informações do governo prontamente disponíveis, transparentes e úteis para os cidadãos. Conforme artigo publicado na revista *The Economist* (2015), os principais problemas relativos aos dados abertos são: (i) a qualidade de dados, que, em geral, não é suficientemente boa; (ii) alguns dados não são preparados em um formato legível por máquina; (iii) a quantidade de dados é comumente vasta, o que dificulta a procura e a extração de informações relevantes e úteis, assim como prejudica a análise, interpretação e conclusões pelos indivíduos; e (iv) a dificuldade de acesso aos dados por questões de privacidade.

No ambiente de governança e gestão corporativa, aborda-se a governança da tecnologia da informação. De acordo com Stumpf (2016, p. 108-109):

A governança de dados utiliza o conhecimento e competências das pessoas para definir políticas, responsabilidades, glossários, metadados, fluxos de trabalho dos dados em movimento, monitoramento e linhagem de dados que permitam à organização melhorar a qualidade, descoberta e entendimento desses, de modo a simplificar a extração de informações e conhecimentos, resultando em melhores análises e decisões de negócio.

Henderyckx (2016) assinala que os dados digitais cresceram em ritmo e variedade, associando-se a "avalanches" ou "tempestades" de dados, ou *big data*. Já os dados internos, que são alinhados normalmente com os processos internos de trabalho de uma instituição, são conhecidos como *small data*.

Uma tendência dos órgãos de controle é aumentar seus investimentos em análise e visualização de dados, além da coleta de grande quantidade de dados de seus parceiros, dos jurisdicionados e da sociedade. Além de tudo, o insumo para o trabalho de qualquer corte de contas é a informação, de forma que seus produtos finais – recomendações, determinações – são fontes básicas de informações a todos os seus auditados.

Dentre as iniciativas tecnológicas que vêm ganhando bastante destaque para implantação nas cortes de contas, está a adoção de ferramentas tecnológicas baseadas em inteligência artificial (IA), contribuindo com a fiscalização das ações do governo e com o combate a potenciais ilícitos, tendo em vista a desafiadora missão dos órgãos de controle quanto ao acompanhamento de políticas, compras, transações, licitações e acordos, na tentativa de minimizar irregularidades e combater a corrupção. A IA é indubitavelmente um instrumento de vanguarda tecnológico do século XXI.

Alguns exemplos de utilização da IA na administração pública podem ser destacados, em especial, nos órgãos de controle. A Controladoria-Geral da União (CGU) implantou sistema para encontrar indícios de desvios na atuação de servidores, a partir da utilização de recursos de *machine learning* (aprendizagem de máquina). A intenção do órgão não é fazer nenhum tipo de discriminação, mas constituir um filtro que direcione a análise de auditoria a partir da listagem de determinados critérios. A CGU também utiliza um sistema baseado em IA para fiscalizar contratos e fornecedores a partir da análise de risco, seja de corrupção ou até mesmo de um fornecedor que não cumpra um contrato ou feche suas atividades.

O Supremo Tribunal Federal (STF) também empreendeu com a utilização do Victor, uma ferramenta de IA criada em parceria com a Universidade de Brasília (UnB) para ampliar a eficiência e a velocidade de avaliação judicial dos processos que chegam ao STF desde agosto de 2018. Com o Victor, os processos estão sendo utilizados a partir de quatro atividades: conversão de imagens em textos no processo digital; separação do início e do término de um documento (peça processual, decisão etc.) em todo o acervo da corte; separação e classificação das peças processuais mais utilizadas nas atividades do tribunal; e identificação dos temas de repercussão geral de maior incidência. O Victor está tornando uma realidade a aplicação de IA na área de direito do país.

O TCU, por sua vez, implementou um sistema de IA em suas atividades de controle. O recurso denominado Alice foi desenvolvido para abranger o universo de licitações e contratos diante de um quadro de insuficiência de recursos humanos do órgão. O sistema trabalha com dados do portal de compras do governo e do Diário Oficial, analisa o texto de editais e faz o cruzamento das informações dos processos com outras bases de dados. O mapeamento dos processos e os alertas sobre indícios de irregularidades vieram colaborar com o trabalho de fiscalização dos auditores, permitindo ao TCU analisar um maior número de processos.

Em nova discussão, as instituições devem estar abertas à inovação e devem criar canais para estimulá-la. Para tanto, a cultura organizacional deve possibilitar a assunção de riscos e deve se acostumar a lidar também com tentativas que não sejam bem-sucedidas. É importante ter clara a perspectiva de que a inovação envolve frequentemente fracasso. Muitos projetos não dão certo, dificuldades não previstas surgem, mas faz parte do processo. Se a cultura institucional pune os insucessos, vai desestimular a cultura de inovação, passando a prevalecer os comportamentos conservadores, que não apresentam riscos, mas que também levam à estagnação da organização.

O desafio de inovar na gestão pública consiste em superar a ênfase na fase de ideias e passar propriamente para o estágio de comprovação de resultados em casos de gestão e políticas públicas. Embora o processo de inovação seja fruto de uma ideia, a sua implementação exige um esforço considerável para gerar resultados e valores que sejam perceptíveis aos envolvidos e às organizações.

No entendimento de Cunha (2017), os papéis do Estado na inovação podem apresentar diferentes formas: (i) de restrição, como os códigos de ética de pesquisa; (ii) de condição, a exemplo de leis e medidas que visam melhorar o ambiente de negócios das empresas; (iii) de catalisador de iniciativas e experiências inovadoras, tais como as políticas públicas de fomento a *startups* (empresas nascentes com alto potencial de crescimento); e (iv) de agente, isto é, o setor público como protagonista e foco em inovações em seus processos e serviços.

Cavalcante *et al.* (2019) colecionam algumas reflexões muito interessantes relativas às experiências e práticas inovadoras no setor público brasileiro em obra organizada pelo Instituto de Pesquisa Econômica Aplicada (IPEA) que envolveu as seguintes temáticas: i) do *design thinking* à inovação; ii) *mix* de métodos em prol da inovação; iii) cocriação e coprodução: casos de inovação aberta; iv) laboratórios de inovação: é testando que se inova; e v) *gamificação*: aprendizado interativo nas políticas públicas.

A inovação, embora praticada há décadas no setor público, vem sendo deliberadamente internalizada com mais intensidade nos anos recentes, tanto no discurso quanto no cotidiano das organizações e dos atores envolvidos (servidores, lideranças, terceiro setor e iniciativa privada), dando sinais cada vez mais claros de fazer parte das agendas governamentais como diretriz estratégica. Além disso, destaca-se o papel essencial dos servidores públicos na implementação das inovações como seus principais responsáveis e protagonistas, atuando na idealização, formação e coordenação dos processos de cocriação da inovação (CAVALCANTE *et al.*, 2019).

Em conclusão, é imperioso considerar que as inovações não surgem de uma ideia preestabelecida, mas, sim, de processos e momentos de construção coletiva, tanto do mapeamento dos problemas quanto das soluções a serem implementadas. Diante de potenciais adversidades que ora se apresentam na gestão pública, o TC no século XXI precisa ser cada vez mais ágil e dinâmico quanto à criação de capacidades e promoção da desejada cultura de inovação.

4 Comunicação estratégica dos tribunais de contas com a sociedade: avanços e desdobramentos

A sociedade é fonte de legitimidade de todas as instituições públicas, o que exige que as instituições estejam permanentemente conectadas com as exigências sociais. Comunicar-se de forma clara, simples, tempestiva e abrangente é um imperativo. Nesse sentido, os relatórios técnicos devem apresentar versões simplificadas que possam ser compreendidas pelo cidadão comum. Tudo isso sem perder a qualidade das informações, que devem ser as mais amplas e profundas possíveis. Isso não significa que os tribunais de contas devam decidir a partir de enquetes, buscando atender os anseios imediatos da opinião pública. O que se enfatiza é que quaisquer que sejam as decisões dos tribunais de contas, elas devem ser muito bem fundamentadas, tomadas de acordo com procedimentos previamente definidos e comunicadas da forma mais clara possível.

Além disso, todos os canais contemporâneos de comunicação devem ser amplamente utilizados, de forma dinâmica e amigável. Não se sintoniza com as exigências do século XXI uma comunicação vetusta, conservadora e restrita aos meios tradicionais de comunicação. Se a legitimidade é imperativa, esta passa necessariamente pelo uso dos canais de comunicação que grande parte da sociedade utiliza.

A comunicação intensa com a sociedade tem sido objeto de reiteradas discussões e iniciativas pelos órgãos de controle. A partir da utilização de novas ferramentas tecnológicas, além da ampliação e evolução dos veículos informacionais, o diálogo com o cidadão tem se tornado cada vez mais efetivo, embora ainda esteja presente a dificuldade de se traduzirem – em uma linguagem simples e objetiva – os termos técnicos empregados nas cortes de contas.

Nos TCs, a comunicação exerce um papel estratégico bem superior à divulgação exclusivamente de ações e notícias, evidenciando-se uma dimensão pedagógica de sua atuação. Existe a preocupação com a clareza da linguagem, a utilidade e tempestividade das informações, a facilidade de acesso aos diversos dados e órgãos públicos, assim como a aproximação efetiva com a sociedade. Nesse cenário, foi criada em 2014 a Rede de Comunicação dos TCs como instância permanente de apoio, articulação, discussão, execução e orientação de ações de comunicação.

Em pesquisa realizada por Arantes, Abrucio e Teixeira (2005), constataram-se sérios problemas de comunicação dos TCs com os atores do Executivo e da sociedade civil. As queixas concentravam-se principalmente na maneira como os TCs se apresentavam e lidavam com os cidadãos. Atualmente, pode-se afirmar que as cortes de contas avançaram bastante nesse aspecto, pois perceberam que, quanto mais transparentes e próximas da população, mais apoio social teriam para suas ações.

Enquanto a Lei da Transparência (LC nº 131/09) foi uma grande impulsionadora de mudanças expressivas na relação entre o Estado e a sociedade no tocante à utilização dos recursos públicos, a Lei de Acesso à Informação (Lei nº 12.527/11) veio regulamentar o direito às informações públicas por parte dos cidadãos, e seus dispositivos são aplicáveis às esferas federal, estadual, distrital e municipal. Nessa conjuntura, criaram-se diversos órgãos de ouvidoria nos TCs, essenciais para a promoção do diálogo com a sociedade.

Em matéria veiculada pela Atricon (2019), abordou-se que o desenvolvimento de conteúdos embasados tecnicamente, com linguagem acessível e utilização de recursos interativos e dinâmicos, tornou-se essencial para a aproximação com o cidadão. Com base nisso, temas como jornalismo digital e inovação nos processos de comunicação vêm ganhando maior espaço.

Uma gama de informações é gerada diariamente nos TCs, servindo como orientações, paradigmas e tendências para modernização da gestão pública. Os questionamentos mais comuns giram em torno de se tais informações promovem boas mudanças na administração pública; se chegam em linguagem compreensiva para a imprensa e para os formadores de opinião; se são vistas como critérios de uma ação específica individual ou para avanço coletivo; e se a sucessão de cuidados tomados pelos TCs tem se transformado em uma cultura real de governança e atuação pública.

A transição do meio *offline* para as plataformas digitais tem sido uma revolução na forma de comunicação dos tribunais de contas com a sociedade. É incontestável – seja por meio da utilização de aplicativos móveis – a maior facilidade e amplitude da comunicação interna e externa dos TCs gerada pelas redes sociais, tais como: WhatsApp, Twitter, Facebook, Instagram e YouTube. Esses veículos servem, na maior parte dos casos, para difundir as diversas ações institucionais realizadas nas cortes de contas, tomando como exemplo as decisões de julgamentos em linguagem mais acessível.

Por último, é imperativo afirmar que os canais de comunicação estratégica das cortes de contas fortalecem sua imagem institucional, propiciam maior aproximação com a sociedade, valorizam a qualidade das informações geradas, estimulam o debate voltado à cidadania e ao controle social, esclarecem fatos de defesa do interesse público, disseminam ações relacionadas ao controle externo e contribuem, fundamentalmente, com a melhoria da gestão pública.

Referências

ARANTES, R. B.; ABRUCIO, F. L; TEIXEIRA, M. A. C. A imagem dos tribunais de contas subnacionais. *Revista do Serviço Público*, Rio de Janeiro, v. 56, n. 1, p. 57-83, jan./mar. 2015.

ATRICON. *Evento reforça o avanço da comunicação nos tribunais de contas*. Disponível em: http://www.atricon.org.br/imprensa/noticias/evento-reforça-o-avanço-da-comunicação-nos-tribunais-de-contas/. Acesso em: 14 maio 2019.

ATRICON. *Manual de Procedimentos do MMD-TC*. Versão v.1.0, de 15.03.2019. Disponível em: http://www.qatc.atricon.org.br/wp-content/uploads/2019/03/2.-Manual-de-Procedimentos-MMD-TC-v.1.pdf. Acesso em: 09 maio 2019.

ATRICON. *Resolução n. 01/2015*. Regulamenta a aplicação do Marco de Medição de Desempenho dos Tribunais de Contas – MMD-TC, no âmbito do Projeto Qualidade e Agilidade dos Tribunais de Contas – QATC, promovido pela Atricon. Disponível em: http://www.atricon.org.br/wpcontent/uploads/2015/07/Resolu%C3%A7%C3%A3o-01-2015.pdf. Acesso em: 07 maio 2019.

BALANIUK, R. A mineração de dados como apoio ao controle externo. *Revista do TCU*, ano 42, v. 117, p. 77-84, jan./abr. 2010.

BARBOSA, L. *Igualdade e meritocracia*: a ética do desempenho das sociedades modernas. Rio de Janeiro: FGV, 2001.

BARROS, L. *Tendências em gestão de pessoas para ficar de olho em 2019*. Disponível em: https://tangerino.com.br/tendencias-gestao-de-pesoas-2019/. Acesso em: 10 maio 2019.

BRANDÃO, H. P; BAHRY C. P Gestão por competências: métodos e técnicas para mapeamento de competências. *Revista do Serviço Público*, Brasília, v. 56, n. 2, p. 179-194, abr./jun. 2015.

BRASIL. *Decreto nº 5.707, de 23 de fevereiro de 2006*. Institui a política e as diretrizes para o desenvolvimento de pessoal da administração pública federal direta, autárquica e fundacional e regulamenta dispositivos da Lei nº 8.112, de 11 de dezembro de 1990. Diário Oficial da União, Seção 1, 3. Brasil, 2006.

BRASIL. *Lei Complementar nº 131, de 27 de maio de 2009*. Acrescenta dispositivos à Lei Complementar nº 101, de 4 de maio de 2000, que estabelece normas de finanças públicas voltadas para a responsabilidade na gestão fiscal e dá outras providências, a fim de determinar a disponibilização, em tempo real, de informações pormenorizadas sobre a execução orçamentária e financeira da União, dos Estados, do Distrito Federal e dos Municípios. Brasília: Presidência da República, 2009. Disponível em: http://www.planalto.gov.br/ccivil_03/leis/ lcp/lcp131.htm. Acesso em: 14 maio 2019.

BRASIL. *Lei nº 12.527, de 18 de novembro de 2011*. Regula o acesso a informações previsto no inciso XXXIII do art. 5º, no inciso II do § 3º do art. 37 e no § 2º do art. 216 da Constituição Federal; altera a Lei nº 8.112, de 11 de dezembro de 1990; revoga a Lei nº 11.111, de 5 de maio de 2005, e dispositivos da Lei nº 8.159, de 8 de janeiro de 1991; e dá outras providências. Brasília: Presidência da República, 2011. Disponível em: http://www.planalto.gov.br/ccivil_ 03/_ato2011-2014/2011/lei/l12527.htm. Acesso em: 14 maio 2019.

CASTELO, S. *et al.* A percepção dos auditores de controle externo na gestão do conhecimento no Tribunal de Contas do Estado do Ceará. *Revista Controle – Doutrina e Artigos*, Fortaleza, v. 16, n. 1, p. 291-324, 2018.

CAVALCANTE, P. et al. *Inovação e políticas*: superando o mito da ideia. Brasília: Ipea, 2019.

CAVAZOTTE, F. de S. C. N.; MORENO, V. de A.; TURANO, L. M. Cultura de aprendizagem contínua, atitudes e desempenho no trabalho: uma comparação entre empresas do setor público e privado. *Revista de Administração Pública*, Rio de Janeiro, v. 49, n. 6, p. 1.555-1.578, nov./dez. 2015.

CHO, Y. J.; LEE, J. W. Performance management and trust in supervisors. *Review of Public Personnel Administration*, v. 32, n. 3, p. 236-259, 2012.

CHO, Y. J.; POISTER, T. H. Human resource management practices and trust in public organizations. *Public Management Review*, v. 15, n. 6, p. 816-838, 2013.

CNJ. Conselho Nacional de Justiça. *Gestão por competências passo a passo*: um guia de implementação / Coordenação: Centro de Formação e Aperfeiçoamento de Servidores do Poder Judiciário (CEAJUD). Brasília: CNJ, 2016.

CUNHA, B. Uma análise da construção da agenda de inovação no setor público a partir de experiências internacionais precursoras. *In*: CAVALCANTE, P. et al. *Inovação no setor público*: teoria, tendências e casos no Brasil. Brasília: Ipea, 2017.

ECONOMIST. *Open government data*: out of the box. Disponível em: http://www.economist.com/node/21678833/print. Acesso em: 13 maio 2019.

FARO, E. S. da C. et al. Âncoras de carreira e transformações no modelo de administração: estudo de caso do Tribunal de Contas da União. *Cadernos EBAPE.BR*, Rio de Janeiro, v. 8, n. 4, dez. 2010, p. 710-733.

FERREIRA, C. L.; PILATTI, L. Analysis of the seven dimensions of knowledge management in organizations. *Journal of Technology Management & Innovation*, Amsterdam, v. 8, Special Issue Altec, p. 53-63, 2013.

FRANCO, F. V. et al. Remuneração estratégica na administração pública. *Caderno de Administração*, [s. l.], v. 25, n. 1, p. 1-10, 2017.

HARARI, Y. N. *21 lições para o século 21*. São Paulo: Companhia das Letras, 2018.

HENDERYCKX, J. Sustaining data driven innovation. *In*: Data Management Conference Latin America, 2016, São Paulo. *Anais*... São Paulo: DAMA, Brasil, 2016. Disponível em: http://www.dmc-latam.com/palestrantes/jan-henderyckx/. Acesso em: 14 maio 2019.

LOURENÇO, L. G. *Gestão por competências nos tribunais de contas do Brasil*: evidências dos níveis eficazes de maturidade do processo de implantação. 2018. 85f. Dissertação (Mestrado em Administração) – Programa de Pós-Graduação Mestrado em Administração (PPGMAD), Fundação Universidade Federal da Rondônia (UNIR), Rondônia, 2018.

MENDES, R. *O que é gestão de competências*. Disponível em: http://www.gestaoporcompetencias.com.br/artigo-recursos-humanos/artigo-rh/o_que_e_gestao_por_competencias/. Acesso em: 08 maio 2019.

PAIS, L. A pesquisa do conhecimento na administração pública portuguesa: a teoria, a prática e as lições aprendidas. *In*: PAIS, L. A. Experiências internacionais de implementação da gestão do conhecimento no setor público. Rio de Janeiro: Ipea, 2016.

RASHEED, M. I. et al. A critical analysis of performance appraisal system for teachers in public sector universities of Pakistan: A case study of the Islamia University of Bahawalpur (IUB). *African Journal of Business Management*, v. 5, n. 9, p. 3.735, 2011.

SCHEIN, E. H. *Identidade profissional*: como ajustar suas inclinações e suas opções de trabalho. São Paulo: Nobel, 1996.

SCHULZE, C. J. Meritocracia: requisito necessário ao provimento de cargos em comissão. *SínteseNet Gestão Pública*, 2012.

SILVA, W. S. Os pilares da estratégia de análise de dados e consumo de informações no TCU. *Revista do TCU*, ano 48, n. 137, p. 12-15, set./dez. 2016.

STUMPF, R. D. O porquê da governança de dados em organizações de controle. *Revista do TCU*, ano 48, n. 137, p. 106-115, set./dez. 2016.

TCU. Tribunal de Contas da União. *Acórdão nº 3.023, de 13 de novembro de 2013*. Levantamento realizado pela Secretaria de Fiscalização de Pessoal, no período de 10/09/2012 a 27/09/2013, com o objetivo de avaliar a situação da governança e da gestão de pessoas em amostra de organizações da Administração Pública Federal. Disponível em: http://www.jusbrasil.com.br/diarios/61945559/dousecao-1-21-11-2013-pg-89. Acesso em: 08 maio 2019.

TCU. Tribunal de Contas da União. Competências nos processos de reconhecimento e gestão de carreira. *União*, ano 31, n. 35, 2016.

VASILIEVA, E. *et al*. Personal targets for public servants and their support the governance's performance conception in Russia. *International Review of Management and Marketing*, v. 5, n. 4, p. 246-252, 2015.

VIEIRA, R. R. T. *et al*. Geotecnologias e o monitoramento dos Objetivos de Desenvolvimento Sustentável pelas Entidades de Fiscalização Superior. *Revista do TCU*, ano 48, n. 137, p. 42-51, set./dez. 2016.

WERNER, S.; TRITTEL, A. M. Performance-related pay in German public services. *Employee Relations*, v. 33, 2. ed., p. 140-158, 2011.

Informação bibliográfica deste texto, conforme a NBR 6023:2018 da Associação Brasileira de Normas Técnicas (ABNT):

LIMA, Edilberto Carlos Pontes; DINIZ, Gleison Mendonça. O Tribunal de Contas no século XXI: desafios e perspectivas. *In*: LIMA, Edilberto Carlos Pontes (Coord.). *Tribunal de Contas do século XXI*. Belo Horizonte: Fórum, 2020. p. 101-123. (Coleção Fórum IRB, v. 3). ISBN 978-85-450-0713-5.

O TRIBUNAL DE CONTAS E A LOCALIZAÇÃO DA AGENDA 2030

Fernando Augusto Mello Guimarães
Adriana Lima Domingos
Rita de Cassia Bompeixe Carstens Mombelli

A agenda pública do século XXI dificilmente destoará da proposta da Agenda 2030 para o Desenvolvimento Sustentável das Nações Unidas. Não apenas seus objetivos e metas refletem desafios específicos e muito concretos com os quais todas as sociedades humanas, em diferentes graus, se deparam hoje, mas também sua lógica interna, os meios de implementação que a permeiam e a perspectiva subjacente de direitos futuros a credenciam como plataforma privilegiada para a orientação do setor público.

Destacam-se, nesse sentido, as 43 metas de implementação orientadoras de práticas que condicionam o atingimento dos ODS temáticos (1 a 16), além de outras 19 metas do ODS 17, todas dirigidas à necessidade de estabelecimento de parcerias para a viabilização dos recursos financeiros, tecnológicos, de capacitação, transparência e *accountability* necessários a garantir no presente sociedades prósperas e justas, além da equidade geracional.

Desnecessário discorrer sobre a velocidade das transformações sociais que marcam nosso tempo. No campo da administração pública, no plano teórico, o processo de modernização das práticas de gestão com foco nos resultados, que caracterizou o movimento dos anos 1990, genericamente intitulado *Nova Gestão Pública*, sequer pôde ser considerado concluído quando da necessidade de mobilização de novos conceitos-chave, como, por exemplo, os de governança, Estado em rede ou centro de governo para fundamentar o enfrentamento das pressões políticas e fiscais que se impuseram nas últimas décadas.

No Brasil, os amplos esforços de construção de capacidades estatais para a melhoria nos resultados das políticas públicas, incluídos processos correlatos, como o surgimento ou a consolidação de meios de participação social e a ampliação do alcance e refinamento das técnicas de controle, contrastam com a frustração na solução de problemas renitentes, com a redução de investimentos e com o declínio da confiança dos cidadãos em seus governos; invariavelmente, a história recente revela que nossos governos vêm gastando mais e ofertando menos, o que afeta a legitimidade das instituições públicas como protagonistas do desenvolvimento econômico e social.

Algumas das questões que se colocam nesse cenário são as seguintes: como estão sendo priorizadas as ações do Estado? Quais modelos de gerenciamento e arranjos institucionais estão sendo mobilizados para garantir a entrega de bens e serviços públicos? Quais capacidades são necessárias para operacionalizar esses modelos?

A literatura tem apontado que a administração pública do século XXI será necessariamente marcada pelo compartilhamento de autoridade em rede. A administração consensual ou dialógica é solução tão inovadora quanto desafiadora e representa uma nova geração de reformas administrativas que têm em comum o alargamento da aplicação do conceito de governança para setores exógenos na viabilização das mudanças.

O compartilhamento da responsabilidade pela geração de valor público exige, por sua vez, visão sistêmica e habilidades de coordenação e monitoramento estrategicamente integradas, de modo a minimizar a assimetria de informações, a duplicidade de esforços, a sobreposição de funções e a ineficácia das ações, maximizando os resultados esperados das políticas públicas. Nos níveis subnacionais, desafios adicionais se colocam à governança pública, que envolvem o desdobramento da coordenação (horizontal ou intersetorial, e vertical ou multinível) e a negociação contínua para a combinação satisfatória de singularidades federativas. Como ensina a OCDE (2017), ajustes em uma dimensão do sistema de governança multinível frequentemente requerem ajustes nas demais.

Não há por que pensar que a governança de arranjos institucionais complexos e/ou envolvendo níveis federativos diversos não exija ajustes na forma de atuar do controle externo.

Uma abordagem esclarecedora dessa perspectiva a relaciona às metas do ODS 16 dirigidas à construção de instituições eficazes, responsáveis e inclusivas em todos os níveis: o texto da OCDE *Entidades fiscalizadoras superiores e boa governança* (2015) afirma categoricamente que "os desafios de Governança do século XXI colocam uma grande demanda às EFS no sentido de atuar como uma instituição de *accountability* e uma fonte de melhoria de gestão",[1] acrescentando, no entanto, que existe um potencial inexplorado no papel dessas instituições, que é ainda restrito, limitando-as no sentido de "ir além da tradicional função de supervisão, [para] fornecer insumos, por meio de seus trabalhos, para a elaboração de políticas públicas e as decisões sobre tais políticas" ou, ainda, para antever riscos e cenários de curto, médio e longo prazo na efetividade das políticas relevantes.

Além de traçar recomendações para a superação dessas limitações, reforçando, assim, uma abordagem integrada de conjunto de governo (*whole-of-government*) para estabelecer melhores políticas públicas, o texto da OCDE oferece importantes *insights* para o reforço da atuação proativa do controle externo ao longo do ciclo das políticas públicas, com habilidades e funções exclusivas das instituições de controle.

De fato, não apenas as funções dos TCs coincidem com aspectos estratégicos de todas as fases do ciclo de políticas públicas, mas representam um *locus* de interação importante dessas instituições com as principais esferas do setor público responsáveis pelas políticas, conforme mostra a figura 1.

A figura ilustra o papel central na formulação, implementação e monitoramento das políticas públicas pelo Poder Executivo e as atribuições do Parlamento na aprovação das políticas propostas e no seu controle externo, enquanto ao Tribunal de Contas se atribuem papéis de revisão do planejamento (dimensão da eficácia), supervisão da execução (dimensões normativa, da economicidade, do acompanhamento e controle concomitante, entre outros) e da aferição de resultados (dimensões da eficiência e da efetividade).

---

[1] Em que pese a OCDE e a INTOSAI se referirem a entidades fiscalizadoras superiores, entendemos que, tal como ocorre na adoção de normas de auditoria do setor público ou outras características das instituições congêneres, é sempre possível estender as reflexões dessas entidades para os tribunais de contas estaduais, municipais e dos municípios, em alguns casos com devidas adaptações.

Figura 1 – Interação dos papéis próprios dos
Poderes Executivo e Legislativo e do Tribunal de
Contas no ciclo básico das políticas públicas

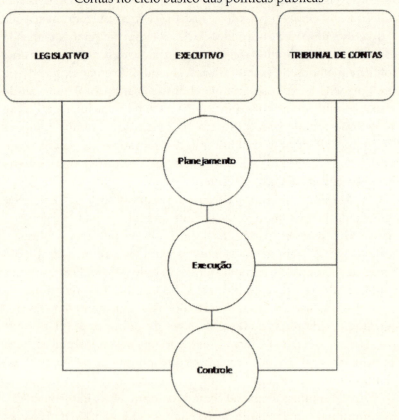

Fonte: Elaboração própria.

A busca de integração (de pessoas, organizações ou áreas) em torno do ciclo de políticas públicas permite que os problemas a serem enfrentados sejam discutidos sob diferentes perspectivas e que um maior estoque de recursos e capacidades seja mobilizado em torno das soluções propostas.

No Brasil, as prerrogativas e atribuições dos TCs favorecem esse tipo de atuação, e a utilização de técnicas de avaliação de desempenho vem se consolidando há cerca de pelo menos uma década. Não excludente, a excelência dos TCs na fiscalização da regularidade dos recursos públicos teria, por outro, se beneficiado da ampliação das técnicas com a visão operacional. Da mesma forma, o avanço que se impõe em direção à aferição do resultado e do impacto das políticas agrega novos conhecimentos e fortalece a fiscalização.

Segundo a OCDE (2017), fatores internos tendem a ser mais relevantes na determinação do grau de envolvimento dos TCs com o planejamento e o monitoramento dos resultados das políticas públicas. Algumas limitações relativas a competências técnicas especializadas de monitoramento e avaliação (M&A) e outras referentes à ausência de previsão no direcionamento estratégico dos tribunais para a avaliação sistêmica das políticas públicas tendem a ser as principais limitações para esse avanço.

Por outro lado, propostas legislativas que instituem sistemas de monitoramento e avaliação com a participação ativa dos TCs avançam, inclusive, na forma de emenda constitucional. A centralidade do objeto privilegiado de análise dos TCs, o orçamento para as políticas governamentais – é ele que torna planos e objetivos em realidades –, estimula fortemente a adoção da perspectiva integrada de desenvolvimento, que envolve a avaliação e apoia a formulação, implementação e monitoramento das políticas relevantes. Quais são as políticas relevantes?

A Agenda 2030 é disruptiva e inaugura uma visão compreensiva, que abarca todas as possibilidades de transversalidade entre os ODS, bem ilustrados pela figura 2.

Em que pese o crescente interesse dos gestores públicos pelos ODS – o apoio ativo de sistemas multilaterais e as possibilidades de compartilhamento de soluções são apenas duas das razões pragmáticas para esse interesse crescente – e a ampliação do debate em torno das oportunidades e desafios que eles representam, são escassas ainda ferramentas efetivas que orientem a localização da Agenda 2030, ou seja, sua implementação concreta nos entes subnacionais. No entanto, são os governos estaduais e municipais que podem contribuir decisivamente para os avanços na agenda global, dado serem essas as instâncias que têm contato direto com a população, sendo protagonistas da prestação de serviços e responsáveis pelo fortalecimento da participação social e da promoção da coesão territorial das políticas.

As principais questões sistêmicas que abordam parcerias institucionais no atingimento dos ODS, particularmente as relacionadas à transparência, à efetividade das políticas e à *accountability*, têm impulsionado debates sobre a relevância dos tribunais de contas no processo de implementação da Agenda 2030, que vem sendo reiterada nos fóruns

Figura 2 – Os ODS como uma rede de metas integradas

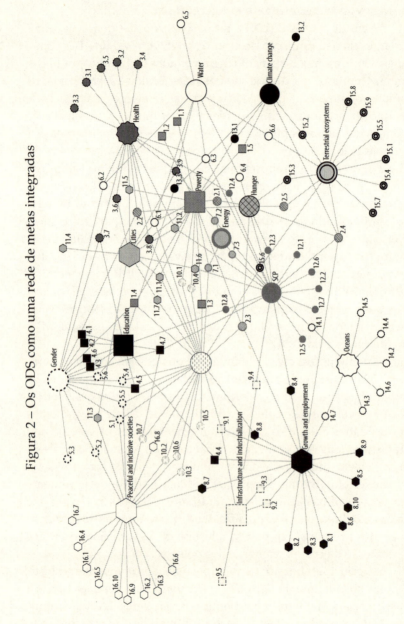

Fonte: DESA Working Paper nº 141 Towards integration at last? (2015). Disponível em: http://www.un.org/esa/desa/papers/2015/wp141_2015.pdf.

internacionais e nacionais. Destacam-se, nesse contexto, a inclusão, no Planejamento Estratégico da INTOSAI 2017-2022, de abordagens específicas das EFS em relação aos ODS e as discussões e publicações no âmbito da Iniciativa de Desenvolvimento Institucional (IDI) dessa mesma organização, dirigidas à definição de procedimentos de auditoria adequados ao acompanhamento da evolução dos ODS nos países (e regiões), bem como a adoção, em definitivo, de indicadores-chave de resultados e impactos que permitam subsidiar a tomada de decisão e comunicar com clareza os resultados dos jurisdicionados no atingimento dos ODS, bem como o compartilhamento de modelos, práticas e soluções em bases seguras. No Brasil, o tema vem se fortalecendo nos congressos internacionais de controle e políticas públicas promovidos pelo IRB, cujo planejamento estratégico também identifica a necessidade de ação voltada ao apoio e monitoramento dos ODS.

Diante desses fundamentos, apresenta-se, a seguir, experiência concreta de interação entre o TCE-PR e o Poder Executivo estadual no desenvolvimento de ferramentas de apoio ao processo de localização da Agenda 2030, especialmente compreendido como oportunidade para a reorientação da gestão pública em rede e para a construção de capacidades de planejamento, coordenação e monitoramento das políticas relevantes para o desenvolvimento sustentável.

O contexto de publicação do Relatório ODS Paraná[2] tem origem na integração da equipe de contas do governador (exercício de 2017) a grupo de trabalho coordenado pela vice-presidência do Conselho Estadual de Desenvolvimento Econômico e Social (CEDES) e à atribuição dessa equipe no desenvolvimento de componente central do Projeto Paraná de Olho nos ODS,[3] em curso no estado desde meados de 2016.

Anexado ao processo de prestação de contas do governador e apreciado em sede de deliberação e parecer prévio, o Relatório ODS Paraná é uma iniciativa inédita no Brasil de comunicação das capacidades

---

[2] Disponível em: http://www3.tce.pr.gov.br/contasdogoverno/2017/pdfs/ods.pdf.

[3] Resumidamente, o projeto consiste em modelagem de meios de implementação da Agenda 2030 de modo integrado entre Estado e municípios, a partir da articulação de atores-chave com habilidades específicas e a definição de responsabilidades no desenvolvimento de ferramentas concretas para o aumento da eficácia e da efetividade das políticas para o desenvolvimento sustentável, da transparência e da *accountability*. De natureza estruturante, o projeto objetiva incrementar a qualidade informacional dos planos, orçamentos e sistemas de monitoramento, orientando-os para o alinhamento com a Agenda 2030 e promovendo apoio às políticas para o desenvolvimento sustentável nos municípios. Coordenado pelo CEDES, além do TCE-PR, as principais instituições envolvidas no projeto são: Ipardes, Celepar e Paranacidade.

estaduais na implementação da Agenda 2030, com base nos seguintes eixos: mecanismos de governança, alinhamento das políticas estaduais aos ODS, alocação de recursos orçamentários para o desenvolvimento sustentável, qualidade dos dados e indicadores de monitoramento.

O trabalho consistiu na aplicação de metodologias adaptadas e de propostas inovadoras, desenvolvidas pela equipe do TCE-PR, no sentido de constituir modelo de apoio a governos subnacionais para a adoção da Agenda 2030, envolvendo:

a) avaliar a governança do centro de governo para a implementação da Agenda 2030;

b) revisar os instrumentos de planejamento (PPA e LOA) e estabelecer a convergência entre ações em curso e as metas dos ODS;

c) apurar o volume de recursos aplicados nos objetivos de desenvolvimento sustentável pelo setor público.

d) refletir sobre a qualidade dos indicadores e sistemas de monitoramento do PPA.

O cerne do relatório propõe metodologia de associação das ações orçamentárias anuais às metas dos ODS e de apuração e análise do Orçamento ODS. A partir da revisão e da categorização de todas as políticas previstas nas leis orçamentárias com cada um dos 17 ODS e suas metas como "contribui diretamente", "contribui indiretamente" ou "não contribui", foi possível agregar recursos aplicados na efetivação dos ODS e refletir sobre o potencial de cada ação como indutora do desenvolvimento sustentável multidimensional.

Além disso, foi possível apurar o volume de recursos destinados a cada ODS, tanto com contribuições diretas quanto indiretas. Dada a ênfase nos meios de implementação da Agenda 2030, apurou-se o volume de recursos empregados nas metas do ODS 17, na medida do possível combinados com os objetivos temáticos que deveriam apoiar. Finalmente, considerando-se a transversalidade dos objetivos de desenvolvimento sustentável, elaborou-se, com apoio de instituições parceiras do Projeto Paraná de Olho nos ODS, o índice de potencial impacto no desenvolvimento sustentável (IPI-DS), em que se calcula a contribuição agregada de uma dada ação do governo ponderando-se sua atuação direta, indireta e a presença de meios de implementação para o conjunto de ODS.

Essas análises permitem orientar a interpretação de evidências qualitativas sobre as políticas alinhadas à Agenda 2030. As possibilidades de representação gráfica dessas informações, por sua vez, inovam a comunicação da aplicação de recursos por objetivos, favorecendo o surgimento de novos parâmetros dialógicos com o Parlamento e com a sociedade.

No Paraná, entre as ações em curso, subsequentes à publicação do relatório, destacam-se a aplicação piloto da metodologia em município da região metropolitana de Curitiba e a participação da equipe do TCE-PR responsável pelo Relatório ODS nas reuniões promovidas pela Secretaria de Estado do Planejamento e Projetos Estruturantes, com os agentes de planejamento das secretarias de estado envolvidos na elaboração do PPA 2020-2023; a promoção dos ODS e das ferramentas disponíveis no estado como subsídios para o planejamento de médio prazo deverá evoluir para a capacitação na metodologia proposta e validação das associações realizadas, promovendo maior alinhamento das políticas aos ODS e preparando novos patamares de fiscalização das políticas. Ainda, internamente, acompanhamos as recomendações do acórdão de parecer prévio dirigidas ao governo estadual.[4]

Externamente, objetiva-se junto ao sistema de controle externo, congregado em torno do Instituto Rui Barbosa, submeter as reflexões e as metodologias desenvolvidas no Relatório ODS Paraná à crítica e ao aprimoramento, com o objetivo de construir nos TCs mecanismos de apoio à internalização e à interiorização da Agenda 2030 nas unidades subnacionais, de modo integrado e estruturante, para fomentar a inclusão do tema no sistema de controle externo com base em padrões fundamentados e, paralelamente, ao desenvolvimento de capacidades institucionais que venham a enriquecer os tribunais de contas subnacionais.

Dentre os ganhos incidentais da aplicação da metodologia do Relatório ODS Paraná, encontram-se:

---

[4] O Acórdão de Parecer Prévio nº 287/18-Tribunal Pleno, de 26.09.2018, incluiu, entre outras, as seguintes recomendações: o estabelecimento de ações estratégicas para o fortalecimento dos mecanismos de governança para a implementação da Agenda 2030 no Estado, dentre os quais a elaboração do plano de desenvolvimento sustentável; adoção de indicadores e a produção de estatísticas alinhadas aos indicadores globais; fortalecimento das funções de planejamento e coordenação geral; incorporação das metas dos ODS no PPA 2020-2023 e nos orçamentos; incremento dos sistemas de monitoramento e avaliação e a adoção de ferramentas adequadas a esse fim; incremento da participação social nos processos orçamentários e de monitoramento das políticas públicas; e apoio às políticas municipais de desenvolvimento sustentável.

(i) sensibilizar e mobilizar os gestores públicos para a Agenda 2030 por meio do reconhecimento criterioso dos objetivos da agenda nas ações em curso do Executivo;

(ii) exercitar a apuração do Orçamento ODS para a construção do "Orçamento para o futuro";

(iii) identificar as fragilidades e potencialidades de governança do centro de governo para a implementação dos ODS;

(iv) apoiar a adoção de indicadores consistentes e comparáveis e o mapeamento de indicadores aplicáveis, com base nos indicadores globais, para o monitoramento dos esforços e dos resultados das políticas públicas, de modo a influenciar as decisões alocativas e os critérios de avaliação do controle interno, externo e social sobre as ações governamentais a partir de evidências (integração efetiva da avaliação na agenda decisória sobre o ciclo orçamentário);

(v) aprimorar a comunicação dos esforços e dos resultados alcançados pelos governos à sociedade como um todo a partir do desenvolvimento de ferramentas e instrumentos que promovam o controle social das políticas públicas alinhadas aos ODS;

(vi) gerar evidências para subsidiar o planejamento dos gastos e o desenho dos programas, bem como a apreciação e controle legislativos;

(vii) identificar a contribuição específica dos entes subnacionais nos avanços reportados pelo Brasil em relação aos ODS.

A implementação de políticas públicas, especialmente as descentralizadas, às quais correspondem vários dos objetivos de desenvolvimento sustentável da Agenda 2030, é processo complexo do qual a gestão orçamentária e os indicadores de monitoramento são elementos especialmente críticos. Ciclos de reavaliação informados tendem a aumentar a coerência das políticas e fornecer maior segurança em relação à estratégia adotada, o que interessa ao executor, ao legislador e ao controle externo.

Por essa razão, propiciar melhores condições de desempenho das políticas públicas é uma responsabilidade compartilhada entre o Legislativo, o Executivo e os tribunais de contas, com potencial de alavancar a participação de novos atores em arranjos complexos capazes de viabilizar resultados e inovação.

Na qualidade de maior repositório de informações sobre a gestão de políticas públicas, os tribunais de contas constatam periodicamente oportunidades de melhoria, sobretudo informacionais, em processos-chave das funções planejamento e coordenação, que se refletem no inadequado monitoramento e em fragilidades de implementação diversas. Contraditoriamente, os TCs estão à margem das mais importantes experiências de monitoramento e avaliação (M&A) das políticas e programas de governo.

A Agenda 2030 representa uma oportunidade valiosa para repensar políticas de cooperação para o desenvolvimento e melhores entregas para os cidadãos. A governança de arranjos complexos e de parcerias estratégicas tende a ser o principal vetor de inovação no setor público. As estratégias de apoio ao alcance dos ODS convergem para o desenvolvimento de ferramentas de dinamização da revisão das políticas com proteção dos objetivos. Não há esforço de criação de políticas; o que há é uma mudança de paradigma na forma de desenhar e acompanhar o desempenho das políticas.

A título de conclusão, recorremos a uma imagem do mundo da arte: o *Homem Vitruviano* revela diferentes posturas sem que se altere seu centro de gravidade. A obra do gênio Da Vinci, retrato do Renascimento, invoca conceito proposto por Marcus Vitruvius Pollio (80-70 a.C.-15 a.C.), segundo o qual a arquitetura se fundamenta na composição impreterível de três variáveis: *firmitas* (estabilidade, firmeza), *utilitas* (utilidade) e *venustas* (beleza). Enquanto *firmitas* e *utilitas* podem ser observadas com base em padrões quantificáveis, *venustas* corresponde a conceito mais fluido: a beleza clássica sugere, além do Belo e do Bom, harmonia com o entorno, equilíbrio, integração, essência.

A imagem da tríade virtuosa nos inspira sobre os ajustes na arquitetura institucional[5] dos tribunais de contas do futuro, cuja edificação remonta à nossa história e cujos contornos são dados no tempo presente. Sólidos mecanismos de freios e contrapesos republicanos, garantia de *accountability* e indutores inquestionáveis de mudanças no modo de operar do Poder Executivo, os TCs só podem se beneficiar da

---

[5] Arquitetura institucional ou *institutional design* são termos correntes nas ciências humanas que designam ao mesmo tempo as maneiras pelas quais as instituições sociais e políticas moldam os padrões de interações individuais que produzem fenômenos sociais e as maneiras pelas quais essas instituições emergem dessas interações.

adoção de uma estratégia integrada intrassistema de controle e entre essas instituições e os Poderes Executivo e Legislativo, em torno das políticas relevantes para o desenvolvimento sustentável nos níveis regionais e locais, com singularidades que apenas o contexto revela.

Referências

ALESSANDRO, Martín; LAFUENTE, Mariano; SANTISO, Carlos. *Governing to deliver*: reinventing the center of government in Latin America and the Caribbean. Washington, D.C: Inter-American Development Bank, 2014. 147 p. Disponível em: https://publications.iadb.org/bitstream/handle/11319/6674/Governingto-Deliver-Reinventing-the-Center-of-Government-in-Latin-America-and-theCaribbean.pdf?sequence=1&isAllowed=y. Acesso em: 10 abr. 2019.

INTOSAI. *Strategic Plan 2017-2022*. Disponível em: http://www.intosai.org/fileadmin/downloads/downloads/1_about_us/strategic_plan/EN_INTOSAI_Strategic_Plan_2017_22.pdf.

INTOSAI. *Exposure draft*: guidance on audit of the use and development of key national indicators. Disponível em: http://www.issai.org/data/files/85/81/FA/95/4C4876100C8F5C6600000000/3b%20-%20proj%203.10%20Exposure%20Draft%20GUID%20KNI.pdf.

LOTTA, Gabriela. *Arranjos institucionais de políticas públicas*: aprendizados a partir de casos de arranjos institucionais complexos no Brasil. 2014. Disponível em: http://www.scielo.br/pdf/cp/v43n150/04.pdf.

OCDE. 2015. *Entidades fiscalizadoras superiores e boa governança*. Tradução parcial de uma publicação da OCDE originalmente publicada em inglês sob o título: Supreme Audit Institutions and Good Governance: Oversight, Insight and Foresight (Impressão preliminar). Tradução: Secretaria de Macroavaliação Governamental – Semag/TCU. Disponível em: https://portal.tcu.gov.br/lumis/portal/file/fileDownload.jsp?fileId=8A8182A2513578DE0151627744924F2E.

OCDE. *MLG - Decentralisation-Brochure*. 2017. Disponível em: https://www.oecd.org/regional/regional-policy/MLG-Decentralisation-Brochure.pdf.

OCDE. *Making decentralisation work*: a handbook for policy makers. 2019. Disponível em: https://read.oecd-ilibrary.org/urban-rural-and-regional-development/making-decentralisation-work_g2g9faa7-en#page1.

OLIVEIRA, Gustavo J. de; SCHWANKA, C. A administração consensual como a nova face da administração pública no séc. XXI: fundamentos dogmáticos, formas de expressão e instrumentos de ação. *Revista da Faculdade de Direito da USP*, v. 104, jan./dez. 2009, p. 303-322. Disponível em: http://www.revistas.usp.br/rfdusp/article/view/67859/70467.

SMITH, G. Studying democratic innovations: An analytical framework. *In*: *Democratic Innovations*: Designing Institutions for Citizen Participation (Theories of Institutional Design, p. 8-29). Cambridge: Cambridge University Press, 2009. Disponível em: doi:10.1017/CBO9780511609848.002.

TCEPR. *Relatório ODS Paraná*. 2018. Disponível em: http://www3.tce.pr.gov.br/contasdogoverno/2017/pdfs/ods.pdf.

TCU. *Referencial para avaliação da governança do centro de governo*. 2016. Disponível em: https://portal.tcu.gov.br/biblioteca-digital/referencial-para-avaliacao-da-governanca-do-centro-de-governo.htm.

TCU. *Referencial para avaliação de governança em políticas públicas*. 2015. Disponível em: https://portal.tcu.gov.br/biblioteca-digital/referencial-para-avaliacao-de-governanca-em-politicas-publicas.htm.

UNITED NATIONS. Development Group. *Mainstreaming the 2030 agenda for sustainable development*: interim reference guide to UN country teams. New York, NY, 2015. 84 p. Disponível em: http://www.undp.org/content/dam/undp/library/MDG/ Post2015-SDG/UNDP-SDG-UNDG-Reference-Guide-UNCTs-2015.pdf. Acesso em: 11 set. 2018.

UNITED NATIONS. General Assembly. *Resolution 69/228*: Promoting and fostering the efficiency, accountability, effectiveness and transparency of public administration by strengthening supreme audit institutions. Resolution adopted by the General Assembly on 19 December 2014. New York, NY, 2015. 3 p. Disponível em: http:// undocs.org/A/RES/69/228. Acesso em: 11 set. 2018.

UNITED NATIONS. General Assembly. *Resolution 70/1*: Transforming our world: the 2030 Agenda for Sustainable Development. Resolution adopted by the General Assembly on 25 September 2015. New York, NY, 2015. 35 p. Disponível em: https://undocs.org/A/RES/70/1. Acesso em: 2 mar. 2018.

Informação bibliográfica deste texto, conforme a NBR 6023:2018 da Associação Brasileira de Normas Técnicas (ABNT):

GUIMARÃES, Fernando Augusto Mello; DOMINGOS, Adriana Lima; MOMBELLI, Rita de Cassia Bompeixe Carstens. O Tribunal de Contas e a localização da Agenda 2030. *In*: LIMA, Edilberto Carlos Pontes (Coord.). *Tribunal de Contas do século XXI*. Belo Horizonte: Fórum, 2020. p. 125-137. (Coleção Fórum IRB, v. 3). ISBN 978-85-450-0713-5.

CONTROLE EXTERNO PROSPECTIVO

Inaldo da Paixão Santos Araújo
Luciano Chaves de Farias

1 A nova administração pública pluricêntrica e seus reflexos no sistema de controle

No âmbito da doutrina jurídica e das ciências sociais, já há algum tempo, fala-se que a administração pública atual possui uma inequívoca vertente participativa, com feição aberta e descentralizada de gestão. A administração pública puramente gerencial, que muitos ainda insistem em denominar o modelo atual de gestão, já foi superada, justamente porque se trata de um modelo centralizado e hierarquizado. A máquina estatal, para conseguir se desincumbir de suas variadas e complexas tarefas, promovendo o bem-estar social e atendendo às necessidades coletivas, precisa se estruturar numa modelagem participativa, que permita e incentive a inserção da iniciativa privada. É a chamada administração pública pluricêntrica,[1] policêntrica[2] ou societal,[3] que se abre para se aproximar da sociedade, primando pela busca do diálogo e da consensualidade. Daí porque esse novo modelo também vem sendo denominado de consensual ou dialógico.

Nessa perspectiva, aponta-se para o surgimento de uma administração pública consensual, a qual contrastaria com a administração pública monológica, centralizada, refratária à instituição e ao

---

[1] Nomenclatura sugerida pelo administrativista Alexandre Aragão (2013, p. 27).
[2] Nomenclatura sugerida pelo administrativista Gustavo Binembojm (2013, p. 117).
[3] Nomenclatura sugerida pela cientista social Ana Paula Paes de Paula (2005, p. 45).

desenvolvimento de processos comunicacionais com a sociedade. Pode-se entender como administração pública dialógica ou consensual o realinhamento do Estado a um discurso efetivamente moderno e apto ao seu papel essencial, qual seja, o de compatibilizar a existência de prerrogativas públicas, imprescindíveis à atuação estatal, com uma série de direitos e garantias fundamentais assegurados na Constituição Federal, inserindo o cidadão na condição de aspecto nuclear na ordem jurídica. Os administrados deixam de ser vistos como simples destinatários da administração pública, ou seja, cidadãos que tão somente "sofrem" a função administrativa, passando a ser colocados como importantes atores no cenário das relações jurídico-administrativas, o qual terá, juntamente ao Estado, o desiderato de construir as tomadas de decisão que lhes afetam e que afetam a sociedade como um todo. Trata-se de um consectário lógico do princípio da participação, o qual há de se colocar em relevante patamar no horizonte de paradigmas que se inclinam à modernização e racionalização da gestão pública.

Confirmando essa faceta participativa da gestão pública, têm-se os instrumentos, cada vez mais utilizados, das audiências públicas, consultas populares, convênios administrativos (termos de colaboração e termos de fomento), contratos de gestão, parcerias público-privadas (PPPs), conselhos gestores de políticas públicas, entre outros.

Desse modo, deve-se atentar para esse novo modelo de administração pública, denominado por Ana Paula Paes de Paula (2005, p. 45) de "societal". Tal modelo busca formas de organização do Estado que incluam a participação da sociedade, procurando construir uma gestão pública social, uma gestão pública com cidadania. Essa vertente societal se inspira, principalmente, nas experiências alternativas de gestão pública realizadas no âmbito do poder local no Brasil, como os conselhos gestores e os orçamentos participativos, tão recorrentes atualmente.

Vê-se, claramente, a busca pela administração pública de instrumentos e mecanismos que possam ensejar uma gestão mais dinâmica e efetiva, atendendo aos reais anseios da sociedade. Com supedâneo na doutrina portuguesa de Maria João Estorninho (1999, p. 44), que já há muito preconizava o movimento de fuga do direito administrativo para o direito privado, trata-se de uma forma de administração nova, "negocial ou contratual", em que o acordo vem substituir os tradicionais atos unilaterais de autoridade, configurando-se numa "verdadeira alternativa em que os administrados deixam de ser meros destinatários passivos das decisões unilaterais da Administração Pública".

Há quem defenda[4] – e com razão – a ideia da existência de um verdadeiro princípio da consensualidade, que teria como fundamento impor à administração pública o dever de, sempre que possível, buscar a solução pela via do consenso para as questões e conflitos que vivencia. Nesse sentido, Diogo de Figueiredo Moreira Neto (2009, p. 48) leciona que as alternativas consensuais se mostram mais econômicas e ágeis, motivos pelos quais devem ser esgotadas antes de se recorrer às impositivas. Para o referido autor, a consensualidade é um enriquecimento do direito administrativo. Induvidosamente, os acordos na administração pública reduzem tempo, custos e recursos, além de evitarem ou mitigarem demandas judiciais e a perenização de conflitos. É cediço que decisões formadas pelo consenso tendem a ser menos desrespeitadas, pois, na maioria das vezes, correspondem à própria expressão de interesse de ambas as partes.

Uma figura típica desse modelo negocial de gestão é a possibilidade de relevação de penalidades em troca de outras imposições. Por exemplo, após uma decisão administrativa em que houve imputação de penalidade pecuniária ao cidadão (por agências reguladoras, pelo Ibama, etc.), seria justo concluir pela possibilidade de ajustamento da sanção imposta, de modo que se satisfaçam, com igual contentamento, os interesses envolvidos. Tal instrumento vem sendo chamado pela doutrina de "acordos substitutivos".

Recorrendo-se novamente aos escólios do professor Moreira Neto (2003, p. 153), entende-se que os acordos substitutivos são termos firmados pela administração pública, diretamente ou mediante provocação do interessado, "quando uma composição ou ajuste for mais vantajoso ao interesse público do que as consequências decorrentes do ato proferido em um processo administrativo". Ainda com base em consagrada manifestação de Moreira Neto (2008, p. 118-119), tem-se que:

> A consensualidade, por certo, não estará destinada a substituir as formas tradicionais de ação imperativa do Estado, mas, sem dúvida, já representa uma mudança substancial em suas modalidades de atuação, concorrendo para a redução do arbítrio e da conflitualidade, sempre mais frequentes na atuação predominantemente unilateral do Estado.

Induvidosamente, a consensualidade está diretamente atrelada à ideia de respeito à confiança e boa-fé entre administração pública e

---

[4] Como é o caso do professor Luciano Ferraz (2011, p. 3).

seus administrados. Apesar de ser relativamente recente a abertura da administração pública aos acordos, é notável o desenvolvimento da consensualidade administrativa. Isso se deve não apenas ao intenso volume de edição de normas dispondo sobre instrumentos consensuais ou ao crescimento numérico de ajustes, compromissos, termos e acordos no lugar da clássica decisão imperativa e unilateral. Ocorre que os acordos administrativos se afirmaram como efetiva via decisória do poder público, estando praticamente sempre presente no exame da discricionariedade do gestor público. Em termos de cultura jurídica, a consensualidade se firmou como técnica de desenvolvimento das atividades administrativas, por vezes preferível às vias tradicionais de gestão.

Pelo que se pode haurir da doutrina, a gestão consensual pressupõe três vertentes, quais sejam: a adoção de parcerias com a iniciativa privada (como as PPPs, por exemplo), a participação efetiva do cidadão (como os conselhos gestores, por exemplo) e a solução negociada das controvérsias administrativas (como as arbitragens, por exemplo).

Portanto, se a gestão pública se apresenta com essa nova feição, inevitavelmente o controle público precisa também se adaptar a esse modelo descentralizado e dialógico. Não se pode olvidar que o controle é mais uma função da administração e que, necessariamente, refletirá as suas características. Se há um modelo aberto e participativo de gestão pública, não se pode ter um controle hermético, que não interaja e nem tente se aproximar do ente controlado.

Em verdade, o controle público geralmente se apresenta de modo harmônico às características da administração pública. Por exemplo, quando vigorava o modelo burocrático, o controle se mostrava meramente formal e prévio, voltado internamente para a própria gestão. Com a sucessão para o modelo gerencial de gestão pública, que primava pela busca da eficiência e qualidade na prestação dos serviços, o controle público passou a ser um controle finalístico, de resultado. Foi aí que ganharam ênfase, no ambiente dos tribunais de contas, as auditorias tempestivas e operacionais e a avaliação de políticas públicas. Atualmente, o controle da administração pública precisa trilhar esse caminho da consensualidade, buscando adotar formatos e instrumentos que visem a um maior e melhor diálogo com o sujeito controlado.

Portanto, em tempos de gestão pluricêntrica, um controle externo que busca orientar, que busca correção de rumos, que intenta detecção tempestiva de falhas e propositura de soluções, nitidamente será um controle mais eficaz do que o controle voltado exclusivamente à sanção.

É necessário vislumbrar a atividade de controle não somente como um controle de repressão, como outrora se priorizava. A função de controle, quando exercida em sua vertente repressiva, punitiva, não obstante sua inegável importância e imprescindibilidade, deve ser considerada como *ultima ratio*, como forma subsidiária de atuação.

Sem dúvidas, essa forma prospectiva de atuação acaba aproximando o controlador do administrado. É cediço que controlar é uma atividade que não se resume ao seu aspecto sancionador; pressupõe não só detectar as faltas, mas principalmente orientar e propor soluções. Outrora, essa vertente não era tranquilamente aceita, mas hoje é uma realidade inexorável, e essa feição consensual e dialógica dá muito mais resultado, pode ser muito mais eficaz, além de contribuir para diminuir o fosso que há entre os tribunais de contas e os fiscalizados.

2 As funções normativas dos tribunais de contas

A partir de uma atenta leitura dos dispositivos constitucionais que tratam, com singularidade, das competências dos tribunais de contas, podem ser extraídas suas funções básicas.

A doutrina costuma elaborar diversas classificações para as funções das cortes de contas, divergindo nas identificações. Não há, portanto, posicionamentos homogêneos, podendo-se identificar uma gama variada de agrupamentos. Nesse sentido, cabe trazer a lume uma breve síntese desses diferentes entendimentos, realizada por Luís Henrique Lima (2015, p. 99-100):

> Nagel[5] identifica sete grupos de funções e atribuições: opinativa, consultiva e informativa; investigatórias; corretivas e cautelares; cautelares; jurisdicionais; declaratórias e punitivas. A professora Di Pietro[6] classifica em outras sete as funções dos órgãos de controle externo: fiscalização financeira; de consulta; de informação; de julgamento; sancionatórias; corretivas e de ouvidor. Hely Lopes de Meirelles[7] reduz sua análise a quatro categorias: técnico-opinativas, verificadoras, assessoradas e jurisdicionais administrativas. Quatro também, porém distintas, são as espécies de funções classificadas por Guerra:[8] fiscalizadora, jurisdicional,

---

[5] *Teoria do Estado e da Constituição*. Rio de Janeiro: Forense, 2002.
[6] A fisionomia distorcida do controle externo. *Revista do TCE-MG*, n. 4, 2000.
[7] *Direito administrativo brasileiro*. 22. ed. atualizada. São Paulo: Malheiros Editores, 1997. p. 609.
[8] *Os controles externo e interno da administração pública*. 2. ed. Belo Horizonte: Editora Fórum, 2005. p. 115.

sancionadora ou corretiva e consultiva, informadora ou opinativa. A seu turno, Zymler e Almeida[9] consideram nove grandes grupos: fiscalizadora, judicante, sancionadora, pedagógica, consultiva, informativa, normativa, de ouvidoria e corretiva.

Como se nota, muitas são as classificações das funções normativas dos tribunais de contas. Entende-se que as funções fiscalizadora, consultiva, informativa, judicante, sancionadora, corretiva, normativa e de ouvidoria têm sido as recorrentemente apresentadas por aqueles que escrevem sobre esse importante e destacado órgão republicano. Inclusive, o próprio Portal do Tribunal de Contas da União (TCU) elenca tais competências. Por essa classificação, constata-se que a função pedagógica não se encontra listada. Porém, é inegável que algumas dessas atribuições assumem claramente o caráter educativo e pedagógico, como é o caso, por exemplo, das funções consultiva, informativa e corretiva.

Essas funções estão consignadas no art. 71 da Constituição Federal (CF) de 1988; porém, pelo princípio da simetria, são as mesmas das cortes estaduais.

A função *fiscalizadora* consiste na realização de inspetorias e auditorias em órgãos e entes da administração direta e indireta. Por meio dessa função, é examinada a legalidade dos atos de admissão e de aposentadoria, por exemplo, bem como a aplicação das transferências de recursos federais aos municípios, o cumprimento da Lei de Responsabilidade Fiscal, do endividamento público e, ainda, os editais de licitação, atos de dispensa e inexigibilidade. A função *judicante*, à margem das inócuas e bizantinas controvérsias, é realizada quando as cortes julgam as contas dos administradores e demais responsáveis por dinheiro, bens e valores públicos (art. 71, II e III). É importante destacar que os tribunais de contas não exercem função jurisdicional, que é privativa do Poder Judiciário, mas possuem essa atribuição judicante, de julgar na forma constitucional. Por evidente, tal julgamento de contas pelos tribunais está sujeito ao controle de legalidade pelo Poder Judiciário, não tendo, portanto, o caráter definitivo que qualifica os atos jurisdicionais. Essa função, aqui chamada de judicante, é que viabiliza a imposição de sanções aos autores de irregularidades.

A função *sancionadora* é crucial para que o tribunal possa inibir irregularidades e garantir o ressarcimento ao erário. Dentre

---

[9] *O controle externo das concessões de serviços públicos e das parcerias público-privadas.* Belo Horizonte: Editora Fórum, 2005. p. 144.

as penalidades normalmente aplicadas, estão imputação de multas, afastamento do cargo, decretação de indisponibilidade de bens, declaração de inidoneidade para contratar com a administração pública por até cinco anos, declaração de inabilitação para o exercício de função de confiança, entre outras. A função *consultiva* consiste na elaboração de pareceres prévios sobre as contas do chefe do Executivo a fim de subsidiar seu julgamento pelo Poder Legislativo (há quem enquadre essa competência na função opinativa), bem como abrange as respostas às consultas feitas por determinadas autoridades sobre assuntos relativos às competências dos tribunais de contas.

A função *informativa* é desempenhada quando os tribunais disponibilizam dados e fazem comunicações. Via de regra, tal função se manifesta mediante três atividades: envio ao Poder Legislativo de informações sobre as fiscalizações realizadas, expedição dos alertas previstos pela Lei de Responsabilidade Fiscal (LRF) e manutenção de página na internet contendo dados importantes sobre a atuação do tribunal, as contas públicas, entre outros.

A função *corretiva* engloba dois procedimentos que se encontram encadeados (incisos IX e X do art. 71 da CF/1988), a saber: fixação de prazo para a adoção de providências que visem ao cumprimento da lei e sustação do ato impugnado quando não forem adotadas as providências determinadas. A função *normativa* decorre do poder regulamentar conferido pelas leis orgânicas das cortes, que faculta a expedição de instruções, resoluções e outros atos normativos relativos à competência do tribunal e a organização dos processos que lhe são submetidos. A função de *ouvidoria* consiste no recebimento de denúncias apresentadas pelo controle interno por qualquer cidadão, partido político, associação ou sindicato. É o contato dos tribunais de contas com a sociedade.

Portanto, a função pedagógica, orientadora ou educativa, não obstante ser omitida de algumas classificações, como a adotada pelo TCU, encontra-se, inexoravelmente, presente, de maneira pulverizada, em algumas atribuições previstas no texto constitucional.

3 Protagonismo da função pedagógica

Seguramente, todas as atribuições constitucionais são relevantes e de fundamental importância ao pleno exercício do controle externo. Entretanto, pela sua possibilidade de atuação no momento anterior à materialização do dano, provocando mudanças de rumo e ajustes de comportamentos administrativos, a função pedagógica, ou aqueloutras que possuem essa vertente (como as já citadas funções consultiva, informativa e corretiva), ganha relevo e assume papel de destaque no novo cenário do controle público. Sem embargos, entende-se que a função pedagógica dos tribunais de contas é a mais consentânea com esse enfoque prospectivo do controle, que visa, em essência, atuar em momento anterior à efetivação do dano, numa perspectiva futura, não se voltando ao passado, às condutas já realizadas.

O controle deve ser enxergado, precipuamente, como instrumento de prevenção de danos, a partir da utilização de intervenções pedagógicas. Como bem asseveram Aguiar, Albuquerque e Medeiros (2011, p. 165), "deve ser superada, portanto, a visão de controle como sinônimo de 'missão policial', pois essa compreensão não mais se coaduna com as formas contemporâneas de atuação do controle". Os fiscalizadores, de modo harmônico ao novo modelo de gestão consensual, devem ser concebidos, sobremaneira, como aliados daqueles que estão nos cargos de execução, haja vista que o desiderato primário de ambos é o mesmo: a boa e regular aplicação dos recursos públicos.

Quando os tribunais de contas focam suas ações nos instrumentos de prevenção dos danos, nas ações preventivas e pedagógicas, as chances de o controle ser realizado com maior efetividade são bem maiores. Muitas vezes, de fato, a função sancionadora se apresenta como inevitável. Aliás, até nelas se pode enxergar o caráter educativo, como é o caso das multas impostas com o viés pedagógico.[10] Porém, quando as cortes de contas priorizam as ações judicantes, com ênfase nas funções repressivas e sancionatórias, o seu grau de efetividade diminui sensivelmente. Não há dados precisos, nem pesquisas, até então disponibilizados que possam mensurar adequadamente o nível de efetividade das ações pedagógicas realizadas pelos tribunais de contas. Certamente, porém, pode-se verificar, com números, que os índices de efetividade das decisões desses tribunais, de maneira geral, se encontram muito baixos. E os fatores são diversos. Historicamente e de maneira absolutamente generalizada, costuma-se apontar que os tribunais de contas não conseguem recuperar, mesmo com muitos

---

[10] Nesse sentido, há farta jurisprudência reconhecendo o caráter pedagógico das multas impostas pelo poder público. A título ilustrativo, tem-se o julgamento pelo STF do Agravo Regimental no Agravo de Instrumento nº 727.872 – Rio Grande do Sul. No voto vencedor do relator, o ministro Luís Roberto Barroso, é consignado "que o caráter pedagógico da multa é fundamental para incutir no contribuinte o sentimento de que não vale a pena articular uma burla contra a Administração fazendária".

esforços nessa área, mais do que 5% daquilo que condena os gestores em débitos e multas. Em 1999, o Tribunal de Contas da União divulgava em seu relatório de atividades que apenas 0,5% a 1% do montante das condenações impostas retornava aos cofres públicos. Dez anos depois, em 2009, conforme aponta a eminente conselheira do TCE/TO Doris de Miranda Coutinho, na sua interessante obra *O ovo da serpente*, o TCU, após parceria com a Advocacia-Geral da União (AGU), melhorou os indicadores de recuperação dos seus títulos executivos, passando a beirar a casa dos 10%. A referida autora, após realizar pesquisa em portais das cortes estaduais, concluiu seu entendimento no sentido de que são ainda pífios os índices de recuperação das condenações dos tribunais de contas em débitos e multas. De acordo com Coutinho (2016, p. 125):

> Demonstra-se, dessa maneira, extrema dificuldade na recuperação de todo o montante apurado pelos Tribunais em atividades irregulares ou antieconômicas no âmbito da Administração Pública. Assim, é crível vislumbrar como possíveis resultados: o descrédito na atuação das Cortes de Contas por parte da população, ante a ausência de resultados no ressarcimento do erário; o desrespeito, por parte dos administradores, às decisões do Tribunal, uma vez que já sabem, de antemão, que sua execução muito provavelmente não ocorrerá ou será frustrada; e o aumento de condutas irregulares no âmbito da gestão pública.

Veja-se, então, que o melhor caminho a ser seguido não é o do controle repressivo, com baixíssimos índices de recuperação dos débitos e multas impostos.

Outro aspecto que também merece ser destacado é que boa parte das condutas que causam danos ao erário ocorre por desconhecimento das normas ou de má interpretações. Como bem observam Aguiar, Albuquerque e Medeiros (2011, p. 166), "muitas falhas detectadas pelos órgãos de controle são oriundas do desconhecimento da complexa legislação, da boa técnica na preparação de uma prestação de contas, o que inclui o desrespeito a prazos, e não da atuação de má-fé dos responsáveis". Nesse sentido, a função pedagógica, inexoravelmente, apresenta-se como melhor opção.

Os órgãos de controle, em especial os tribunais de contas, têm um papel fundamental no exercício de ações preventivas e prospectivas, visto que a atuação com essas vertentes é mais efetiva que aquelas focadas nas funções repressivas e sancionatórias.

Destarte, o caminho alvissareiro para os tribunais de contas é seguir as trilhas dos instrumentos que possibilitem uma atuação pedagógica, haja vista que, uma vez configurado o dano, o aparato institucional disponibilizado para a busca de sua recomposição é custoso e pouco eficaz.

4 Instrumentos efetivos para o controle externo prospectivo

Com espeque nas sempre pertinentes lições do conselheiro do Tribunal de Contas do Estado de Pernambuco (TCE/PE) e professor Valdecir Pascoal, um dos maiores desafios atuais dos tribunais de contas é o aprimoramento de sua atuação *preventiva* e cautelar. Ao fazer uma breve análise sobre a Lei de Responsabilidade Fiscal (LRF), reproduzida em seu belo compêndio *Uma nova primavera para os tribunais de contas*, Pascoal (2018, p. 66) registra que as cortes de contas:

> Contribuíram fortemente para a consolidação da sua cultura de responsabilidade, ora agindo como professores, por meio das escolas de contas, ora como médicos, prescrevendo vacinas-alertas, ora como ouvidores, atentos aos reclames do cidadão, e também como juiz, quando puniam exemplarmente aqueles que praticavam *bullyings* ficais [...].

Dessa magnífica analogia do mestre Pascoal, pode-se chegar à conclusão de que a função de professor é a que leva a um melhor controle, é a que mais se coaduna com sua vertente preventiva e prospectiva. Então, defende-se que esse papel pedagógico e orientador seja aquele enaltecido e perseguido pelos órgãos de controle externo no sentido de buscar evitar a ocorrência do dano.

Cabe registrar que essa vertente prospectiva já se encontra capitulada em alguns instrumentos normativos. O Poder Legislativo já se sensibilizou para a questão e aprovou leis que prestigiaram e positivaram mecanismos que possibilitam ações preventivas e pedagógicas na relação entre a administração pública e os entes controlados. À guisa de exemplo, tem-se a Lei Anticorrupção ou da Probidade Empresarial, como ficou conhecida a Lei Federal nº 12.846, de 1º.08.2013, que, no seu art. 17, trouxe a seguinte possibilidade:

> Art. 17. A administração pública poderá também celebrar acordo de leniência com a pessoa jurídica responsável pela prática de ilícitos

previstos na Lei nº 8.666, de 21 de junho de 1993, com vistas à isenção ou à atenuação das sanções administrativas estabelecidas em seus arts. 86 a 88.

Como se depreende do dispositivo transcrito, a Lei Anticorrupção tratou de instituto que não existia no direito brasileiro, mas que vem sendo, desde então, aplicado, especialmente na seara criminal: o acordo de leniência, também chamado de colaboração/delação premiada. Na verdade, tal acordo constitui-se em benefício concedido à pessoa jurídica infratora sempre que ela decida colaborar efetivamente com a investigação e o processo administrativo. Apesar de sofrer críticas por parte de setores da doutrina especializada – que veem no instituto um pernicioso concerto entre o Estado e o particular infrator –, fato é que o acordo de leniência, quando bem definido e estruturado, permite que se tenha acesso a dados e circunstâncias pertinentes à situação investigada que dificilmente seriam alcançados pelas autoridades competentes caso utilizassem apenas as vias ordinárias. Com efeito, a colaboração entre o infrator e o Estado é largamente utilizada em outros sistemas jurídicos, como o norte-americano, produzindo resultados bastante significativos. E essa possibilidade de negociação, de acordo, entre o poder público e os particulares, inclusive para eximir responsabilizações, coaduna-se ao novo modelo de controle e de gestão pública consensual.

É cediço que os tribunais de contas brasileiros, nessa nova modelagem inaugurada pós-Carta de 1988, vêm buscando adotar mecanismos de fiscalização que priorizem uma atuação preventiva e prospectiva, atuando de modo a evitar condutas lesivas ou malversação de verbas públicas.

Nessa senda, traz-se a lume uma interessante e recente ação de controle promovida pelo Tribunal de Contas do Município de São Paulo (TCMSP), onde resta evidenciada essa nova vertente prospectiva adotada pelos tribunais de contas, enfocando no controle consensual, impulsivo, prospectivo, em vez do controle sancionador ou repressivo. Essa atuação do tribunal paulistano ocorreu na licitação realizada na área de limpeza pública (varrição) e foi, em boa hora, divulgada nas mais variadas mídias pelo seu presidente, o conselheiro João Antônio da Silva Filho. A seguir, tem-se o resumo dessa atuação:[11]

---

[11] Texto publicado originalmente no jornal Folha de S.Paulo – SEÇÃO TENDÊNCIAS/DEBATES 20.05.2019, com o título *Ação preventiva nos tribunais de contas – objetivo é evitar*

Em 2018, a cidade de São Paulo gastou cerca de R$870 milhões para manter esses serviços, que compreendem a varrição dos seus 16 mil quilômetros de vias, além da limpeza de logradouros, túneis, passagens subterrâneas, monumentos públicos, bueiros, bocas de lobo e feiras livres. Entre 2005 e 2011 os contribuintes pagaram R$1,96 bilhão aos contratados para a execução desse tipo de zeladoria, com a divisão da cidade em cinco lotes.

Com a realização de uma nova licitação em 2011, a Prefeitura de São Paulo reduziu a divisão geográfica da cidade para apenas dois lotes. Isso restringiu a prestação dos serviços a um pequeno grupo de empresas e elevou seu custo na ordem de R$ 400 milhões por ano. Esse modelo, que vigorou até maio de 2019, consumiu - entre 2012 e 2018 - R$6,22 bilhões dos cofres públicos, o que representou um aumento de 217,32% em relação ao modelo anterior a 2011.

Com a recente licitação finalizada no início deste ano, o TCMSP determinou a divisão geográfica da cidade em no mínimo cinco lotes, tendo a prefeitura optado por organizar o processo licitatório em seis agrupamentos. Esse novo entendimento entre prefeitura e TCMSP viabilizou maior competitividade e, por consequência, maior economia na contratação. Os novos contratos proporcionarão uma economia projetada para o período de 2019 a 2025 de R$730 milhões, ou 11,74%, em relação ao pago pela prefeitura no período entre 2012 e 2018.

O exemplo dessa ação consensual e preventiva, fruto da ação colaborativa entre o TCMSP e o Poder Executivo municipal, induvidosamente demonstra essa vertente prospectiva, por meio da qual se buscou evitar o desperdício de dinheiro público, impedir danos ao erário e assegurar a boa gestão, o princípio da eficiência e a supremacia do interesse público.

Nas linhas a seguir, foram identificados quatro instrumentos, por meio dos quais se visualiza, perfeitamente, essa relevante faceta do controle externo. São eles: as auditorias operacionais (ou de impacto, de resultado), os Termos de Ajustamento de Gestão (TAGs), os Autos de Prazo para Regularização de Procedimentos (APRPs) e os constantes alertas aos gestores.

---

eventual desperdício de recursos, de autoria de João Antonio da Silva Filho, presidente do Tribunal de Contas do Município de São Paulo e mestre em Filosofia do Direito (PUC-SP).

4.1 Auditorias operacionais

A auditoria aplicável ao setor público é a atividade sistemática por meio da qual se confronta uma condição (o que é) com determinado critério (o que deve ser), objetivando a emissão de um relatório imparcial e direto, contendo as constatações positivas e negativas. Essa modalidade auditorial integra o controle público como espécie insculpida constitucionalmente e compreende um conjunto de ações coordenadas e integradas, pretendendo, entre outros aspectos, contribuir com a fiscalização contábil, financeira, orçamentária, *operacional* e patrimonial de entes públicos quanto à "legalidade, legitimidade, economicidade, aplicação das subvenções e renúncia de receitas". No Brasil, a auditoria aplicável ao setor público é realizada, precipuamente, pelos tribunais de contas, embora não se possa olvidar dos órgãos sistêmicos de controle interno no país, que realizam relevantes trabalhos auditoriais, como a Controladoria-Geral da União (CGU).

Dentre as constituições republicanas, a Carta de 1988 foi, sem dúvida, a que mais ampliou as atribuições dos tribunais de contas brasileiros, principalmente no que se refere às atividades de auditoria. Embora introduzida como competência das casas de controle pela Constituição de 1967, em contraponto à análise prévia e formal, a auditoria era restrita aos aspectos financeiros e orçamentários[12] e realizada de forma assistemática, sem rigor metodológico e sem a observância de padrões normativos.[13] Com o novo ordenamento jurídico, a prática auditorial dessas instituições de controle foi instada a dar um salto de qualidade, abrangendo desde a regularidade contábil, com foco na adequação dos relatórios financeiros, até a efetividade das políticas públicas,[14] que é, em essência, o cerne da auditoria operacional.

---

[12] Nos termos do art. 72, III, da Constituição Federal de 1967, a avaliação dos resultados alcançados pelos administradores era reservada ao sistema de controle interno do Poder Executivo.

[13] As Normas de Auditoria Governamental (NAGs) aprovadas, em caráter experimental, pela Associação dos Membros dos Tribunais de Contas do Brasil (Atricon), em 2007, e recomendadas pelo Instituto Rui Barbosa (IRB), em sua versão final; em 2010, encontram-se em fase de adoção pelos tribunais de contas brasileiros. Recentemente, os Tribunais de Contas do Distrito Federal, da Bahia e do Tocantins aprovaram resoluções para adotarem formalmente essas normas. O Tribunal de Contas do Espírito Santo incluiu a adoção em seu planejamento estratégico.

[14] Aqui se utiliza a expressão "efetividade das políticas públicas" no seu sentido mais amplo, abarcando questões de economicidade, de eficiência, de eficácia, de qualidade, de redução de gastos, de combate ao desperdício, à corrupção, aos malfeitos e às práticas inadequadas,

A auditoria aplicável ao setor público pode ser resumidamente classificada em auditoria de regularidade (financeira e de conformidade) e *operacional*, embora a doutrina apresente as mais variadas classificações e tipos de auditoria. A auditoria operacional, conforme o conceito aprovado pela Organização Internacional de Entidades Fiscalizadoras Superiores (INTOSAI), compreende "o exame da economicidade, eficiência e eficácia com as quais a entidade auditada utiliza seus recursos no exercício de suas funções, sendo conhecida, também, como auditoria de otimização de recursos". A auditoria operacional, por vezes, também é denominada de auditoria de rendimento ou de gestão, como preferem os países de língua espanhola; *performance audit*[15] e *value for money audit*,[16] como utilizam, respectivamente, os americanos e os ingleses; ou auditoria de resultados, de impacto, para o português, na forma pactuada no convênio de padronização de conceitos comuns utilizados no âmbito do controle externo firmado entre o Tribunal de Contas da União (TCU) e o Tribunal de Contas de Portugal (TCP), em 1996, e publicado no Boletim do TCU nº 14/1996.

A auditoria operacional, que, como visto, é uma exigência constitucional no Brasil, abrange, em sinopse, a aplicação de procedimentos técnicos para avaliar o desempenho e a eficácia das ações de um ente ou de uma atividade, objetivando *a apresentação de comentários e de sugestões para melhorar a gestão dos recursos* e identificar aspectos de ineficiência, de desperdícios de recursos, de práticas indevidas ou inadequadas, e de desvios e abusos. Essa atividade surgiu no âmbito da auditoria aplicável ao setor público, em razão da necessidade de se aprimorarem os relatórios emitidos pelos auditores, no que se refere aos resultados da gestão, às questões de economicidade, eficiência e eficácia, em face das limitações das informações financeiras. Portanto, de maneira inequívoca e até com base na ordem constitucional e nas normas internacionais, a essência da auditoria operacional está relacionada à compreensão dos conceitos dos seus componentes, a saber, economicidade, eficiência, eficácia e efetividade, que, nesse ramo do conhecimento, possuem conotações específicas. Assim, conclui-se, em apertada síntese, que a auditoria operacional é a modalidade de auditoria aplicável ao setor

---

do realizar no tempo certo, entre outros aspectos, que devem sempre servir como norte para o gestor público.
[15] Auditoria de desempenho, em livre tradução.
[16] Auditoria do valor pelo dinheiro, em livre tradução.

público que objetiva verificar se o ente auditado (órgão, programa, projeto e atividade) obteve os resultados desejados, no tempo certo e ao menor custo possível.

Constata-se que o objetivo precípuo das auditorias operacionais é aferir o desempenho da gestão pública, contribuindo para o seu aperfeiçoamento. Materializa-se, comumente, nas fiscalizações de projetos e programas de governo, visando contribuir para a melhoria de seu desempenho e, ainda, aumentar a efetividade do controle, por meio da mobilização de atores sociais no acompanhamento e na avaliação dos objetivos, da implementação e dos resultados das políticas públicas. Diferentemente das auditorias de regularidade (financeira e de conformidade), mais focadas nos aspectos legais, administrativos, contábeis, financeiros e patrimoniais, as auditorias operacionais procuram avaliar a qualidade do gasto público. Seu foco, como já frisado, são os resultados das políticas públicas, objetivando a melhoria da gestão pública e o aprimoramento do controle social.

Com base nesses aspectos e características, pode-se afirmar que as auditorias operacionais estão inseridas no contexto do controle externo prospectivo, haja vista sua inequívoca vocação para o diálogo com o auditado. Desde a fase de planejamento que essas auditorias já se mostram aptas a dialogar e auxiliar com a gestão. As técnicas e métodos usados já denotam esse espírito contributivo e pedagógico do controle, como as análises de riscos, entrevistas com atores interessados, análises SWOT,[17] aplicação de *surveys* ou questionários, entrevistas, seminários, audiências públicas, grupos focais, painéis de referência, entre outros. Via de regra, pela sua clara intenção de contribuir com o aperfeiçoamento da gestão pública, as auditorias operacionais ensejam uma série de recomendações e orientações aos auditados. Obviamente, por vezes, haverá a necessidade de aplicação de sanções, uma vez identificadas irregularidades ou condutas lesivas ao erário. Essa, porém, não é a tônica, nem o objetivo primário desse tipo de auditoria.

Assim, considerando a indiscutível ambivalência da auditoria operacional – técnica que, servindo como ferramenta de aferição de distintos aspectos da gestão (viés controlador), simultaneamente atua como norteadora de eventuais ajustes (viés preventivo/

---

[17] Técnica de análise de cenários internos e externos utilizada em planejamento estratégico. A sigla SWOT deriva do acrônimo de palavras em inglês, sendo *strengths* (forças), *weaknesses* (fraquezas), *opportunities* (oportunidades) e *threats* (ameaças).

orientador) – necessário se faz que os órgãos de controle busquem fomentar, de forma aperfeiçoada, o uso da técnica de exame aqui discutida, propiciando a sobressalência de suas funções pedagógica, orientadora e preventiva, fazendo com que os controlados, jurisdicionados e gestores públicos se sintam seguros o suficiente para empreenderem padrões de desempenho que atendam às necessidades da sociedade em geral.

4.2 Termos de Ajustamento de Gestão (TAGs)

Em síntese, o Termo de Ajustamento de Gestão (TAG) pode ser compreendido como o acordo de vontades entre o controlador e o controlado que tem por objetivo a correção de situações tidas como irregulares perante o ordenamento jurídico.

Com relação a esse importante instrumento, Luciano Ferraz (2011, p. 4) leciona o seguinte:

> O TAG afina-se com a moderna tendência da Administração Pública e do Direito Administrativo, menos autoritários e mais convencionais, imbuídos do espírito de ser a consensualidade alternativa preferível à imperatividade, sempre que possível, ou em outros termos, sempre que não seja necessário aplicar o poder coercitivo.

Ainda de acordo com o magistério do referido autor, a iniciativa do TAG, pelos tribunais de contas, tem amparo na interpretação sistemática do preâmbulo do art. 4º, VII,[18] e art. 71, inciso IX,[19] da Constituição Federal e no alerta previsto no art. 59, §1º, V,[20] da Lei de Responsabilidade Fiscal. Conclui-se, então, que, pela existência desse conjunto normativo, o instrumento pode ser instituído por meio de norma própria dos órgãos de controle.

---

[18] Art. 4º. A República Federativa do Brasil rege-se nas suas relações internacionais pelos seguintes princípios: [...]
VII - solução pacífica dos conflitos.

[19] Art. 71. O controle externo, a cargo do Congresso Nacional, será exercido com o auxílio do Tribunal de Contas da União, ao qual compete: [...]
IX - assinar prazo para que o órgão ou entidade adote as providências necessárias ao exato cumprimento da lei, se verificada ilegalidade.

[20] §1º. Os Tribunais de Contas alertarão os Poderes ou órgãos referidos no art. 20 quando constatarem: [...]
V - fatos que comprometam os custos ou os resultados dos programas ou indícios de irregularidades na gestão orçamentária.

Ferraz (2011, p. 5) ainda assevera:

> Vislumbra-se a adoção, pelos Tribunais de Contas de expediente com o objetivo de "contratar" com os administradores públicos, alternativas e metas para a melhoria do desempenho dos órgãos, entidades e programas [...]. Este "contrato" assumirá contornos de verdadeiro "contrato de gestão" e o Tribunal de Contas desempenhará o papel de árbitro entre a sociedade e os agentes encarregados de lidar com a *res publica*.

Seguindo essas transformações na forma de atuação do controle externo, muitos tribunais de contas já instituíram o Termo de Ajustamento de Gestão. De acordo com Ferraz (2018, p. 4), atualmente, os Tribunais de Contas do Acre, Amapá, Amazonas, Ceará, Espírito Santo, Goiás (TCE e TCM), Mato Grosso, Mato Grosso do Sul, Minas Gerais, Pará (TCM), Paraíba, Paraná, Pernambuco, Piauí, Rio de Janeiro (TCE), Rio Grande do Norte, Rondônia, Roraima, Sergipe e Tocantins contam com essa previsão nas suas respectivas legislações, regimentos e resoluções.

Grosso modo, o TAG possibilita a negociação de metas entre controlador e controlado, em substituição à aplicação imediata de sanções. Por meio do acordo de vontades, do consenso, o controlado se compromete a regularizar determinada situação conforme as metas firmadas com o controlador, ficando suspenso o andamento do processo que possivelmente lhe resultaria penalidade. Tais acordos de vontades proporcionam a viabilidade de correção de irregularidades pelos próprios agentes que praticaram atos em desacordo com a legislação vigente. Por meio da celebração do Termo de Ajustamento de Gestão, é possível negociar e buscar soluções que visem concretizar a realização do interesse público a partir do caso concreto.

No tocante a esses Termos de Ajustamento, importante ainda destacar que as recentes alterações ocorridas na Lei de Introdução às Normas de Direito Brasileiro, a famosa LINDB, consagraram definitivamente esse novo modelo de controle consensual da administração pública, mediante a positivação e estabelecimento de mecanismos bilaterais que homenageiam a ideia da consensualidade.

Veja-se o que dispõe o artigo 26 da Lei Federal nº 13.655/2018, a repaginada LINDB:

> Art. 26. Para eliminar irregularidade, incerteza jurídica ou situação contenciosa na aplicação do direito público, inclusive no caso de expedição de licença, a autoridade administrativa poderá, após oitiva do

órgão jurídico e, quando for o caso, após realização de consulta pública, e presentes razões de relevante interesse geral, *celebrar compromisso com os interessados*, observada a legislação aplicável, o qual só produzirá efeitos a partir de sua publicação oficial. (Grifo não constante do original)

O transcrito dispositivo autoriza explicitamente a celebração de "compromissos com os interessados" com o objetivo de colocar fim a controvérsias jurídicas e interpretativas, mediante solução jurídica proporcional, equânime, eficiente e compatível com os interesses gerais. Luciano Ferraz (2018, p. 3), ao analisar o referido dispositivo, arrematou que, "cogitando-se da aplicação dessa norma à atividade de controle da Administração Pública, a conclusão é que ele consagra definitivamente os 'Termos de Compromisso de Gestão' ou 'Termos de Ajustamento de Gestão'".

4.3 Autos de Prazo para Regularização de Procedimento (APRPs)

Nessa ambiência do controle prospectivo, tem-se mais um relevante exemplo de atuação efetiva dos tribunais de contas, os chamados Autos de Prazo para Regularização de Procedimento (APRPs). Tal instituto decorre de expressa prerrogativa constituciona[21] que têm as cortes de contas de assinar prazo para que os jurisdicionados adotem as providências necessárias ao exato cumprimento das normas, uma vez identificadas ilegitimidades nas condutas administrativas.

Entende-se que a finalidade do APRP é promover a atuação cautelar, priorizando o controle prévio e concomitante, com espeque na sua vertente pedagógica, e buscando a efetividade da sua ação.

Conforme entendimento manifestado por Simões e Carvalho (2012, p.57), "o APRP surge como um instrumento de promoção do controle externo concomitante e atuação pedagógica e transparente do Tribunal de Contas".

O APRP pode ser compreendido como uma forma de otimizar o poder coercitivo e a função orientadora dos tribunais de contas, compelindo os auditados a alinharem suas condutas às normas aplicáveis e se

---

[21] Art. 71. O controle externo, a cargo do Congresso Nacional, será exercido com o auxílio do Tribunal de Contas da União, ao qual compete: [...]
IX - assinar prazo para que o órgão ou entidade adote as providências necessárias ao exato cumprimento da lei, se verificada ilegalidade.

comprometerem à abstenção dos nominados atos irregulares e a adotar os devidos ajustes e medidas corretivas necessárias. Em contrapartida, ao assinar os Autos de Prazo, assumindo o compromisso de adotar a conduta determinada no ato, os jurisdicionados obterão a suspensão temporária da exigibilidade ou da aplicação da sanção cominada à hipótese, durante o período que lhes for concedido o prazo. Em se verificando o cumprimento integral do compromisso assumido, o jurisdicionado terá a extinção da sanção aplicável às irregularidades verificadas, que foram, de certa forma, corrigidas. Por outro lado, uma vez frustrado o compromisso assumido e não adotadas medidas corretivas, o auditado arcará, automaticamente, com as sanções aplicáveis, além da multa pelo descumprimento do APRP (SIMÕES; CARVALHO, 2012, p. 59).

Registre-se que esse estabelecimento de prazos para saneamento de irregularidades se constitui em medida corriqueira no âmbito dos tribunais de contas, quando focam suas atuações no controle concomitante dos atos administrativos. De acordo com o autor e conselheiro do TCE Ceará Edilberto Carlos Pontes Lima (2015, p. 276), com o APRP "impede-se que um ato ilegal persista, o Tribunal de Contas age de imediato, simultaneamente à execução".

4.4 Alerta aos gestores

Pode-se afirmar que essa vertente prospectiva do controle, que se compatibiliza ao novo modelo consensual de gestão pública, já foi reconhecida e prestigiada pelo legislador pátrio, desde a edição da Lei Complementar nº 101/2000, a emblemática Lei de Responsabilidade Fiscal (LRF). O art. 59, §1º, da LRF criou o mecanismo de alerta a ser emitido pelos tribunais de contas assim que verificada a ocorrência de qualquer dos fatos elencados na norma, como os atingimentos do limite de despesa de pessoal ou de dívidas.

Portanto, a partir do momento em que o Tribunal de Contas verificar uma irregularidade ainda não consumada (alcance do limite prudencial, por exemplo), emite o alerta com o propósito de chamar a atenção, orientar e firmar a responsabilidade do gestor, determinando-lhe que se acautelem e adotem medidas saneadoras que possam evitar a ocorrência da irregularidade e a incidência das consequentes sanções.

Os ilustres Carlos Pinto Coelho Motta e Jorge Ulysses Jacoby Fernandes (2001, p. 116), analisando o instituto do alerta, previsto na LRF, entendem que a "norma do § 1º do art. 59, a par de destacar a nobreza da função orientadora de controle, tem ainda a feliz iniciativa de encontrar equilíbrio entre o controle prévio e o posterior".

A utilização desse mecanismo, oriundo da seara da responsabilidade fiscal, é muito comum no âmbito das análises e emissão do parecer prévio nas contas de governo. Porém, nada obsta que os tribunais de contas sinalizem, por meio da figura do alerta, aos gestores públicos a iminência de alguma irregularidade, possibilitando-lhes a oportunidade de promover os ajustes necessários.

Para ilustrar essa possibilidade de ampliação objetiva do instituto do alerta, com finalidade preventiva e pedagógica, tem-se a recente atuação do Tribunal de Contas da União (TCU). De acordo com as notícias veiculadas na mídia,[22] o atraso do Congresso Nacional em aprovar um crédito suplementar de R$248,9 bilhões para honrar despesas com benefícios assistenciais, previdenciários, subsídios agrícolas e o Bolsa Família levou o TCU a emitir um alerta sobre a situação. A Corte de Contas chamou a atenção do Executivo e do Congresso para o risco de a não aprovação do crédito "comprometer a execução das programações orçamentárias indicadas como condicionadas na Lei Orçamentária Anual de 2019". Pelo que se divulgou na matéria, o "alerta" foi consignado no despacho assinado pelo ministro do TCU Bruno Dantas, relator das contas de governo de 2019, no âmbito do acompanhamento da execução orçamentária do 1º bimestre.

5 Notas conclusivas

O formato prospectivo do controle da coisa pública precisa ser priorizado. Vale dizer, os órgãos de controle precisam se estruturar de modo a realizar ações efetivas que busquem evitar, prevenir, o dano à coisa pública. Coibir o mau uso dos recursos públicos é mais importante do que punir os abusos, e, para isso, ações pedagógicas e condutas orientativas e tempestivas são fundamentais. É o que se propõe chamar de atuação prospectiva do controle. Já há muito tempo, o ex-ministro do Tribunal de Contas da União Carlos Átila alertava para a premente necessidade de os tribunais de contas deixarem de fazer autópsias e passarem a fazer mais biópsias. O controle externo precisa

---

[22] Notícias veiculadas em mídias impressas e virtuais, como no *site* da revista *Exame*. Disponível em: https://exame.abril.com.br/economia/atraso-no-credito-suplementar-pode-comprometer-despesas-alerta-tcu/. Acesso em: 28 maio 2019.

atuar menos "pelas lentes do retrovisor" e olhar mais para frente, pelo "para-brisa", priorizando ações que possibilitem evitar a ocorrência de irregularidades e danos ao erário.

Nessa senda, os tribunais de contas brasileiros têm recorrido, cada vez mais (o que é louvável), à utilização de instrumentos que ensejam o exercício de sua função pedagógica e que permitam um melhor diálogo com os jurisdicionados. Assim, pode-se elencar alguns desses institutos que vêm sendo muito utilizados pelo controle externo, como é o caso das auditorias operacionais (ou de impacto, de resultado), dos Termos de Ajustamento de Gestão (TAGs), dos Autos de Prazo para Regularização de Procedimentos (APRPs) e dos constantes alertas aos gestores.

Essa fisionomia do controle prospectivo, que coloca em primazia a ação orientadora e preventiva, deixando o caráter punitivo e sancionador como um instrumento subsidiário, coaduna-se com a nova vertente dialógica e consensual da gestão pública e faz com que se renovem as esperanças de uma maior efetividade nas ações dos tribunais de contas.

O controle externo da gestão pública precisa ser exercido de modo consentâneo com a administração pública consensual, que se abre ao diálogo com os administrados. Apropriando-se da feliz analogia trazida pelo conselheiro Valdeci Pascoal, os tribunais de contas devem atuar cada vez mais como "professores", orientando e atuando pedagogicamente para mostrar os melhores comportamentos para uma boa gestão pública. Outrossim, muitas vezes, a atuação como "médicos" também se mostra proativa, como é o exemplo da adoção de alertas aos gestores como se fosse um remédio preventivo usado para evitar a doença. Obviamente, o controle externo exercido com a faceta de "policial" ou "juiz", investigando, inquirindo e punindo, também é importante, haja vista que, em muitos casos, somente se consegue o cumprimento de normas por meio das ações sancionatórias ou punitivas, com aplicação das sanções cabíveis. Mas, seguramente, conforme demonstrado neste trabalho, a recuperação dos débitos e multas imputados pelos tribunais de contas apresenta, historicamente, percentuais muito baixo de efetividade. Esse, portanto, não deve ser o caminho priorizado.

Destarte, a partir dessa atuação prospectiva, perseguindo ações preventivas (prévias e concomitantes), entende-se que o controle externo pode ser exercido de maneira mais efetiva, contribuindo para a adequada aplicação dos recursos públicos. Com a utilização cada vez mais recorrente dos instrumentos de ação dialógicas e preventivas, como os apontados aqui, constata-se que as cortes de contas já estão trilhando esse importante caminho da consensualidade, da orientação e da proatividade. No entanto, há muito espaço para aprimoramentos e evolução nessa seara. Os tribunais de contas precisam parar de querer "competir" com os tribunais judiciais, deixando para essa esfera jurisdicional a necessária ênfase nas ações punitivas e reservando para si a predominância das funções pedagógicas.

Referências

AGUIAR, Ubiratam Diniz de; ALBUQUERQUE, Marcio André Santos de; MEDEIROS, Paulo Henrique Ramos. *A administração pública sob a perspectiva do controle externo*. Belo Horizonte: Fórum, 2011.

AGUIAR, Afonso Gomes; AGUIAR, Márcio Paiva de. *O Tribunal de Contas na ordem constitucional*. 2. ed. Belo Horizonte: Fórum, 2008.

ARAGÃO, Alexandre Santos de. *Curso de direito administrativo*. 3. ed. Rio de Janeiro: Forense, 2013.

ARAÚJO, Inaldo da Paixão Santos. Auditoria operacional: das diretrizes da INTOSAI à prática. *Revista de Licitações e Contratos – ILC*, Curitiba, n. 153, p. 955, nov. 2006.

ARAÚJO, Inaldo da Paixão Santos. *Introdução à auditoria operacional*. São Paulo: FGV, 2000.

BINEMBOJM, Gustavo. *Uma teoria do direito administrativo*: direitos fundamentais, democracia e constitucionalização. 3. ed. Rio de Janeiro: Renovar, 2013.

BRASIL. Constituição (1988). *Constituição da República Federativa do Brasil*. Disponível em: http://www.planalto.gov.br. Acesso em: 20 maio 2019.

COUTINHO, Doris de Miranda. *O ovo da serpente*. Belo Horizonte: Fórum, 2016.

ESTORNINHO, Maria João. *A fuga para o direito privado:* contributo para o estudo da actividade de direito privado da administração pública. Coimbra: Almedina, 1999.

FERRAZ, Luciano. Termos de Ajustamento de Gestão (TAG): do sonho à realidade. *Revista Eletrônica sobre a Reforma do Estado (RERE)*. Salvador, Instituto Brasileiro de Direito Público, n. 27, set./nov. 2011. Disponível em: http://www.direitodoestado.com.br/artigo/luciano-ferraz/termos-de-ajustamento-de-gestao-tag-do-sonho-a-realidade. Acesso em: 22 maio 2019.

FERRAZ, Luciano. LINDB consagra controle consensual da administração pública. *Revista Consultor Jurídico*. jun. 2018. Disponível em: https://www.conjur.com.br/2018-jun-07/interesse-publico-lindb-consagra-controle-consensual-administracao-publica. Acesso em: 22 maio 2019.

LIMA, Edilberto Carlos Pontes. *Curso de finanças públicas*: uma abordagem contemporânea. São Paulo: Atlas, 2015.

LIMA, Luiz Henrique. *Controle externo*. 6 ed. Rio de Janeiro: Forense; São Paulo: Método, 2015.

MOREIRA NETO, Diogo de Figueiredo. *Curso de direito administrativo*. 15. ed. Rio de Janeiro: Forense, 2009.

MOREIRA NETO, Diogo de Figueiredo. Novos institutos consensuais da ação administrativa. *Revista de Direito Administrativo*, Rio de Janeiro, v. 231, p 129-156, jan./mar. 2003.

MOREIRA NETO, Diogo de Figueiredo. *Quatro paradigmas do direito administrativo*. Belo Horizonte: Fórum, 2008.

MOTTA, Carlos Pinto Coelho; JACOBY FERNANDES, Jorge Ulysses. *Responsabilidade fiscal*: Lei Complementar n.º 101, de 04/05/2000. 2. ed. Belo Horizonte: Del Rey, 2001.

PASCOAL, Valdeci. *Uma nova primavera para os tribunais de contas*. Belo Horizonte: Fórum, 2018.

PAULA, Ana Paula Paes de. *Por uma nova gestão pública*. Rio de Janeiro: Editora FGV, 2005.

SILVA FILHO. João Antônio. *Ação preventiva nos Tribunais de Contas*. Disponível em: http://www.atricon.org.br/artigos/acao-preventiva-nos-tribunais-de-contas/. Acesso em: 29 maio 2019.

SIMÕES, Raquel de Oliveira Miranda; CARVALHO, Marília Gonçalves de. Auto de Prazo para a Regularização de Procedimento, p. 57-64. *In*: GUERRA, Evandro Martins; CASTRO, Sebastião Helvecio Ramos de (Coords.). *Controle Externo*: Estudos Temáticos. Belo Horizonte: Fórum, 2012.

Informação bibliográfica deste texto, conforme a NBR 6023:2018 da Associação Brasileira de Normas Técnicas (ABNT):

ARAÚJO, Inaldo da Paixão Santos; FARIAS, Luciano Chaves de. Controle externo prospectivo. *In*: LIMA, Edilberto Carlos Pontes (Coord.). *Tribunal de Contas do século XXI*. Belo Horizonte: Fórum, 2020. p. 139-161. (Coleção Fórum IRB, v. 3). ISBN 978-85-450-0713-5.

NOVOS PARADIGMAS DE GOVERNANÇA E CONTROLE SOCIAL REFORÇAM RELEVÂNCIA DOS TRIBUNAIS DE CONTAS NO COMBATE À CORRUPÇÃO

Iran Coelho das Neves

Das mais antigas manifestações do ser humano, seja no contexto das relações entre indivíduos, seja entre estes e as instituições públicas ou organizações de poder, em qualquer época, a corrupção tem sido escrutinada ao longo dos séculos sob as mais diferentes perspectivas: filosóficas (ética, moral etc.), históricas, econômicas, sociológicas, jurídicas, entre tantas.

Na tradição judaico-cristã, patrimônio milenar da cultura e da espiritualidade ocidentais, referência a um expediente de corrupção inequívoca se encontra já no primeiro livro da Bíblia Sagrada (Gênesis), quando Esaú vende a seu irmão Jacó a sua primogenitura, transferindo-lhe, por um prato de lentilhas, privilégios então facultados aos primogênitos.

É instigante notar que já ali se imbricavam corrupção privada – a fome de Esaú, movendo-o a um ato de fraqueza pessoal de graves consequências futuras, e o poder de barganha de Jacó, detentor das lentilhas, oportunisticamente mobilizadas em valiosa moeda de troca – e a corrupção pública, na medida em que a transação implicaria na transferência de bênçãos e de futura liderança (portanto, de poder político) para o corruptor.

Como se vê, a se tomar como referência o Livro Sagrado para judeus (Torá) e cristãos (no caso, o Velho Testamento), corrupção privada e pública se nutrem, milenarmente, dos mesmos interesses, pessoais ou de grupos, por vantagens e privilégios que acabam por igualá- las, e não raro em fundi-las, como instrumentos predatórios, seja para uma corporação, seja para o conjunto da sociedade, no caso de desvio de recursos públicos.

Mais do que pretensa introdução a este artigo – que se propõe, sem qualquer veleidade acadêmica ou científica, como simples reflexão sobre o panorama contemporâneo da corrupção –, a evocação bíblica afigura-se como mera tentativa de especular sobre os primórdios dessa que é tida, infelizmente, como "atividade" tão antiga quanto a própria civilização. Ou, como querem alguns estudiosos, uma perversão inerente ao próprio processo civilizatório.

Como referido de início, seja por sua irremovível essência delituosa, seja como evidência da cupidez transgressora do ser humano, como *fenômeno* (anomalia) social decorrente de afrouxamento moral e ético resultante da perversa hipertrofia do Estado contemporâneo ou como *simples* consequência da falta de controles mais rígidos e de punições mais severas, a corrupção tem sido objeto de uma miríade de estudos e análises de especialistas das mais diversas áreas do saber.

Contudo e lamentavelmente, a contínua formação do valioso patrimônio de conhecimento sobre a corrupção não tem repercutido, de forma direta e empiricamente estimada, na redução das fraudes e de outros delitos que alimentam os processos que dilapidam os recursos públicos em benefício criminoso de indivíduos e de empresas privadas.

Aliás, nenhum dos muitos estudiosos sérios que se dedicam a analisar a corrupção, sob os mais variados enfoques acadêmicos, acena com receita sobre como acabar com esse mal.

Empenham-se, isso sim, a esquadrinhar seus meandros para expor riscos e facilidades, delinear os prejuízos sociais, financeiros e políticos, e reforçar a importância de regras rígidas de governança e de controle, tanto quanto do compartilhamento de conhecimento entre as instituições destinadas a fiscalizar e coibir a dilapidação do erário em todas as esferas de governo.

Dessa perspectiva, a prolífica e variada produção teórica sobre a corrupção, suas origens e consequências, condições e meios propícios para que fecunde e viceje, bem como sobre os mecanismos para preveni-la e combatê-la, contribuem para fomentar, progressivamente, uma cultura de rejeição objetiva às práticas lesivas aos recursos públicos.

Há, contudo, longo e desafiador percurso até que o conhecimento acadêmico se consolide como princípio individual, como patrimônio coletivo da cidadania e, enfim, como cultura social capaz de reduzir a corrupção a índices residuais, dos quais nem mesmo as sociedades mais avançadas, com governança solidamente estruturada, conseguem se livrar.

A propósito desse extraordinário desafio, é importante observar que, dentre os estudiosos, persistem divergências marcantes não só sobre as origens, remotas e recentes, da corrupção no Brasil, mas também sobre ser ela endêmica, sistêmica ou estrutural. Ao contrário do que pode parecer, a discussão acadêmica em torno das origens do mal é muito importante para combatê-lo de forma eficaz.

Para Salomão Ribas Júnior,[1] as raízes contemporâneas da corrupção se nutrem do alto poder discricionário nas mãos de poucos e exclusivos funcionários públicos, excessiva regulação por parte do Estado, economia com preços administrados pelo poder público, monopólio na concessão de licenças, permissões e autorizações para o exercício de atividades privadas e burocracia estatal ineficiente.

Ao dissertar sobre inúmeras teorias que buscam não só identificar as causas e origens da corrupção, mas também estabelecer conexões de suas multíplices manifestações contemporâneas, o autor aponta o patrimonialismo, persistente ainda hoje "em setores mais modernos da Administração Pública".

Como herança arcaica do domínio português, continuamente reciclada, o patrimonialismo não distingue o público e o privado, perpetuando uma espécie de *ideologia* perversa que torna "natural" que agentes políticos e gestores públicos se apropriem do erário como forma de aumentar os ganhos dos quais se julgam "merecedores" pelo *sacrifício* de se dedicarem à administração pública.

Apontado por muitos teóricos como a gênese da corrupção estrutural – exatamente porque incrustado nas estruturas de Estado –, o comportamento patrimonialista, apenas aparentemente difuso, corporifica-se como eficaz instrumento *ideológico* a motivar agentes públicos a capitalizar, em proveito próprio, fatores como burocracia exagerada, regulamentação estatal excessiva e exorbitante, e poder decisório delegado a poucos.

---

[1] RIBAS JÚNIOR, Salomão. *Corrupção pública e privada*: quatro aspectos – Ética no Serviço Público, Contratos, Financiamento Eleitoral e Controle. Ed. Fórum.

A convergência perniciosa desses fatores instaura o ambiente propício para a prática da corrupção, frequentemente estimulada pela disputa encarniçada e desleal, travada por fornecedores e prestadores de serviços que, agrupados em cartéis ou isoladamente, compram, literalmente, nacos de demandas governamentais. Para supri-las, praticam sobrepreço, empregam ou entregam material de qualidade inferior ao especificado nos editais ou burlam na quantidade, sempre com a conivência dos agentes públicos a quem corrompem.

Outro fator preponderante a contribuir para a corrupção é, sem dúvida, a burocracia excessiva, que, como verdadeira selva legal, propicia a agentes públicos desonestos oferecer *atalhos* a empresas e mesmo a contribuintes comuns, facilitando a sonegação de impostos.

Para se ter uma ideia desse imenso cipoal burocrático, nos quinze anos após a promulgação da Constituição de 1988, somente a legislação tributária brasileira foi inflada com estonteantes 309 mil novas normas.

No contexto geral, entre 1988 e 2017 a *enxurrada regulatória* inundou o país com inimagináveis 5,4 milhões de textos normativos, editados a pretexto de regular as mais diferentes instâncias da administração pública nas três esferas de poder. Isso quer dizer que União, estados e municípios criaram juntos uma média diária de 769 novos regulamentos e normas.

Parece fora de dúvida que esse gigantismo burocrático cria as condições propícias para a corrupção, tanto aquela de *varejo*, que se nutre de pequenas propinas, quanto a de escala, que envolve fraudes milionárias na contratação de serviços, equipamentos e obras.

A propósito, o ministro Luís Roberto Barroso, do Supremo Tribunal Federal, aponta (texto no portal *Jornal do Tocantins*, de 19.03.2017, visualizado em 17.05.2019) que a corrupção se disseminou no Brasil em "níveis espantosos e endêmicos", advertindo que: "Não foram falhas pontuais, individuais, pequenas fraquezas humanas. Foi um fenômeno sistêmico, estrutural, generalizado. Tornou-se o modo natural de se fazer negócios e política no Brasil. Esta é a dura e triste realidade".

Para Barroso, o direito penal brasileiro não conseguiu desempenhar seu papel, que é o de funcionar como prevenção geral a delitos:

> Um Direito Penal absolutamente ineficiente, incapaz de atingir qualquer pessoa que ganhe mais do que cinco salários mínimos, fez com que nós construíssemos um país de ricos delinquentes, um país em que as pessoas vivem de fraudes à licitação, de corrupção ativa, de corrupção

passiva, de peculato, de lavagem de dinheiro. Isso não foi um acidente. Isso se espraiou pelo país inteiro.

Já a ministra Cármen Lúcia, também do STF, constata (portal de *O Estado de S. Paulo*, de 15.05.2019, visualizado na mesma data) que o atual sistema administrativo está "doente" do ponto de vista ético e moral: "A corrupção mina a base estrutural de uma democracia, mina a sociedade porque as pessoas passam a desconfiar uma das outras e compromete politicamente porque não se acredita na higidez e confiança das instituições".

Ao apontar o patrimonialismo como um das causas da corrupção, a ministra do STF observa que ele ocorre quando as pessoas confundem "as coisas do rei e do reino". Em seguida, adverte para a condescendência jurisprudencial, que não considera a corrupção um crime violento:

> Eu digo que é (um crime violento). É que é uma violência invisível. Porque o tiro mata e a vítima está no chão. As vítimas dos crimes ambientais, da falta de saúde, das filas intermináveis que fazem com que morram sem atendimento, da escola que não é dada, provocam vítimas invisíveis, mas que não são poucas.

Das autorizadas constatações dos ministros Luís Roberto Barroso e Cármen Lúcia, não é difícil inferir o extraordinário desafio que se antepõe aos órgãos de controle da governança pública, à frente os tribunais de contas, primeira trincheira institucional de combate à corrupção.

A persistente política de modernização estrutural, de capacitação de servidores em diferentes instâncias de atuação direta no controle externo, e de absorção de instrumentos avançados no campo da tecnologia da informação (TI), adotada pela maioria dos tribunais de contas dos estados, tem resultado na melhoria efetiva do controle, com reflexos diretos e alentadores na prevenção de fraudes, seja pela fiscalização rigorosa de editais de licitação de serviços, obras e concessões públicas, seja pela verificação *online* de processos e procedimentos dos gestores de entes jurisdicionados.

A exemplo das demais instituições de controle, aí incluídos o Judiciário, o Ministério Público e a Controladoria-Geral da União (CGU), os tribunais de contas têm ampliado, crescentemente, sua atuação, refinando suportes técnicos e procedimentos que, por sua agilidade, confiabilidade e presteza, contribuem decisivamente para resgatar a confiança da sociedade nas instituições.

Especialmente para a estratégica tarefa de prevenção à fraude e à corrupção, a interlocução-interação com os entes jurisdicionados, articulada como política permanente de difusão do conhecimento sobre as práticas na gestão pública, tem produzido excelentes resultados, e não apenas porque o domínio de processos evita desvios teoricamente involuntários ou incidentais, mas principalmente porque, ao tomar ciência do grau de sofisticação da estrutura de fiscalização e controle, agentes públicos reprimem tentações corruptoras diante da possibilidade concreta de serem flagrados. Contudo, os desafios das cortes de contas para o combate efetivo à fraude e à corrupção seguem sendo enormes.

Na medida em que se expandem e multiplicam as relações econômico-financeiras entre governos e empresas e, mais ainda, quando essas relações são cada vez mais complexas em decorrência das transações *online*, os tribunais de contas, para responder eficazmente a suas atribuições constitucionais e responsabilidade social, utilizam, crescentemente, a inteligência artificial para mapear potenciais ilicitudes ou para flagrar ilegalidades e transgressões com o erário em tempo de detê-las.

É no contexto desse combate permanente que a discussão acadêmica sobre a corrupção no Brasil ser endêmica, sistêmica ou estrutural, embora tenha relevância para o diagnóstico do mal, resulta quase inócua para uma terapêutica, cuja eficácia está, no mais das vezes, na identificação dos indícios – ou manifestações explícitas – da doença insidiosa que parasita governo e sociedade: sinais exteriores de riqueza por parte de agentes públicos, deterioração precoce de obras contratadas, deficiência persistente em serviços concedidos à exploração privada e rodízio de empresas congêneres como vencedoras de concorrências, além de tantas outras manipulações *criativas*.

Pretender uma *arqueologia*, mesmo que ligeira, da corrupção no Brasil seria tarefa a demandar anos de pesquisas, que resultariam em vastos compêndios que, de modo algum, se inscreveriam dentre os capítulos dignificantes de nossa história.

Contudo, inserem-se no objeto de atenção deste trabalho algumas observações que, embora pontuais, se prestem à reflexão sobre a fraude e a corrupção e seu alto potencial de degradação da administração pública através da dilapidação de recursos apropriados pela ganância perversa de setores privados em conluio criminoso com agentes governamentais.

Se temos como certo que nenhum ser humano nasce corrupto, mas que, isto sim, se torna corrupto quando *facilidades* se apresentam a alguém desprovido de firmeza ética e despossuído de senso moral, é igualmente certo que instituições e organismos públicos não estão originalmente fadados à irremediável predação corruptora, mas se sujeitam a ela quando não dispõem de instrumentos de governança confiáveis ou quando são entregues à gestão de pessoas ou grupos inescrupulosos que, articulados em redes praticamente institucionalizadas ou de forma isolada, pervertem a gestão pública pela manipulação da delegação política.

Significa dizer que, além das consequências perversas para a sociedade, frustrada em suas demandas legítimas, a corrupção, como se verá mais adiante, gera o insidioso malefício da descrença nas estruturas democráticas.

Uma sucessão de escândalos de corrupção em escala, como a que se registrou nos últimos anos, responde, em um primeiro momento, por exagerado descrédito social nas instituições, embora estas se mostrem, em seguida, altamente eficazes na investigação e punição dos culpados e, muitíssimo importante, recuperando somas bilionárias desviadas por eles.

A gradativa recuperação da fé social nas instituições, em decorrência direta dessa eficácia, representa o resgate de valores democráticos fundamentais. Entretanto, outros corolários altamente nocivos da corrupção têm efeitos menos visíveis, porém igualmente perniciosos.

Estudos apontam que cada R$1,00 desviado representa prejuízo efetivo de R$3,00 para a economia, levando-se em conta somente impostos não pagos e empregos que deixam de ser criados. Se acrescidos aí os prejuízos decorrentes da falta de qualidade de obras e serviços públicos nos quais são embutidas as "taxas" da corrupção, um cálculo exato dos prejuízos aos cofres públicos e à sociedade torna-se praticamente impossível.

Como câncer em metástase, a corrupção se expande pela *contaminação*. Agentes públicos honestos podem ser – e são – tentados a se deixar corromper ao constatar as *vantagens* de que colegas e superiores hierárquicos se beneficiam.

Nas duas primeiras décadas deste século, a descoberta e apuração – uma delas ainda em curso – de verdadeiras organizações criminosas, com penetração profunda, ampla e continuada nas estruturas de empresas públicas poderosas e de instâncias diversas de governo, atestam uma escalada sem precedentes da corrupção na história do Brasil.

Mesmo sem se discorrer sobre casos concretos, que não são objetos deste ensaio, compete observar que, uma vez tornados públicos e competentemente investigados e punidos, esses grandes escândalos de corrupção provocaram, para além das consequências jurídico-legais objetivas, duas resultantes sociais flagrantemente contraditórias.

A primeira delas foi uma espécie de sensação coletiva de desencanto social, que, de algum modo, prostrou a cidadania diante do que seria uma sentença irreversível: "O Brasil não tem jeito".

Proclamada como mantra invertido – e perigoso – por cidadãos de todas as classes sociais e desdobrada em reflexões acadêmicas, editoriais da imprensa e sermões nas catedrais e nos altares singelos do Brasil profundo, a trágica constatação embutia um vírus potencialmente pernicioso que, no extremo, poderia *liberar* a corrupção, se não como prática generalizada, como comportamento mais ou menos institucionalizado.

No auge midiático desses escândalos, observadores mais argutos apontaram para os riscos de descrença social, representada não só pela falta de confiança nos governos e nas instituições, aí incluída a própria democracia, mas também por uma ameaça de corrosão de valores sociais de ética e de moralidade públicas que, menosprezados por certos corifeus da política e por potentados empresariais, talvez já não contassem para uma sociedade em desencanto.

Em contraposição a essa perigosa percepção coletiva, a segunda resultante social dos grandes escândalos de corrupção derivou da constatação de que, apesar do poder político e econômico dos envolvidos, as entranhas dos mastodontes estavam sendo revolvidas.

Ao tempo em que as dimensões cataclísmicas desses escândalos eram reveladas, graças a investigações competentes em que se igualavam rigor técnico-científico, consistência jurídico-legal e absoluta independência institucional, o desencanto social foi sendo substituído, paulatinamente, pela restauração da fé coletiva nas instituições democráticas e nos fundamentos republicanos.

A história desse contraditório e emblemático momento social decorrente da trágica sucessão de escândalos de corrupção que marcou o Brasil neste princípio de século ainda está por ser escrita.

Contudo, não há dúvida de que o desencanto social decorrente da grave crise ética exposta pelos escândalos de corrupção foi, em grande parte, debelado pela constatação de que, apesar de tudo, o país dispunha de instituições vigorosas e de instrumental jurídico para investigar e punir as transgressões, que, por suas dimensões políticas e econômicas e por seu caráter ameaçadoramente metastático, sugeriam a falência do organismo institucional.

Ou seja, quando a dimensão das fraudes e a importância política ou econômica dos personagens envolvidos sugeriam iminente quebra da institucionalidade, a independência constitucional do Poder Judiciário e do Ministério Público conjurou os riscos de deterioração dos princípios republicanos e do próprio tecido social da nação.

Inscreve-se como decisiva a participação do Tribunal de Contas da União (TCU) e das cortes de contas dos estados na articulação orgânica e institucional, que, estabelecida com o Judiciário e o Ministério Público, nas duas instâncias de Poder, possibilitou dimensionar a gravidade e a conexão de delitos cuja apuração convergiu para as grandes operações de combate à corrupção.

Aliás, ainda em 2008, o TCU apontava indícios de fraude na Petrobras e, um ano depois, recomendava a paralisação das obras das refinarias Abreu e Lima, em Pernambuco, e Repar, no Paraná, que mais tarde estariam no foco da Operação Lava Jato.

Não por acaso, inúmeras denúncias apresentadas pelo Ministério Público Federal (MPF) no âmbito da Lava Jato se valeram de contribuições do TCU, decisivas para reforçar a gravidade dos ilícitos.

A propósito da enorme importância da articulação entre os órgãos de controle como forma de responder com presteza e rigor ao desafio de desvendar e punir a gigantesca e complexa teia de corrupção, é o próprio Tribunal de Contas da União a afirmar no artigo *O TCU e a Lava Jato* (portal.tcu.gov.br, visualizado em 21.05.2019):

> Em 2017, o fortalecimento da relação entre o TCU e os outros órgãos da rede de controle foi intensificado, com o intuito de fomentar trabalhos internos (entre secretarias do TCU) e externos (em parceria com os demais *agentes da rede de controle*), o que permitiu a alavancagem no emprego de métodos e técnicas *no combate à fraude e à corrupção*. Com isso, o TCU está ampliando ainda mais sua atuação em várias áreas, não apenas em obras públicas.
>
> Essa articulação do TCU com o MPF foi de fundamental importância para a apuração, no âmbito do Poder Judiciário, das irregularidades verificadas nas obras da Petrobras e dos crimes de lavagem de dinheiro investigados em Curitiba. A rota do dinheiro que saía dos cofres públicos, passava pelas empreiteiras e caía nos partidos políticos, foi desvendada com a junção das investigações desses dois órgãos. A interação mais

recente e extremamente positiva entre a força-tarefa da Lava Jato e o TCU tratou dos acordos de leniências e resultou no *Acórdão*.

Além da já referida eficácia investigativa – e consequentes denúncias à Justiça – sobre complexas e multíplices operações ilegais que corrompiam as relações entre governos e corporações, essa profícua articulação institucional resultou, no que se refere ao TCU, na ampliação e aperfeiçoamento de mecanismos de prevenção e controle capazes de responder à sofisticação de uma nova "categoria" de corrupção, agora com escala e estrutura capazes de predar vastas fatias de recursos públicos.

Embora não se trate, por óbvio, de consequência automática, a repercussão desses novos paradigmas assinalados pelo TCU, no contexto do combate à corrupção de escala, desvendada em grandes operações nos últimos anos, se fez sentir de forma direta nas cortes de contas dos estados, que se viram motivadas a readequar suas estruturas de controle.

Ainda que nas unidades federadas a escala da corrupção seja, em tese, proporcional ao tamanho dos respectivos orçamentos – salvo exceções tristemente notórias –, o grau de sofisticação das investidas predatórias sobre o erário obedece, naturalmente, a um *padrão nacional*, o que significa que, para combatê-la com eficácia capaz de inibir seus agentes pelo medo de serem pilhados, os TCEs devem dispor de instrumentos legais, estrutura organizacional, recursos humanos e suportes tecnológicos de padrão comparável ao do TCU.

Para referir apenas um e emblemático aspecto dessa contínua equiparação de meios e recursos, convém citar Ronaldo Chadid,[2] ao observar que:

> Portanto, em um novo marco para os Tribunais de Contas e na busca pelo controle da eficiência das políticas públicas, a mudança de paradigma para uma fiscalização concomitante é absolutamente essencial para o reconhecimento e a afirmação da existência destas Cortes de Contas e para o cumprimento de sua função social para a sociedade e para o país (p. 236).

---

[2] CHADID, Ronaldo. *A função social do tribunal de contas*. Belo Horizonte: Editora Fórum, 2019. p. 236.

Ao contextualizar a importância das novas tecnologias da informação como ferramentas essenciais para a efetividade da aludida fiscalização concomitante, Chadid[3] assevera:

> Nesse sentido, as Cortes de Contas posicionadas no XXI têm à disposição sistemas, metodologias, inteligência artificial e técnicas de extração de dados para atuarem de forma transparente, otimizando os recursos humanos e materiais, tão bem como o tempo gasto nas análises e, por consequência, nos julgamentos das prestações de contas (p. 238).

Ao fechar seu percuciente raciocínio sobre a relevância e a imprescindibilidade das tecnologias da informação "para que os Tribunais de Contas cumpram sua missão e atinjam a efetividade em suas ações, dessa maneira cumprindo o seu papel constitucional", diz Chadid:[4]

> Hoje com a TI disponível já é possível utilizar a extração de dados, inteligência artificial e gestão de riscos nas Cortes de Contas. Em outras palavras, já é possível, de forma automatizada, realizar a extração de dados dos jurisdicionados, minerar e selecionar os dados com inteligência artificial, passando pelo critério de priorização fornecido pela gestão de risco e disponibilizando os dados transformados em informações e indicadores na tela do auditor, com alertas emitidos evidenciando irregularidades e discrepâncias nas prestações de contas, ou seja, possibilita ao usuário uma visualização de forma organizada dos dados transformados em informações para a análise e tomada de decisão (p. 239).

É de se notar, contudo, que, embora o chamado controle concomitante e os muitos instrumentos legais e ferramentas tecnológicas que asseguram concreta atuação preventiva tenham experimentado avanços consideráveis no Brasil, consentâneos com a vertiginosa sofisticação da economia e à altura de relações cada vez mais complexas e vultosas entre governos e empresas, as práticas lesivas ao erário, em sua absoluta maioria, seguem sendo descobertas *a posteriori* pelos órgãos de controle externo.

A Lei Complementar nº 101/2000 ou Lei da Responsabilidade Fiscal (LRF), que definiu controles rigorosos dos gastos da União,

---

[3] CHADID, p. 238 a.
[4] CHADID, p. 239 b.

estados, municípios e Distrito Federal, limitando-os à correspondente capacidade de arrecadação tributária; a Lei da Transparência (Lei Complementar nº 131/2009), que alterou a LRF em relação à gestão fiscal, determinando àqueles entes públicos a divulgação, em tempo real, da respectiva execução orçamentária e financeira; e a Lei Anticorrupção (Lei nº 12.846/2013), que regulamentada, no âmbito do governo da União, pelo Decreto Federal nº 8.420/2015, que responsabiliza pessoas jurídicas acusadas de corromper agentes públicos, em seu conjunto constituem vigas de uma sólida estrutura jurídico-legal, edificada com foco na prevenção e no combate à corrupção.

No caso da LRF, sua importante contribuição reside no fato de que, ao inibir a liberalidade abusiva nos gastos públicos, reduz as margens para os negócios escusos entre corruptores e corruptos.

Já com relação à Lei Anticorrupção, cinco anos depois de sancionada, em 2018 apenas catorze estados tinham promovido a sua regulamentação, indispensável para a chamada efetividade da norma, que depende da definição de autoridade competente para chefiar investigações, presidir processos, aplicar punições e firmar acordos de leniência.

Defasagens temporais e dissonâncias institucionais à parte, a legislação construída nos últimos quase vinte anos para prevenir a fraude e a corrupção no Brasil afirma-se, como já referido, como instrumentação eficaz e consistente com a vertiginosa dinâmica socioeconômica e política, que demanda da administração pública, em todas as esferas de poder, governança tão eficiente quanto austera e transparente.

Inscrevem-se ainda nesse cenário de ampliação de controles democráticos sobre as três instâncias de governo os códigos de ética dos servidores públicos e a paulatina absorção, pela gestão governamental, dos conceitos de *compliance*.

Inicialmente adotados apenas pelas corporações privadas, com a implementação, pelos governos, dos marcos legais – sobre os quais se dissertou pouco antes – relativos à integridade e à governança, o *compliance* se torna crescentemente relevante para a administração pública.

Como observou em entrevista (sítio www.cgu.gov.br/notícias/2018/05, visualizada em 19.05.2019) o secretário federal de controle interno da Controladoria-Geral da União (CGU), Antônio Carlos Leonel, embora a administração pública seja pautada pelos princípios da legalidade, moralidade e eficiência, é essencial que os gestores tenham ferramentas para avaliar o que está sendo monitorado e se os resultados são satisfatórios.

Ao apontar que, em que pese o Decreto-Lei nº 200/67 determinar a avaliação do custo-benefício da gestão de controles, ainda hoje poucos gestores sabem quais desses controles são empregados de forma efetiva e eficiente, Leonel conclui: "O que deve ser acrescentado nessa discussão é que o *compliance* precisa se tornar um instrumento de gestão no setor público".

Importante observar que todo o conjunto de leis e regulamentos que convergem para a transparência, que é pressuposto para o cumprimento dos três princípios que presidem a correta gestão pública, tem sua efetivação aferida pelos tribunais de contas, cujas atribuições constitucionais lhes conferem a prerrogativa – e o dever – de atestar não só a lisura jurídico- contábil na aplicação dos recursos públicos, mas, de modo percuciente, analisar a austeridade e a moralidade desses gastos.

Assim, em um contexto em que o vigor e a dinâmica do regime democrático estabelecem sistemas institucionais de controle crescentemente eficientes e no qual as tecnologias de vanguarda e a conscientização da cidadania ampliam e refinam mecanismos de vigilância social sobre a administração pública, é inspirador – e, sobretudo, desafiador – constatar que as cortes de contas ganham relevância cada vez maior.

Tal relevância, de natureza institucional, social e política, encontra sólido respaldo na Constituição Federal de 1988, que, ao ampliar substancialmente as responsabilidades dos tribunais de contas, atribuiu-lhes, muito além do controle da legalidade, autoridade para o controle da moralidade, da eficiência, da economicidade e, muito importante, do próprio mérito do gasto público, o que significa que às cortes de contas compete, por imperativo constitucional, avaliar e decidir se determinado serviço, equipamento ou obra atende a demanda legítima e oportuna da sociedade.

Daí que, ao não contemplar ou distorcer qualquer dos requisitos insculpidos na Constituição como salvaguardas da higidez da administração pública, o processo licitatório está sujeito à pronta e imediata suspensão pela Corte de Contas, medida cautelar que lhes é facultada pela Constituição Federal.

Ainda em 2003, ao denegar o pretendido no Mandado de Segurança nº 24.510, o Supremo Tribunal Federal (STF), conforme citado em texto de Tatiana de Oliveira Takeda no portal Âmbito Jurídico, visualizado em 19.05.2019, assim decidia:

PROCEDIMENTO LICITATÓRIO. IMPUGNAÇÃO. COMPETÊNCIA DO TCU. CAUTELARES. CONTRADITÓRIO. AUSÊNCIA DE INSTRUÇÃO. 1- Omissis. 2- Inexistência de direito líquido e certo. O Tribunal de Contas da União tem competência para fiscalizar procedimentos de licitação, determinar suspensão cautelar (artigos 4º e 113, § 1º e 2º da Lei nº 8.666/93), examinar editais de licitação publicados e, nos termos do art. 276 do seu Regimento Interno, possui legitimidade para a expedição de medidas cautelares para prevenir lesão ao erário e garantir a efetividade de suas decisões). 3- Omissis. 4- Omissis. Denegada a ordem.

Em 2009, interpretando aquele entendimento da Corte Suprema, seu então presidente, ministro Gilmar Mendes, reconheceu a mesma prerrogativa aos tribunais de contas estaduais ao decidir, no âmbito da Suspensão de Segurança nº 3.789/MA, proposta pelo Tribunal de Contas do Estado do Maranhão, contra deliberação do Tribunal de Justiça daquele estado, que suspendera os efeitos de medida cautelar da Corte de Contas.

Conforme os anteriormente referidos portal, texto e autora, segue-se a decisão do ministro Gilmar Mendes:

> 1. Omissis. 2. (...) O TCE pretende lhe seja reconhecida competência constitucional, para, diante de fundado receio de lesão à ordem jurídica, expedir medidas cautelares, tendentes a prevenir gravames ao erário e a garantir a efetividade de suas decisões (...). São conclusões que de todo convém à espécie, pois, no caso, sob pretexto de que a 'Corte de Contas Estadual não detém função jurisdicional típica' (fls. 23), o que é truísmo, o ato ora impugnado, cassando-lhe a eficácia da ordem de suspensão dos decretos e dos respectivos convênios, a princípio tidos por danosos ao tesouro estadual, aniquilou na prática, à primeira vista, a competência fiscalizatória que a Constituição Federal outorgou àquele órgão e que, como é óbvio, só pode exercida, se lhe sejam assegurados os meios que a garantam e tornem efetiva. 3. Do exposto, defiro o pedido de suspensão de segurança, para suspender os efeitos da decisão liminar proferida nos autos do Mandado de Segurança nº 10363/2009, inclusive no que respeita à proibição da Corte de Contas Estadual determinar suspensão de atos análogos.

Embora seja hoje pacífico que, como responsáveis pelo zelo do erário, os tribunais de contas têm respaldo constitucional para prevenir danos futuros através de medidas cautelares, a evocação dos dois julgados vem a propósito de referendar o raciocínio que se busca desenvolver quanto à notória e salutar convergência entre o papel contemporâneo das cortes de contas e os organismos e instituições que, a bordo de uma legislação avançada, da perspectiva democrática e social, visam à transparência como instrumento decisivo de redução dos índices de corrupção.

O sólido aparato legal erigido, a partir da Constituição de 1988, como instrumental de prevenção e combate à fraude e à corrupção, e a salutar adoção, por organismos governamentais, de instituições internas de controle têm contribuído objetivamente para a construção de novos paradigmas de procedimento ético na governança pública.

Ao mesmo tempo, os tribunais de contas têm empreendido permanente e frutífero esforço de modernização estrutural, de qualificação profissional de seus quadros e de objetiva interação institucional com os entes jurisdicionados, ratificando, com isso, a relevância de suas atribuições constitucionais para o controle eficaz dos gastos públicos.

Nesse sentido, a crescente mobilização de mecanismos de prevenção por parte de organizações governamentais e a ampliação do controle social como expressão objetiva do regime democrático convergem para referendar o papel preponderante dos tribunais de contas no combate à fraude e à corrupção.

Informação bibliográfica deste texto, conforme a NBR 6023:2018 da Associação Brasileira de Normas Técnicas (ABNT):

NEVES, Iran Coelho das. Novos paradigmas de governança e controle social reforçam relevância dos tribunais de contas no combate à corrupção. In: LIMA, Edilberto Carlos Pontes (Coord.). *Tribunal de Contas do século XXI*. Belo Horizonte: Fórum, 2020. p. 163-177. (Coleção Fórum IRB, v. 3). ISBN 978-85-450-0713-5.

SUSTENTABILIDADE COMO PRINCÍPIO CONFORMADOR DO TRIBUNAL DE CONTAS DO SÉCULO XXI

Ivan Lelis Bonilha

1 Introdução

A Constituição reservou aos tribunais de contas abrangentes atribuições na fiscalização da administração pública, impondo-lhes um apuramento técnico atualizado e multidisciplinar, e essas instituições, cada vez mais, se orientam para avaliar os aspectos operacionais da gestão, assumindo o papel de aferidores da eficiência, para o qual são vocacionados e no qual se distinguem das demais instituições.

O século XXI apresenta novos e importantes desafios e, para cumprirem o seu papel adequadamente, os tribunais de contas devem estar preparados para dar respostas às transformações que estão ocorrendo na sociedade, no mundo do trabalho e no Estado e, da mesma forma, devem estar aptos a atuar em problemas universais, como corrupção e aqueles decorrentes do aquecimento global.

O professor Domenico de Masi, arguto observador da sociedade pós-industrial, afirma que uma das questões fundamentais enfrentadas pela humanidade hoje é a da desorientação. Não se encontra, no horizonte, um modelo sociológico de referência capaz de compatibilizar os avanços materiais e tecnológicos que experimentamos em muitas áreas com os problemas derivados da globalização e dos efeitos negativos da ação humana sobre a natureza.

Ainda temos de construir valores e princípios capazes de nos guiar na construção de soluções para os problemas desse novo século. Todavia, há indicações fortes de que o princípio da sustentabilidade deverá embasar a construção dessa nova visão de mundo e, portanto, não poderá estar ausente do radar de nenhuma instituição que pretenda estar preparada para os desafios atuais e vindouros.

2 Sustentabilidade

O conceito de sustentabilidade vem sendo construído desde a segunda metade do século XX, na qual se pode situar, como um dos seus marcos, a Conferência das Nações Unidas sobre o Ambiente Humano, em Estocolmo (Suécia), em 1972. A conferência lançou os fundamentos para a agenda ambiental do Sistema das Nações Unidas,[1] unindo as nações industrializadas e em desenvolvimento em torno da definição do direito da família humana a um ambiente saudável e produtivo.

Com o Relatório Brundtland,[2] *"Our Common Future, From One Earth to One World"*, firmou-se definitivamente o conceito de desenvolvimento sustentável como sendo o desenvolvimento que satisfaz as necessidades presentes sem comprometer a capacidade das gerações futuras de suprir suas próprias necessidades.[3]

Vinte anos após a Conferência de Estocolmo, na Rio 92, evidenciou-se a necessidade de agregar componentes econômicos, ambientais e sociais e de se eliminarem padrões insustentáveis de produção e consumo.

---

[1] Disponível em: https://nacoesunidas.org/acao/meio-ambiente/. Acesso em: 09 nov. 2017.
[2] Gro Harlem Brundtland. World Commission on Environment and Development. Oslo, 20 March 1987.
[3] *Humanity has the ability to make development sustainable* to ensure that it meets the needs of the present without compromising the ability of future generations to meet their own needs. *The concept of sustainable development does imply limits - not absolute limits but limitations imposed by the present state of technology and social organization on environmental resources and by the ability of the biosphere to absorb the effects of human activities. But technology and social organization can be both managed and improved to make way for a new era of economic growth. The Commission believes that widespread poverty is no longer inevitable. Poverty is not only an evil in itself, but sustainable development requires meeting the basic needs of all and extending to all the opportunity to fulfil their aspirations for a better life. A world in which poverty is endemic will always be prone to ecological and other catastrophes.* Disponível em: http://www.un-documents.net/our-common-future.pdf. Acesso em: 09 nov. 2017.

Seguiram-se a Cúpula Mundial sobre Desenvolvimento Sustentável de 2002, a Cúpula de 2010 sobre os Objetivos de Desenvolvimento do Milênio (ODM) e a Conferência das Nações Unidas sobre Desenvolvimento Sustentável de 2012 (Rio+20), cujo documento final, denominado *O futuro que queremos*, estabeleceu um grupo de trabalho para elaborar um conjunto de metas de desenvolvimento sustentável: a Agenda 2030.

Na nova agenda proposta, intitulada *Transformando nosso mundo: a Agenda 2030 para o desenvolvimento sustentável*, acordada na Cúpula das Nações Unidas sobre o Desenvolvimento Sustentável, em 2015, foram declarados os 17 objetivos de desenvolvimento sustentável, 169 metas associadas, uma seção sobre meios de implementação, além de um mecanismo para avaliação e acompanhamento.[4]

São objetivos de desenvolvimento sustentável:

Objetivo 1. Acabar com a pobreza em todas as suas formas, em todos os lugares;

Objetivo 2. Acabar com a fome, alcançar a segurança alimentar e melhoria da nutrição e promover a agricultura sustentável;

Objetivo 3. Assegurar uma vida saudável e promover o bem-estar para todos, em todas as idades;

Objetivo 4. Assegurar a educação inclusiva e equitativa de qualidade, e promover oportunidades de aprendizagem ao longo da vida para todos;

Objetivo 5. Alcançar a igualdade de gênero e empoderar todas as mulheres e meninas;

Objetivo 6. Assegurar a disponibilidade e gestão sustentável da água e o saneamento para todos;

Objetivo 7. Assegurar a todos o acesso confiável, sustentável, moderno e a preço acessível à energia;

Objetivo 8. Promover o crescimento econômico sustentado, inclusivo e sustentável, emprego pleno e produtivo e trabalho decente para todos;

Objetivo 9. Construir infraestruturas resilientes, promover a industrialização inclusiva e sustentável e fomentar a inovação;

Objetivo 10. Reduzir a desigualdade dentro dos países e entre eles;

Objetivo 11. Tornar as cidades e os assentamentos humanos inclusivos, seguros, resilientes e sustentáveis;

Objetivo 12. Assegurar padrões de produção e de consumo sustentáveis;

---

[4] Disponível em: https://nacoesunidas.org/pos2015/cupula/. Acesso em: 09 nov. 2017.

Objetivo 13. Tomar medidas urgentes para combater a mudança do clima e os seus impactos (Reconhecendo que a Convenção Quadro das Nações Unidas sobre Mudança do Clima é o fórum internacional intergovernamental primário para negociar a resposta global à mudança do clima);

Objetivo 14. Conservar e usar sustentavelmente os oceanos, os mares e os recursos marinhos para o desenvolvimento sustentável;

Objetivo 15. Proteger, recuperar e promover o uso sustentável dos ecossistemas terrestres, gerir de forma sustentável as florestas, combater a desertificação, deter e reverter a degradação da terra e deter a perda de biodiversidade;

Objetivo 16. Promover sociedades pacíficas e inclusivas para o desenvolvimento sustentável, proporcionar o acesso à justiça para todos e construir instituições eficazes, responsáveis e inclusivas em todos os níveis;

Objetivo 17. Fortalecer os meios de implementação e revitalizar a parceria global para o desenvolvimento sustentável.

Como princípio constitucional, a sustentabilidade se encontra hoje codificada em diversos diplomas legislativos nacionais. No entanto, quais são exatamente os impactos da incorporação dos princípios da sustentabilidade sobre a gestão pública? É possível identificar ao menos dois encadeamentos lógicos, um de ordem processual e outro finalístico, que permitem aduzir o surgimento de uma nova gestão pública.

No primeiro caso, como defende Juarez Freitas,[5] um dos traços identificadores da nova gestão pública está exatamente na:

> (...) transição de relações administrativas de matriz arbitrária rumo à consistente fundamentação/motivação e à devida processualização das decisões. Trata-se da incorporação do controle de sustentabilidade das motivações subjacentes às decisões administrativas. Com efeito, no ciclo novo da gestão pública de processos sustentáveis, espera-se o esgotamento da conduta solipsista na prática de atos, contratos e procedimentos administrativos. Em vez da discricionariedade absoluta e incontrastável (ainda comum), mister cobrar um processo decisório, desde o início, vinculado a princípios e direitos fundamentais das gerações atuais e futuras, no cumprimento diligente e expedito dos deveres constitucionais.

---

[5] FREITAS, Juarez. *Sustentabilidade*: direito ao futuro. 2. ed. Belo Horizonte: Fórum, 2012. p. 206.

Já na vertente finalística, a incorporação dos princípios da sustentabilidade sobre a gestão pública implica considerar que o poder público tem o dever de promover a concretização dos direitos fundamentais e dos correspondentes deveres fundamentais através das políticas públicas.

A estruturação do Tribunal de Contas do século XXI passa pela incorporação da sustentabilidade em todas as suas ações. Da mesma forma, os servidores dessas instituições precisam contar com as competências necessárias ao adequado cumprimento da sua missão.

3   O auditor do século XXI

O auditor do século XXI tem de estar preparado para responder às novas demandas da sociedade, e esta resposta será tanto mais efetiva quanto mais bem capacitado estiver o profissional, inclusive através de certificação internacional.

Partindo do padrão internacional de normas de auditoria do setor público, o Instituto Rui Barbosa desenvolveu uma proposta de trilha de formação do auditor de controle externo através da consideração sobre as competências técnicas, comportamentais e gerenciais necessárias ao adequado desempenho profissional.

O Programa de Formação do Auditor do Controle Externo segundo as Normas Brasileiras de Auditoria do Setor Público (NBASP) divide as competências técnicas entre competências relacionadas ao processo e competências relacionadas aos princípios gerais.

Dentre as *competências técnicas relacionadas ao processo*,[6] estão aquelas necessárias à definição de objetivos, elaboração de estratégia, avaliação de controles internos, avaliação de políticas públicas, plano

---

[6] Definição de objetivos – entender o conceito COSO de objetivos de entidades. Saber definir o tipo de auditoria relacionado a cada objetivo da entidade.
Elaboração de estratégia – com base na norma específica do tipo de auditoria relacionado ao objetivo escolhido, o auditor de controle externo deve conhecer a estratégia de uma auditoria como parte do planejamento para definir objetivos e abordagem da auditoria.
Avaliação de controles internos – ter o conhecimento de metodologias para entender a entidade que será auditada, seus normativos, seu ambiente, modo de operação, estrutura de governança ou outra informação que permita a avaliação do risco de desvio do padrão da entidade, incluindo risco de fraude, e pesquisando potenciais fontes de evidência de auditoria.
Avaliação de políticas públicas – em sendo o objeto auditado uma política pública, o auditor de controle externo deve conhecer ferramentas, metodologias ou teses para avaliação das políticas públicas, acompanhando os estudos sobre o tema.
Plano de auditoria – saber desenvolver um plano de auditoria como parte integrante do planejamento da auditoria, mas num nível mais operacional.

de auditoria, coleta e avaliação de evidências, relatórios de auditoria, monitoramento, objetos de auditoria e responsabilização perante o Tribunal de Contas.

Já as *competências técnicas relacionadas aos princípios gerais*[7] abrangem conhecimentos necessários ao tratamento adequado dos riscos de auditoria, materialidade, documentação, técnicas de comunicação, governança, transparência e *accountability* e controle de qualidade.

As *competências comportamentais*[8] necessárias ao auditor do século XXI abrangem julgamento objetivo, ceticismo profissional, zelo

---

Coleta e avaliação de evidências – conhecer os princípios relacionados à coleta de evidências, os métodos de obtenção e amostragem de auditoria.

Relatórios de auditoria – saber elaborar um relatório baseado nas conclusões alcançadas, conhecendo formas de conclusão e técnicas adequadas.

Monitoramento – conhecer técnicas para elaborar um plano de monitoramento para verificar se a entidade auditada deu tratamento adequado às questões levantadas.

Objetos de auditoria – conhecer o objeto a ser auditado: suas normas, regulamentos e relações com as entidades auditadas.

Responsabilização perante o Tribunal de Contas – conhecer os requisitos de responsabilização perante os tribunais de contas.

[7] Riscos de auditoria – compreender o risco de que o relatório de auditoria possa ser inadequado. Saber executar procedimentos para reduzir ou administrar o risco de se chegar a conclusões inapropriadas.

Materialidade – discernir se uma questão tratada na auditoria é capaz de influenciar nas decisões dos usuários previstos, saber determinar os aspectos qualitativos e quantitativos da materialidade e saber relacionar a materialidade com as decisões durante a auditoria.

Documentação – saber preparar uma documentação que seja suficientemente detalhada para fornecer um entendimento claro do trabalho realizado, da evidência obtida e das conclusões alcançadas.

Técnicas de comunicação – saber identificar os agentes apropriados para contato dentro da estrutura de governança da entidade auditada, bem como as técnicas e meios para se comunicar com eles e o que deve ser comunicado.

Governança, transparência e *accountability* – conhecer profundamente os conceitos e buscar o aprimoramento contínuo para melhor implementá-los.

Controle de qualidade – conhecer o sistema de gestão da qualidade adotado pelo tribunal, conhecer e agir de acordo com as normas profissionais, leis e regulamentos pertinentes e conhecer os procedimentos de controle de qualidade: supervisão, revisões, consultas e treinamentos.

[8] Julgamento objetivo – manter um comportamento profissional adequado.

Ceticismo profissional – saber manter distanciamento profissional e uma atitude alerta e questionadora quando avalia se a evidência obtida ao longo da auditoria é suficiente e apropriada.

Zelo profissional – saber planejar e executar auditorias de maneira diligente.

(Auto)aperfeiçoamento – buscar o treinamento e aperfeiçoamento constante.

Trabalho em equipe – possuir senso de coletividade, conhecimento e habilidade necessária para trabalhar com pessoas internas da EFS ou externas.

Independência – um dos princípios éticos da atividade de auditoria.

Comunicação – nas competências comportamentais, ser uma pessoa comunicativa, tanto através da escrita quanto da oratória.

Integridade – um dos princípios éticos da atividade de auditoria.

Ética profissional – conhecer e seguir o código de ética da EFS.

profissional, (auto)aperfeiçoamento, trabalho em equipe, independência, comunicação, integridade e ética profissional.

Por fim, as *competências gerenciais*[9] são aquelas ligadas à gestão de equipes, gestão da informação, gestão de processo, gestão de ética e liderança.

Esse conjunto de competências forma, à luz das normas internacionais contidas nas NBASP, o que se pode definir como o perfil do auditor do século XXI.

4 Tribunal de Contas do século XXI

Os avanços tecnológicos e a globalização permitiram que a atividade de auditoria possa usufruir das experiências dos auditores em nível planetário, proporcionando avanços técnicos importantes que se refletiram na criação de normas internacionais de auditoria.

Os órgãos de controle externo não podem prescindir de utilizar os meios mais avançados para o cumprimento de suas missões. Nesse sentido, iniciativas do Instituto Rui Barbosa como a do Fórum Nacional de Auditoria visam capacitar os servidores dos tribunais de contas de todo o Brasil na utilização das NBASP nos seus trabalhos de fiscalização.

Trata-se de uma importante ação, uma vez que as NBASP são normas alinhadas às normas internacionais de auditoria, emitidas pela Organização Internacional da Entidades Fiscalizadoras Superiores (INTOSAI), com as adaptações necessárias para convergir com o marco normativo brasileiro, e a aderência aos padrões internacionais de auditoria nos trabalhos de fiscalização colabora para a integração dos tribunais de contas e o seu fortalecimento institucional.

---

[9] Gestão de equipes – possuir o discernimento para recrutar profissionais com qualificações e conhecimentos adequados, além de oferecer desenvolvimento e treinamento da equipe, elaborar orientações, promover a coletividade e atribuir recursos suficientes para o êxito da auditoria.
Gestão da informação – capacidade de mapear fluxos de informações, identificando fontes de dados, tecnologia utilizada e produtos e serviços empregados.
Gestão de processo – capacidade de organizar um conjunto de atividades de forma lógica, objetiva e otimizada e distribuir cada etapa ou tarefa desse processo para o profissional ou grupo devido.
Gestão de ética – promover a aplicação da integridade, objetividade, confidencialidade e competência no ambiente profissional.
Liderança – concatenar inúmeros objetivos, com diferentes racionalidades e interesses para buscar a aplicação dos princípios fundamentais da auditoria do setor público.

As inovações tecnológicas também proporcionaram o surgimento de técnicas e instrumentos inovadores para a atividade de auditoria. Métodos estatísticos, *data mining*, inteligência artificial e *blockchain* são apenas algumas das ferramentas disponíveis que permitem a execução de um trabalho de auditoria mais rápido e efetivo e que ampliam o alcance da avaliação de políticas públicas através de indicadores.

O caminho para a efetividade das políticas públicas começa e termina com aferição de resultados e com a excelência na aplicação da técnica disponível. Porém, não podemos nos esquecer do alerta dado por Amartya Sen:[10]

> A política pública tem o papel não só de procurar implementar as prioridades que emergem de valores e afirmações sociais, como também de facilitar e garantir a discussão pública mais completa. O alcance e a qualidade das discussões abertas podem ser melhorados por várias políticas públicas, como liberdade de imprensa e independência dos meios de comunicação (incluindo ausência de censura), expansão da educação básica e escolaridade (incluindo a educação das mulheres), aumento da independência econômica (especialmente por meio do emprego, incluindo o emprego feminino) e outras mudanças sociais e econômicas que ajudam os indivíduos a ser cidadãos participantes. Essencial nessa abordagem é a ideia do público como um participante ativo da mudança, em vez de recebedor dócil e passivo de instruções ou de auxílio concedido.

Assim, é fundamental que os cidadãos sejam convocados a participar ativamente do processo de produção das políticas públicas de forma que os mesmos possam ser os agentes da transformação, os senhores de seu próprio destino.

Os tribunais de contas são as instituições que têm no controle e na avaliação dos administradores públicos um dos papéis fundamentais, senão único, dentre as demais instituições. Pela sua própria natureza, esses são os únicos órgãos de Estado concebidos para aferir/controlar tecnicamente os resultados das políticas públicas. Além disso, essas instituições exercem também o papel de repositório de conhecimento sobre a administração pública, que proporciona acesso à informação ao cidadão para o controle social e treinamento aos gestores públicos

---

[10] SEN, Amartya Kumar. *Desenvolvimento como liberdade*. São Paulo: Companhia das Letras, 2000. p. 318.

sobre boas práticas e procedimentos administrativos através das suas escolas de gestão pública.

Um papel dos mais importantes, todavia, está na missão de proporcionar à sociedade conhecimento sobre a atuação da administração pública, traduzir em termos acessíveis o desempenho das ações desenvolvidas pelo poder público, promovendo o uso transparente da régua utilizada para medir a eficiência de uma gestão.

Nessa perspectiva, uma iniciativa significativa do Instituto Rui Barbosa é a Rede Nacional de Indicadores Públicos (Rede Indicon), que capacita servidores dos tribunais de contas de todo o Brasil no emprego de indicadores para planejar a atividade de fiscalização e avaliar políticas públicas. A Rede é responsável pela coleta e divulgação nacional do Índice de Efetividade da Gestão Municipal (IEGM) e do Índice de Efetividade da Gestão Estadual (IEGE).

Outra iniciativa da qual o Instituto Rui Barbosa participa é o Projeto Integrar. Estruturado em parceria com a OCDE, o projeto objetiva o desenvolvimento de uma metodologia para seleção de objetos de auditoria baseada em risco e em indicadores de gestão e de governança. Com essa nova metodologia, será possível dar respostas mais eficientes aos desafios postos aos órgãos de controle pela governança multinível e pelas políticas públicas descentralizadas.

O Tribunal de Contas do século XXI deve ser capaz de dar respostas efetivas às demandas da sociedade e, como foi apontado acima, sua ação será, inevitavelmente, pautada pelo princípio da sustentabilidade.

Quando analisamos os objetivos de desenvolvimento sustentável, verificamos que todos se relacionam a iniciativas inadiáveis do ponto de vista de proporcionar às futuras gerações um ambiente capaz de prover os insumos necessários ao seu pleno desenvolvimento. Da mesma forma, todas se relacionam a atividades de fiscalização desenvolvidas quotidianamente pelos tribunais de contas.

Acabar com a pobreza e com a fome e promover a agricultura sustentável, assegurar uma vida saudável e a educação inclusiva e equitativa de qualidade, alcançar a igualdade de gênero, assegurar a disponibilidade e a gestão sustentável da água e o saneamento para todos, prover o acesso confiável, sustentável, moderno e a preço acessível à energia, promover o crescimento econômico sustentado, construir infraestruturas resilientes, promover a industrialização inclusiva e sustentável e fomentar a inovação, reduzir a desigualdade, tornar as cidades e os assentamentos humanos inclusivos, seguros, resilientes e sustentáveis, assegurar padrões de produção e de consumo sustentáveis, combater a mudança do clima e os seus impactos, conservar e usar sustentavelmente os oceanos, mares e recursos marinhos, proteger, recuperar e promover o uso sustentável dos ecossistemas terrestres, promover sociedades pacíficas, proporcionar o acesso à justiça para todos, construir instituições eficazes, responsáveis e inclusivas em todos os níveis e fortalecer os meios de implementação são ações umbilicalmente ligadas ao exercício das competências constitucionais dos tribunais de contas.

Por vezes, essa relação poderá não parecer tão direta como no caso da fiscalização do desenvolvimento de políticas públicas de educação, saúde, segurança e moradia, vista como a atividade trivial dos tribunais de contas. No entanto, outras atividades que não se apresentam tão evidentes como tarefas do controle externo exercido pelas cortes de contas são também fundamentais para o cumprimento dos objetivos de desenvolvimento sustentável e fazem parte, também, de suas atribuições.

Como exemplos, podemos citar o objetivo 13, que prevê a tomada de medidas urgentes para combater a mudança do clima e os seus impactos, e o objetivo 16, de promover sociedades pacíficas e inclusivas para o desenvolvimento sustentável, proporcionar o acesso à justiça para todos e construir instituições eficazes, responsáveis e inclusivas em todos os níveis.

O *combate à mudança do clima e aos seus impactos* (objetivo 13) leva diretamente à atividade de fiscalização dos sistemas de gestão de desastres e avaliação de riscos. Trata-se de atividade intrinsecamente ligada ao papel dos tribunais de contas de asseguradores das atividades desenvolvidas pela administração pública. Perguntas a respeito do funcionamento do sistema de defesa civil, sobre o monitoramento de risco de barragens e sobre sistemas de prevenção e de gerenciamento de desastres são alguns exemplos de matérias que os tribunais de contas estão aptos a responder através de seus procedimentos de fiscalização.

Já o objetivo 16, de promover sociedades pacíficas e inclusivas para o desenvolvimento sustentável, proporcionar o acesso à justiça para todos e *construir instituições eficazes, responsáveis e inclusivas em todos os níveis*, remete ao combate preventivo à corrupção e ao papel fundamental dos tribunais de contas na promoção da efetividade do sistema de controle através da ação coordenada dos seus três componentes (controle externo, controle interno e controle social).

A efetividade do sistema de controle depende da ação coordenada dos seus três componentes (controle externo, controle interno e controle social), seja porque o desenho constitucional e infraconstitucional assim o define, seja porque o aparelho do Estado é visualizado pela sociedade como uma unidade, e o insucesso de um estamento compromete a todos. Não se fazem avanços sustentáveis e duradouros avulsamente, isoladamente, mas num regime de interdependência das corporações.

Neste sentido, sobressai o papel dos tribunais de contas de promoção dos sistemas de controle interno de seus jurisdicionados.

Definido como um processo formado por políticas, manuais, formulários e atividades de controle que têm como finalidade fornecer uma segurança razoável de que os objetivos das entidades públicas estejam sendo atingidos, o controle interno é um elemento fundamental de prevenção de desvios.

Se, por um lado, é responsabilidade da alta administração de cada ente definir, estruturar e zelar pelo funcionamento adequado do sistema de controle interno, sejam os controles de gerência e medidas de controles internos administrativos (também conhecidos como controles da primeira linha de defesa), as funções de gestão de risco (segunda linha de defesa) ou as funções de auditoria interna (terceira linha de defesa), pois se trata, em última instância, do conjunto de processos de trabalho que asseguram o desempenho da organização, com o fiel cumprimento da legislação, por outro lado, é responsabilidade dos tribunais de contas assegurarem que os respectivos jurisdicionados contam com um sistema de controle interno independente, atuante e efetivo.

Claramente, a construção de instituições eficazes, responsáveis e inclusivas em todos os níveis passa pelo desenvolvimento institucional dos jurisdicionados das cortes de contas em direção à conformação de procedimentos e estruturas do controle interno que permitam a implementação efetiva de políticas de Estado e que privilegiem a ação transparente e o desenvolvimento sustentável.

Informação bibliográfica deste texto, conforme a NBR 6023:2018 da Associação Brasileira de Normas Técnicas (ABNT):

BONILHA, Ivan Lelis. Sustentabilidade como princípio conformador do Tribunal de Contas do século XXI. *In*: LIMA, Edilberto Carlos Pontes (Coord.). *Tribunal de Contas do século XXI*. Belo Horizonte: Fórum, 2020. p. 179-189. (Coleção Fórum IRB, v. 3). ISBN 978-85-450-0713-5.

PROJETOS COMO UMA ESTRATÉGIA PARA O DESENVOLVIMENTO SUSTENTÁVEL DA FUNÇÃO DE AUDITORIA OPERACIONAL

Joaquim Alves de Castro Neto
Leandro Bottazzo Guimarães
Marco Aurélio Batista de Sousa
Rubens Custódio Pereira Neto

1 Introdução

A elaboração e a efetivação do orçamento público passam por escolhas que devem atender ao interesse público. Considerando que os recursos serão sempre escassos em face dos direitos e garantias sociais plasmados na Carta Maior e das necessidades de ordem estrutural, aumenta o desafio dos gestores públicos de lidar com a realidade, ainda mais quando se levam em conta, por um lado, as múltiplas atribuições dos entes federativos e a diversidade de políticas públicas descentralizadas implementadas nas últimas décadas e, por outro, o *gap* existente entre a política e a capacidade técnica de gestão desses mesmos entes. Essa realidade complexa aponta para a responsabilidade dos tribunais de contas, que, mais do que fiscalizar, devem contribuir para o aprimoramento da gestão e governança pública.

Convém lembrar que a história do controle dos recursos públicos no Brasil está intimamente ligada à escrituração contábil, que era feita em benefício exclusivo do rei. Naquela época, Jacoby Fernandes (2016, p. 634) lembra que o órgão de controle se destacava pela adoção de uma inovação no lançamento das receitas e despesas: o método das partidas dobradas.

Hoje, o grande desafio do Tribunal de Contas do século XXI é inovar-se para cumprir com efetividade sua missão constitucional de controle. Para tanto, as instituições de controle externo da administração pública precisam rever seu modelo de atuação e renovar-se para fazer a diferença perante os administradores públicos e a sociedade.

Nesse início, cabe destacar o papel indutor da Associação dos Membros dos Tribunais de Contas do Brasil (Atricon), que, em estreita parceria com o Instituto Rui Barbosa (IRB), tem promovido a unificação e o aprimoramento do sistema tribunais de contas. Para cumprir esse mister, passou a implementar iniciativas estratégicas voltadas para induzir o desenvolvimento de um Tribunal de Contas ideal, efetivamente cidadão, por meio de diretrizes-recomendações que respeitam a autonomia de cada tribunal e o princípio federativo que os norteia. São procedimentos e condutas que, mesmo já sendo realidade em muitos tribunais, precisam ser estendidos a todo o sistema, sem qualquer exceção, de forma a propiciar uma atuação mais uniforme, integrada e efetiva (ATRICON, 2015, p. 10-11).

Especialmente voltada para garantir a realização de auditorias de forma sistemática, com rigor metodológico e em observância aos padrões normativos internacionalmente reconhecidos, a Atricon expediu a Resolução nº 10/2018, que aprovou a adoção das Normas Brasileiras de Auditoria do Setor Público (NBASP).[1]

Diversas outras diretrizes, igualmente relevantes, foram aprovadas pela Atricon nos últimos anos. Considerando a temática deste artigo, destacam-se: a Resolução nº 09/2018 (transparência dos tribunais de contas e dos jurisdicionados) e a Resolução nº 12/2018 (governança nos tribunais de contas).[2]

Estimulados pelas diretrizes de aprimoramento propostas pela Atricon e apoiados pela produção de conhecimento e capacitações

---

[1] No Brasil, as Normas Internacionais das Entidades Fiscalizadoras Superiores (ISSAI) emitidas pela Organização Internacional das Entidades Fiscalizadoras Superiores (INTOSAI) estão sendo internalizadas pela adoção das NBASP, aprovadas pelos tribunais de contas por meio do IRB. A NBASP nível 1 corresponde aos níveis 1 e 2 das ISSAI e passaram por um processo de convergência ao marco normativo brasileiro. A NBASP nível 2 corresponde ao nível 3 das ISSAI e optou-se pela adoção da versão traduzida pelo Tribunal de Contas da União (TCU). Ainda não existe uma NBASP correspondente ao nível 4 das ISSAI, sendo que as principais ISSAI desse nível já foram traduzidas pelo TCU. Antes da migração para as NBASP em 2015, a auditoria governamental brasileira utilizava as Normas de Auditoria Governamentais (NAG) emitidas em 2010 também pelo IRB.

[2] Resoluções aprovadas pela Atricon: http://www.atricon.org.br/category/normas/resolucoes-normativas/.

promovidas pelo IRB, os tribunais de contas repensam a sua própria identidade e retroalimentam seu planejamento estratégico para torná-lo mais alinhado às demandas dos jurisdicionados e da sociedade, o que contribui para o seu próprio desenvolvimento institucional e de seus jurisdicionados.

Uma iniciativa estratégica que se alinha a esse movimento de renovação é a realização de auditorias operacionais geridas como projetos. A uma, porque a auditoria operacional é um instrumento de fiscalização que permite fazer o diagnóstico amplo e profundo do desempenho de políticas públicas em áreas prioritárias, como segurança, educação, meio ambiente, saúde, infraestrutura e previdência. A duas, porque os projetos permitem a criação de ambientes flexíveis e criativos favoráveis à experimentação e à inovação.[3]

O escopo do presente artigo compreende uma análise sobre como a estratégia de projetos pode contribuir para o desenvolvimento sustentável da função de auditoria operacional. Para tanto, aborda-se o papel do planejamento estratégico no desenvolvimento institucional das diversas organizações. Ao tratar especificamente da fiscalização operacional, faz-se uma análise crítica de seus potenciais e limitações, englobando evidências técnicas, controle consensual e gestão de projetos. Depois, descreve-se a experiência do Programa De Olho nas Escolas, criado em 2017 pelo Tribunal de Contas dos Municípios do Estado de Goiás (TCMGO) para realizar auditorias operacionais na área da educação. Ao final, apresenta-se uma reflexão sobre como a função de auditoria operacional pode ser desenvolvida de forma sustentável pelos tribunais de contas.

2 Revisão teórica

2.1 Planejamento estratégico como ferramenta para o desenvolvimento institucional

Como dito antes, o Brasil tem experimentado nas últimas décadas a consolidação do processo de descentralização de políticas públicas nas diversas áreas sem que os entes federativos, em especial os municípios,

---

[3] Um exemplo de fomento ao desenvolvimento de projetos voltados para inovação no controle externo é o Programa InovaTCU. Veja mais em: https://portal.tcu.gov.br/inovatcu/. Outro exemplo são os resultados apresentados durante o 1º Laboratório de Boas Práticas de Controle Externo. Veja mais em: https://bit.ly/2HKSYep.

consigam se adaptar no que se refere à capacidade de gestão. Por esse motivo, torna-se imperioso trabalhar a dimensão institucional do desenvolvimento da administração pública em geral e das instituições de controle externo.

O *Manual do Prefeito* (GONÇALVES, 2016, p. 145), elaborado pelo Instituto Brasileiro de Administração Municipal (IBAM), traz a noção de que:

> [...] promover melhorias em uma instituição, ou seja, aprimorar sua organização, de modo a que possa atuar eficientemente no meio social, econômico, político, cultural e legal em que está inserida, com vistas sempre ao melhor atendimento de seus deveres institucionais, está coerente com o desenvolvimento institucional.

Assim, o desenvolvimento de uma organização deve ser guiado por sua visão de futuro e por sua missão institucional, sendo o planejamento estratégico o processo que confere maior racionalidade às ações da organização nesse caminho. Isso porque:

> O planejamento estratégico tem por objetivo o desenvolvimento de processos, técnicas e atitudes administrativas que possibilitem avaliar as implicações futuras de decisões presentes de modo a reduzir a incerteza envolvida no processo decisório e, consequentemente, aumentar a probabilidade de alcance dos objetivos e desafios estabelecidos para a organização, maximizando resultados e minimizando deficiências. Para tanto, utiliza-se de princípios como os da eficiência, da eficácia e da efetividade, que são os principais critérios de avaliação da gestão (ALTOUNIAN; SOUZA; LAPA, 2017, p. 155).

Contudo, ainda hoje no Brasil observam-se gestores na administração pública, mas também na iniciativa privada, atuando sem planejamento de longo prazo, baseando-se em improvisos e direcionando os melhores esforços para "apagar incêndios". Com isso, quanto mais incêndios apagam, menos importância é dada ao planejamento. Resultado: terão mais incêndios para apagar no futuro (ALTOUNIAN; SOUZA; LAPA, 2017, p. 32), o que compromete o desenvolvimento sustentável de qualquer organização.

Esse cenário que descreve a falta de planejamento ficou evidenciado em um estudo sobre governança e planejamento realizado pelo Tribunal de Contas da União (TCU). Conforme explica Rosa (2017, p. 187), trata-se de um levantamento nacional feito com base no

Referencial Básico de Governança da Corte Federal de Contas, pelo qual foram avaliados aspectos de governança pública e práticas de gestão e planejamento nas três esferas de governo. Os resultados apurados apontam que, das 7.770 organizações públicas em todo o país, apenas 48% declararam adotar de forma satisfatória a prática de estabelecer estratégia organizacional e 44% a de monitorar e avaliar a execução da estratégia, os principais indicadores e o desempenho da organização.

Pelo exposto, observa-se que os gestores não desconhecem a importância do planejamento para a organização, mas, na prática, eles estão focados nas tarefas mais urgentes em detrimento daquelas ações estratégicas que garantirão a perenidade da organização. Essa situação acarreta prejuízo à organização no longo prazo e gera o que Altounian, Souza e Lapa (2017, p. 63) denominam de *paradoxo do planejamento*:

> Os melhores servidores são alocados em tarefas urgentes, pois há maior segurança no cumprimento dos prazos. Portanto, quando agendada reunião para discutir linhas futuras de ação para a organização, os gerentes, além de não comparecem, indicam servidores menos experientes para os debates. O resultado é catastrófico: os servidores menos experientes acabam por definir o que os mais experientes realizarão no futuro. Quando o futuro chegar, estes últimos criticarão fortemente as linhas adotadas e acabarão por não obedecer ou "boicotar" as diretrizes estratégicas, criando a cultura interna de que "o planejamento não funciona".

Desse modo, é primordial que o sistema tribunais de contas priorize a inovação de sua gestão interna no sentido de aprimorar o uso da estratégia como instrumento de gestão. Isso se faz, principalmente, pelo patrocínio da alta administração de cada uma das cortes de contas, bem como de formadores de opinião que representam os controles interno, externo e social. Em paralelo, cada Tribunal de Contas pode planejar e conduzir auditorias e outras ações de controle que possam fundamentar a proposta de recomendações e outras medidas de estímulo à adoção da gestão estratégica pelos gestores públicos.

2.2 Auditoria operacional: mais que um instrumento de controle

Para avaliar seus programas e atividades, com vistas a agregar valor à gestão e verificar a eficácia de seus processos, a administração pública dispõe, entre outros instrumentos, de auditoria interna, de competência dos respectivos sistemas de controle interno. Contudo, a realidade do controle interno nos municípios ainda precisa avançar. Mais do que instituir e regulamentar, é preciso aplicar efetivamente atividades de controle que vão além da obediência à conformidade e que contribuam para uma gestão pública proba e eficaz.

Já para medir o resultado desses programas perante a sociedade, proporcionar uma visão independente e autorizada e, quando apropriado, fornecer recomendações para seu aperfeiçoamento (NBASP 300/10), o sistema de controle externo contemporâneo dispõe da auditoria operacional, de competência dos tribunais de contas, conforme previsto no artigo 70, *caput*, da Constituição Federal (BRASIL, 1988), sendo que a inserção da eficiência como princípio constitucional pela Emenda Constitucional nº 19/1998 reforçou a importância desse instrumento de controle.

A previsão constitucional de auditoria operacional harmoniza-se com a conceituação técnica: "É o exame independente, objetivo e confiável que analisa se empreendimentos, sistemas, operações, programas, atividades ou organizações do governo estão funcionando de acordo com os princípios de economicidade, eficiência e efetividade e se há espaço para aperfeiçoamento" (NBASP 300/9).

O principal objetivo da auditoria operacional é promover, construtivamente, a governança econômica, efetiva e eficaz. Contribui também com a *accountability*[4] ao ajudar aqueles com responsabilidades de governança e supervisão a melhorar o desempenho. E ainda com a transparência ao proporcionar ao Poder Legislativo, aos contribuintes e a outras fontes de financiamento, àqueles que são alvos das políticas de governo e à mídia, uma perspectiva sobre a gestão e os resultados de diferentes atividades governamentais (NBASP 300/12).

Indo da teoria à prática, Mileski (2018, p. 287) argumenta que a fiscalização do aspecto operacional das ações públicas permite:

---

[4] As normas de auditoria da INTOSAI conceituam *accountability* como a obrigação que têm as pessoas ou entidades às quais se tenham confiado recursos, incluídas as empresas e organizações públicas, de assumir as responsabilidades de ordem fiscal, gerencial e programática que lhes foram conferidas, e de informar a quem lhes delegou essas responsabilidades. Espera-se que os agentes de governança prestem contas de sua atuação de forma voluntária, assumindo integralmente as consequências de seus atos e omissões (BRASIL, 2014, p. 34).

[...] uma avaliação sob o aspecto da produção, buscando uma melhora da relação custo-benefício, com direcionamento à identificação das causas que podem originar o baixo rendimento administrativo, no sentido de ser evitado que ocorram ou permaneçam deficiências, mediante a formulação de recomendações apropriadas e tendentes à obtenção de melhorias no futuro funcionamento operativo da Administração.

Já Inaldo da Paixão Santos Araújo ensina que:

Uma verdadeira auditoria operacional (há aquelas que assim são rotuladas, mas nada são; há aquelas que são, sem assim serem chamadas) começa a ser idealizada com uma boa questão. Como toda boa questão carece sempre de uma boa resposta, esta pode ser dada com a auditoria operacional (ARAÚJO, 2011, p. 78).

2.3 A fiscalização operacional não é a panaceia para o controle externo

A realidade concreta do país apresenta novos e complexos desafios aos gestores públicos. Cabe, pois, ao sistema tribunais de contas inovar-se para adotar, progressivamente, instrumentos que permitam a análise do desempenho da administração, capazes de induzir o aprimoramento das políticas públicas.

Isso não significa que os tribunais de contas possam, aos poucos, afastar-se das fiscalizações baseadas em conformidade e regularidade. Isso porque o controle externo das contas públicas da administração direta e indireta, da legalidade de atos de admissão e aposentadoria, de licitações e contratos, entre outros, é atribuição constitucional e legal de competência das cortes de contas. Demais disso, ainda hoje vicejam dificuldades com a gestão do orçamento público nas três esferas de governo, seja por erro, má gestão, violação da legislação aplicável ou corrupção.

Nesse último caso, é incipiente no país a cultura de *compliance* público, o que demonstra que ainda temos um longo e árduo caminho rumo ao atingimento do interesse público e ao combate efetivo de todas as formas de corrupção. Braga e Granado (2017) entendem que o equilíbrio entre *compliance* e *accountability* parece ser caminho razoável para mitigar a corrupção, posto que:

Uma cultura de *compliance* é salutar no setor público, mas sem a prestação de contas, a *accountability*, que demonstra que os recursos foram aplicados devidamente, com eficácia e eficiência, o prefeito não logrará a sua reeleição, a economia não se desenvolverá e o cidadão não será beneficiado em suas demandas. Uma relação de equilíbrio entre esses valores, *compliance* e *accountability*, nos parece ser um caminho razoável para mitigar a corrupção, em todas as suas dimensões, considerando-se as suas implicações éticas e legais, bem verdade, mas também os riscos do burocratismo, que é o controle pelo controle, que como qualquer remédio, em excesso pode levar a doença.

Historicamente, prevaleceram nos tribunais de contas as fiscalizações de conformidade (que contribuem para o *compliance*), calcadas no controle da legalidade. No entanto, para além do controle da formalidade dos atos administrativos, hoje, a sociedade reclama a avaliação do aspecto de legitimidade desses mesmos atos, seja pela adesão aos princípios de governança pública, às boas práticas, às evidências técnicas e ao atendimento das expectativas dos usuários dos serviços públicos. Já nas fiscalizações operacionais (que contribuem com a *accountability*), o desempenho é avaliado a partir de indicadores de desempenho que, muitas vezes, obedecem a critérios legais ou regulamentares.

Essa sobreposição de tipos de auditoria é comum e está contemplada pela NBASP, que prevê a realização de auditorias combinadas, incorporando aspectos financeiros, operacionais e/ou de conformidade (NBASP 100/23). Ao pensarmos em uma auditoria de conformidade combinada com aspectos operacionais, a regularidade é vista com um dos aspectos de economicidade, eficiência e efetividade (NBASP 400/26). Já as auditorias operacionais podem combinar aspectos de conformidade, mas, como o foco recai no desempenho de atividades e resultados, o objetivo primário do trabalho é promover a economicidade, eficiência e efetividade, e não um relatório sobre conformidade (NBASP 300/14).

Nesse sentido, Willeman (2017, p. 263), em sua tese sobre a *accountability* democrática e o desenho institucional dos tribunais de contas no Brasil, pondera, ao analisar a contribuição dos instrumentos de controle para a avaliação de políticas públicas, que: "[...] não se trata de uma substituição de critérios de controle e fiscalização. Cuida-se, ao contrário, de agregar aos fatores de conformidade/regularidade novos parâmetros de avaliação compatíveis com a diversificação da ação pública e com a evolução das exigências democráticas".

Pelo exposto, deve-se buscar o equilíbrio entre ambos os instrumentos, intercalando a execução de auditorias de conformidade e auditorias operacionais, vez que, nas últimas, não prepondera aspectos de regularidade da atuação estatal em confronto com normas legais ou regulamentares vigentes. Ao contrário, permite identificar situações que estejam prejudicando ou tenham potencial para afetar o desempenho da atividade estatal, podendo comprometer a qualidade dos serviços prestados e os resultados aguardados pelos respectivos usuários (WILLEMAN, 2017, p. 266).

Conhecedores dos problemas que ainda afetam a gestão pública orçamentária e ainda com espeque em Willeman (2017, p. 267-268), de um lado, não se pode prescindir da realização das auditorias de conformidade, pois:

> [...] é parte essencial do ciclo de responsabilização nas ações estatais, o que conduz inevitavelmente à perenidade desse tipo de controle. De outro lado, porém, também parece evidente que esse modelo isoladamente considerado demonstra-se obsoleto e insatisfatório, não impactando suficientemente sobre a qualidade das decisões públicas. Daí a relevância das auditorias de desempenho como mecanismos que viabilizam o controle sobre os resultados das políticas estatais, promovendo o exame dos aspectos substantivos – e não apenas procedimentais – que se alinham com a eficiência e a efetividade das políticas públicas.

Nesse ponto, faz-se necessário menção às análises feitas em acurado estudo realizado por Azevedo e Lino (2018) acerca do distanciamento entre as normas de auditorias e as práticas nos tribunais de contas. Mesmo que os resultados apresentados pelos autores não possuam a intenção de generalização em relação aos participantes da pesquisa, pode-se destacar, para o fim da reflexão a que se propõe este trabalho, que: (i) todas as formas de auditoria se complementam e que, quanto mais efetiva, maiores os reflexos na *accountability* dos programas de governo; (ii) observam-se tanto a falta de coordenação no sentido de uniformizar as técnicas de auditoria quanto variação no escopo de auditoria priorizado pelos diversos tribunais de contas, o que sugere a necessidade de coordenação central para tais órgãos; (iii) há diferença entre as expectativas de diversos *stakeholders*[5] sobre os procedimentos

---

[5] *Stakeholder* (ou parte interessada): pessoa ou organização que pode afetar, ser afetada ou perceber-se afetada por uma decisão ou atividade da organização (ABNT, 2009) (BRASIL, 2017, p. 28).

que os auditores deveriam fazer e o que os auditores realmente fazem; (iv) quanto maior o *gap* "regulação-prática", menor a confiabilidade dos processos de auditoria para os diversos atores interessados; (v) a recorrência de interações entre auditores e auditados contribui para uma maior capacidade de alterar o comportamento nos órgãos auditados, seja pelo duplo papel exercido pelos auditores – que trabalham em atividades de auditoria e também de consultoria –, seja pela proximidade ao ente auditado que gera benefícios à *expertise* do auditor.

2.4 Auditoria operacional e o controle de resultados por evidências

Como anotam Altonian, Souza e Lapa (2017, p. 177), o exame do grau de alcance de cada objetivo estratégico deve ser feito à luz de critérios ou padrões de desempenho previamente definidos: "É necessário que cada objetivo tenha ao menos um indicador vinculado, de modo que aqueles que não possuam indicador associado sejam revistos ou descartados, pois o que não pode ser medido também não pode ser gerenciado".

Na mesma linha, Almeida (2017, p. 252) destaca que os "governos estão se voltando para a formulação de políticas baseadas em evidências como forma de garantir que os recursos do contribuinte sejam gastos de forma inteligente e efetiva". Ainda de acordo com os esclarecimentos do autor, "a formulação de políticas baseadas em evidências usa as melhores pesquisas e informações disponíveis sobre os resultados do programa para orientar as decisões em todas as fases do processo [...]" (ALMEIDA, 2017, p. 252).

A gestão pública voltada para gerar resultados para a sociedade pode beneficiar-se do exercício de auditorias de desempenho na medida em que:

> A atividade de controle de resultados deve instar e apoiar os governos na construção e elaboração de um sistema de políticas públicas baseadas em evidências, e apropriar-se dos métodos e técnicas próprios de tal sistemática, de modo a assegurar a geração de valor nos processos inerentes a esta seara (ALMEIDA, 2017, p. 254).

Nesse contexto, a Organização para Cooperação e Desenvolvimento Econômico (OCDE) destaca o papel reservado às entidades de fiscalização superior (EFS) no fornecimento de evidências:

A organização sugere que referidas instituições poderiam (a) prover segurança razoável às políticas por meio de avaliações sobre o modo que são projetadas e implementadas e (b) prover evidências sobre a performance do maquinário do governo, dos programas e do alcance das políticas públicas. Desse modo, as informações objetivas e fidedignas geradas pelas EFS alimentariam o ciclo da política pública e auxiliariam os governos a tomar decisões, baseadas em evidências, sopesando eventuais *trade-offs*, e mantendo em mente o zelo com os recursos do cidadão e os princípios da boa governança (ALMEIDA, 2017, p. 256).

2.5 Controle consensual em auditoria operacional

Diferentemente do que ocorre nas fiscalizações de contas, denúncias e representações, nas quais a marca é a verificação da legalidade e da conformidade, podendo resultar na responsabilização mediante imputação de débitos e aplicação de multas, nas auditorias operacionais o foco é a avaliação dos programas governamentais sob os aspectos da economicidade, eficiência e efetividade, resultando na expedição de deliberações (recomendações e determinações) que visam ao aperfeiçoamento da atividade fiscalizada.

Para que as deliberações resultantes da auditoria sejam realmente úteis e adequadas, é necessário que a equipe de auditoria estabeleça um canal de diálogo permanente com os gestores do programa auditado. Desse modo, a ISSAI 3000 – Norma para Auditoria Operacional – define como um dos requisitos gerais para a auditoria operacional a comunicação. Compartilhar achados, argumentos e perspectivas da auditoria à medida que são desenvolvidos e avaliados durante o trabalho é uma forma de manter interação produtiva com a entidade auditada (ISSAI 3000/58). Mais especificamente, a diretriz 22 do apêndice à ISSAI 3100 destaca a importância de se construirem relações mediante a promoção do valor da auditoria operacional com as diversas partes interessadas e do trabalho em cooperação com os órgãos auditados (diretriz 28).

Com a reunião de apresentação entre a equipe de auditoria e os gestores do órgão auditado, dá-se início formal ao trabalho de fiscalização. Informações sobre o órgão ou entidade, o ambiente de controle, programas, processos, atividades e principais resultados são auscultados por meio de entrevistas e ofícios requisitórios cujos prazos para atendimento são consensuados, mas o contato direto entre a equipe de auditoria e os gestores se dá muitas vezes por telefone, *e-mail* e mesmo videoconferência, tecnologias que agilizam a instrução e aproximam os administradores do tribunal de contas.

Outro requisito geral das auditorias operacionais, os critérios de auditoria são basicamente referências usadas para avaliar o objeto. Por esse motivo, a ISSAI 3000/51 traz orientação no sentido de que os critérios quantitativos e qualitativos que serão usados na avaliação do objeto sejam discutidos com a entidade auditada, principalmente quando os critérios não são definidos diretamente por leis ou outros documentos reconhecidos.

Nessa mesma linha, o TCU recomenda que a opinião dos gestores sobre os critérios de auditoria que serão adotados seja considerada logo no início da auditoria para evitar eventuais discordâncias. Contudo, como a responsabilidade pela escolha de critérios adequados é da equipe de auditoria, adverte que os fatos e argumentos apresentados pelos gestores devem ser comparados com os de outras fontes relevantes (BRASIL, 2010, p. 31).

Além do diálogo permanente com os gestores, a auditoria operacional favorece o contato com as partes interessadas, tais como Poder Legislativo, Ministério Público, representantes de conselhos, da academia e até mesmo com especialistas de outros tribunais de contas, entre outros. É curial que esse contato seja estabelecido o quanto antes, vez que o intercâmbio de informações acontece especialmente por meio dos painéis de referência[6] em duas fases distintas da auditoria:

- na fase de planejamento, na medida em que a equipe de auditoria tem a oportunidade de conhecer outros aspectos do objeto auditado, a partir da visão de terceiros, o que contribui para o desenho e a validação do projeto de auditoria;
- na fase de execução, ao passo que a equipe de auditoria apresenta as evidências que respaldaram as principais situações identificadas durante o trabalho de campo, o que permite considerar pontos de vista de atores relevantes de modo a abordar satisfatoriamente as questões de auditoria.

---

[6] Painel de referência é a reunião de pessoas reconhecidas e experientes em determinada área para debater e opinar sobre a matéria exposta. Em auditoria, o objetivo geral do painel de referência é contribuir para a garantia de qualidade (ISSAI 3000, p. 55), para a análise e interpretação de dados (ISSAI 3000, p. 101) e para fortalecer o processo de *accountability* de desempenho (TCU, 2010) (BRASIL, 2013, p. 8).

Nessas ocasiões, a critério da equipe de auditoria, os gestores do órgão auditado poderão ser convidados a participar, aumentando o diálogo entre os administradores, as partes interessadas e o Tribunal de Contas, exsurgindo como mais uma oportunidade para o controle consensual.

Por mais que todo o trabalho seja permeado pela interação direta entre a equipe de auditoria e os gestores, após o relatório preliminar ser produzido, para garantir o contraditório e a ampla defesa, deve ser franqueada aos gestores a oportunidade de apresentar, por escrito, comentários adicionais acerca dos achados, conclusões e recomendações antes de o relatório final de auditoria ser elaborado e apreciado pelo plenário da Corte de Contas (ISSAI 3000/129; REIS, 2015, p. 270).

Na mesma linha, em seu estudo sobre o controle da discricionariedade administrativa pelo TCU em auditorias operacionais, Reis (2015, p. 270) esclarece que a determinação ao órgão auditado para que elabore plano de ação para correção de irregularidades ou problemas detectados se insere nas práticas no âmbito das auditorias do TCU que visam reforçar as tentativas de soluções consensuais com o órgão auditado.

Nesse ponto, tem-se nova possibilidade de intercâmbio entre a equipe de auditoria e os gestores na medida em que estes indicam os responsáveis e o prazo necessário para a implementação de cada uma das recomendações e determinações ou, quando for o caso, apresentam as justificativas pelas quais se entende que não é conveniente ou oportuna a implementação de dada recomendação.

Assim, de um lado, o plano de ação apresentado passa a ser instrumento de trabalho do próprio gestor ao indicar os pontos de verificação que deverão ser observados pelos próprios responsáveis. De outro lado, é instrumento de trabalho para a equipe de auditoria que, em momento posterior, acompanhará a implementação dessas mesmas recomendações e determinações mediante o devido monitoramento.

Como demonstrado até aqui, um dos resultados pretendidos em uma auditoria operacional é o consenso entre a equipe de auditoria e os gestores sobre a necessidade de adoção das medidas recomendadas e a sua implementação tempestiva (CAMPOS, 2002, p. 4). Isso porque, enquanto nas fiscalizações de conformidade, de acordo com a natureza das irregularidades, os tribunais de contas dispõem de instrumentos legais para impor ao auditado, após o contraditório e a ampla defesa, responsabilização mediante imputação de débitos e aplicação de multas.

Já nas auditorias de desempenho, como o foco é o tratamento de descobertas voltado para melhorias futuras, é essencial, quanto aos aspectos operacionais, que o auditado esteja convencido de que as descobertas são um problema ou deficiência e concorde quanto à pertinência e adequação das medidas sugeridas pela equipe de auditoria (CAMPOS, 2002, p. 5). Do contrário, o caráter não coercitivo das recomendações pode acarretar uma diminuição da efetividade da atuação da Corte de Contas, visto que, muitas vezes, o auditado acaba por não implementar as orientações propostas (REIS, 2015, p. 240).

De todo modo, o autor ressalva que, em sede de monitoramento, existe a possibilidade de conversão das recomendações em determinações nos casos em que os responsáveis não implementem as medidas e não apresentem a devida motivação para a não adoção das orientações prescritas. Ainda que o atendimento das recomendações esteja no campo da discricionariedade do administrador, não se pode dizer que seja do livre arbítrio do responsável o atendimento ou não das orientações emanadas pela Corte de Contas, pois o não cumprimento deverá ser sempre devidamente motivado (REIS, 2015, p. 262).

Dando um passo adiante, Reis (2015, p. 270-271) propugna, como forma de efetivar o controle consensual nas auditorias operacionais, a transformação das recomendações em compromissos estabelecidos com os responsáveis, visando tornar o programa ou atividade fiscalizados mais eficientes mediante o instrumento termo de ajustamento de gestão. Com essa estratégia, entende o autor que, de um lado, estaria respeitada a discricionariedade administrativa na medida em que as obrigações seriam estabelecidas consensualmente. De outro, seria possível aplicar sanções em caso de descumprimento do acordo, o que tornaria a avença mediante esse instrumento potencialmente mais efetiva do que as recomendações em sede de auditoria.

Avançando na análise do termo de ajustamento de gestão como instrumento de controle externo consensual, Cunda e Reis (2017, p. 99) destacam que, em diversas auditorias operacionais realizadas pelo TCU em que foram avaliadas políticas públicas intersetoriais, os acórdãos contemplaram recomendações e determinações aos órgãos e entidades envolvidos sem que necessariamente as medidas estivessem concatenadas entre si. No ponto, os autores sugerem a realização de audiência pública, conduzida pela própria Corte Federal de Contas, para a definição conjunta por cada um dos entes envolvidos nas estratégias para o atendimento das medidas a serem adotadas, sendo, ao final, os consensos reduzidos a um ajuste. Com isso, aumentariam a transparência e a participação democrática, por um lado. E, por outro, a implementação das medidas de forma concertada aumentaria as suas chances de eficácia. Concluem os autores que essa indução pelos órgãos de controle para a realização de acordos para implementação de medidas em políticas intersetoriais se coaduna com o novo modelo de administração pública consensual.

Como vimos, os tribunais de contas dispõem hoje de mais de uma estratégia para buscar o atendimento das medidas propostas. Contudo, o trabalho de auditoria operacional terá cumprido plenamente seu papel caso a equipe de auditoria possa informar em seu relatório que o auditado, voluntariamente, já iniciou a correção dos problemas apontados e está adotando medidas corretivas à melhoria do desempenho do objeto auditado (CAMPOS, 2002, p. 5), e isto se dará, acredita-se, mediante evidências técnicas construídas durante a fiscalização, resultado de uma relação consensualizada estabelecida ao longo de todo o processo.

2.6 Gestão de projetos no controle externo

Antes de iniciar o tópico, é conveniente trazer uma definição de projeto. Na tradicional lição de Nocêra (2009, p. 31), é o "[...] conjunto de ações, atividades, recursos materiais e humanos e tudo o mais necessário para a execução daquilo que foi imaginado ou desejado". Apresenta o mesmo autor um conceito clássico de projeto de acordo com o *Project Management Institute* (PMI): "É um esforço temporário empreendido para criar um produto, serviço ou resultado exclusivo" (NOCÊRA, 2009, p. 31).

Ao analisarem o gerenciamento de projetos no âmbito do controle externo e a experiência do Tribunal de Contas do Estado do Ceará, Oliveira e Nascimento (2014, p. 167) consideram que "o fato dos projetos serem temporários não significa dizer que eles tenham curta duração e sim que eles tem início e fim determinados, não se aplicando aos produtos ou serviços resultantes destes, tendo em vista que a maioria dos projetos criam resultados duradouros".

Exatamente pelo fato de os projetos terem potencial para criar resultados duradouros é que são usados como instrumentos para que sejam alcançados os objetivos estratégicos de longo prazo nas organizações. Nesse sentido, Altounian, Souza e Lapa (2017, p. 212-213) argumentam que, embora as metas das organizações possam ser atingidas por meio de atividades rotineiras, são os projetos, por essência, os responsáveis pelas inovações, seja criando ou modificando processos, competências ou tecnologias.

Ainda na lição de Altounian, Souza e Lapa (2017, p. 213):

> O trabalho por projeto define uma forma diferente de se atuar em equipe, uma vez que a liderança, a execução e o controle de projetos necessitam de habilidades, técnicas e métodos específicos para o alcance de determinado resultado. A metodologia propicia uma mudança gradual de paradigmas quando proporciona às equipes de trabalho uma maior flexibilidade e autonomia que refletirá no envolvimento e na responsabilidade da própria equipe com a qualidade do resultado final apresentado.
>
> Visto dessa forma, o trabalho por projeto torna-se uma estratégia que colabora também com outros fundamentos, tais como: planejamento, valorização da capacitação gerencial, desenvolvimento de pessoas, gestão da informação e descentralização.

Nesse sentido, Oliveira e Nascimento (2014, p. 172-173) esclarecem que, além dos projetos estratégicos (essenciais para o alcance dos objetivos e metas propostos pelo tribunal) e dos projetos funcionais/setoriais (voltados para o aprimoramento da rotina diária da corte), a metodologia de gestão de projetos pode dar suporte para a atividade-fim, especialmente nas auditorias, vez que são temporárias, com início e fim definidos, e se utilizam de recursos com o objetivo de entregar um produto final.

Adentrando especificamente na gestão de projetos da atividade-fim, a NBASP orienta que as auditorias operacionais devem ser conduzidas de acordo com os princípios da boa gestão de projetos[7] (NBASP 300/37). Isso porque, para que uma fiscalização tenha qualidade e seja tempestiva, requer da equipe de auditoria planejamento, organização, segurança, gerenciamento, liderança e controle dos recursos para atingir os seus objetivos específicos. Além disso, a gestão de projetos de auditoria demanda o desenvolvimento de metodologias e estratégias próprias (ISSAI 3000/97).

---

[7] A NBASP 300/37 apresenta os principais aspectos que devem ser observados quando do planejamento do desenho da auditoria.

Para tanto, o Manual de Auditoria Operacional do TCU define que, na fase inicial do planejamento, seja elaborado um cronograma contendo as tarefas a executar, os responsáveis e o prazo final para execução. A supervisão da equipe da auditoria utilizará o cronograma acordado no acompanhamento dos trabalhos, podendo ser utilizados *softwares* específicos para gerenciamento de projetos (BRASIL, 2010, p. 22).

2.7 Gestão de projetos de auditoria e desenvolvimento de pessoas

Se, de um lado, é inegável a importância do consenso em todas as fases da auditoria, colocando-se ao lado dos gestores em relação de verdadeira parceria de trabalho, de outro, a equipe de auditoria não pode perder de vista o julgamento profissional (ISSAI 3000/70) e o ceticismo (ISSAI 3000/71), que também representam requisitos gerais para uma auditoria operacional.

Desse modo, o exercício do ceticismo profissional e de uma abordagem crítica pelos auditores favorece avaliações racionais em detrimento de preferências pessoais e de terceiros (ISSAI 3100/90), ainda mais quando lembramos que, nas auditorias operacionais, as evidências são de natureza mais persuasiva do que conclusiva (ISSAI 3000/69).

Isso implica dizer que cada auditor deve observar seu dever de independência profissional e, para isso, a EFS deve garantir mais do que a qualificação profissional de cada membro da equipe, mas cuidar para que a equipe como um todo possua as competências profissionais necessárias para bem realizar a auditoria (ISSAI 3000/63).

Como explica Chiavenato (2014, p. 308), não se pode olvidar da importância do processo de desenvolvimento de pessoas, que perpassa pelo treinamento e desenvolvimento de pessoal (que tratam da aprendizagem no nível individual e de como as pessoas aprendem e se desenvolvem) e pelo desenvolvimento organizacional (que se refere a como as organizações aprendem e se desenvolvem pela mudança e inovação).

Assim, continua Chiavenato (2014, p. 308), as organizações estão migrando rapidamente seus processos de desenvolvimento de pessoas para um modelo planejado (e não mais casual), em um esquema intencional (e não mais randômico), em uma atitude proativa (e não mais reativa), em uma visão de longo prazo (e não mais de curto prazo), baseado no consenso (e não mais na imposição), em uma condição de instabilidade e mudança (e não mais de estabilidade e conservação), de inovação e criatividade (e não mais permanente e definitiva) e visando ao provisório e mutável. Conclui o autor que esse é o modelo de desenvolvimento que mais contribui para o aprendizado organizacional.

No ponto, a gestão de projetos de auditoria operacional apresenta-se como uma oportunidade para promover o desenvolvimento de pessoas e o aprendizado organizacional[8] no âmbito dos tribunais de contas.

No entanto, independentemente da estratégia adotada pelos tribunais de contas visando ao seu reconhecimento perante a sociedade, Azevedo e Lino (2018, p. 18) asseveram que:

> A falta de conscientização sobre a necessidade de capacitação técnica de equipes de auditoria, aliada ao planejamento inexistente ou superficial e pouca padronização no momento da execução da auditoria, gera um aumento significativo de riscos que ameaçam a confiabilidade dos processos de auditoria executados nos diversos Tribunais de Contas brasileiros. A menor confiabilidade da auditoria impactaria negativamente o papel destas organizações enquanto mecanismos de *accountability*.

Não sem razão, a Resolução nº 10/2018 da Atricon traz diretrizes voltadas para o desenvolvimento do pessoal que atua com auditoria. No item 5, letra *f*, define o profissional de auditoria governamental como o servidor público do quadro permanente do Tribunal de Contas, devidamente capacitado para a realização de auditorias, nas suas áreas de atuação. Acrescenta que esse servidor exerce função típica de Estado. Já o item 9 traz recomendação para que os tribunais de contas empreendam ações para assegurar que todos os servidores em exercício na atividade de auditoria tenham conhecimento sobre o conteúdo e a aplicação da NBASP.

Como visto até aqui, o potencial das auditorias operacionais para contribuir com o desenvolvimento institucional da administração

---

[8] A aprendizagem organizacional tem como foco o atingimento de elevado nível de conhecimento, individual e coletivo, que permita o enfrentamento dos desafios previstos na visão de futuro. Na verdade, ninguém ou nenhuma organização está plenamente pronto para fazer frente a novas questões e dificuldades que surgem na dinâmica do mundo atual. É preciso ter humildade para reconhecer esse fato (ALTOUNIAN; SOUZA; LAPA, 2017, p. 56).

pública e dos próprios tribunais de contas é amplo; contudo, para que as fiscalizações operacionais sejam iniciativas que contribuam para o desenvolvimento das organizações públicas, entende-se que devem estar contempladas nos objetivos estratégicos das cortes de contas, selecionadas e delimitadas mediante abordagens do risco[9] e geridas de acordo com os princípios da boa gestão de projetos.

3 A experiência do TCMGO com auditorias governamentais

3.1 A adoção das NBASP no âmbito do TCMGO

Por responsabilidade histórica, registra-se que a realização de auditorias coordenadas no âmbito do Promoex[10] trouxe para dentro do tribunal o conhecimento sobre as Normas de Auditoria Governamental (NAG), aprovadas em caráter experimental em 2007. Apesar de a utilização das referidas normas não ter sido oficializada pelo tribunal à época, os servidores eram orientados para a observação dessas normas na realização dos trabalhos de fiscalização.

Em 2017, buscando qualificar suas fiscalizações, o TCMGO aprovou a Resolução Administrativa nº 100, de 14 de junho de 2017, para adotar as Normas Brasileiras de Auditoria do Setor Público (NBASP).

E, considerando o volume das fiscalizações de aferição de legalidade e regularidade realizadas pelo TCMGO, buscou-se primeiro qualificar os trabalhos de auditoria de conformidade pela disponibilização do Manual de Auditoria de Conformidade[11] em 2018, elaborado por uma comissão de auditores de controle externo do próprio órgão,

---

[9] Segundo o Roteiro de Avaliação de Maturidade de Risco do Tribunal de Contas da União, o risco na gestão de recursos públicos existe tanto nas atividades que envolvem a aplicação desses recursos quanto naquelas que envolvem a fiscalização e o controle da sua boa e regular aplicação, ambas relacionadas à atuação dos tribunais de contas. Para tanto, o TCU adota diversas abordagens do risco em seus trabalhos visando à avaliação de riscos: para o plano de controle externo; em levantamentos; em auditorias; e em auditoria de gestão de risco (BRASIL, 2018, p. 2-3).

[10] Dentre as auditorias operacionais realizadas no âmbito do Promoex, destacam-se duas da área da saúde. Uma realizada em 2009 que teve como objeto a Estratégia Saúde da Família (Acórdão AC nº 08938/2014 – Pleno – TCMGO). A outra ocorreu em 2014 e teve como objetivo geral a identificação dos principais problemas que afetam a qualidade da cadeia de serviços de atenção básica oferecidos em unidades de saúde (Acórdão AC nº 6.006/2015 – Pleno – TCMGO).

[11] Resolução Administrativa nº 193, de 18 de dezembro de 2018 – Aprova o Manual de Auditoria de Conformidade do TCMGO.

alinhado às NBASP e às melhores práticas de auditoria de conformidade do TCU e de outros tribunais de contas. É importante destacar a abrangência desse manual, vez que o mesmo deve ser aplicado de forma subsidiária aos demais procedimentos fiscalizatórios realizados pelo tribunal, a exemplo das inspeções, levantamentos, acompanhamentos (incluídas as visitas técnicas) e monitoramentos.

Concomitantemente ao prazo de cento e vinte dias para o início da vigência do novo manual, iniciou-se em fevereiro de 2019 um curso de formação em auditoria de conformidade ofertado para uma turma de sessenta e cinco auditores de todas as secretarias especializadas. A carga horária do curso é de 98 horas, divididas em cinco módulos. O curso organizado pela Escola de Contas do órgão conta com a participação de instrutores auditores do próprio órgão, bem como de outros tribunais de contas, além de especialistas de outras áreas do conhecimento, como estatística e gestão de projetos.

Com isso, por um lado, qualifica-se a mão de obra que realiza as fiscalizações de acordo com as NBASP. Por outro, com a sistematização do processo de fiscalização de conformidade pelo manual, racionaliza-se o tempo dispendido com cada fiscalização pela padronização dos procedimentos, o que contribui para a qualidade, tempestividade e efetividade dos trabalhos realizados.

Todas essas ações descritas alinham-se com objetivos estratégicos contemplados no Planejamento Estratégico 2014-2020 do TCMGO,[12] como otimizar as ações de controle externo e assegurar a tempestividade e efetividade das análises processuais.

3.2 Programa De Olho nas Escolas

Ainda em 2017, após a adesão do tribunal às NBASP e em paralelo aos trabalhos da comissão responsável pela elaboração dos manuais de auditoria, o tribunal aprovou em sessão técnico-administrativa o Programa Integrado de Auditorias para o exercício de 2018,[13] denominado De Olho nas Escolas, com o objetivo de realizar duas auditorias operacionais de despesas e programas classificados na função educação, com a aplicação das ISSAI de nível 3 (contempladas na

---

[12] Veja mais sobre o Planejamento Estratégico do TCMGO em: https://www.tcm.go.gov.br/planejamentoestrategico/.
[13] Resolução Administrativa TCMGO nº 154, de 20 de dezembro de 2017.

NBASP nível 2) e a série 3000 das ISSAI de nível 4, relativas à auditoria operacional.

A escolha estratégica por um projeto pequeno, contemplando dois municípios e a área específica da educação para realizar auditorias operacionais, alinha-se à diretriz 45 do apêndice à ISSAI 3100, de começar em pequena escala, com um piloto e temas específicos, sem, contudo, deixar de agregar valor. A escolha da área da educação encontra justificativa também na diretriz 11 da Resolução Atricon nº 03/2015, que orienta os tribunais de contas no sentido de realizar, a partir de análises de risco, fiscalizações periódicas sobre, por exemplo, a situação da infraestrutura da rede de ensino, transporte escolar, alimentação escolar, livros didáticos e material de apoio, informatização da rede escolar e ações destinadas a garantir o atendimento educacional especializado aos portadores de deficiência.

Desse modo, o projeto permitiria, por um lado, capacitar os servidores envolvidos e gerar os insumos necessários para a sistematização desse procedimento de fiscalização, dando sequência ao trabalho iniciado pelas auditorias coordenadas no âmbito do Promoex. Por outro, a estratégia de projeto permitiria a criação de um ambiente flexível e criativo, favorável à necessária experimentação e inovação que esse tipo de trabalho demanda. Além disso, o projeto representou, à época de sua aprovação, o embrião do primeiro plano de fiscalização voluntária do tribunal.

Com a sua aprovação, o projeto De Olho nas Escolas foi priorizado no plano de gestão estratégica de 2018 como uma iniciativa voltada para contribuir com a otimização das ações de controle externo, garantindo-se assim os recursos necessários para iniciar a implementação da função de auditoria operacional no tribunal.

Para desenvolver o referido projeto, foi designada uma Comissão Especial de Auditoria[14] composta por seis auditores de controle externo com formação acadêmica em diversas áreas, oriundos de cada uma das secretarias especializadas do tribunal. A comissão é a responsável pela condução do programa, sob a supervisão de dois auditores de controle externo mais experientes.

---

[14] Regimento Interno do TCMGO, art. 102-A. Comissões Especiais de Auditoria poderão ser designadas para realizar auditorias cujo objeto e escopo incluam a competência de mais de uma Secretaria de Controle Externo, mediante ato da Presidência do Tribunal.

A primeira tarefa da comissão foi elaborar o desenho lógico do programa De Olho nas Escolas de modo a explicitar os principais produtos a serem desenvolvidos e os seus respectivos responsáveis. Além dos relatórios de auditorias operacionais, principal produto sob a responsabilidade da Comissão Especial de Auditoria, outros produtos estavam previstos: desenvolvimento de aplicativo móvel para controle social e de sistema de gerenciamento de fiscalizações, sob a responsabilidade da superintendência de informática, capacitação de jurisdicionados pela Escola de Contas e elaboração de manuais de auditoria por comissão própria.

Para apoiar a execução dessa tarefa, optou-se pela metodologia *Project Model Canvas* (*PM Canvas*), desenvolvida por José Finocchio Júnior. Para o autor, diferentemente do plano de projeto formal, que é extenso e detalhado, o *PM Canvas*[15] representa apenas o essencial, podendo ser usado tanto como documento único do planejamento do projeto, imediatamente seguido pela execução, como também como ferramenta preliminar que conformará a lógica do projeto, servindo de base para a transcrição posterior a um plano de projeto representado de modo formal (FINOCCHIO JÚNIOR, 2013, p. 33).

O uso dessa ferramenta contribuiu para a criação de um ambiente criativo e dinâmico na comissão, permitindo uma melhor compreensão visual das diretrizes do programa, o engajamento da equipe recém-constituída e a rápida tomada de decisão em conjunto com os supervisores e a alta administração do tribunal.

Com o modelo mental do programa explicitado no *Canvas*, passou-se ao planejamento propriamente dito das auditorias operacionais previstas no programa, começando pelo município de Goiânia, usando com referência, além das ISSAI de nível 3 e 4, o Manual de Auditoria Operacional do TCU (BRASIL, 2010).

3.3 Destaques positivos do projeto até o momento

A auditoria operacional em educação no município de Goiânia foi planejada, executada e teve seu relatório preliminar elaborado em 2018. Teve como objeto o Programa de Descentralização de Recursos Financeiros para as Instituições Educacionais.

---

[15] Veja mais sobre a metodologia *Project Model Canvas* em: http://pmcanvas.com.br/.

Durante a fase de planejamento, realizou-se um painel de referência com especialistas para apresentar e discutir a estratégia metodológica do projeto de auditoria, nos moldes preconizados pelo TCU (BRASIL, 2013). O destaque positivo do painel foi a efetiva participação dos representantes da Universidade Federal de Goiás, do Conselho Municipal de Educação, do Tribunal de Contas do Estado de Goiás, entre outros, o que contribuiu para o aperfeiçoamento do projeto. Após o trabalho de campo, a matriz de achados elaborada foi apresentada e discutida em novo painel de referência com os mesmos participantes, que agora contribuíram com a avaliação das evidências encontradas, da caracterização dos achados, da pertinência das conclusões e propostas de deliberações. Após a realização de ambos os painéis, a comissão reuniu-se com os gestores para complementar o procedimento de validação das respectivas matrizes.

Durante as visitas *in loco* realizadas nas instituições educacionais da rede pública municipal de Goiânia, os momentos de interação com diretores, professores, conselheiros (incluindo pais de alunos), merendeiras, auxiliares de limpeza e alunos contribuíram para que os membros da comissão tivessem contato com outra dimensão importantíssima para as análises em um trabalho de auditoria operacional: a visão daqueles que prestam o serviço público, com todas as suas dificuldades, e dos destinatários diretos desses mesmos serviços.

Nos comentários por escrito apresentados pelos gestores auditados em face do relatório preliminar elaborado pela comissão, foi possível constatar a concordância com as evidências técnicas produzidas, vez que os responsáveis, proativamente, informaram que já estavam tomando providências para implementar diversas das recomendações propostas.

Paralelamente à construção do relatório preliminar da auditoria de Goiânia, foi iniciado no final de 2018 o planejamento da auditoria do município de Trindade, tendo sido realizado painel de referência da matriz de planejamento, nos moldes dos realizados em Goiânia, com resultados positivos para o desenho do projeto, que ainda se encontra em fase de construção dos instrumentos de coleta, para em seguida iniciar a fase de execução.

Outro ponto que merece destaque foi a divulgação do programa De Olho nas Escolas por meio da participação no ciclo de encontros regionais[16] realizados em 2018, com a apresentação de uma palestra cujo tema foi *Inovações na atuação do TCMGO frente à educação básica*. Essa atividade contribuiu para a divulgação dos propósitos da auditoria operacional junto aos jurisdicionados e às partes interessadas, bem como ajudou a promover a conscientização dos servidores do próprio tribunal.

Um importante destaque é o fato de a comissão tratar cada auditoria como um projeto. Isso tem permitido um melhor gerenciamento do tempo, a racionalização da mão de obra e a sistematização das tarefas realizadas. Dessa forma, o roteiro de trabalho desenvolvido na primeira auditoria serviu de base para a segunda, com as devidas adequações e correções necessárias.

Nesse sentido, acredita-se que a estratégia da gestão das auditorias por projetos e o fato de não terem sido estabelecidos sistemas e procedimentos detalhados na fase inicial do projeto garantiram a flexibilidade necessária para que a equipe pudesse desenvolver as competências necessárias para a realização da auditoria, em um espaço de aprender-fazendo que já tem favorecido, inclusive, o compartilhamento do conhecimento adquirido no âmbito do tribunal.

Por último, após a apresentação dos resultados parciais do projeto na reunião de análise estratégica (RAE) realizada em dezembro de 2018, a alta administração do tribunal decidiu prorrogá-lo por mais um exercício.[17] Também em dezembro de 2018, foi aprovado o primeiro plano anual de fiscalização do tribunal,[18] contemplando, entre outras fiscalizações voluntárias, as auditorias e monitoramentos do programa De Olho nas Escolas.

3.4 Resultados parciais do programa

O primeiro produto do programa veio com a aprovação do relatório final da auditoria no município de Goiânia,[19] que homologou as conclusões, recomendações e determinações propostas pela comissão. Restou consignado que o órgão jurisdicionado deverá apresentar plano de ação indicando os responsáveis e os prazos para a implementação

---

[16] Promovido anualmente pelo TCMGO em sete municípios polo das regiões que compreendem a distribuição dos 246 municípios goianos aos respectivos relatores. Trata-se de uma ação formativa que visa aproximar a corte de contas de prefeitos, vereadores, gestores, servidores públicos e sociedade em geral, mediante palestras e minicursos.

[17] Portaria nº 1003/2018 – Presidência do TCMGO.

[18] Resolução Administrativa TCMGO nº 183, de 18 de dezembro de 2018.

[19] Acórdão nº 02939 – Pleno – TCMGO, de 24 de abril de 2019.

de cada uma das recomendações, que, posteriormente, deverão ser monitoradas pelo tribunal para garantir maior efetividade ao trabalho desenvolvido.

Um segundo produto foi gerado com a elaboração de sumário executivo do relatório final da auditoria de Goiânia, contendo as principais informações e resultados dessa fiscalização operacional.

O terceiro produto foi o desenvolvimento do Portal de Auditorias do TCMGO.[20] A página inicial traz destaques dos trabalhos em andamento, bem como as últimas notícias relativas às fiscalizações. Existe uma área para a disponibilização das principais normas de fiscalização observadas nos trabalhos do tribunal. Já na área de auditorias realizadas, tem-se a publicação do acordão, do relatório final e do respectivo sumário executivo das auditorias realizadas, entre outras informações relevantes. Com o portal, espera-se prestar contas à sociedade de modo geral, aos jurisdicionados e às partes interessadas, contribuindo assim para a *accountability* pública.

4 Conclusão

A reflexão sobre como a função de auditoria operacional pode ser desenvolvida pelos tribunais de contas perpassa pela análise de múltiplos fatores inerentes à organização e gestão dos tribunais de contas, mas também do relacionamento com as partes interessadas e os órgãos auditados, além dos benefícios esperados pelos cidadãos, destinatários das políticas públicas.

Uma primeira questão é o necessário equilíbrio entre as auditorias de conformidade e as auditorias operacionais. A fiscalização de regularidade reclama novos parâmetros de avaliação compatíveis com a diversificação da ação pública e com a evolução das exigências democráticas, ainda mais quando observamos as dificuldades com a gestão orçamentária e fiscal que ainda persistem em todas as esferas de governo. No entanto, é a fiscalização operacional que tem potencial para impactar o desempenho da atividade estatal pela avaliação de aspectos de economicidade, eficiência e efetividade a partir de critérios e padrões de desempenho estabelecidos para acompanhar os resultados de determinado programa ou atividade.

---

[20] Veja mais em: https://www.tcm.go.gov.br/auditorias.

Um dos resultados pretendidos em uma auditoria operacional é o consenso entre a equipe de auditoria e os gestores públicos sobre a necessidade de adoção das medidas recomendadas e a sua implementação tempestiva. O benefício de uma auditoria operacional será tanto maior quanto sejam as evidências técnicas produzidas durante a fiscalização, sendo que o gestor poderá rever decisões com maior objetividade, para além do crivo da conveniência, da oportunidade e das análises que tiverem motivado as suas escolhas.

Para tanto, quanto aos aspectos operacionais, é essencial que o auditado esteja convencido de que as análises que apontam para problemas ou deficiências são objetivas, equilibradas e confiáveis, e mais, aprove a adequação das medidas sugeridas. Nesse sentido, a relação de empatia estabelecida entre Corte de Contas e o jurisdicionado cria verdadeira ponte para melhorar as tomadas de decisão que se inserem no âmbito discricionário da administração pública.

A par dessa relação profícua entre Tribunal de Contas e gestores públicos, há uma necessidade premente dos órgãos de controle externo em avançar de forma consistente, perene e rápida a fim de atender a contento as bruscas mudanças exigidas pelo interesse público, que não mais se satisfaz com cumprimento de normas e regras positivadas, mas demanda resultados consistentes das políticas públicas.

Nesse contexto, ante a inexperiência do TCMGO na realização de auditorias operacionais, inclusive com ausência de pessoal capacitado para tal atividade, o nascedouro do programa De Olho nas Escolas sob o formato de projeto, com reunião de auditores com formação acadêmica multidisciplinar e com uma estrutura flexível, não submetida aos ritos burocráticos típicos das unidades técnicas de fiscalização, permitiu o alcance de resultados expressivos em pouco tempo.

Os trabalhos realizados inovaram nos instrumentos de planejamento, coleta e análise de dados utilizados nas auditorias ao utilizar formulários eletrônicos gratuitos disponibilizados ao invés de documentos físicos. Incentivaram a participação de outros órgãos públicos e setores organizados da sociedade no planejamento, por meio da realização de painéis de referência. Além disso, subsidiou a elaboração dos manuais de auditoria de conformidade e de operacional do TCMGO.

Por fim, em pouco mais de um ano, o TCMGO partiu da total inércia na função de auditoria operacional para um cenário promissor de consolidação desse tipo de atividade, utilizando-se da estratégia de aprender-fazendo, buscando mitigar a tensão perceptível entre a inovação e a cultura baseada em regras.

O trabalho por projeto contribuiu também para alcançar os objetivos institucionais de forma mais rápida e efetiva, por meio de práticas inovadoras, em linha com o princípio constitucional da eficiência, que implica que a inovação deve ser considerada um dever do Estado, e não uma opção. De outro lado, os projetos no setor público permitem a experimentação de forma menos onerosa, e o gerenciamento de riscos contribui para mitigar as incertezas inerentes a iniciativas dessa natureza.

Referências

ALMEIDA, Dayson Pereira de. Desempenho: eficiência, eficácia e efetividade. *In:* OLIVEIRA, Aroldo Cedraz de (Coord.). *O controle da administração na era digital*. 2. ed. Belo Horizonte: Fórum, 2017. p. 239-270.

ALTOUNIAN, Cláudio Sarian; SOUZA, Daniel Luiz de; LAPA, Leonard Renne Guimarães. *Gestão e governança pública para resultados*: uma visão prática. Belo Horizonte: Fórum, 2017. 271 p.

ARAÚJO, Inaldo da Paixão Santos. Auditoria operacional: o sonho em realidade. *Revista do Tribunal de Contas do Estado da Paraíba*, João Pessoa, ano V, n. 9, jan./jun. 2011. p. 67-85.

ASSOCIAÇÃO DOS MEMBROS DOS TRIBUNAIS DE CONTAS DO BRASIL (ATRICON). *Diretrizes para o aprimoramento dos Tribunais de Contas do Brasil*: resoluções da Atricon; apresentação Valdecir Pascoal, Valter Albano da Silva. – Recife: Atricon, 2015. 204 p. Disponível em: https://bit.ly/2HL5KcN. Acesso em: 10 abr. 2019.

AZEVEDO, Ricardo Rocha de; LINO, André Feliciano. O distanciamento entre as normas de auditoria e as práticas nos tribunais de contas. *Revista Sociedade, Contabilidade e Gestão*, Rio de Janeiro, v. 13, n. 2, maio/ago. 2018. p. 9-27.

BRASIL. Constituição (1988). *Constituição da República Federativa do Brasil, de 5 de outubro de 1988*. Diário Oficial da República Federativa do Brasil, Brasília, DF, 5 out. 1988.

BRASIL. Tribunal de Contas da União. *Manual de auditoria operacional*. 3. ed. Brasília: TCU, Secretaria de Fiscalização e Avaliação de Programas de Governo (Seprog), 2010. 71 p. Disponível em: https://bit.ly/30EegDa. Acesso em: 10 abr. 2019.

BRASIL. Tribunal de Contas da União. *Painel de referência em auditorias*. Brasília: TCU, Segecex, Secretaria de Métodos Aplicados e Suporte à Auditoria (Seaud), 2013. 23 p. Disponível em: https://bit.ly/2VUlfJi. Acesso em: 10 abr. 2019.

BRASIL. Tribunal de Contas da União. *Governança Pública*: referencial básico de governança aplicável a órgãos e entidades da administração pública e ações indutoras de melhoria. Versão 2. Brasília: TCU, Secretaria de Planejamento, Governança e Gestão, 2014. 80 p. Disponível em: https://bit.ly/30EqVGg. Acesso em: 10 abr. 2019.

BRASIL. Tribunal de Contas da União. *Glossário de termos do controle externo*. SEGECEX, ADGECEX, SEMEC. Revisão setembro 2017. Brasília: TCU, 2017. 43 p.

BRASIL. Tribunal de Contas da União. *Roteiro de Avaliação de Maturidade da Gestão de Riscos*. Brasília: TCU, Secretaria de Métodos e Suporte ao Controle Externo, 2018. 123 p. Disponível em: https://bit.ly/30zxKZv. Acesso em: 10 abr. 2019.

BRAGA, Marcus Vinicius de Azevedo; GRANADO, Gustavo Adolfo Rocha. *Equilíbrio entre compliance e accountability parece ser caminho razoável para mitigar corrupção*. 2017. Disponível em: https://bit.ly/2YMQPWD. Acesso em: 10 abr. 2019.

CAMPOS, Sandra Maria de Carvalho. Implementação das recomendações de uma auditoria governamental. *Fórum de Contratação e Gestão Pública – FCGP*, Belo Horizonte, ano 1, n. 11, nov. 2002.

CHIAVENATO, Idalberto. *Gestão de pessoas*: o novo papel dos recursos humanos nas organizações. 4. ed. Barueri, SP: Manole, 2014. 494 p.

CUNDA, Daniela Zago Gonçalves da; REIS, Fernando Simões dos. Termo de ajustamento de gestão: perspectivas para um controle externo consensual. *Revista do TCU*, Brasília, set./dez. 2017. p. 94-103.

FINOCCHIO JÚNIOR, José. *Project model canvas*: gerenciamento de projetos sem burocracia. Rio de Janeiro: Elsevier, 2013. 229 p.

GONÇALVES, Marcos Flávio R. (Coord.). *Manual do prefeito* [livro eletrônico]. 15. ed. rev. atual. Rio de Janeiro: IBAM, 2016. Disponível em: https://bit.ly/2YO6QM1. Acesso em: 10 abr. 2019.

INSTITUTO RUI BARBOSA (IRB). *Normas brasileiras de auditoria do setor público (NBASP) nível 1*: princípios basilares e pré-requisitos para o funcionamento dos tribunais de contas brasileiros. Belo Horizonte: IRB, 2015. 90 p.

INSTITUTO RUI BARBOSA (IRB). *Normas brasileiras de auditoria do setor público (NBASP) nível 2*: princípios fundamentais de auditoria do setor público. Norma aprovada pela INTOSAI, em 2013, e traduzida pelo TCU, em 2017. Belo Horizonte: IRB, 2017. 190 p.

INTERNATIONAL ORGANIZATION OF SUPREME AUDIT INSTITUTIONS (INTOSAI). *ISSAI 3000 - Norma para auditoria operacional*. Aprovada pela INTOSAI em 2016 e traduzida pelo Tribunal de Contas da União (TCU) em 2017. Brasília, DF, 2017. Disponível em: https://bit.ly/2WmQwUJ. Acesso em: 10 abr. 2019.

INTERNATIONAL ORGANIZATION OF SUPREME AUDIT INSTITUTIONS (INTOSAI). *ISSAI 3100 - Orientações sobre os conceitos centrais para auditoria operacional*. Aprovada pela INTOSAI em 2016 e traduzida pelo Tribunal de Contas da União (TCU) em 2017. Brasília, DF, 2017. Disponível em: https://bit.ly/2HwpcLG. Acesso em: 10 abr. 2019.

INTERNATIONAL ORGANIZATION OF SUPREME AUDIT INSTITUTIONS (INTOSAI). *Apêndice à ISSAI 3100 - Construindo a função de auditoria operacional*. Aprovada pela INTOSAI em 2016 e traduzida pelo Tribunal de Contas da União (TCU) em 2019. Brasília, DF, 2019. Disponível em: https://bit.ly/2wdx1zt. Acesso em: 10 abr. 2019.

JACOBY FERNANDES, Jorge Ulisses. *Tribunais de Contas do Brasil*: jurisdição e competência. Coleção Jacoby de Direito Público, v. 3. 4. ed. rev. atual. e amp. Belo Horizonte: Fórum, 2016. 823 p.

MILESKI, Helio Saul. *O controle da gestão pública*. 3. ed. rev. atual. e aum. Belo Horizonte: Fórum, 2018. 477 p.

NOCÊRA, Rosaldo de Jesus. *Gerenciamento de projetos*: teoria e prática. Santo André, SP: Ed. do Autor, 2009. 975 p.

OLIVEIRA, José Auriço; NASCIMENTO, Erbia Freitas do. Gerenciamento de projetos no âmbito do controle externo: estudo de caso no Tribunal de Contas do Estado do Ceará. *Revista Controle*, Fortaleza, v. 12, n. 2, jul./dez. 2014. p. 165-178.

REIS, Fernando Simões dos. Novas perspectivas para o controle da discricionariedade administrativa pelo Tribunal de Contas da União em auditorias operacionais. *Interesse Público – IP*, Belo Horizonte, ano 17, n. 89, p. 239-275, jan./fev. 2015.

ROSA, Antonio Quintino. Visão estratégica: governança e planejamento. *In*: OLIVEIRA, Aroldo Cedraz de (Coord.). *O controle da administração na era digital*. 2. ed. Belo Horizonte: Fórum, 2017. p. 173-213.

WILLEMAN, Marianna Montebello. *Accountability democrática e o desenho institucional dos tribunais de contas no Brasil*. Belo Horizonte: Fórum, 2017. 344 p.

Informação bibliográfica deste texto, conforme a NBR 6023:2018 da Associação Brasileira de Normas Técnicas (ABNT):

CASTRO NETO, Joaquim Alves de *et al*. Projetos como uma estratégia para o desenvolvimento sustentável da função de auditoria operacional. *In*: LIMA, Edilberto Carlos Pontes (Coord.). *Tribunal de Contas do século XXI*. Belo Horizonte: Fórum, 2020. p. 191-219. (Coleção Fórum IRB, v. 3). ISBN 978-85-450-0713-5.

OS PARECERES PRÉVIOS EMITIDOS PELOS TRIBUNAIS DE CONTAS NAS CONTAS DE GOVERNO: AMPLIANDO SEU SIGNIFICADO COMO INSTRUMENTO DA QUALIDADE DEMOCRÁTICA

Milene Dias da Cunha

1 Introdução

A expectativa em relação aos governantes e como fazer prevalecer os interesses que devem ser promovidos pelos representantes do povo são questões que inquietam a história da democracia. A legitimidade eleitoral está enfraquecida e alcança contornos próprios na era moderna, impulsionada pelo fluxo exponencial da informação e que clama pela inclusão da voz do povo como aspiração democrática. Além disso, exigem-se políticas públicas, transparência dos governantes e controle das suas ações. A legitimidade democrática conquistada pelo modelo clássico de representação política já não se mostra mais suficiente.

A insatisfação política está diretamente relacionada com a crescente erosão da confiança dos cidadãos em relação aos políticos e às instituições, o que representa uma quebra do sentimento da confiança representativa, aliado à ineficiência das instituições estatais de *accountability*. Guilherme O'Donnell (1998) já alertava, sob uma perspectiva crítica, para o descumprimento das promessas de campanha dos candidatos a cargos representativos, que, ao assumirem, fazem justamente o oposto do que prometeram.

Os sentimentos que emergem da sociedade neste início do século XXI trazem a percepção de muitos representados que não se sentem representados e de um povo soberano que não se sente soberano. A desconfiança política, o déficit democrático e a falta de representatividade provocam um discurso de crise cada vez mais denso nos debates teóricos.

É certo que a democracia pressupõe a participação política em condições de igualdade entre todos os cidadãos elegíveis para que, diretamente ou por meio de representantes eleitos, os cidadãos tenham condições de, por meio do sufrágio universal, se manifestar sobre as propostas de governo, a criação de leis e o desenvolvimento de um país, abrangendo as condições sociais, econômicas e culturais que permitem o exercício livre e igual da autodeterminação política. Entretanto, na visão dos cidadãos, a falta de democracia revela-se na adoção de decisões pelo governo sem ouvir de fato e considerar os reais interesses da sociedade, na falta de responsabilização dos dirigentes, na permanência de um mundo político fechado em si mesmo e que não presta contas suficientemente de suas ações e, ainda, na opacidade do funcionamento administrativo (ROSANVALLON, 2015).

Por tal razão, clama-se para que seja assegurada maior responsabilidade do governante com os compromissos assumidos e maior exigência pela efetividade da *accountability*, um pensar e agir voltados para a prestação de contas das ações estatais, a partir da aferição da eficiência, eficácia e efetividade de suas ações. Essas devem ser questões consideradas prioritárias pelo controle externo, de modo a avaliar a atuação estatal e oferecer à sociedade informação sobre o desempenho dos governantes, ampliando a transparência e reduzindo as oportunidades de desvios da conduta dos governantes, de modo a contribuir para aumentar a qualidade da democracia.

Nesse sentido, este artigo busca avaliar o alcance dos pareceres prévios emitidos pelos tribunais de contas nas contas de governo do chefe do Poder Executivo e, mais do que isso, busca propor um novo viés de análise de modo que possam ser um instrumento contramajoritário de informação e avaliação do desempenho do governo e, por consequência, contribuir para aferir a legitimidade da representação.

2 Poliarquia e controle

No decorrer do século XX, a democracia e o liberalismo acabam se firmando como as melhores alternativas de governo na maioria dos países ocidentais. Devido à diversidade de experiências que os governos liberais-democráticos passaram a estabelecer, diversos autores reviram a concepção de democracia e procuraram estabelecer uma concepção considerada mais realista sobre a democracia moderna.

Nesse aspecto, três teóricos se destacam nesta tentativa: Joseph Schumpeter, Anthony Downs e Robert Dahl. Esses teóricos estavam preocupados em entender como a democracia funcionava e entendiam a democracia como produto das engenharias institucionais estabelecidas em cada sociedade particular.

Schumpeter (1984), em seu livro *Capitalismo, socialismo e democracia*, originalmente publicado em 1942, procura demonstrar que a democracia não é um fim em si mesma, mas apenas um método de seleção de líderes em competição pelo voto do povo. A experiência da democracia se daria pela seguinte fórmula: *competição livre x voto livre*. Ele acredita que o chamado governo do povo é uma ficção: o que existe, na verdade, é o governo aprovado pela maioria, e o povo, como tal, nunca pode realmente governar ou dirigir. Afirma ainda que a simples existência de mais de um partido nos regimes democráticos atesta a divergência de interesses. Portanto, conclui que podem existir "governos para o povo, mas não podem existir governos pelo povo nas sociedades numerosas e complexas como as modernas sociedades industriais" (SCHUMPETER, 1984, p. 308), principalmente porque ele afirma que os cidadãos não sabem precisamente o que desejam, e a maioria dos cidadãos comuns não está capacitado a participar da política, o que leva a classe política a formar, condicionar e manipular a vontade do eleitor por meio de técnicas de publicidade e do controle dos meios de comunicação.

A teoria de Schumpeter (1984) recebeu fortes críticas dos teóricos ligados ao movimento de esquerda da Europa. Essas críticas buscam sobretudo recuperar a dimensão ética e de participação da democracia, que foram desvalorizadas na obra do autor. Anthony Downs (1999), um desses críticos, em seu livro *Uma teoria econômica da democracia*, publicado em 1957, pressupõe que os agentes políticos se comportam igual aos agentes econômicos, buscando maximizar seus interesses pessoais, e estabelece uma perfeita analogia entre mercado e política. No modelo de Downs (1999), o funcionamento prático da democracia parte de dois princípios básicos: o caráter competitivo do método democrático (concordando com Schumpeter) e a pressuposição da racionalidade dos agentes políticos (discordando de Schumpeter). Ele argumenta que a incerteza não impede a racionalidade, pois, ainda que não se possa saber precisamente o que os eleitores e os eleitos decidirão, a informação reduz a incerteza.

A informação assume grande relevância nesse modelo, uma vez que os eleitores possuem percepções diferenciadas sobre quais políticas podem melhorar o seu bem-estar. Por isso, cabe aos grupos no poder informar os cidadãos sobre as melhores políticas capazes de gerar a eficiência na alocação de recursos públicos. De igual modo, os governantes têm incerteza em relação às preferências dos cidadãos e necessitam de intermediários para oferecerem a melhor alternativa de alocação de recursos, com o melhor ganho eleitoral possível. Esses intermediários são os grupos de interesse, as agências da administração pública, mídia, órgãos de controle, etc. Todos fornecem informação e possuem certa influência na definição das políticas.

Por sua vez, Robert Dahl (2012) analisa a democracia e elabora o conceito de poliarquia, com a publicação do livro *Poliarquia: participação e oposição*, em 1972. Segundo ele, poliarquia é o sistema político das sociedades industriais modernas, caracterizado por uma forte descentralização dos recursos do poder e no seio do qual as decisões essenciais são tomadas a partir de uma livre negociação entre uma pluralidade de grupos, autônomos e concorrentes, mas ligados mutuamente por um acordo mínimo sobre as regras do jogo social e político. Dahl (2012) salienta a existência de uma multiplicidade de centros de decisão e um conglomerado de elites e afirma que uma característica-chave da democracia é a contínua responsividade do governo às preferências de seus cidadãos, considerados como politicamente iguais. O termo responsividade é usado no sentido do comportamento voltado a dar resposta, de solucionar, de tomar a responsabilidade para si, de recepcionar questões e dúvidas no intuito de respondê-las. O autor reserva o termo "democracia" para um sistema político que tenha, como uma de suas características, a qualidade de ser inteiramente, ou quase inteiramente, responsivo a todos os seus cidadãos.

Nesse sentido, os cidadãos, considerados politicamente iguais, devem ter oportunidades plenas: a) de formular suas preferências; b) de expressar suas preferências aos seus concidadãos e ao governo por meio da ação individual e da ação coletiva; e c) de ter suas preferências igualmente consideradas na conduta do governo, ou seja, consideradas sem discriminação decorrente do conteúdo ou da fonte da preferência. Para tanto, deve haver garantias institucionais aptas a garantir a manifestação das preferências e, a partir da análise dessas garantias institucionais, é possível comparar regimes diferentes segundo a amplitude da oposição, da contestação pública ou da competição política permissíveis.

Partindo da análise de duas dimensões, quais sejam, a capacidade de contestação pública à conduta do governo e do direito de participar em eleições e cargos públicos, Dahl (2012) estabeleceu uma escala que permite classificar os regimes em hegemonias fechadas, oligarquias competitivas, hegemonias inclusivas e poliarquias. Ele criou um gráfico em que o eixo horizontal faz o escalonamento do nível de participação dos cidadãos no processo político, enquanto o eixo vertical escalona o nível de possibilidade de contestação ao governo.

Assim, a depender das garantias que cada país estabelece para concretização dessas duas dimensões, seu regime se aproxima mais ou menos de cada uma dessas classificações. Regimes de hegemonias fechadas representam pouca oportunidade de participação dos cidadãos em conjunto com baixa possibilidade de contestação pública. Ao passo que oligarquias competitivas envolvem pouca oportunidade de participação nas eleições e em cargos públicos, mas alta possibilidade de contestar publicamente a conduta do governo. Por sua vez, a hegemonia inclusiva está relacionada à alta participação dos cidadãos nas eleições, mas pouca possibilidade de contestar as ações do governo. Já as poliarquias significam alta participação combinada com alta possibilidade de contestação:

> As poliarquias podem ser pensadas então como regimes relativamente (mas incompletamente) democratizados, ou, em outros termos, as poliarquias são regimes que foram substancialmente popularizados e liberalizados, isto é, fortemente inclusivos e amplamente abertos à contestação pública (DAHL, 2012, p. 31).

Na linha do que Dahl (2012) defende, O'Donnell (1998) assevera que muitos países na América Latina e em outros lugares tornaram-se recentemente democracias políticas ou poliarquias. Para tanto, parte do pressuposto de que, para serem assim definidos, os países devem satisfazer as sete condições estipuladas por Robert Dahl (2012)[1] e acrescenta ainda outros três atributos na definição de poliarquia: a)

---

[1] Os atributos estabelecidos por Dahl são: 1) autoridades eleitas; 2) eleições livres e justas; 3) sufrágio inclusivo; 4) o direito de se candidatar aos cargos eletivos; 5) liberdade de expressão; 6) informação alternativa; e 7) liberdade de associação.

autoridades eleitas (e algumas nomeadas, como juízes das cortes supremas) que não podem ser destituídas arbitrariamente antes do fim dos mandatos definidos pela constituição; b) autoridades eleitas que não devem ser sujeitadas a constrangimentos severos e vetos ou excluídas de determinados domínios políticos por outros atores não eleitos, especialmente as forças armadas; c) deve haver um território inconteste que defina claramente a população votante.

Considerando os atributos propostos por Dahl (2012) e acrescentados por O'Donnell (1998), é possível aferir que o Brasil se enquadra no conceito de poliarquia, uma vez que o sistema constitucional e legal do país assegura os dez atributos expostos acima e, assim sendo, a existência de um sistema de controle voltado a inibir, frear, corrigir e punir os agentes públicos a fim de garantir maior responsividade e prestação de contas adequada das ações dos representantes em face dos representados é de fundamental importância.

Quem desempenha funções de importância na sociedade deve regularmente explicar o que faz, como faz, por qual motivo faz, quanto gasta e o que vai fazer a seguir. Não se trata, portanto, apenas de prestar contas em termos quantitativos, mas de autoavaliar a obra feita, de dar a conhecer o que se conseguiu e de justificar aquilo em que se falhou. A obrigação de prestar contas, nesse sentido amplo, é tanto maior quanto a função é publica, vez que se trata do desempenho de cargos pagos pelo dinheiro dos contribuintes e, por tal razão, obriga a prestar contas do seu comportamento a quem é, ao mesmo tempo, tilular da soberania e destinatária dos serviços: a sociedade.

O controle público representa: o protagonismo que a sociedade exerce sobre o comportamento dos agentes do Estado; os mecanismos de *check and balances* exercidos pelos poderes do Estado uns sobre os outros; o controle eleitoral exercido pelos cidadãos na hora do processo eleitoral; as atuações sociais que afirmam a soberania do povo nas audiências públicas, no orçamento participativo, nos conselhos sociais e nos movimentos de rua; e os órgãos de controle autorizados e dispostos a supervisionar, controlar, retificar e/ou punir ações ilícitas de autoridades localizadas em outros órgãos estatais.

Quando há efetividade dos mecanismos de controle público, podemos observar que as políticas e atos da administração estão mais enraizados na base da sociedade. Por certo, a burocracia deve ser mais célere e eficiente para que o arranjo instituído possa funcionar do topo à ponta, gerando a efetividade que se espera, decodificando e dando transparência ao significado político conferido aos problemas sociais, de modo a manter a ação governamental legitimamente próxima da noção coletiva, compartilhada, do interesse público. A melhora da democracia a partir dos mecanismos de controle nos revela uma convergência entre sociedade e Estado.

3 Pareceres prévios emitidos pelos tribunais de contas

A partir da perspectiva de Rosanvallon (2015), o controle externo, no que diz respeito à responsabilidade de governo, passa por dois crivos: o do Poder Legislativo, cujo controle se dá pela regra majoritária, em que as decisões são tomadas por representantes eleitos, e do Tribunal de Contas, instituição constitucionalmente destinada ao exercício da função contramajoritária.[2]

A responsabilidade de governo assume significativa importância, pois corresponde à avaliação orçamentária do governo sob os parâmetros de eficácia, eficiência e economicidade. Ainda que não se deva minorar tal alcance, o qual alinha a teoria do controle às diretrizes constitucionalistas mais avançadas, deve-se reconhecer que a prática ainda caminha para atender a um modelo ideal de apuração da responsabilidade política no sentido de uma responsabilidade pelo bom governo.

Adotando o orçamento como resultado das decisões tomadas pelos governantes, numa relação simbiótica entre Legislativo e Executivo, pelo exercício democrático de seleção de interesses, tem-se que o processo de inclusão na agenda pública perpassa pela disputa conflituosa

---

[2] O regime democrático deve basear-se na prevalência da vontade da maioria para que se tenha valorizado o interesse geral, bem como assegurados os direitos fundamentais. Contudo, não há como tratar democracia e maioria como expressões sinônimas ou reduzir o conceito de democracia à regra da maioria, mesmo porque, conforme assevera Norberto Bobbio, a maioria é verificada no momento do sufrágio, na escolha dos representantes, mas, no exercício do poder outorgado, esta se torna ausente, pois, encerrada a eleição, apenas o grupo seleto passa a agir em nome da coletividade, uma vez que o mandato confere o poder de representar os interesses dos mandantes, a vontade do povo, com autonomia.
Assim, sendo o Tribunal de Contas um órgão autônomo de controle que não tem seus representantes eleitos pelo povo, pode-se afirmar que não representa a vontade da maioria e, por isso, ao exercer o controle dos atos dos governantes, atua de modo contramajoritário. Dessa forma, o controle externo exercido pelos tribunais de contas se traduz em uma maneira de limitação dos agentes políticos, que estão sujeitos a algum tipo de controle para que não violem norma legal ou constitucional. Assim operando, atuam como "instituição asseguratória das minorias vencidas e da própria democracia, protegendo e corrigindo imperfeições do próprio sistema democrático representativo majoritário", constituindo-se efetivamente como condição de existência da democracia.

inerente ao próprio regime da democracia. Escolhas realizadas por vontades representadas, mal representadas ou não representadas: é o exercício do poder majoritário, cujas deficiências hão de ser supridas pelo contrapoder (IOCKEN, 2018).

No caso do controle do orçamento, coube aos tribunais de contas o exercício institucional da competência contramajoritária. O controle que antes encontrava no Legislativo sua parcela de legitimidade democrática, hoje exige novos mecanismos que possibilitem o exercício da legitimidade por aproximação, um verdadeiro continente contra-democrático (conjunto de práticas de controle, obstrução e juízo por intermédio das quais a sociedade exerce o poder de correção e pressão).

Assim, é importante que haja uma transformação no modelo do controle no que se refere às finanças públicas. Uma transformação que deve ser compreendida em sua plenitude, por meio de uma perspectiva dinâmica atrelada à democracia de exercício. Ao mesmo tempo em que se exige dos governantes uma postergação da sua legitimidade, é necessário que, de modo reverso, haja mecanismos que possam alimentar esse processo contínuo. É assim que, no campo das instituições, a distância da lógica da maioria impõe a imparcialidade e a reflexividade como elementos integrantes de uma legitimidade ampliada, oferecendo as bases para a efetividade do controle democrático.

Nesse campo, emerge a relevância dos pareceres prévios emitidos pelos tribunais de contas nas contas de governo, que, ao analisarem as contas globais, demonstram o retrato da situação das finanças da unidade federativa, revelam o cumprir do orçamento, dos planos e programas de governo e demonstram o nível de endividamento, o atender dos gastos mínimo e máximo em educação, saúde e gastos com pessoal, representando o desempenho do chefe do Poder Executivo no exercício das funções políticas de planejamento, organização, direção e controle das políticas públicas idealizadas na concepção das leis orçamentárias, refletindo o resultado da gestão orçamentária, financeira e patrimonial.

Dentre as atribuições dos tribunais de contas, o parecer prévio constitui o principal instrumento contramajoritário de proximidade e comunicação, que deve ter por atribuição também a de oferecer uma resposta aos governados sobre as decisões políticas adotadas pelo governo durante o exercício financeiro. Cabe, assim, ao parecer prévio emitido pelos tribunais tornar inteligível e visível, ou seja, legível para os governantes eleitos, assim como para os cidadãos, como foi o desempenho do mandato em determinado intervalo temporal: o do exercício financeiro.

Nesse sentido, ainda que haja o julgamento político das contas do chefe do Poder Executivo pelo Parlamento (os representantes do povo), esse julgamento é antecedido pela apreciação do Tribunal de Contas, compreendendo uma análise ampla sobre a gestão fiscal do Estado nos termos da Lei de Responsabilidade Fiscal e avaliando inclusive o sistema de planejamento e execução da lei orçamentária.

É certo que o parecer prévio aprecia a responsabilidade, com relação ao passado, da justificação das ações realizadas e das decisões tomadas, bem como da avaliação das políticas planejadas e implementadas. É um controle que se debruça sobre o orçamento público, que se presta a responder três indagações centrais: quais os serviços e bens o Estado vai oferecer gratuitamente à população? Quem suportará e em que meios se dará o custo do financiamento desses serviços? E quais serão as consequências para a economia global das relações financeiras exteriores da nação? Logo, a base de uma boa análise empreendida pelo parecer prévio deve apresentar as respostas a essas indagações.

Meneses e Mapurunga (2016, p. 112) afirmam que o parecer prévio seja, talvez, a mais importante competência das cortes de contas, a quem cabe fornecer os elementos técnicos para, posteriormente, os parlamentares emitirem o julgamento político, de modo que "o cidadão possa conhecer os efetivos resultados obtidos". Assim, nesses pareceres, as cortes de contas opinam pela aprovação, aprovação com ressalvas ou reprovação das contas e ainda fazem recomendações aos gestores acerca das deficiências encontradas, bem como acerca das melhorias que podem ser executadas na arrecadação de receitas e no gerenciamento dos gastos públicos, efetuando o monitoramento das recomendações propostas, impulsionando o fortalecimento de controles internos e a melhoria das ações governamentais.

Entretanto, para que esses instrumentos possam ser mais efetivos na ampliação da responsividade de governo, precisam apresentar respostas menos codificadas e mais uniformes e consolidadas em termos dos resultados do desempenho do chefe do Poder Executivo, em especial no que diz respeito à avaliação da implementação das políticas públicas. Em pesquisa realizada no exercício de 2015, Iocken (2018) levantou os dados relativos às contas de governo estaduais, em todos os 27 tribunais de contas do estado e do Distrito Federal. O resultado da pesquisa apontou avaliações incipientes de políticas públicas e apresentou: i) a inexistência de uma uniformidade em relação ao conteúdo do parecer prévio; ii) a pouca relevância que é conferida ao exame das políticas públicas; iii) a inexistência de qualquer indicador relacionado à participação cidadã; iv) a falta de transparência dos pareceres em alguns tribunais de contas; e v) a ausência de mecanismos direcionados à avaliação de como a sociedade percebe o resultado do parecer prévio.

Outro ponto que se percebe frágil é a ausência de sistematização do conteúdo que é avaliado nos pareceres prévios. Cada Tribunal de Contas emite o parecer prévio à sua própria maneira, e o padrão de análise varia de ano para ano, o que dificulta o monitoramento das recomendações que são efetuadas nos exercícios anteriores, em especial daquelas que são formuladas em exercícios de governos anteriores ao governo analisado. Tal situação parece oferecer uma explicação para o baixo índice de atendimento das recomendações e determinações exaradas nos pareceres prévios das contas de governo do chefe do Poder Executivo.[3]

Por certo, os pareceres prévios emitidos nas contas de governo têm força meramente técnica e orientativa ao Parlamento, não vinculando o julgamento político levado a cabo por ele; porém, também é certo que as recomendações, determinações ou ressalvas exaradas pelos tribunais de contas nos pareceres prévios são muito importantes para assegurar a responsividade envolvida na representação democrática, pois permitem ao governo informações para a correta tomada de decisão quanto à aplicação dos recursos públicos, bem como apresentam comandos para assegurar o equilíbrio das contas públicas e o aprimoramento da gestão pública.

Entretanto, não se verifica essa assertiva plenamente incorporada nos pareceres prévios. Ao menos, seu atributo enquanto instrumento contramajoritário de avaliação do desempenho do governante ainda é pouco explorado e está pouco maturado nos tribunais de contas. Veja-se que, na apreciação das contas de governo, o parecer prévio acaba por ficar restrito à análise de dotações orçamentárias relativas a despesas e

---

[3] Pesquisa realizada pela autora por amostragem, considerando os dois estados de maior orçamento por região geográfica do Brasil (PA, AM, PE, BA, DF, GO, MG, SP, PR e RS), no período de 2007 a 2014, verificou que a média de atendimento gira em torno de 30%. Os governos dos estados do Pará (57%), Minas Gerais (55%) e Pernambuco (57%) foram os que apresentaram maiores médias, justamente os que possuem procedimentos de monitoramento mais institucionalizados.

receitas, aos limites constitucionais e da LRF, de modo que a resposta ao questionamento social de atendimento ou não do interesse comum é ocultada por algarismos numéricos numa linguagem codificada.

Outro ponto que chama atenção é a emissão de parecer pela aprovação das contas pela esmagadora maioria dos tribunais de contas, mesmo quando evidentes indícios de irregularidades ensejadoras de rejeição das contas, manifestas na análise técnica ou ministerial de contas. Quando muito, os tribunais de contas, diante da comprovação dessas irregularidades, opinam por aplicar uma ressalva na prestação de contas ou transformam as irregularidades em recomendações ou determinações,[4] porém sem que haja um monitoramento rígido e sem que nenhuma providência de responsabilização pelo descumprimento seja adotada. Essa situação acaba por gerar uma perda de oportunidade para induzir melhorias e corrigir ineficiências que cedo ou tarde comprometerão os resultados do Estado em termos econômicos e sociais, fazendo-se instalar um cenário de benevolência e um círculo vicioso nada favorável à administração pública. Perde-se a oportunidade de educar o governo. Perde-se a oportunidade de ampliar a qualidade da democracia representativa. Inutiliza-se o parecer prévio enquanto instrumento contramajoritário de controle.

Veja-se que essa postura benevolente em relação à análise das contas do chefe do Poder Executivo também é percebida no julgamento final realizado pelo Poder Legislativo, que, salvo pouquíssimas exceções, tende a julgar aprovadas as contas, sem nenhuma ressalva ou recomendação e sem que se percebam determinantes as recomendações, determinações ou ressalvas apontadas no parecer prévio pelos tribunais de contas.[5]

Porém, não se pode ignorar que o julgamento feito pelo Poder Legislativo tem como objetivo uma análise política dentro do viés majoritário da democracia e, por tal razão, decorre da governabilidade

---

[4] O TCDF e o TCE/PR, no período de 2007 a 2014, emitiram parecer prévio opinando pela aprovação com ressalva das contas, ano a ano, a despeito de a legislação dos tribunais de contas prever que a reincidência na ressalva poderá acarretar a reprovação das contas. No exercício de 2009, o TCDF emitiu parecer pela reprovação das contas; no entanto, até a presente data, as contas ainda não foram julgadas pela Câmara Distrital.

[5] O TCE/GO emitiu parecer prévio pela reprovação das contas referentes ao exercício de 2010. Ainda assim, o Plenário da Assembleia Legislativa de Goiás (Alego), em 2014, por unanimidade, julgou as contas regulares, apesar da manifestação da Comissão de Tributação, Finanças e Orçamento da Alego acompanhando os argumentos trazidos no parecer prévio do TCE/GO.

do chefe do Executivo, sofrendo influência das coalizações que formam a base de governo e, assim, tende a possuir um cunho eminentemente mais político do que técnico. Figueiredo (2001), analisando os efeitos de um Executivo institucionalmente forte e de um processo decisório centralizado sobre o desempenho do Poder Legislativo em seu papel de agência horizontal de controle do Executivo, afirma que esse modelo centralizado de governo se baseia em prerrogativas institucionais atribuídas ao Executivo e aos líderes dos partidos. A Constituição brasileira (BRASIL, 2018) dá ao Executivo fortes poderes legislativos e de agenda, enquanto os regulamentos do Congresso dão aos líderes dos partidos amplo controle sobre o processo legislativo. Em um sistema pluripartidário, em que a formação de governos de coalizão é o padrão dominante, a autoridade para definir a agenda e o Poder Legislativo facilitam a coordenação entre os membros da coalizão e aumentam a cooperação com o Executivo, aumentando a capacidade do chefe do Executivo de impor coesão à coalizão governista, superando assim as dissensões decorrentes de diferenças ideológicas e desacordos políticos entre os partidos da aliança, criando-se, assim, o cenário adequado para aprovação das contas de governo no Parlamento.

Essa realidade parece oferecer uma explicação do porquê, mesmo com as regras institucionais favoráveis, com ampla gama de mecanismos formais para o exercício de sua função de fiscalização e a existência de dispositivos legais adequados para impor sanções em caso de atividade ilegal ou mau comportamento de autoridade, ainda assim, o Poder Legislativo não realiza uma fiscalização direta e rotineira, o que acaba por reduzir a visibilidade das decisões públicas e por privar os cidadãos da chance de obterem informações sobre políticas, reduzindo assim sua capacidade de controlar as ações do governo.

No entanto, em que pese essa realidade, parece cristalino que a CF/88, ao atribuir aos tribunais de contas competência para manifestação sobre o desempenho do governo, quis instituir um mecanismo de análise e informação técnica para funcionar como um contrapeso à decisão política, apto a avaliar a responsividade da representação e a monitorar o cumprimento dos programas de governo, pactuados mesmo no período eleitoral, materializado na divulgação clara, precisa e tempestiva dos resultados desse desempenho, instrumentalizando os eleitores das informações necessárias para cobrarem melhores resultados.

Ainda que o parecer prévio não vincule o Poder Legislativo, é perceptível sua relevância e influência nas decisões de governo. Veja-se que, embora todas as contas de todos os estados analisados[6] tenham sido aprovadas pelo Legislativo sem qualquer observação quanto às recomendações ou determinações, tal fato não foi impedimento para que os governos dos estados empreendessem esforços para dar atendimento a muitas delas, o que demonstra um reconhecimento dos governos da necessidade de implementar as correções tidas como necessárias pelos tribunais de contas. Não se ignora o fato de que um parecer pela reprovação das contas provoca um alto custo político ao governo, notadamente se o chefe do Poder Executivo não contar com uma boa base parlamentar para afastar a reprovação das contas, podendo acarretar, além de diminuição da governabilidade, processo em separado para aplicação de multa e devolução de valores (se for o caso) e, inclusive, refletir em pedido de *impeachment* do governante. Assim, torna ainda mais relevante ajustar a análise do parecer prévio para que possa oferecer melhor resposta quanto aos resultados do governo, principalmente porque a complacência com as irregularidades reiteradas das contas prestadas compromete a credibilidade do controle e sua própria finalidade, que é justamente assegurar que o governante promova as ações de seu governo sem se desviar do pacto social firmado por meio das leis e normas, de modo a não comprometer as bases da democracia e da república.

4 Considerações finais

O orçamento público é o espelho da vida do Estado, devendo servir como um balanço das escolhas por programas públicos em um universo limitado de recursos, e os tribunais de contas possuem o dever de prevenir e de corrigir as práticas que menosprezam os deveres de responsabilidade na gestão do patrimônio do Estado. Não se pode olvidar que a efetiva concretização das mais diversas políticas públicas requer o equilíbrio das contas públicas, sendo esse um indicador importante para se aferir o desempenho de um governante em face dos seus governados para que estes possam realizar o controle das decisões daquele, ampliando assim a responsividade do governante.

---

[6] Pesquisa realizada pela autora por amostragem, considerando os dois Estados de maior orçamento por região geográfica do Brasil (PA, AM, PE, BA, DF, GO, MG, SP, PR e RS), no período de 2007 a 2014.

Para essa aferição, é importante que haja uma padronização na metodologia e nos critérios de análise. Buscando esse alinhamento, a Secretaria do Tesouro Nacional pretende interromper a prática de promover interpretações criativas para acomodar questões pontuais, cobrando uma contabilidade mais minuciosa das despesas e firmando, a partir de interlocução com a ATRICON e o Instituto Rui Barbosa, compromisso com os tribunais de contas para pôr fim à maquiagem das contas públicas, de modo que elas retratem fielmente os resultados das ações governamentais.

Os pareceres prévios contêm comandos contidos nas recomendações, ressalvas e determinações que vão desde sugestão de aprimoramento de sistemas de informação patrimonial, orçamentária e contábil, passando pela política de ajuste fiscal e de pessoal até a implementação de políticas públicas, o que busca assegurar mais eficiência e eficácia nas ações e gestão do governo, possuindo uma estrita relação da qualidade deste em face da democracia. Para isso, porém, é preciso que o controle seja exercido com maior rigor, fazendo pleno uso das competências e instrumentos legais, empreendendo maior esforço no monitoramento das ações e programas do governo, e emitindo informações claras e precisas sobre suas contas, com foco mais na qualidade da transparência, pois, por certo, ofende o tal princípio informações em linguagem hermética, confusa, tecnicizada além do necessário para sua correta compreensão.

Faz-se necessário que os tribunais de contas brasileiros institucionalizem e consolidem os princípios e diretrizes internacionais do controle externo,[7] de modo a aprimorar, uniformizar e assegurar a efetividade da sua atuação. Essas normas constituem marco essencial para a credibilidade, qualidade e profissionalismo do controle das ações do governo. Ao receber as contas de governo, uma comissão técnica do tribunal de contas é formada para planejar o pré-estudo das contas, executar a coleta de dados e de informações e emitir o relatório com

---

[7] As Normas Internacionais das Entidades Fiscalizadoras Superiores (ISSAI) são emitidas pela *International Organization of Supreme Audit Institutions* (INTOSAI), a Organização Internacional de Entidades Fiscalizadoras Superiores. A ISSAI 11 ressalta a autonomia dos organismos de controle e estabelece que os relatórios de auditoria devem ser tempestivos e divulgados contendo observações e recomendações claras e precisas do desempenho que se opina. Os pareceres prévios emitidos pelos tribunais de contas nas contas de governo guardam estrita semelhança com os relatórios de auditorias, por expressarem uma manifestação técnica sobre os pontos que são colocados sob análise e que subsidiarão uma posterior tomada de decisão (INTERNATIONAL ORGANIZATION OF SUPREME AUDIT INSTITUTIONS, 2018a).

os resultados encontrados. Entretanto, não há uma padronização nos procedimentos que a comissão técnica observará. Cada tribunal de contas define o seu procedimento, o que também costuma variar de ano para ano, a depender do relator designado para relatar as contas de governo. Também não há uniformidade quanto ao conteúdo do parecer prévio. Outra questão tratada como relevante pelas normas internacionais diz respeito ao monitoramento, isto é, verificar se as ações adotadas em resposta aos achados e recomendações resolveram os problemas e/ou deficiências subjacentes.[8]

Dessa forma, para que os pareceres prévios sejam instrumentos efetivos de *accountability* horizontal, informando a responsabilidade de governo e contribuindo para aumentar a legitimidade da representação, é importante que sejam ajustados para garantir: i) uniformidade em relação à metodologia e ao conteúdo do parecer prévio; ii) maior ênfase no exame das políticas públicas; iii) a existência de indicador relacionado à participação cidadã, estimulando esse vínculo na definição da vida pública; iv) a transparência dos pareceres, com ampla divulgação em linguagem fácil e acessível; v) mecanismos direcionados à avaliação de como a sociedade percebe o resultado do parecer prévio; vi) divulgação do resultado do monitoramento realizado, com os índices de atendimento das correções das irregularidades detectadas; e vii) demonstração do cumprimento dos compromissos políticos assumidos por ocasião do registro do plano de governo junto ao Tribunal Regional Eleitoral, de modo a demonstrar se esses compromissos estão norteando a elaboração das peças orçamentárias e estão refletindo no desenvolvimento econômico e social do ente, por meio da execução das políticas públicas.[9]

---

[8] ISSAI 300 estabelece diretrizes e regras para a emissão dos relatórios e o respectivo monitoramento, de modo a ampliarem sua efetividade (INTERNATIONAL ORGANIZATION OF SUPREME AUDIT INSTITUTIONS, 2018b).

[9] A cada ano, o Tribunal de Contas da União define um tema central para as contas de governo do presidente da República, conforme exemplo abaixo:
2011: "Sustentabilidade do Crescimento": buscou um panorama de como a ação governamental pode propiciar um crescimento nacional consistente e estruturado, que possa ir se delineando ao longo dos anos, de forma a garantir melhores condições de vida a gerações futuras;
2012: "Crescimento Inclusivo": foco na verificação se as políticas públicas previstas no PPA nas áreas de educação, saúde, desenvolvimento regional, infraestrutura e previdência estão sendo implementadas de forma adequada, de maneira a garantir o alcance dos objetivos traçados pelo Governo Federal;
2013: "Governança Pública para o desenvolvimento": buscou-se maior convergência do relatório com os padrões e boas práticas internacionais de fiscalização governamental; e
2014: "Governança Pública para a competitividade nacional": foi elaborado um amplo diagnóstico da governança no setor público. Dois aspectos foram prioritariamente tratados:

Veja-se que essa abordagem dá um novo relevo à função do parecer prévio. Parte-se do princípio de que ele deve ser mais do que o retrato das peças contábeis e orçamentárias, espelhando o próprio desempenho do chefe do Poder Executivo e sua legitimidade na representação, de modo a levar o Poder Legislativo a uma *performance* mais profunda enquanto fiscal do Executivo. Significa dizer que os parlamentares devem utilizar as informações constantes do parecer prévio para adotarem, tempestivamente, as medidas legais e providências na sua esfera de competência, em especial no que se refere à implementação das políticas públicas, fazendo constar em suas decisões as informações que a fundamentam, como as principais ações executadas ou não realizadas pelo governo, as boas práticas, os problemas detectados e o volume de recursos aplicados, impulsionando e educando o governo.

Dentro desse contexto, é possível avaliar a responsabilidade de governo, medida pela coerência da gestão com as propostas apresentadas pelo candidato. Afinal, o plano de governo não pode ser tido como uma peça de ficção, pois aponta para a responsabilidade de futuro, ou seja, o compromisso assumido perante os eleitores, sendo o cumprimento desse compromisso que garante a legitimidade da representação.

Portanto, os tribunais de contas, no exercício institucional da competência contramajoritária, mesmo que se reconheça que a prática ainda caminha para atender a um modelo ideal de apuração da responsabilidade política no sentido de uma responsabilidade pelo bom governo, assume significativa importância, pois corresponde à avaliação orçamentária do governo sob os parâmetros de eficácia, eficiência e economicidade. Nesse cenário, a função de fiscalizar não apenas as contas públicas, mas a qualidade das políticas públicas aplicadas pelos governantes, é fundamental para assegurar a responsividade dos políticos eleitos e, por consequência, apresenta influência na qualidade da democracia, em especial com o advento de uma sociedade da desconfiança, marcada pelas transformações da democracia contemporânea, em que o poder de controle assume especial relevo como instrumento de emancipação de uma cidadania diretamente ativa no controle da disputa orçamentária das políticas públicas.

---

os programas voltados para o aperfeiçoamento da gestão pública federal e as características dos planos e orçamentos públicos.

The previous opinions issued by the courts of accounts in government accounts: expanding its meaning as an instrument of democratic quality

Abstract: In representative democracy, the effectiveness of control has a direct relation with the quality of democracy, since through control, agents can be held accountable for their actions and conduct, when they deviate from the general interest agreed upon in the laws, more responsive representatives. The term responsiveness was used in the sense of responding behavior, of solving, of taking responsibility for oneself, of receiving questions and doubts in order to answer them. In this sense, this article seeks to evaluate the scope of prior opinions issued by the courts of accounts in the government accounts of the Chief Executive and, more than that, seeks to propose a new analysis bias so that they can be a countermajority information tool and evaluation of government performance and, consequently, contribute to assessing the legitimacy of representation and increasing the responsiveness of representatives.

Keywords: Representative democracy. External control. Court of accounts. Prior opinion. Responsiveness.

Referências

BRASIL. [Constituição (1988)]. *Constituição da República Federativa do Brasil*. Disponível em: http://www.planalto.gov.br/ccivil_03/constituicao/constituicaocompilado.htm. Acesso em: 15 jul. 2018.

DAHL, Robert A. *Poliarquia*. Tradução Celso Mauro Paciornick. São Paulo: Editora da Universidade de São Paulo, 2012.

DOWNS, Anthony. *Uma teoria econômica da democracia*. Tradução Sandra Guardini Teixeira Vasconcelos. São Paulo: EdUSP, 1999.

FIGUEIREDO, Argelina Cheibub. Instituições e Política no Controle do Executivo. *Dados*: Revista de Ciências Sociais, Rio de Janeiro, v. 44, n. 4, p. 689-727, 2001.

INTERNATIONAL ORGANIZATION OF SUPREME AUDIT INSTITUTIONS (INTOSAI). *Normas Internacionais das Entidades Fiscalizadoras Superiores (ISSAI 11)*. 2007. Disponível em: www.issai.org. Acesso em: 24 fev. 2018a.

INTERNATIONAL ORGANIZATION OF SUPREME AUDIT INSTITUTIONS (INTOSAI). *Normas Internacionais das Entidades Fiscalizadoras Superiores (ISSAI 300)*. 2013. Disponível em: www.issai.org. Acesso em: 24 fev. 2018b.

IOCKEN, Sabrina Nunes. *Controle Compartilhado das Políticas Públicas*. Belo Horizonte: Editora Fórum, 2018.

MENESES, Anelise Florencio de; MAPURUNGA, Patrícia Vasconcelos Rocha. Parecer Prévio das Contas Anuais do Governador: um Estudo na Evidenciação pelos Tribunais de Contas Estaduais. *Revista do TCE/CE*: Controle Doutrina e Artigos, Fortaleza, v. 14, n. 1, p. 108-122, 2016.

O'DONNELL, Guilhermo. Accountability Horizontal e Novas Poliarquias. *Lua Nova*, São Paulo, ano 1, n. 44, p. 27-44, 1998.

ROSANVALLON, Pierre. *La contrademocracia*: la política en la era de la desconfianza. Buenos Aires: Manantial, 2015.

SCHUMPETER, J. *Capitalismo, Socialismo e democracia*. Tradução Sérgio Góes de Paula. Rio de Janeiro: Zahar Editores, 1984.

Informação bibliográfica deste texto, conforme a NBR 6023:2018 da Associação Brasileira de Normas Técnicas (ABNT):

CUNHA, Milene Dias da. Os pareceres prévios emitidos pelos tribunais de contas nas contas de governo: ampliando seu significado como instrumento da qualidade democrática. *In*: LIMA, Edilberto Carlos Pontes (Coord.). *Tribunal de Contas do século XXI*. Belo Horizonte: Fórum, 2020. p. 221-238. (Coleção Fórum IRB, v. 3). ISBN 978-85-450-0713-5.

O PAPEL DO TRIBUNAL DE CONTAS NO COMBATE À CORRUPÇÃO

Moises Maciel

1 Introdução

Fato que convive com a humanidade desde épocas mais remotas e compreendido, por muitos, como algo cultural e, até mesmo, decorrente do famoso "jeitinho brasileiro", a corrupção consiste, na realidade, em um problema de ordem política e internacional, tanto que um dos países mais corruptos do mundo, conforme informação de um dos grandes pesquisadores no assunto, é o Reino Unido (SAVIANO, 2017).

Apesar de ter sido amplamente praticada e, em alguns locais, até mesmo incentivada (na Alemanha se permitia, inclusive, dedução do imposto de renda mediante comprovação de pagamento de propina), conforme explica uma teoria que busca explicar as vantagens decorrentes da corrupção (teoria da graxa sobre rodas), o certo é que o posicionamento atual consiste em considerar tal fenômeno como algo que atravanca a economia e impede o desenvolvimento do país, razão pela qual este tem se esforçado na criação de normas que busquem, em alguns casos, prevenir (como se dá com a Lei Anticorrupção francesa – Lei Sapin II) e, em outros, ao menos remediar (como a Lei Anticorrupção brasileira) a prática de atos de corrupção, estimulando a adoção de programas de integridade (a fim de manter inteiro o que se "rompeu" pela corrupção) e a mudança de paradigmas, voltando seus olhos e sua atenção para um comportamento mais comprometido com a ética, o respeito às normas e a proteção aos direitos humanos, até porque a corrupção constitui flagrante desrespeito ao Estado Democrático de Direito e aos direitos da pessoa humana.

Nessa luta, o papel dos tribunais de contas, no exercício do controle externo, configura-se de extrema importância e elevada responsabilidade.

O estudo que apresentamos busca fazer uma breve análise acerca da definição da corrupção e sua evolução histórica para, então, analisar o papel dos tribunais de contas e a importância de sua atuação como órgãos de controle, em tempos de busca pela integridade e fortalecimento de uma cultura ética, demandando uma conscientização social cada vez maior.

2 Corrupção: definições, elementos caracterizadores e evolução histórica

Não é de hoje que a corrupção gera acaloradas discussões e muitas teses, a começar por sua definição e origem, pontos que ainda são causas de dúvidas e contradições; por isso, definir corrupção não é e nunca foi fácil, tanto por suas diversas acepções e efeitos (que podem irradiar para diversas áreas) quanto por sua forte ligação com a natureza humana.

A doutrina relata que, no Egito, o faraó prometia punir os corruptos, havendo menções nesse sentido também nos direitos grego e hebreu (BÍBLIA SAGRADA – Livro de Carta de Paulo aos Romanos 1:18: "Portanto, a ira de Deus é revelada do céu contra toda impiedade e injustiça dos homens que suprimem a verdade pela injustiça"), mas apenas em Roma é que o crime de corrupção obteve tratamento mais específico, com o surgimento de leis como a Cincia (OLIVEIRA, 1994, p. 22) e outras decorrentes da expansão do seu território.

No Brasil, as Ordenações Filipinas previam diversas sanções à prática de corrupção por funcionários e agentes do reino, e o Código Penal do Império (1831) já trazia a previsão de alguns crimes de corrupção, utilizando a expressão "suborno" para indicar toda conduta de "deixar-se corromper por influência ou peditório de alguém, para obter o que não deve ou deixar de obrar o que dever" (LIVIANU, 2014, p. 32).

Etimologicamente (JAPIASSU, 2007, p. 36), corrupção deriva do latim *corruptus*, que significa *quebrado em peças*, sendo resultante da junção dos termos em latim *cor* (coração) e *ruptus* (quebra, rompimento), definição esta apresentada por Agostinho ao conceituar o pecado original: "*Corruptus* é o que possui o coração rompido".

Percebe-se que, ao longo da história, a sobreposição do interesse privado com total desrespeito pela coisa pública se manteve como característica peculiar desse fenômeno, tratando-se de uma condição inerente ao homem e que pode se manifestar em qualquer um de nós, mas que causa grandes males, tendo em vista a amplitude de seus efeitos, já que atinge a toda a coletividade.

Nesse aspecto, em busca de tentar uma definição de corrupção, Vicente Greco Filho e João Daniel Rassi (2015) ensinam que "a corrupção, no sentido de obtenção de vantagem indevida em virtude do exercício de função pública, é fenômeno milenar", e Hélio Mileski (2015, p. 348), por sua vez, apesar de considerá-la como um "desvio ilícito do interesse público em benefício do interesse privado", entende que, atualmente, a definição apresentada por Rose-Ackerman é a que melhor explica a corrupção:

> A corrupção ocorre na interface dos setores público e privado, de acordo com sistemas de incentivo que permitem aos agentes políticos maximizarem utilidade mediante suborno e propina. A corrupção está relacionada ao comportamento rent-seeking, mediante o qual os agentes políticos tendem a maximizar sua renda privada. Essa maximização de bem-estar está inserida dentro de um contexto de regras determinadas e de uma renda fixada de acordo com as preferências individuais (ROSE-ACKERMAN, 1999).

Desse modo, importa reconhecer a existência de um denominador comum entre as definições apresentadas, consistente numa *relação que gera uma transferência ilícita de uma porção do patrimônio público para um patrimônio privado, em prejuízo à sociedade*.

Quanto aos seus elementos caracterizadores, são apontados (FURTADO, 2015, p. 41): abuso de posição, violação de um dever (ainda que infralegal e com sanções puramente morais ou éticas), expectativa de obtenção de benefício "extraposicional" (bastando a simples expectativa de vantagem futura, ainda que não concretizada, ou a percepção de um pagamento para a prática de determinado ato extraposicional que, às vezes, nem se concretizou) e sigilo (forte elemento caracterizador, visto que, em regra, há o interesse de que tais práticas se deem na penumbra). Não sem motivo é que um dos instrumentos de combate à corrupção consiste na transparência e na devida prestação de contas (*accountability*).

A ministra Carmen Lúcia, com notório poder de síntese, afirmou que:

> A corrupção significa não que alguém foi furtado de alguma coisa, mas que uma sociedade inteira foi furtada pela escola que não chega, pelo posto de saúde que não se tem, pelo saneamento básico que tantas centenas de cidades brasileiras não têm, exatamente pelo escoadouro dessas más práticas, dessas criminosas práticas (BRITO, 2019).

Dentre os efeitos decorrentes dos atos de corrupção, encontramos na doutrina citações que se referem a diferentes formas, ultrapassando, inclusive, as fronteiras nacionais, tais como os *efeitos políticos* (financiamentos das campanhas e a busca frenética por recursos que promovam o uso de meios escusos), que geram, quando descobertos, imensa desconfiança social, que, por sua vez, acarreta um maior espaço para que esse tipo de "financiamento" ocorra, em um verdadeiro círculo vicioso (FURTADO, 2015, p. 46).

Quanto ao efeito *econômico-social*, questiona-se acerca da relação existente entre a pobreza e a corrupção: qual é causa e qual é consequência? Determinar, contudo, se a pobreza é causa ou consequência da corrupção (ou, quem sabe, as duas coisas) pode nos levar à conclusão de que, quanto maior a instrução, menor a corrupção, já que a instrução é sempre um bom instrumento no controle e combate de tais atos, além de que tais reflexos afetam a qualidade de vida da população, reduzindo os investimentos sociais (em virtude dos desvios), aumentando a desigualdade social e gerando prejuízos para a sociedade. Todavia, a conclusão não é assim tão simples quando se trata desse fenômeno tão humano.

Com relação aos *efeitos administrativos*, analisamos sob uma ótica instrumental do Estado (considerando a administração pública como instrumento para satisfação das necessidades sociais), de maneira que a prática da corrupção gera uma sensação de impunidade, visto que os gastos públicos e a arrecadação tributária acabam se tornando menos eficazes, obrigando o governo a adotar políticas monetárias, como elevação das taxas de juros, que impactam no endividamento público, gerando estagnação econômica. A análise desses efeitos é de extrema importância para definir a medida mais eficaz de combate.

Ainda com relação aos efeitos da corrupção, importa salientar que há quem defenda a existência de *efeitos benéficos* e, até o início da década de 1990, diversos estudos foram apresentados no sentido de comprovar "as vantagens da corrupção". É o que defende a teoria da graxa sobre rodas (segundo a qual a corrupção funcionaria como uma espécie de lubrificante, ajudando a girar as "rodas da economia", engessadas pelo excesso de burocracia, sendo responsável pela celeridade na tramitação de determinados processos e servindo como fonte de "incremento"), que se contrapõe à teoria da areia sobre rodas, adotada pela maioria atual, que aduz que os efeitos positivos da corrupção são ilusórios, por criar um ambiente institucional deturpado e inseguro, prejudicial para o desenvolvimento do país. Nesse sentido, a corrupção não serviria como um lubrificante, pois seu efeito seria inverso: como areia, emperraria as engrenagens do Estado, dificultando e, até mesmo, impedindo seu funcionamento.

2.1 A corrupção nas perspectivas nacional e internacional

A partir da década de 1970, os estudos sobre corrupção começaram a surgir com diferentes abordagens, e as legislações começaram a estabelecer sanções, observando as circunstâncias específicas de cada país. Foi nessa época que casos referentes à prática de corromper funcionários públicos estrangeiros através de empresas multinacionais (caso *Watergate*, que culminou com a renúncia do presidente americano Richard Nixon) começaram a ser identificados e comunicados, originando, nos Estados Unidos (em 1977), a *Foreign Corrupt Practices Act* (FCPA) e culminando na proibição da prática de atos de suborno de funcionários públicos estrangeiros, que teve, por consequência, o surgimento de outras regulamentações, em um verdadeiro movimento de reversão.

Apenas na década de 1990, porém, quando a prática desses atos se tornou mais grave em virtude da globalização, é que foi possível ter uma percepção mais ampla do problema, que passou a ser tema de pauta em reuniões do Banco Mundial e do Fundo Monetário Internacional.

No que concerne às regulamentações internacionais, o Brasil ratificou três convenções, sendo a primeira delas a Convenção sobre o Combate da Corrupção de Funcionários Públicos Estrangeiros em Transações Comerciais Internacionais da OCDE em 2000, que tratou de crimes cometidos por funcionários públicos estrangeiros, como a prevenção da utilização do sistema financeiro para os ilícitos, a adoção de novas estratégias no cenário transnacional, bem como a implementação de políticas públicas, tais como a Estratégia Nacional de Combate à Corrupção e à Lavagem de Dinheiro, mas conhecida pelas siglas ENCCLA, implementada pelo CNJ (Conselho Nacional de Justiça) com a participação de diversos setores do Estado e da sociedade civil (NOTARI, 2017). Mais à frente, foram ratificadas a Convenção Interamericana contra a Corrupção (CICC), da Organização dos Estados Americanos (OEA), e a Convenção das Nações Unidas contra a Corrupção (UNCAC), em 2003, na cidade de Mérida (México), promulgada por meio do Decreto nº 5.687, de 31 de janeiro de 2006, que buscou complementar a Convenção das Nações Unidas contra o Crime Organizado Transnacional. Alguns anos mais tarde, pelo Decreto Legislativo nº 12, de 14 de junho de 2000, o Brasil ratificou ainda a Convenção de Paris, demonstrando, como podemos observar, que a internacionalização, no direito brasileiro, concernente à corrupção tem se dado mais por atos do que por abstenções.

É oportuno consignar, ainda, que diversas são as organizações governamentais de combate à corrupção. Dentre elas, podemos citar a Assembleia Geral das Nações Unidas e o Conselho Econômico e Social, o Centro das Nações Unidas para a Prevenção da Criminalidade Organizada, o Programa das Nações Unidas para o Desenvolvimento, a Comissão das Nações Unidas para o Direito do Comércio Internacional, o Banco Mundial (BIRD), o Fundo Monetário Nacional (FMI) e a Organização Mundial do Comércio (OMC). Ao lado destas, ainda temos as organizações não governamentais: a Câmara Internacional do Comércio e a Transparência Internacional (MEYER; OLIVEIRA, 2009).

No aspecto legislativo, além da *UK Bribery Act* (no Reino Unido), temos ainda a Lei Anticorrupção brasileira (Lei nº 12.846, de 2013), considerada um marco histórico no combate à corrupção, e a Lei Sapin II (publicada em 2017, na França), que trouxe importantes avanços, como a responsabilização penal da pessoa jurídica por atos de corrupção, a ampliação territorial da competência jurídica e a criação de uma agência fiscalizadora (AFA) com fins de supervisionar e sancionar as empresas que não observarem as determinações legais, sendo considerada uma nova Revolução Francesa por muitos estudiosos em virtude das mudanças e transformações trazidas em nome da transparência e da ética, bem como da modernização da vida econômica. Diferentemente da lei brasileira contra a corrupção (que instituiu um verdadeiro paradoxo por ter o objetivo de fortalecer uma cultura de integridade nas instituições, mas só considera a utilidade desses programas nos casos em que o ilícito já se materializou), a lei francesa (Sapin II) não prevê correção para as ilicitudes detectadas, demonstrando que seu foco está na prevenção à corrupção, ou seja, no dever de vigilância.

3 Fiscalização e controle – a importância da atuação dos tribunais de contas no combate à corrupção

A Declaração de Direitos do Homem e do Cidadão determina em seu artigo 15 que "a sociedade tem o direito de pedir contas a todo agente público pela sua administração" (UNIVERSIDADE DE SÃO PAULO, 1789); por sua vez, J. J. Canotilho (1999) ensina que "o Estado que está sujeito ao direito atua através do direito e positiva normas jurídicas informadas pela ideia de direito", de modo que o controle, por parte da administração pública, se baseia especificamente em normas que buscam a defesa da própria administração e, consequentemente, do direito dos administrados.

No que se refere ao controle, Hely Lopes Meirelles (2000) ensina ser "(...) a faculdade de vigilância, orientação e correção que um Poder, órgão ou autoridade exerce sobre a conduta funcional de outro", e Marcos Nóbrega ensina tratar-se de regras administrativas e jurídicas que permitem a fiscalização dos atos praticados pelo poder público no exercício de sua gestão (NOBREGA, 2011, p. 57), importando ressaltar que a questão referente ao controle é um dos pontos sensíveis para a existência de um Estado ágil e transparente, razão pela qual esse assunto tem se tornado frequente em diversos países, mormente agora, que o Brasil pode contar com um importante apoio na busca por cumprir suas promessas de combate à corrupção, mediante a adoção das Normas Internacionais de Contabilidade aplicadas ao setor público (International Public Sector Accouting Standards – IPSAS), cuja agenda de convergência do Brasil se iniciou em 2015, com projeção para finalizar em 2024 (BRASIL, 2015), recomendando que a União, o Distrito Federal e cada estado federado, bem como os seus municípios, realizem os seus próprios planos no que concerne à implantação, observando os prazos estabelecidos sob pena de sujeição à sanção prevista na Lei Complementar nº 101/2000, qual seja: impedimento de receber transferências voluntárias e contratar operações de crédito.

Com relação às espécies de controle, no Brasil, dentre as diversas formas existentes, citamos o *controle jurisdicional*, exercido em busca de garantir a observância do princípio da legalidade e demais princípios constitucionais, tendo, ao seu lado, por força do artigo 70 da Constituição

Brasileira, os *controles interno* (exercido pelo sistema de controle de cada poder) e *externo* (exercido pelo Congresso Nacional ou casa legislativa correspondente).

Entretanto, a doutrina fala, ainda, do *controle governamental* e do *controle social* (exercido individual ou conjuntamente pela sociedade), como também dos controles político, administrativo, de mérito, de legalidade, de resultado, etc., dependendo da análise a ser realizada, como pressuposto do princípio da democracia, e dever dos gestores e de todos os que exercem a administração de recursos públicos. Sem mencionar o fato de que, nessa espécie de relação sinérgica entre a sociedade e o Estado, se vislumbra que um está inserido no outro, sem prejuízo de dependência.

3.1   O controle realizado pelos tribunais de contas

Sendo, por natureza, um órgão político administrativo, autônomo, com função expressamente determinada na Constituição, de exercer o controle externo da administração pública (partilhada com o Poder Legislativo), o Tribunal de Contas possui múltiplas competências exclusivas, não havendo qualquer vínculo de subordinação entre esse órgão de controle e o Poder Legislativo, apesar de ambos realizarem o controle das contas públicas.

Outrossim, cabe ainda recordar que o sistema dos tribunais de contas brasileiro é complexo: são denominados tribunais, compostos por ministros, julgam contas, porém, não fazem parte do Poder Judiciário, tampouco estão subordinados ao Legislativo, mas possuem *natureza constitucional e competências e atribuições próprias, autônomas e independentes*. Na realidade, os tribunais de contas, no Brasil, não integram a estrutura de quaisquer dos poderes, de maneira a garantir não apenas a efetividade, como a eficácia de suas decisões. O ex-ministro do STF Carlos Ayres Britto, ao explicar o regime constitucional dos tribunais de contas, assim ensinou:

> Poder Legislativo e Tribunal de Contas são instituições que estão no mesmo barco, em tema de controle externo, mas sob garantia de independência e imposição de harmonia recíproca. Independência, pelo desfrute de competências constitucionais eu se não confundem (o que é de um não é do outro, pois dizer o contrário seria tornar inócua a própria explicitação enumerativa que faz a Constituição para cada qual dos dois órgãos públicos). Harmonia, pelo fim comum de atuação

no campo do controle externo, que é um tipo contábil, financeiro, orçamentário, operacional e patrimonial de controle sobre todas as pessoas estatais-federadas e respectivos agentes, ou sobre quem lhes faça as vezes (BRITTO, 2012).

Explicou ainda o ex-ministro que o cerne se encontra na diferença entre função e competência, visto que ambos exercem a mesma função (o controle externo), mas com competências distintas:

> [...] as casas de contas se constituem em tribunais de tomo político e administrativo a um só tempo. Político nos termos da Constituição; administrativo, nos termos da lei. [...] E salta a razão eu se os Tribunais de Contas não ostentassem dimensão política não ficariam habilitados a julgar as contas dos administradores e fiscalizar as unidades administrativas de qualquer dos três Poderes estatais, nos termos da regra insculpida no inciso IV do art. 71 da Carta de Outubro (salvante as contas anualmente prestadas pelo Chefe do Poder Executivo). Sequer receberiam o nome de "Tribunais" e nunca teriam em órgãos e agentes judiciárias de proa o seu referencial organizativo-operacional. Muito menos se dotariam de um Ministério Público próprio ou especial (BRITTO, 2012).

Complementando o raciocínio, os "julgamentos" proferidos pelos tribunais de contas são de caráter objetivo, de ordem técnico-jurídica, que observam, especificamente, a subsunção dos fatos às normas, enquanto o Poder Legislativo julga com critérios políticos de conveniência e oportunidade, em um julgamento de caráter subjetivo. Nesta senda, o Poder Legislativo não exerce qualquer função de instância técnica sobre as cortes de contas, ressalvada a hipótese em que os tribunais de contas emitem parecer prévio referente às contas do chefe do Poder Executivo, sendo esta a única hipótese em que a decisão das cortes de contas se submete a uma espécie de revisão política, visto que todas as demais não são passíveis de reexame pelo Legislativo.

Infere-se, portanto, que os tribunais de contas possuem autonomia financeira e administrativa expressamente prevista no texto constitucional (artigo 73). Nesse passo, Jarbas Maranhão manifestou-se a respeito, identificando a atuação desses órgãos de controle diante dos poderes estatais:

> Em relação ao Poder Executivo a função do Tribunal de Contas é de controle e revisão. (...) Relativamente ao Poder Legislativo que, além de legislar, tem amplo poder de fiscalização, o Tribunal de Contas

coopera tecnicamente na realização do Controle Externo. Quanto ao Poder Judiciário tem com ele similitudes. Como órgão tem composição não idêntica, mas semelhante. Os ministros e conselheiros do Tribunal de Contas têm os mesmos direitos, garantias e impedimentos dos Magistrados do Poder Judiciário (MARANHÃO, 1990).

A Constituição da República de 1988 outorgou aos tribunais de contas a função de protetores da sociedade contra desperdícios, privilégios autoconcedidos e outros. Eles não possuem personalidade jurídica própria, mas possuem capacidade judiciária, de modo que corroboramos, assim, a afirmação de Hélio Mileski:

> [...] pode-se dizer que, em face da sua autonomia constitucional para o exercício da função de controle da atividade financeira do Estado, contemporaneamente, o Tribunal de Contas sem ser Poder ficou com o poder de fiscalizar o Poder, agindo em nome do Estado e da sociedade, no sentido de preservar a regularidade da aplicação dos dinheiros públicos, com atendimento do interesse público (MILESKI, *Op. Cit*).

Não é preciso ir muito além, portanto, para chamar a atenção para a importância das funções exercidas por esse órgão, principalmente no que se refere à prevenção e combate à corrupção. Consistente em órgãos autônomos e independentes, com múltiplas competências, que atuam com um enfoque amplo e um quadro multidisciplinar de técnicos, altamente especializado, não é por outro motivo que a *Organização das Nações Unidas tem apontado os tribunais de contas como órgãos essenciais à prevenção e combate à corrupção*. Nessa vereda, também não foi à toa que Carlos Ayres Britto afirmou em uma de suas entrevistas que os tribunais de contas são *instrumentos de efetividade da jurisdição* por atuarem como *organismos que impedem o desgoverno* (ao lado do Ministério Público e da Polícia), através da fiscalização e do controle da gestão pública, consistindo, desse modo, em órgãos que efetivam e concretizam o que está escrito na Constituição:

> É essa responsabilidade jurídica pessoal (verdadeiro elemento conceitual da República enquanto forma de governo) que demanda ou que exige, assim, todo um aparato orgânico-funcional de controle externo. E participando desse aparato como peça-chave, os Tribunais de Contas se assumem como órgãos impeditivos do desgoverno e da desadministração.
> [...]

Convindo asseverar que o controle operacional diz com a exigência eu faz o art. 37 da Magna Carta Federal quanto ao modo de se aplicar a lei, administrativamente, que é um modo inafastavelmente impessoal, moral, público e eficiente. Os Tribunais de Contas fazem esse tipo de julgamento é e assim que eles se tornam órgãos especialmente habilitados pela Constituição para o impedimento da desadministração. Tornando-se, além do quê, muito mais que simples órgãos de aplicação da lei para se transformar em órgãos de aplicação do Direito, pois o certo é que o artigo constitucional em causa estabeleceu para o Direito Positivo um tamanho maior do que o da lei (visto ser o princípio da legalidade um necessário ponto de partida para a Administração, mas não um necessário ponto de chegada) (BRITTO, 2016).

Vale ressaltar, desta feita, que o exercício do controle externo, realizado pelos tribunais de contas, possui o escopo de garantir a boa administração pública, devendo se pautar, obrigatoriamente, no artigo 37 da Carta Magna, apoiado no princípio republicano, que, por sua vez, se baseia no dever de cuidar do que é de outrem, em busca da efetiva concretização dos interesses da coletividade. Com este fim, cumpre ainda observar (como já mencionado anteriormente) as *International Public Sector Accouting Standards* (IPSAS) ou, simplesmente, as Normas Internacionais de Contabilidade Aplicadas ao Setor Público.

No âmbito internacional (importa registrar), uma nova norma de sistemas de gestão antissuborno foi publicada (a ISO NBR 37001), com medidas para prevenir, detectar e responder ao risco de suborno; no âmbito nacional, novas normas também foram editadas buscando fortalecer o eixo legal, tais como a Lei nº 13.460, de 2017, que dispõe da defesa dos direitos do usuário dos serviços da administração pública; o Decreto nº 9.203, de 2017, sobre política de governança da administração pública federal; e a Portaria nº 1.089, de 2018, da CGU, que orienta a estruturação de programas de integridade.

Desta feita, com vistas a garantir transparência e confiabilidade cada vez maiores, no que se refere aos atos praticados pela administração pública, possibilitando aos cidadãos o acesso a informações que lhes permitam se certificarem a respeito da justa e correta aplicabilidade dos recursos públicos, é que são criados e efetivados os mecanismos de controle, dando origem às chamadas Instituições Superiores de Controle (*Superior Audit Institutions* – SAI). Estas podem adotar o modelo napoleônico (de origem francesa, que impactou fortemente os países latinos com um modelo de Tribunal de Contas mais centrado na legalidade do que, propriamente, na eficiência, sendo dotado de um poder punitivo razoável), adotado por países como Brasil, Portugal, França, Itália e Espanha e os países africanos de língua francesa e portuguesa; ao lado destes, os modelos monocráticos (conhecidos por Instituições de Westminster), adotados pelos países anglo-saxônicos, com foco no desempenho e na eficiência, mas tendo em seu *enforcement* (execução) a sua maior fragilidade, dos quais temos como exemplos Estados Unidos, Canadá, Austrália, Índia, Colômbia, Chile, México e Peru. Completando as espécies existentes, existe ainda uma "espécie de Westminster peculiar", adotada pelos países asiáticos com alguns diferenciais diante da existência de um colegiado.

Cumpre salientar ainda que as funções ou competências desses órgãos não são iguais em todos os países, visto que, em alguns deles, há órgãos de controle externo, cuja função se limita a exercer auditoria informativa do Parlamento, enquanto outros atuam de forma concreta, na aplicação das sanções e demais responsabilizações.

Em uma análise de direito comparado, restrita apenas a título de exemplificação, os tribunais de contas em Portugal constituem um braço do Poder Judiciário local – posição que foi defendida em nosso país por Ives Gandra Martins (2008, p. 55-64) –, que, por sua vez, exerce quatro jurisdições – constitucional, comum, administrativa e financeira, sendo esta última formada pelos tribunais de contas. Na Espanha, por sua vez, essa importante Corte de Contas, originada na Idade Média, possui a função de órgão supremo da fiscalização das contas e da gestão econômica do Estado, bem como de todo o setor público. Com funções exercidas por delegação das cortes gerais e formada pelo Congresso de Deputados e Senado, sua jurisdição é única, estendendo-se por todo o território nacional, sem prejuízo dos órgãos fiscalizadores de contas das comunidades autônomas.

4 Combate à corrupção e a atuação dos órgãos de controle

O combate à fraude e à corrupção é um dos meios considerados pelo Tribunal de Contas para atingir sua principal missão, que é o aperfeiçoamento da gestão pública (www.tcu.gov.br). Para tais fins, mister se faz aprimorar os processos internos dos órgãos públicos através de fiscalizações, orientações e acompanhamentos, buscando coibir toda espécie de ação fraudulenta. E é isso o que tem feito o

Tribunal de Contas da União, aprimorando, nos últimos anos, suas ferramentas de combate à corrupção, incorporando a detecção de fraude e corrupção nas rotinas de auditoria, intensificando a cooperação com órgãos da rede de controle e, ainda, mediante a criação da Secretaria Extraordinária de Operações Especiais em infraestrutura, com fins a sistematizar tais atuações, atuando em fiscalizações nessas áreas, cujo objeto seja conexo a operações que exijam troca de informações com instituições de controle, tais como a Lava Jato.

Além disso, em 2017, esse tribunal criou uma secretaria específica para o combate à fraude e à corrupção, a Secretaria de Relações Institucionais de Controle no Combate à Fraude e Corrupção (Seccor), cuja responsabilidade reside na sistematização e articulação da atuação do TCU para tais fins.

A publicação da Lei de Responsabilidade Fiscal, a transparência nas contas públicas e o exercício responsável da *accountability* são exemplos de medidas que inibem práticas fraudulentas, auxiliando no combate à corrupção; nesse sentido, espera-se, também, por parte dos órgãos de controle externo a verificação da aplicação prática do conteúdo dessas leis.

Um esforço coletivo, aliado à participação social, com fins ao enfrentamento desse fenômeno de combate é essencial e, como bem ensina Salomão Junior, necessário se faz, ainda, desenvolver uma consciência ética (RIBAS JUNIOR, 2014, p. 327), bem como fortalecer as sociedades organizadas, com base na existência de mecanismos de controle, dentre os quais destacamos o Estado (oferecendo o eixo constitucional e jurídico, orientando, definindo e traçando limites), o mercado (originando medidas de garantia da competição e lealdade nos negócios, evitando monopólios e fraudes econômicas) e a sociedade civil no exercício do controle social.

A cooperação e a interação, entre esses mecanismos, são de crucial importância para o enfrentamento da corrupção, fazendo necessário o uso de instrumentos como eficiência das leis, boa conduta e controles públicos e sociais, donde destacamos a necessidade de se priorizar, no tocante ao controle judicial, o trâmite dos processos relacionados aos crimes contra a administração pública, evitando a sensação de impunidade e, no que concerne ao controle legislativo, o uso efetivo das investigações parlamentares para apuração e esclarecimento de casos de corrupção, afastando-se de quaisquer influências político-partidárias, bem como o exame acurado das despesas não autorizadas por parte da

Comissão Mista Permanente, com a devida representação aos tribunais de contas (para fins de sustação em casos de dano ou lesão à economia pública), sem olvidar a correção eficaz de projetos ou de programas não inclusos na Lei Orçamentária, a título de exemplo.

Além disso, a avaliação da gestão por meio de auditorias operacionais pode funcionar como medida preventiva, contribuindo para o combate à corrupção e corroborando o raciocínio apresentado por Salomão Ribas Junior (*op. cit.*, p. 330), mediante o qual os meios mais importantes no combate à corrupção são a transparência e o controle interno eficaz, agregados a um controle externo técnico e, portanto, fortalecidos, somados à adoção de códigos de conduta ética, ao controle da conduta funcional por meio de corregedorias e comissões de ética, bem como à remuneração adequada ao nível de complexidade e responsabilidade dos empregos, funções e cargos, com a observância da meritocracia.

Dentre os instrumentos de combate à corrupção, especificamente no setor público, cumpre analisar a nova contabilidade pública mediante a adesão às Normas Internacionais de Contabilidade Aplicadas ao Setor Público ou, simplesmente, as IPSAS (*International Public Sector Accouting Standards*). Tal adesão importa no alinhamento do Brasil com relação a algumas das mais avançadas democracias, dotadas de uma economia robusta e satisfatória, melhorando a prestação de contas e, dessa forma, oportunizando o aperfeiçoamento da contabilidade do setor público, tirando o foco do orçamento e passando para o patrimônio, contribuindo assim para a redução do déficit fiscal, melhoria da gestão orçamentária, transparência, lisura e, até por todo o exposto, melhor produtividade da administração estatal.

Tais normas de contabilidade ainda possuem o condão de conceder aos órgãos de administração direta e indireta (bem como aos governos federal, estadual e municipal, sem falar dos cidadãos e investidores) uma visão mais objetiva, próxima da realidade fática e da situação econômico-financeira, do patrimônio público, enfim, do que pertence à sociedade. Isso porque é fato que o registro de todos os ativos e passivos por parte dos órgãos públicos não condiz com a realidade atual. Diversas rodovias, parques e até dívidas não se encontram necessariamente registrados no balanço patrimonial e, com a adesão às IPSAS, tais fatos não mais se manterão, passando a ser contabilizados, de fato, todas as situações e todos os bens e dívidas públicos.

O mais importante, contudo, reside no fato de que, com a adesão às IPSAS, a contabilidade pública servirá de importante suporte para o cumprimento do disposto na Lei de Responsabilidade Fiscal, de maneira a tornar evidente a *accountability* das autoridades públicas, consistindo, nessa toada, em um importante instrumento para o aperfeiçoamento do Estado na luta contra a corrupção e em prol do crescimento econômico, tendo em vista que o novel sistema contábil, com sua técnica de auditoria, trará importantes contribuições para tornar evidentes atos de corrupção (SANT'ANNA, 2018).

Corroborando tais ideias, Silvio Aparecido Crepaldi salienta que:

> Enquanto a corrupção afeta o bem-estar dos cidadãos ao diminuir os investimentos públicos nos diversos setores da comunidade por meio de desvios de recursos causados por desfalques temporários e permanentes, a contabilidade é uma ferramenta de combate à corrupção, pois objetiva apresentar informações verdadeiras e não aviesadas, capazes de subsidiar os processos decisórios (CREPALDI, 2017).

Complementando, como importante instrumento de combate à corrupção temos, ainda, os programas de integridade e *compliance*, com o objetivo de controlar a execução fiel das normas e regulamentos no âmbito institucional e corporativo, constatando e apontando atos fora dos padrões de probidade e moralidade, bem como proporcionando o cumprimento das boas práticas governamentais e o combate à corrupção pública ou privada em um total comprometimento com a ética. Seu primeiro grande marco no ordenamento jurídico brasileiro reside na entrada em vigor da Lei Anticorrupção (Lei nº 12.846, de 1º de agosto de 2013), que estabelece, entre outras coisas, que:

> O cumprimento dos marcos regulatórios torna-se importante não apenas para evitar responsabilidades na seara administrativa, mas também para proteção da imputação criminal. A observância das normas de cuidado – através de um sistema de compliance estruturado – é o instrumento que assegura a proteção da empresa e de seus dirigentes da prática de delitos e da colaboração com agentes criminosos, minimizando os riscos de responsabilidade penal e de desgastes perante a opinião pública (MANZI, 2008, p. 19).

A Instrução Normativa nº 01/2016, desenvolvida em conjunto entre o Ministério do Planejamento, Orçamento e Gestão e a Controladoria-Geral da União, estabeleceu diretrizes sobre as práticas relacionadas à gestão de riscos aos controles internos e à governança, incentivando a implantação do *compliance* como reforço na análise do controle interno. Esse importante mecanismo se encontra previsto, também, na Lei das Estatais (Lei nº 13.303, de 30 de junho de 2016), que dispõe sobre o estatuto jurídico da empresa pública, da sociedade de economia mista e de suas subsidiárias.

Apesar de a lei não estabelecer o dever de implementar programas de *compliance*, limitando-se a dizer que eles serão tidos como atenuantes em casos na aplicação de sanções, esse mecanismo se encontra cada vez mais incentivado no Estado.

No Brasil e no exterior, as grandes corporações já exigem que todos os fornecedores (*stakeholders*) façam adesão formal a códigos de condutas que contenham regras claras, explicitando que o fornecedor não pode pagar, nem aceitar subornos, combinar ou aceitar comissões, assim como não pode agir de forma a infringir, ou levar os seus parceiros de negócios a infringirem, qualquer lei ou regulamentação antissuborno vigente, incluindo a *U.S. Foreign Corrupt Practices Act* (lei norte-americana, já mencionada, relativa a práticas corruptas no estrangeiro) e a *UK Bribery Act* (lei britânica relativa ao suborno).

Reiteramos que a globalização e o consequente crescimento da prática de atos fraudulentos provocaram a disseminação do assunto em comento, que, por sua vez, passou a ser tema de agenda internacional pelo reconhecimento do amplo alcance dos seus efeitos negativos.

Inicialmente, a preocupação com relação ao combate e à prevenção da corrupção vinculava-se à prática da concorrência desleal no comércio exterior, visto que a corrupção de funcionários estrangeiros possibilitava outorga de vantagens a empresas americanas, conforme ensina Mônica Garcia em estudo intitulado *Três convenções internacionais anticorrupção e seu impacto no Brasil* (GARCIA, 2008). Em 1977, a INTOSAI se reuniu, no Peru, para a IX INCOSAI, onde foi construída a *Declaração de Lima sobre Diretrizes para Preceitos de Auditoria*, estabelecendo padrões de conduta e técnicas de auditoria a serem adotados em todo o mundo com o objetivo de uma auditoria governamental independente. As primeiras tentativas de uma cooperação internacional, no entanto, iniciaram bem antes da Convenção da ONU (Organização das Nações Unidas), conforme podemos verificar pelo disposto em seu próprio preâmbulo.

Apesar disso, no contexto internacional, foi por volta de 1990 que uma série de fatores interligados culminou na soma de esforços em prol de medidas específicas, buscando o combate à corrupção. No Conselho da Europa, por exemplo, foi criado, em 1994, o Grupo Multidisciplinar sobre a Corrupção, dando origem a duas outras convenções (uma penal e uma civil). Mais à frente, surgiu, também, o Grupo de Estados contra a Corrupção (GRECO), que, entre outras funções, tem como principal função acompanhar a efetivação de convênios relativos ao combate à corrupção, que já haviam sido aprovados, com previsão de assistência mútua e cooperação internacional.

No que concerne à União Europeia, podemos citar algumas medidas, como a Resolução de 1994 sobre pagamento de subornos para funcionários públicos e o Convênio de 1997, que se refere à prática de atos de corrupção que envolvam funcionários das comunidades europeias e dos seus Estados-Membros, ampliando, inclusive, o conceito de corrupção.

A Organização de Cooperação e de Desenvolvimento Econômico (OCDE) concentra seus esforços na proibição do pagamento de subornos em operações transnacionais, enquanto o Banco Mundial buscou reduzir fraudes em contratações realizadas pelos governos oferecendo auxílio técnico para os países no intuito de reduzir as práticas de corrupção, tendo, ao seu lado, o FMI, atuando com diversos programas de combate em busca do fortalecimento do conceito de governança e da necessidade de sua aplicabilidade consciente.

Insta ressaltar ainda que, em 2000, foi aprovada a Convenção contra a Delinquência Organizada Transnacional, culminando na aprovação, em Mérida (Cidade do México), do mais importante marco internacional no combate à corrupção. Isso porque, como bem salienta Hélio Mileski:

> A corrupção aumenta quando os direitos políticos, incluindo eleições democráticas, um poder legislativo, e partidos de oposição, são menos numerosos e mais frágeis, e quando as liberdades civis, que incluem direitos a meios de comunicação livres e independentes e liberdade de reunião e de palavra, também são frágeis (MILESKI, *op. cit.*, p. 389).

No Brasil, diversos instrumentos estão sendo criados em busca do fortalecimento da cidadania, do aprimoramento do controle interno e do fortalecimento dos tribunais de contas para o exercício efetivo do controle externo.

Nessa busca, uma auditoria padronizada e realizada com eficiência é, também, um caminho para a prevenção e o combate à corrupção, visto que seus objetivos estão voltados à busca da garantia de uma gestão que priorize os interesses coletivos, agindo com probidade e responsabilidade na administração do patrimônio público em observância aos direitos de cada cidadão. E é nesse sentido que Salomão Ribas Junior aduz:

> Ainda sobre a construção de normas de auditoria governamental devem-se considerar duas iniciativas importantes. A que criou as normas desse gênero no TCU e as NAGs, construídas pelos TCEs no âmbito do IRB e ATRICON. Elas aproximam os Tribunais de Contas brasileiros dos melhores padrões internacionais de controle (RIBAS JUNIOR, *op. cit.*, p. 393).

Por fim, o TCU, ao atualizar o seu referencial de combate à fraude e corrupção, assim aconselhou:

> [...] os controles preventivos geralmente apresentam melhor relação custo-benefício e por isso devem ser a primeira opção a ser avaliada, pois evitam, por exemplo, que a organização pague algo indevido e, posteriormente, tenha que implementar medidas corretivas e punitivas custosas. No entanto, como dito no parágrafo anterior, o combate à fraude e corrupção é instrumento para consecução dos objetivos da organização e não para dificultar o seu alcance. Por outro lado, existem certos riscos de fraude e corrupção que, por sua natureza, podem levar a organização a decidir não implantar controles preventivos específicos, em razão da relação custo-benefício desvantajosa. Nesses casos, deve-se considerar a implementação de controles detectivos. Isso não significa que a organização tenha tolerância à fraude e corrupção, apenas que em determinados casos muito excepcionais não vai tentar impedi-las, contudo, se a fraude ou corrupção for posteriormente detectada, tolerância zero deverá ser aplicada. Essa medida só ocorrerá quando o controle preventivo se mostrar claramente desfavorável, provocando embaraço à execução da política pública ou onerando sobremaneira a sua execução. No entanto, a regra geral de que a prevenção é o controle de melhor custo-benefício continua válida. O ideal é que haja tanto controles preventivos quanto detectivos em vigor, se o custo-benefício permitir ambos (TCU, 2018, p. 28).

5 Considerações finais

Apesar de posicionamentos contrários (ainda que minoritários) a respeito, entendemos que a corrupção deve ser prevenida e combatida e, neste teor, discussões acirradas são travadas sem chegar a um resultado específico. Porém, apesar disso, algumas atitudes concretas podem, sim, auxiliar no combate efetivo à corrupção.

Uma democracia que promova a transparência por meio de informações adequadas, necessárias e suficientes, instruindo a população e trazendo a sensação de segurança há tanto perdida, bem como o fortalecimento dos mecanismos de controle, a transparência na prestação de contas dos partidos políticos, a modernização das legislações a respeito do financiamento das campanhas, o fortalecimento da responsabilidade política, o estabelecimento de um fluxo de comunicações de casos de suborno transnacional, o desenvolvimento de plataformas digitais (ou outras medidas similares) visando à maior transparência pública, a padronização dos procedimentos para acesso das instituições de controle, fiscalização e persecução aos bancos de dados e extratos bancários que envolvam recursos públicos, o acompanhamento da evolução patrimonial dos agentes públicos, o mapeamento dos fluxos de trabalho, processos e procedimentos administrativos de apuração, a realização de diagnósticos sobre a qualidade, abrangência e tempestividade das informações prestadas pelas instituições financeiras às autoridades judiciárias, policiais e ministeriais por meio do sistema de investigação e movimentações bancárias, a integração de notários e registradores no combate e prevenção aos crimes de lavagem de dinheiro e corrupção, entre outros, são medidas necessárias para o fortalecimento democrático e para a restauração do relacionamento saudável entre sociedade e Estado, que podem quebrar esse círculo vicioso e resgatar a confiança e a representatividade social na política, inibindo as práticas de corrupção.

A verdadeira democracia, transparente, participativa, é o caminho; todavia, não pode ser forçada, imposta. É preciso incentivar e, para tanto, mister se faz instruir, esclarecer, informar, enfim, transformar todo o processo em algo mais acessível, mais claro e, portanto, mais confiável. Uma verdadeira mudança de paradigmas é necessária. Sabemos que a transparência como fator isolado, por si só, não é capaz de eliminar, sequer reduzir a prática de atos de corrupção, mas o restabelecimento da confiança da sociedade nas instituições é premente e, nesse sentido, a transparência ajuda, por possibilitar o monitoramento da qualidade dos serviços.

É preciso destacar, também, a responsabilidade civil e criminal dos agentes, o rigoroso controle da atividade parlamentar, a participação democrática da sociedade, a "despolitização" dos tribunais de contas, assim como o seu fortalecimento por meio de uma alteração em sua composição (com aumento das vagas dos magistrados de carreira e a concessão de poder de decisão aos magistrados concursados mediante a garantia do poder de voto e de pedido de vistas em qualquer processo), a atuação independente do Poder Judiciário, a participação da imprensa como instrumento de publicidade, a cooperação internacional e as campanhas em prol da moralização social, bem como diversos outros instrumentos que auxiliem no combate a essa prática tão prejudicial à sociedade e à economia do país.

Necessário se faz que busquemos restaurar nossa consciência social. O homem é um ser naturalmente sociável e, devido a isso, não pode pensar individualmente. Dessa forma, nossos direitos não podem ser considerados absolutos, tampouco nossos interesses e vontades. Precisamos respeitar o próximo e compreender que a ação de um único indivíduo sempre impacta nos demais. Trata-se de um pensamento ético, moral e, no mínimo, politicamente correto.

Em uma sociedade autopoiética (como alegava Luhmann) e, portanto, em constante autorrenovação, é preciso estar sempre preparado para mudanças de rotas e paradigmas visando ao bem-estar coletivo. Nesse sentido, nunca é demais considerar que, citando outro importante filósofo: "A justiça é a virtude primeira das instituições sociais, assim como a verdade o é dos sistemas de pensamento. Por mais elegante e econômica que seja, deve-se rejeitar ou retificar a teoria que não seja verdadeira; da mesma maneira que as leis e as instituições, por mais eficientes e organizadas que sejam, devem ser reformadas ou abolidas se forem injustas" (John Rawls – 1921/2002).

Referências

BATISTA, Antenor. *Corrupção*: fator de progresso? Violento, avaro, corrupto e compulsivo sexual, eis, em tese, a natureza do homem – Repensando a Ética. 6. ed. São Paulo: Juarez de Oliveira, 2005.

BRASIL. Ministério Público Federal. *Tipos de Corrupção*. Disponível em: www.combateacorrupcao.mpf.mp.br. Acesso em: 26 fev. 2019.

BRASIL. Tribunal de Contas da União. *Referencial de Combate à fraude e à corrupção*. Aplicável a Órgãos e Entidades da Administração Pública. Tribunal de Contas da União. – Brasília: TCU, Coordenação-Geral de Controle Externo dos Serviços Essenciais ao Estado e das Regiões Sul e Centro-Oeste (Co-estado), Secretaria de Métodos e Suporte ao Controle Externo (Semec), 2. Edição, 2018.

BRITO, Ricardo. *"Política não é necessariamente corrupta"*, diz ministra. Disponível em: https://politica.estadao.com.br/noticias/geral,politica-nao-e-necessariamente-corrupta-diz-ministra,936797. Acesso em: 28 fev. 2019.

BRITTO, Carlos Ayres de. *O regime constitucional dos Tribunais de Contas*. 2012. Disponível em: http://www.editoraforum.com.br/noticias/o-regime-constitucional-dos-tribunais-de-contas-ayres-britto/. Acesso em: 02 mar. 2019.

BRITTO, Carlos Ayres de. *Tribunais de Contas impedem o desgoverno*. 30 set. 2016. Disponível em: www.atricon.org.br. Acesso em: 03 mar. 2019.

CANOTILHO, José Joaquim Gomes. *Estado de Direito*. Lisboa: Gradiva Publicações, 1999.

CREPALDI, Silvio Aparecido. *A contabilidade como ferramenta no combate à corrupção*. 22 jun. 2017. Disponível em: https://gennegociosegestao.com.br/contabilidade-combate-a-corrupcao/. Acesso em: 13 mar. 2019.

FURTADO, Lucas Rocha. *As raízes da corrupção no Brasil*: estudos de caso e lições para o futuro. Belo Horizonte: Fórum, 2015.

GARCIA, Mônica Nicida. Três convenções internacionais anticorrupção e seu impacto no Brasil. *In*: PIRES, Luiz Manuel Fonseca; ZOCKUN, Maurício; ADRI, Renata Porto (Coord.). *Corrupção ética e moralidade administrativa*. Belo Horizonte: Fórum, 2008.

GRECO FILHO, Vicente; RASSI, João Daniel. *O combate à corrupção e comentários à Lei de Responsabilidade das Pessoas Jurídicas (Lei n. 12.846, de 1º de Agosto de 2013) – Atualizado de acordo com o Decreto n. 8.420, de 18 de Março de 2015*. São Paulo: Saraiva, 2015.

JAPIASSU, Carlos Eduardo Adriano. A Corrupção em uma perspectiva internacional. *Revista Brasileira de Ciências Criminais*, São Paulo: RT, n. 64, 2007.

KLITGAARD, Robert E. *A corrupção sob controle*. Rio de Janeiro: J. Zahar, 1994.

LIVIANU, Roberto. *Corrupção*: incluindo a nova Lei Anticorrupção. 2. ed. São Paulo: Quartier Latin, 2014.

MACHADO, Ana Mara França. *O sistema brasileiro anticorrupção*: internacionalização do direito e variantes nacionais. Dissertação de mestrado defendida pela Faculdade de Direito da Universidade de São Paulo, 2010.

MARANHÃO, Jarbas. Tribunal de Contas. Natureza jurídica e posição entre os poderes. *Revista de Informação Legislativa*, a. 27, n. 106, p. 99-102, abr./jun. 1990.

MARTINS, Ives Gandra da Silva. Tribunal de Contas é órgão auxiliar do controle externo do Poder Legislativo e não, institucionalmente, órgão equiparado ao regime dos tribunais – reflexões sobre sua disciplina jurídica – opinião legal. *Revista do TCU*, n. 111, 2008.

MANZI, Vanessa Alessi. *Compliance no Brasil*. 1. ed. São Paulo: Saint Paul, 2008.

MEIRELLES, Hely Lopes. *Direito Administrativo Brasileiro*. 25. ed. São Paulo: Malheiros, 2000.

MEYER, Samantha Ribeiro; OLIVEIRA, Eduardo Tavares de. O Brasil e o combate internacional à corrupção. Biblioteca do Senado. *Revista de Informação Legislativa*, v. 46. n. 181, p. 187-194, jan./mar. 2009.

MILESKI, Hélio Saul. *O Estado Contemporâneo e a Corrupção*. Belo Horizonte: Fórum, 2015.

NÓBREGA, Marcos. *Os Tribunais de contas e o controle dos programas sociais*. Belo Horizonte: Ed. Fórum, 2011.

NOTARI, Marcio Bonini. As Convenções Internacionais ratificadas pelo Brasil no combate à corrupção. *Revista de Direito Internacional e Globalização Econômica*, v. 1, n. 1, 2017.

OLIVEIRA, Edmundo. *Crimes de corrupção*. 2. ed. Rio de Janeiro: Ed. Forense, 1994.

RIBAS JUNIOR, Salomão. *Corrupção pública e privada*: quatro aspectos: ética no serviço público, contratos, financiamento eleitoral e controle. Belo Horizonte: Fórum, 2014.

ROCHA, Rebecca Cerqueira. Reflexões sobre o tratamento jurídico-penal do fenômeno da corrupção no Brasil. *Cognitio Iuris*, n. 5. 2012.

ROSE-ACKERMAN, Susan. *Corruption and government*: causes, consequences and reform. New York: Cambridge University Press, 1999.

SANT'ANNA, Francisco. Um instrumento eficaz no combate à corrupção. *Rede Jornal Contábil*, 26 nov. 2018. Disponível em: https://www.jornalcontabil.com.br/um-instrumento-eficaz-no-combate-a-corrupcao/. Acesso em: 13 mar. 2019.

SAVIANO, Roberto. *O Reino Unido é o país mais corrupto do mundo*. Disponível em: https://pt.euronews.com/2017/04/03/roberto-saviano-o-reino-unido-e-o-pais-mais-corrupto-do-mundo. Acesso em: 20 maio 2019.

UNIVERSIDADE DE SÃO PAULO. *Declaração de direitos do homem e do cidadão – 1789*. Disponível em: http://www.direitoshumanos.usp.br/index.php/Documentos-anteriores-criacao-da-Sociedade-das-Naçoes-at/declaracao-de-direitos-do-homem-e-do-cidadao-1789.html. Acesso em: 18 fev. 2018.

Informação bibliográfica deste texto, conforme a NBR 6023:2018 da Associação Brasileira de Normas Técnicas (ABNT):

MACIEL, Moises. O papel do Tribunal de Contas no combate à corrupção. *In*: LIMA, Edilberto Carlos Pontes (Coord.). *Tribunal de Contas do século XXI*. Belo Horizonte: Fórum, 2020. p. 239-260. (Coleção Fórum IRB, v. 3). ISBN 978-85-450-0713-5.

A GESTÃO DE RISCOS COMO INSTRUMENTO DE EFICIÊNCIA NOS PROCESSOS DE TRABALHO DOS TRIBUNAIS DE CONTAS

Nestor Baptista
Luciane Maria Gonçalves Franco

1 Introdução

A gestão de riscos vem alcançando relevo no âmbito dos tribunais de contas, uma vez que, quando aplicada aos processos administrativos no intento de identificar, analisar, tratar e monitorar eventuais riscos, permite maior eficiência nos resultados, tanto do ponto de vista administrativo interno das repartições quanto nos procedimentos e ações de fiscalização. Essa visão se aplica aos tribunais de contas do século XXI e se consolida como experiência de inovação a partir do desenvolvimento de competências associadas à busca por melhores práticas, as quais vêm sendo tema de discussão e aprimoramento em conjunto por parte das cortes administrativas, de norte a sul no país.

Assim, o objetivo do presente estudo é contribuir com o pacto de modernização dos tribunais de contas, de modo a asseverar a necessidade emergente de tornar mais eficientes os seus processos de trabalho mediante a adoção de boas práticas, em especial, a gestão de riscos, que intenciona também identificar oportunidades empreendedoras e de fortalecimento institucional, além de mitigar ou eliminar fraquezas que possam retardar ou comprometer o alcance dos resultados.

Por meio da profissionalização de seus quadros funcionais, da integração com os demais órgãos de controle e com a sociedade e da adoção de soluções sistêmicas, pretendem os tribunais administrativos se tornar mais eficientes, valendo-se também de ferramentas e técnicas comumente aplicadas no setor privado que possam ser aproveitadas e aperfeiçoadas em sua estrutura administrativa e no exercício do controle externo.

Essa eficiência nos processos denota a necessidade de identificação de rotinas e de meios que maximizem o alcance dos resultados pretendidos, posto que se constrói uma relação otimizada entre os dispêndios e os custos utilizados e o benefício do resultado final obtido (CALIENDO, 2009; MATTOS, TERRA, 2015).

Nesse sentido, a gestão de riscos apresenta-se como medida de melhoria para esboçar nuances antes desconhecidas da administração, ao tempo em que permite antever fragilidades de sistemas e oportunidades mitigação ou eliminação de erros e fraudes. Assim, a gestão de riscos imprime maior segurança à ação e à representação exercida pelos gestores públicos, permitindo a estes a identificação de riscos e seu tratamento, antes mesmo que estes, quando negativos, possam implicar responsabilização por eventuais condutas irregulares, até mesmo as mais desconhecidas.

As cortes administrativas, por conseguinte, podem se valer da gestão de riscos para engendrar caminhos para a adoção de rotinas de modo a alcançar, de maneira mais efetiva, os resultados que a sociedade reclama, posicionando-se como protagonistas no combate à corrupção e à conduta de esperteza daqueles que intencionam se servir de recursos públicos em proveito próprio.

Entende-se, dessa forma, a gestão de riscos como o processo de natureza permanente, estabelecido, direcionado e monitorado pela alta administração, que contempla as atividades de identificar, avaliar e gerenciar potenciais eventos que possam afetar a organização, destinado a fornecer segurança razoável quanto à realização de seus objetivos (CONTROLADORIA-GERAL DA UNIÃO, 2018).

Desta feita, a gestão de riscos representa uma perspectiva de otimizarem processos de trabalho e dar maior segurança à tomada de decisão, no modelo de Tribunal de Contas do século XXI, auxiliando a solução de problemas potenciais, na busca da concepção de um desenho institucional de vanguarda.

2 Marco teórico

2.1 A modernização técnico-administrativa dos tribunais de contas

Na representação do controle externo, os tribunais de contas do Brasil buscam aprimorar sua capacidade institucional e otimizar a aplicação de seus recursos, promovendo um processo de modernização técnico-administrativa, que intenciona identificar oportunidades empreendedoras e de fortalecimento e mitigar fraquezas, valendo-se de medidas de profissionalização de seus quadros e de integração com os demais órgãos de controle e com a sociedade, sem descurar de ferramentas, técnicas e soluções que melhor possam se adequar às suas necessidades.

Esse fortalecimento suscitado pelas instituições de controle deve-se a uma necessidade de firme atuação em sua missão constitucional e legal, posto que o país enfrenta uma crise sem precedentes de desrespeito aos valores éticos, a qual deu guarida à prática sistemática da corrupção em diversos setores no organograma das organizações. Isso explica, em parte, a situação político-institucional e econômica que o Brasil vivencia e vem causando prejuízo descomunal à população. Os tribunais de contas, portanto, podem e devem assumir uma condição de protagonismo ante esse cenário e buscar meios para alcançar os resultados pretendidos, banindo de seu contexto o risco de retrocesso ou insucesso das suas ações de fiscalização dos gastos públicos.

Esse aprimoramento, que deve ser contínuo, pressupõe a readequação do aparelhamento das cortes de contas, de modo que estas possam cumprir as funções que lhes foram outorgadas, sendo imprescindível, para isso, acompanhar os avanços da sociedade contemporânea organizacional e imprimir na sua conduta diária a adoção de práticas de boa gestão e governança, além de medidas que aprimorem a efetividade do controle externo e que promovam integração, comunicação, transparência, harmonia de conceitos e procedimentos, e compartilhamento de ferramentas que visem contribuir para o fortalecimento do controle interno e externo.

Sendo assim, torna-se imperiosa a conveniência de implementação de um modelo de gestão que priorize medidas de identificação e controle de riscos não somente em seus processos administrativos, mas também em suas funções fiscalizatórias. Por conseguinte, fomentar e aplicar ações como planejamento estratégico, integridade e gestão de riscos, atividades de inteligência no controle externo, fortalecem a missão efetiva e reforçam o compromisso republicano dos tribunais de contas perante a população.

Por essa razão, os tribunais vêm patrocinando modernas medidas administrativas e boas práticas, que são compartilhadas por intermédio da Associação dos Membros dos Tribunais de Contas do Brasil (ATRICON), que atua também no aperfeiçoamento e na integração dos tribunais e, por isso, estimula a troca de informações e experiências, ao tempo em que apoia o desenvolvimento de estratégias e ferramentas para aprimorar a eficácia dos sistemas e dos processos da administração pública.

Dentre as boas práticas fomentadas pela entidade, pode-se citar: o projeto Aprimora, que busca o fortalecimento do controle interno dos municípios mato-grossenses, a auditoria ambiental, do TCE do Amazonas, os papéis de trabalho de auditoria do TCE do Ceará, as auditorias sobre a qualidade do asfalto e sobre a classificação de risco nos hospitais públicos do Distrito Federal, o projeto de efetividade e transparência das execuções na era digital do Tribunal do Paraná, a Coordenadoria do Núcleo de Pesquisa da Escola Superior de Controle Externo do Mato Grosso do Sul, a inovação na fiscalização de obras rodoviárias do TCE-GO, o observatório de despesa pública do TCE-SC, a auditoria de recursos internacionais e parcerias com organismos multilaterais de crédito do TCE-BA, o indicador de risco de irregularidades do TCE-RS, o índice de efetividade da gestão municipal do TCE-SP, o fortalecimento das ouvidorias públicas do TCE-RS, a Corregedoria-Geral do TCE-RO, a auditoria da Receita e da Renúncia da Receita do TCE-RJ, as trilhas de aprendizagem do TCE-DF, entre outras práticas.

O programa Qualidade e Agilidade dos Tribunais de Contas (QATC), criado em 2013, apresenta-se como baliza desse novo direcionamento de forças. As cortes de contas passaram a conduzir e padronizar procedimentos com base em diretrizes editadas pela ATRICON, disciplinadas por resoluções, em conjunto com membros e técnicos de todo o país. O QATC inaugura consigo o marco de medição de desempenho: a ferramenta que avalia as cortes brasileiras, em consonância com as melhores normas e práticas internacionais de controle. O MMD-TC é o instrumento de impulsão e vetor da persecução pelo aperfeiçoamento, norteado pela compreensão de que se trata de um processo dinâmico, ininterrupto, incessante. O marco de medição de desempenho dos tribunais de contas identifica as demandas da sociedade e, a partir delas, amplia o seu campo de ação. Em 2018, foram anexadas doze novas temáticas ao MMD-TC. Em 2019, já com a metodologia certificada pela Fundação Vanzolini (USP-SP), o resultado da aplicação espelhará aquilo que a cidadania tem demandado em maior escala e que a gestão pública precisa atender (ATRICON, 2018).

No governo federal, a Instrução Normativa Conjunta MP/CGU nº 1/2016, em seu art. 2º, XII, afirmou que política de gestão de riscos é a declaração das intenções e diretrizes gerais de uma organização relacionadas à gestão de riscos. Assim sendo, os órgãos e entidades devem formular e disseminar a política de gestão de riscos, aprovada pela alta direção, na seara federal.

Tal normativa federal apresenta o conteúdo mínimo para a elaboração da política de gestão de riscos. Senão vejamos:

> Art. 17. A política de gestão de riscos, a ser instituída pelos órgãos e entidades do Poder Executivo federal em até doze meses a contar da publicação desta Instrução Normativa, deve especificar ao menos:
> I – princípios e objetivos organizacionais;
> II – diretrizes sobre:
> a) como a gestão de riscos será integrada ao planejamento estratégico, aos processos e às políticas da organização;
> b) como e com qual periodicidade serão identificados, avaliados, tratados e monitorados os riscos;
> c) como será medido o desempenho da gestão de riscos;
> d) como serão integradas as instâncias do órgão ou entidade responsáveis pela gestão de riscos;
> e) a utilização de metodologia e ferramentas para o apoio à gestão de riscos; e
> f) o desenvolvimento contínuo dos agentes públicos em gestão de riscos; e
> III – competências e responsabilidades para a efetivação da gestão de riscos no âmbito do órgão ou entidade. Atenção: Caso seu órgão/entidade ainda não possua política de gestão de riscos formalizada, essa é uma medida importante a constar no plano de integridade.

Dessa forma, há evidência de que a gestão de riscos deixou de ser uma mera peça formal em desuso para se tornar instrumento fundamental de gestão, controle e tomada de decisão, obrigatória no âmbito da administração pública federal.

2.2 Segurança e eficiência nos processos de trabalho

No Estado nacional brasileiro, as organizações públicas estão inseridas num processo cada vez mais global, complexo, transparente e com elevado índice de demandas variadas, impondo aos gestores um grau elevado de risco, já que suas implicações tangenciarão a pessoa e a segurança desse gestor, impondo-lhe a necessidade de cumprimento massivo de objetivos institucionais e a entrega plena de resultados.

Notadamente, os bens e receitas geridos pelo ente estatal originam-se majoritariamente da sociedade, o que desencadeia uma relação de responsabilidade daquele que arrecada recursos públicos e seus representantes, e, ato contínuo, surge a crescente necessidade de um mecanismo de controle interno e externo dos atos administrativo-financeiros. Por certo que os efeitos nocivos da corrupção e a esperteza de alguns, sobre o desenvolvimento econômico dos países, são amplamente reconhecidos na literatura econômica, evidenciando que a corrupção prejudica os investidores, reduz a produtividade dos gastos públicos, distorce a alocação de recursos e, assim, mina o crescimento econômico (PASCOAL, 2013; CAMELO, FRANCA FILHO, 2017).

Para Sousa (1998), num anseio de melhores práticas para as estruturas administrativas, os tribunais de contas no mundo passaram a incorporar, principalmente na Europa, a necessidade de desenvolver alternativas para atuar de forma eficiente e dar ao processo de modernização administrativa o seu contributo, seja no seu âmbito de fiscalização, seja no aspecto puramente administrativo interno.

Assim, para alcançar melhores resultados e reforçar o combate à corrupção na alocação de recursos públicos, o controle externo deve ser realizado de modo eficiente, sendo muito importante adotar o uso de indicadores para avaliar e melhorar os seus resultados institucionais e justificar a aplicação de seus orçamentos à sociedade (CAMELO; FRANCA FILHO, 2017).

Assim, há real comprometimento em se medir a eficiência do controle externo, de maneira que possa haver um combate mais efetivo às irregularidades das contas públicas. Entretanto, essa tarefa é extremamente difícil, principalmente no que concerne à mensuração dos benefícios do controle, já que a percepção/sensação de probabilidade de impunidade é uma variável importante na conduta lesiva ao patrimônio (CAMELO, FRANCA FILHO, 2017).

A segurança, por sua vez, está diretamente relacionada à necessidade de eficiência do controle e associa-se a diversos elementos presentes na gestão de qualquer organização. Esses elementos são: a liderança e comprometimento da alta administração e de seus gerentes; a participação dos servidores no estabelecimento de metas, na identificação, investigação e acompanhamento das ações administrativas; a integridade, a identificação dos riscos e sua prevenção e a adoção de medidas sistemáticas visando à melhoria do processo e a comunicação entre os interessados.

2.3 A gestão de riscos aplicada aos processos administrativos

Em que pese a existência de experiências pontuais de gestão de risco, faz-se premente a padronização, formalização e institucionalização do processo, tornando-o parte indissociável do cotidiano das cortes de contas. A gestão de riscos coordena atividades que possam identificar, analisar, avaliar, monitorar e dar respostas aos riscos, almejando conferir razoável segurança e tornar mais eficientes suas ações, promovendo o alcance de objetivos. Tais riscos compreendem diversos tipos, tais como operacionais, financeiros, legais, físicos, entre outros, e suas experiências vêm sendo paulatinamente implantadas na administração pública (TRIBUNAL DE CONTAS DA UNIÃO, 2018).

No Poder Executivo Federal, em 2013, para apoiar o Modelo de Excelência do Sistema de Gestão Pública (GESPÚBLICA), o então Ministério do Planejamento publica o *Guia de orientação para o gerenciamento de riscos*, estruturado com base no *The orange book*, que provê uma introdução ao tema gerenciamento de riscos, buscando capacitar organizações do setor público ou privado a lidar com os altos graus de riscos em seus planos estratégicos, programas, projetos e processos finalísticos (TRIBUNAL DE CONTAS DA UNIÃO, 2018).

No Judiciário, igualmente, sistemas dessa natureza vêm sendo implementados, dentre os quais destacamos as experiências do Superior Tribunal de Justiça (2015), Tribunal Superior do Trabalho (2015), Conselho da Justiça Federal (2017), Tribunal de Justiça do Distrito Federal e Territórios (2017) e, atualmente, do Tribunal de Justiça do Paraná (2019).

Diversos tribunais de contas estaduais vêm gradualmente implementando sistemas de gestão de riscos, dentre os quais os dos estados de Mato Grosso do Sul (2016), Alagoas (2016) e Rio Grande do Sul (2017).

Em dezembro de 2013, por meio da Declaração de Vitória, aprovada no 27º Congresso dos Tribunais de Contas do Brasil, as cortes administrativas assumiram o compromisso de implantar sistemas de controle interno à luz dos princípios da boa governança e prevenção de riscos, processo que culminou na Resolução ATRICON nº 04/2014, seguindo orientação da INTOSAI.

O Plenário do Tribunal de Contas da União, em 2017, aprovou a Resolução nº 287, definindo a política de gestão de riscos, assim como a Controladoria-Geral da União e o Ministério do Planejamento, Orçamento e Gestão editaram a Instrução Normativa Conjunta nº 01/2016, determinando a órgãos e entidades do Poder Executivo Federal a adoção de medidas voltadas à sistematização das práticas de gestão de riscos.

No Paraná, por meio do Programa de Implantação do Sistema de Gestão de Riscos do Tribunal de Contas do Estado do Paraná (PROGERI – TCEPR), a corte estadual aderiu aos avanços técnicos ao instituir um programa para desenvolver um sistema que, além de reduzir a possibilidade de danos e retrabalho, facilitará a rotina dos servidores do tribunal e contribuirá para a melhoria de sua função social, ao passo que poderá melhor fiscalizar as políticas públicas e a prestação de serviços públicos para toda a população.

Cumpre, outrossim, ressaltar que, de acordo com o *National Audit Office* – NAO (2011), de Londres, os processos de gerenciamnto de riscos são úteis para que as entidades públicas possam alcançar seus objetivos estratégicos num contexto em que os serviços públicos são submetidos a frequentes cortes de financiamento e se tornam insuficientes, prejudicando sobremaneira os resultados dos governos. Nesse sentido, uma gestão de risco eficaz permitiria às repartições melhoria nas informações para as suas decisões, além de ter maior probabilidade de atingir suas metas e objetivos e, assim ajudá-las a evitar erros dispendiosos às suas políticas e aos anseios da população.

Necessário, contudo, é entender o que se compreende por risco no cerne deste artigo. O termo risco pode ser entendido "como situação que possa impedir o alcance dos objetivos institucionais ou operacionais" (CASTRO, 2013, p. 178). Assim, o referido autor destaca que o risco pode ser desdobrado em três níveis, quais sejam:

(i) riscos relacionados ao ambiente externo: riscos políticos, riscos econômicos, riscos tecnológicos, riscos legais, riscos ambientais, etc.;

(ii) riscos relacionados ao ambiente operacional: riscos de produção, riscos de capacidade operacional, riscos de patrimônio físico, etc;

(iii) riscos relacionados com informações: falta ou má qualidade das informações para o processo decisório.

Na seara internacional, para Baldry (1998, p. 36), a definição tradicionalmente aceita de risco o caracteriza como "o potencial de ocorrência de consequências negativas indesejadas de um evento", associada à previsível perda relacionada a esse evento. Nessa perspectiva, assume-se somente a existência de risco negativo, o qual, numa escala de perda, se reconhece o impacto como um valor ou índice, aceitável ou não, sobre essa perda.

No mesmo sentido, Aritua *et al*. (2011) afirmam que se entende por risco um evento ou condição que possa ocorrer e cuja ocorrência, se ocorrer, tem um efeito nocivo ou negativo que pode afetar adversamente as perspectivas de atingir um objetivo desejado.

Para os autores, a gestão de riscos diz respeito a decisões a serem tomadas acerca de determinado potencial de efeitos nocivos ou negativos de um evento. Esse entendimento é adotado com uma consciência aguçada das implicações filosóficas e pragmáticas doutrinárias. Ademais, a gestão de risco pode geralmente ser sintetizada em quatro subprocessos básicos: identificação, análise, resposta e monitoramento.

Na abordagem desses autores, a gestão de riscos tornou-se um processo importante para as organizações, que se utilizam de projetos para o alcance de seus objetivos, isso devido a crescentes pressões externas e à necessidade de melhoria de desempenho num ambiente cada vez mais desafiador. Seja qual for o caso, a boa gestão de riscos é considerada um ingrediente fundamental para o sucesso das organizações.

Segundo Perrotet (1998, p. 12), "o risco pode vir de qualquer lugar, mas a maioria das fontes podem ser previstas". Como os riscos estão no futuro e são desconhecidos, cabe aos gestores direcionar esforços para determinadas atividades e criar gatilhos de aviso antecipado em torno de eventos que podem afetar decisões importantes para a organização. Como é impossível prever o futuro com precisão, somente um conjunto rigorosamente elaborado de cenários pode fornecer uma gama suficiente de ferramentas para se poder examinar ameaças e oportunidades e gerenciar as inevitáveis incertezas (PERROTET, 1998).

Levando-se em conta que as diversas organizações públicas possuem metas desafiadoras para a redução de custos estruturados e, ao mesmo tempo, devem manter a continuidade de seus serviços em alta qualidade, a necessidade de um gerenciamento de riscos eficaz não deve ser subestimada. Mudanças nas estruturas organizacionais e dificuldades no cumprimento dos planos de governo aumentam a complexidade na identificação e gestão dos riscos públicos.

Uma eficaz gestão de riscos torna-se fundamental para o balanceamento entre uma posição mais inovadora e empreendedora do gestor público e uma postura mais cautelosa e conservadora, que identifique óbices no atingimento dos objetivos, tradicionalmente associada à cultura e aos valores do setor público (FREITAS, 2002).

Para o *National Audit Office* – NAO (2011), de Londres, ao gerenciar riscos, as organizações precisam abordar alguns requisitos como tempo, recursos, comprometimento dos níveis superiores, clareza sobre as responsabilidades, prestação de contas apoiada por escrutínio e desafio robusto, informações confiáveis, oportunas e atualizadas, aplicação da gestão de risco em todos os processos dos seus diversos departamentos e necessidade de que os departamentos continuem a desenvolver sua compreensão dos riscos comuns que compartilham e trabalhem juntos para gerenciá-los.

Ao revisar a sua estrutura de gerenciamento de riscos, com o intuito de incorporar mudanças para melhor abordar as mais recentes e emergentes experiências do governo americano, o *United States Government Accoutability Office* – GAO (2016) indicou seis boas práticas para se implementar o gerenciamento de riscos.

Essas práticas vêm sendo implementadas de forma gradativa nos órgãos governamentais daquele país e consistem em:

(i) alinhar o gerenciamento de riscos às metas e objetivos organizacionais: no sentido de despertar um envolvimento total dos gestores e dos servidores no processo de definição de metas e objetivos e na implantação da gestão de riscos;

(ii) identificar os riscos: desenvolver uma cultura organizacional de informação sobre riscos e conscientização de que todos os funcionários podem aumentar riscos em caso de desinformação e, dessa forma, incentivar os funcionários a identificar e discutir abertamente a possibilidade de risco;

(iii) avaliar riscos: integrar a capacidade de gestão de riscos de modo a apoiar o planejamento e o gerenciamento do desempenho organizacional. A integração da avaliação de riscos, quando priorizada nos processos de planejamento estratégico e gerenciamento de desempenho organizacional, contribui com a melhoria do planejamento orçamentário, operacional ou mesmo da alocação dos recursos disponíveis;

(iv) selecionar a resposta ao risco: estabelecer um programa personalizado de gestão de riscos integrado aos processos auxilia os gestores a considerarem o evento de risco e selecionarem a resposta de risco mais apropriada e que se adapte à estrutura e cultura específicas de uma organização;

(v) monitorar riscos: significa gerenciar continuamente os riscos, adotando a melhor resposta de risco, selecionada mediante indicadores de desempenho que permitam o acompanhamento dos resultados e o impacto que os riscos podem implicar na missão institucional, evidenciando se a resposta ao risco será bem-sucedida ou requererá ações adicionais;

(vi) comunicar e informar todos sobre os riscos: é fundamental compartilhar informações com todos os interessados, evidenciando a hipótese de ocorrência do risco. O compartilhamento das informações sobre riscos e a incorporação de *feedback* de partes interessadas podem ajudar a identificar e gerenciar melhor os riscos, bem como aumentar a transparência e a comunicação dos resultados.

Apesar de todas essas vantagens, a potencialidade da gestão de riscos no setor público ainda não é explorada de forma ampla (FREITAS, 2011), e a percepção de riscos limita-se à contenção de fraudes, desvio de recursos e desperdícios, sem explorar as oportunidades que sua implementação pode oferecer às entidades do setor público.

Livatino e Tagliavini (2012) previram, além das tradicionais vantagens do sistema de gerenciamento de riscos, as oportunidades que a inovação pode oferecer dentre as principais razões para a adoção de modelos de gestão de riscos nos governos resultantes de pesquisas nacionais e internacionais, indicando-as assim:

a) salvaguardar a reputação e imagem corporativa;
b) fortalecer os processos de planejamento estratégico mediante o uso de informações de risco, capazes de direcionar as escolhas administrativas;
c) reduzir a volatilidade dos resultados;

d) desenvolver processo decisório lastreado em informações, numa lógica de "risco ajustado";
e) proceder à contenção de perdas por meio de mapeamento estruturado de eventos que podem determiná-los;
f) intensificar a melhoria da oportunidade de investimento através de uma abordagem de "oportunidade de risco", visando à remuneração do risco, e não apenas de "mitigação de risco", que é destinada a reduzir o risco;
g) otimizar a identificação de custos de conformidade, reduzindo sobreposições e duplicações;
h) prestação de contas (*accountability*) em todos os níveis da empresa sobre gestão de riscos, fortalecendo a cultura de gestão de riscos e criando uma maior conscientização da administração e dos funcionários sobre a exposição ao risco e as oportunidades a serem aproveitadas.

Para que essa realidade possa se perenizar, contudo, é necessário o desenvolvimento de uma cultura organizacional sobre riscos. Para o *Australian National Audit Office* – ANAO (2018), a cultura de risco deve ser empreendida de forma positiva e fomentada no âmbito das repartições públicas e refere-se ao conjunto de atitudes, valores e comportamentos compartilhados que caracterizam como uma entidade considera o risco em suas atividades cotidianas. Uma cultura de risco positiva promove uma abordagem aberta e proativa para gerenciar riscos que considerem ameaças e oportunidades, de modo que essas incertezas possam ser identificadas, avaliadas, comunicadas e gerenciadas em todos os níveis hierárquicos da organização.

No contexto da Controladoria-Geral da União (2018), alguns aspectos se tornam relevantes a serem considerados durante a condução do processo de gestão de riscos para a integridade, tais como: pleno apoio e compromisso da alta direção; engajamento de pessoas que garantam um panorama suficientemente completo do órgão/entidade e seus riscos; identificação e descrição dos riscos com o detalhamento necessário para sua análise; avaliação dos riscos com base em uma apreciação realista de sua probabilidade e impacto; documentação precisa; revisão periódica; comunicação efetiva que garanta o desenho de controles apropriados; estabelecimento de mecanismos de supervisão e controle adequados; adequação do processo à realidade do órgão/

entidade; compartilhamento de conhecimento e experiências com outros órgãos/entidades; orientação para mudanças de mentalidade e estímulo ao comportamento íntegro na organização.

Para o Tribunal de Contas da União – TCU (2018), a gestão de riscos tem como objetivo primordial auxiliar a tomada de decisão, com vistas a prover razoável segurança no cumprimento da missão organizacional e no alcance dos objetivos institucionais. Para tanto, o TCU implementou uma política de gestão de riscos para amadurecimento de um sistema que anuncia como princípios regentes os seguintes:

(i) fomentar a inovação e a ação empreendedora responsáveis ao realizar algo que nunca foi feito antes ou que implique riscos: identificar, avaliar e tratar esses riscos aumentam a chance de sucesso. Mesmo que a iniciativa não tenha sucesso por algum motivo, estará documentado que o gestor tinha consciência dos riscos e adotou as providências necessárias para mitigá-los, o que demonstra uma gestão responsável;

(ii) considerar riscos e, também, oportunidades: a oportunidade é também chamada de risco positivo, pois constitui a possibilidade de um evento afetar positivamente os objetivos. A boa gestão de riscos deve, também, considerar as oportunidades, pois o gestor precisa estar preparado para aproveitá-las;

(iii) aplicar-se a qualquer tipo de atividade ou projeto: a gestão de riscos pode ser aplicada a qualquer ação organizacional que tenha um objetivo claro ou da qual resulte um produto ou serviço definido;

(iv) aplicar-se de forma contínua e integrada aos processos de trabalho: gerir riscos não pode ser uma atividade esporádica e descasada do dia a dia do trabalho e deve ser uma atitude permanente, parte integrante do processo decisório, desde que apresente relação custo-benefício favorável.

(v) a gestão de riscos deve ser implantada por meio de ciclos de revisão e melhoria contínua: a implantação da gestão de riscos deve ser um processo gradual e progressivo, com revisões periódicas, a partir de mudanças organizacionais e/ou no ambiente externo e dos resultados das avaliações do funcionamento do sistema de gestão de riscos;

(vi) considerar a importância dos fatores humanos e culturais: a percepção sobre os riscos e seus impactos no alcance dos objetivos depende das características das pessoas responsáveis pela gestão desses riscos e da cultura de determinado órgão ou área da instituição em que esses riscos são avaliados. Nesse sentido, uma boa gestão de riscos deve considerar a influência dos fatores humanos e da cultura organizacional na identificação, na avaliação e no tratamento dos riscos. O sucesso ou fracasso da gestão de riscos depende da cultura organizacional;

(vii) ser dirigida, apoiada e monitorada pela alta administração: a alta administração tem a responsabilidade de conduzir o processo de implantação, de manter o sistema funcionando com eficiência e economicidade, de gerenciar os riscos-chave para o TCU e liderar pelo exemplo, demonstrando efetivo compromisso com a gestão de riscos (TRIBUNAL DE CONTAS DA UNIÃO, 2018).

Os gestores de maior escalão, em sequência, são responsáveis por impulsionar a cultura de risco por meio de iniciativas e processos. Todos os devem fornecer *feedback* proativamente através de canais de comunicação sobre interações internas e externas com os principais interessados em relação a áreas de risco potencial. Todos os funcionários também têm um papel a desempenhar para contribuir positivamente para essa cultura (ANAO, 2018).

Para o Tribunal de Contas da União (2018), é objeto da gestão de riscos qualquer processo de trabalho, atividade, projeto, iniciativa ou ação de plano institucional, assim como os recursos que dão suporte à realização dos objetivos do TCU. Unidades organizacionais também podem ser objetos da gestão de riscos.

É assim que a gestão de riscos pode não somente conferir mais efetividade aos processos administrativos dos tribunais de contas, mas também ajudar a impulsionar o alcance dos objetivos e de seus resultados nos processos fiscalizatórios, contribuindo para a melhoria dos serviços públicos. A uma porque identificará percalços e dispêndios desnecessários nos processos administrativos, que, ao serem removidos, otimizarão o uso dos recursos e acelerarão a obtenção de resultados. A duas porque poderá trazer a lume um leque de oportunidades antes desconhecidas e que poderão revelar benefícios a toda a administração e também à população.

Segundo o Tribunal de Contas da União (2018), para que se possa realizar um processo amplo de gestão de riscos, para quaisquer objetos, deve-se seguir as seguintes etapas: estabelecimento do contexto, identificação dos riscos, análise dos riscos, avaliação dos riscos, tratamento dos riscos, comunicação e consulta com partes interessadas, monitoramento e melhoria contínua.

Nessa seara, para se identificarem os riscos, deve-se pautar com clareza os objetivos e resultados de cada processo de trabalho, listar cada um desses objetivos, qualificar os eventos que possam vir a ter impacto negativo no alcance desses objetivos e resultados, além de descrever como cada risco os impacta. Para tanto, algumas dicas podem auxiliar na identificação dos riscos desses processos: (i) responder à seguinte pergunta-chave: "o que pode atrapalhar o alcance do objetivo/resultado?"; (ii) considerar os fatores de sucesso para a consecução dos objetivos (qualquer evento que afete o fator de sucesso potencialmente afeta o objetivo/resultado); e (iii) considerar as principais fontes de riscos (infraestrutura, pessoal, processos e tecnologia).

3 Conclusão

A partir da evolução técnico-administrativa dos tribunais de contas, estes passaram a adotar uma postura mais empreendedora e utilizar ferramentas para a melhoria de seus processos administrativos e de seus procedimentos fiscalizatórios.

Mediante o estímulo a boas práticas, as organizações de controle externo passaram a conjugar esforços no sentido de implementar instrumentos de governança, integridade, *compliance* e gestão de riscos para a melhoria e celeridade de seus resultados. Para tanto, houve necessidade da profissionalização de servidores, da comunicação e integração com outras entidades congêneres, e da adoção de ferramentas e soluções sistêmicas.

Assim, as cortes administrativas passaram a implementar os sistemas de gestão de riscos com o intuito de salvaguardar a imagem corporativa, fortalecer o planejamento estratégico, reduzir a volatilidade dos resultados, desenvolver processo decisório lastreado por informações de maior qualidade, intensificar a busca por melhores oportunidades de investimentos, entre outros fatores.

Portanto, o presente estudo apresentou a gestão de riscos como importante instrumento de modernização, conferindo às cortes de contas oportunidade de adoção de um mecanismo para otimizar a eficiência dos seus processos e, por conseguinte, dos seus resultados. É de extrema importância desenvolver um modelo de gestão de risco envolvendo uma estratégia de identificação de riscos, uma política, uma metodologia, esboçando seus custos e metas e objetivos finalísticos para que a organização tenha parâmetros e formas de medir os resultados.

Nesse sentido, buscou-se asseverar a necessidade de uma postura pró-ativa de gestores e servidores no âmbito dos tribunais de contas, com uma firme atuação e um trabalho de intensificação de sua missão institucional, de modo que não somente os valores éticos possam ser prestigiados, mas que essas cortes possam contribuir com a erradicação da prática desenfreada de corrupção e a crise econômica que o país vem enfrentando.

Numa sequência lógica das necessidades a serem implementadas, para a formulação básica de um sistema de gestão de riscos recomenda-se ter como pressupostos fundamentais os seguintes: adotar regulamentação *interna corporis* na organização, definir atribuições de função e responsabilidades nomeadas em comitês e comissões, definir política de gestão de riscos utilizando-se de regulamentação própria, estabelecer plano de trabalho e manual e criar um projeto-piloto para, depois, estabelecer um sistema próprio.

Oportuno, entretanto, observar que um modelo de gestão de riscos de fato efetivo precisa ir além da previsão regulamentar ou legal. É fundamental também o comprometimento e o engajamento de pessoas dos variados escalões institucionais, buscando-se estabelecer uma cultura uniforme de gestão de riscos. Se não for implementado adequadamente, o sistema pode se tornar um programa meramente formal, por meio do qual apenas seja criada uma camada adicional de burocracia anticorrupção, sem que haja uma efetiva mudança de cultura.

Estudos sobre o tema ainda são incipientes e podem contribuir com a literatura sobre o pacto de modernização dos tribunais de contas instaurado pela ATRICON, IRB e outras entidades, e podem também trazer a lume as experiências com gestão de riscos que os tribunais de contas têm vivenciado.

Referências

AUSTRALIAN NATIONAL AUDIT OFFICE (ANAO). *Risk Management Framework 2017-18*. Sidney: ANAO, 2017.

ARITUA, Bernard; SMITH, Nigel J.; BROWER, Denise. *What risks are common to or amplified in programmes*: Evidence from UK public sector infrastructure schemes. Viena: International Journal of Project Management, n. 29, p. 303-312, 2011.

BALDRY, David. *The evaluation of risk management in public sector capital projects*. Salford, UK: International Journal of Project Management, v. 16, n. 1, p. 35-41, 1998. Elsevier Science IPMA. 1997.

CALIENDO, Paulo. *Direito tributário e análise econômica do direito*: uma visão crítica. Rio de Janeiro: Elsevier, 2009.

CASTRO, Domingos. *Auditoria, Contabilidade e Controle Interno no Setor Público*. Integração das Áreas do Ciclo de Gestão: Planejamento, Orçamento, Finanças, Contabilidade e Auditoria e Organização dos Controles Internos, como suporte à Governança Corporativa. São Paulo: Atlas, 2013.

CONTROLADORIA GERAL DA UNIÃO. *Guia Prático de Gestão de Riscos para a Integridade*: Orientações para a administração pública federal direta, autárquica e fundacional. Brasília: Ministério da Transparência e Controladoria Geral da União, set. 2018.

EAKIN, Hallie; ERIKSEN, Siri; EIKELAND, Pen-Ove; OYEN, Cecilie. *Public Sector Reform and Governance for Adaptation*: Implications of New Public Management for Adaptive Capacity in Mexico and Norway. Townsville: Environmental Management, n. 47, p. 338-351, 2011.

FREITAS, Carlos Alberto S. *Gestão de Riscos*: possibilidades de utilização pelo setor público e por entidades de fiscalização superior. Brasília: Revista do TCU, v. 33, n. 93, jul./set. 2002.

HOCHRAINER-STIGLER, Stefan; LORANT, Anna. *Evaluating Partnerships to Enhance Disaster Risk Management using Multi-Criteria Analysis*: An Application at the Pan-European Level. Townsville: Environmental Management, n. 61, p. 24-33, 2018.

KER, Alan P.; BERNETT, Barry; JACQUES, David; TOUHURST, Tor. *Canadian Business Risk Management*: Private Firms, Crown Corporations, and Public Institutions. Ontário: Canadian Journal of Agricultural Economics/Revue canadienne d'agroeconomie, n. 65, p. 591-612, August 2017.

LIVATINO, Massimo; TAGLIAVINI, Paola. *Il Sistemi per la Gestione del Rischio*: Modelli operativi, ruoli e responsabilità. Presentazioni del Corso Bocconi. Milano: Bocconi School of Management. Lab. ERM, SDI Bocconi, 2012.

MATTOS, Enlinson; TERRA, Rafael. Conceitos sobre eficiência. *In*: BOUERI, Rogério; ROCHA, Fabiana; RODOPOULOS, Fabiana (Org.). *Avaliação da qualidade do gasto público e mensuração da eficiência*. Brasília: Secretaria do Tesouro Nacional, 2015.

NATIONAL AUDIT OFFICE (NAO). *Managing Risks in Government*. London: National Audit Office, 2011.

PALERMO, *Tommaso*. *Accountability and Expertise in Public Sector Risk Management*: A Case Study. Edinburgh, UK: Financial Accountability & Management, 30(3), 0267-4424. August 2014.

PASCOAL, Valdecir. *Direito financeiro e controle externo*: teoria, jurisprudência e 200 questões comentadas. 8. ed. rev. ampl. atual. Rio de Janeiro: Elsevier, 2013.

PERROTET, Charles. *Risk Management*: Don't Hide from Risk—Manage It. London: Journal of Business Strategy, v. 19, Issue: 5, p. 9-12, 1998.

SOUSA, Alfredo J. de. *Os Tribunais de Contas na Melhoria da Administração Pública*: a experiência portuguesa. Brasília: Revista do TCU, 1998.

TRIBUNAL DE CONTAS DA UNIÃO. *Manual de Gestão de Riscos do TCU*. Brasília: Segeples - Seplan - TCU, 2018.

UNITED STATES GOVERNMENT ACCOUNTABILITY OFFICE (US-GAO). *Enterprise Risk Management (ERM)*. Report to the Committee on Oversight and Government Reform, House of Representatives. Selected Agencies, Experiences Illustrate Good Practices in Managing Risk. Washington: GAO, december, 2016.

Informação bibliográfica deste texto, conforme a NBR 6023:2018 da Associação Brasileira de Normas Técnicas (ABNT):

BAPTISTA, Nestor; FRANCO, Luciane Maria Gonçalves. A gestão de riscos como instrumento de eficiência nos processos de trabalho dos tribunais de contas. *In*: LIMA, Edilberto Carlos Pontes (Coord.). *Tribunal de Contas do século XXI*. Belo Horizonte: Fórum, 2020. p. 261-278. (Coleção Fórum IRB, v. 3). ISBN 978-85-450-0713-5.

A ANÁLISE DAS CONTAS DE GOVERNO COMO UM ESPAÇO DE APROFUNDAMENTO DA PARTICIPAÇÃO DEMOCRÁTICA

Rholden Botelho de Queiroz

1 Introdução

Em sociedades cada vez mais multifacetadas, multiculturais, coexistindo com uma cada vez maior acumulação de riquezas e com o avanço das mídias sociais, com grande circulação de informações (nem sempre verdadeiras) e capacidade de processamento destas com grande possibilidade de interferência no processo eleitoral (comparável à influência do poder econômico), tem-se observado o desenvolvimento de certo "mal-estar" em relação à democracia representativa. No Brasil, esse fenômeno apresentou-se de forma mais clara a partir das manifestações populares de 2013, nas quais os participantes apresentavam um sem-número de pautas não muito conectadas, a não ser por um sentimento comum de contrariedade à "política".

Nesse cenário de crise de credibilidade do próprio sistema representativo, a legitimidade das instituições depende muito mais das respostas que são capazes de dar aos anseios da sociedade do que propriamente do fato de seus membros terem sido eleitos pelo voto popular. O momento eleitoral é apenas o passo inicial na conquista da legitimidade, e o fio condutor, que dá coesão a essa plêiade de anseios heterogêneos, deve ser o atendimento aos ditames da Constituição Federal, em especial aos objetivos da República (previstos no art. 3º e que podem ser sintetizados na fórmula "construir uma sociedade livre, justa e solidária") e aos direitos fundamentais, especialmente os ditos de segunda dimensão (educação, saúde, alimentação, trabalho, moradia, transporte, lazer, segurança, previdência social, proteção à maternidade e à infância, assistência aos desamparados).

De fato, nesse campo social, há muito por avançar. O Brasil é um país considerado em desenvolvimento: apesar de ser a 8ª maior economia do mundo,[1] ocupa a 79ª posição em renda *per capita*,[2] o 79º lugar no *ranking* do IDH (2016)[3] e o 65º (de 70 países participantes) no exame PISA,[4] que mede a qualidade da educação do ensino médio; além disso, cerca de 7% da população vive em pobreza extrema,[5] as taxas de homicídio estão no patamar de 30,5 por 100.000 habitantes (a 9ª maior taxa entre os países),[6] cerca de 16,5% da população não têm acesso à água tratada, e cerca de 47,64% não possuem acesso à coleta de esgoto.[7] É possível, portanto, afirmar que o país ainda tem muito a evoluir em matéria de direitos sociais.

Diante desse quadro, é razoável se defender que as escolhas públicas, dentro de um ambiente de recursos escassos, devem se pautar pela necessária implementação desses setores deficitários, o que envolve, naturalmente, a decisão acerca do gasto público. Onde devem ser alocados os recursos arrecadados dos contribuintes? Essa decisão passa por um processo democrático, no qual participam, efetivamente, os poderes constituídos, com a aprovação das leis orçamentárias (art. 165 a 169 da CF/88).

Ocorre que, tendo em vista o caráter autorizativo do orçamento, a parte discricionária deste não vem sendo executada em níveis minimamente compatíveis com a previsão inicial (conforme será demonstrado), o que traz problemas do ponto de vista do comprometimento com a

---

[1] Disponível em: http://g1.globo.com/globo-news/estudio-i/videos/v/pib-brasileiro-e-o-8o-no-ranking-das-maiores-economias-do-mundo/7199708/. Acesso em: 21 maio 2019.

[2] Disponível em: http://g1.globo.com/economia/noticia/2016/04/brasil-esta-na-79-posicao-entre-os-paises-mais-ricos-do-mundo.html. Acesso em: 21 maio 2019.

[3] Disponível em: https://brasil.elpais.com/brasil/2017/03/21/politica/1490112229_963711.html. Acesso em: 21 maio 2019.

[4] Disponível em: http://exame.abril.com.br/brasil/brasil-esta-entre-os-8-piores-em-ciencias-em-ranking-de-educacao/. Acesso em: 21 maio 2019.

[5] Disponível em: https://exame.abril.com.br/economia/pobreza-extrema-sobe-11-no-brasil-e-atinge-7-da-populacao/. Acesso em: 21 maio 2019.

[6] *Estadão*. Disponível em: http://brasil.estadao.com.br/noticias/geral,brasil-tem-9-maior-taxa-de-homicidios-do-mundo.70001788030. Acesso em: 21 maio 2019.

[7] Dados do instituto Trata Brasil. Disponível em: http://www.tratabrasil.org.br/saneamento-no-brasil. Acesso em: 21 maio 2019.

necessária integridade do planejamento, da promoção dos mencionados objetivos constitucionais e direitos fundamentais e até mesmo do princípio democrático, uma vez que as escolhas deliberadas no processo orçamentário são desvirtuadas.

No presente estudo, para além da discussão sobre a adoção do orçamento impositivo (suas possíveis desvantagens serão expostas mais adiante), tentaremos demonstrar que a análise do parecer prévio das contas de governo do chefe do Executivo pelos correspondentes tribunais de contas e o seu julgamento pelos respectivos parlamentos podem ser espaços privilegiados para o enfrentamento dessa questão, podendo ser palcos de um debate público bem informado e inclusivo acerca da execução orçamentária, ou seja, de como foi o desempenho do governo da administração dos recursos hauridos dos cidadãos. Nesse viés, essas instituições passam a atuar de forma afinada com a demanda por maior participação no governo, servindo como agentes indutores de uma democracia mais aprofundada.

2 Teoria preponderante do orçamento meramente autorizativo e a execução orçamentária das despesas de investimento

As leis orçamentárias são normas vitais para a vida de um país. Com razão, o ex-ministro do STF Carlos Ayres Britto afirmou que o orçamento é "a lei materialmente mais importante do ordenamento jurídico logo abaixo da Constituição" (ADI-MC nº 4.048, rel. min. Gilmar Mendes). De fato, se, como Holmes e Sustein (2012) demonstraram, todos os direitos envolvem custos, até mesmo os direitos fundamentais ditos de primeira geração ou dimensão,[8] a norma que organiza como esses gastos serão alocados ao longo do exercício financeiro só pode ter uma posição de grande relevância.

Ocorre que, paralelamente a essa grande importância do ponto de vista ideal, essa norma padece de uma fraquíssima eficácia prática. Com efeito, o entendimento predominante na teoria e prática financeira

---

[8] Mesmo esses direitos, que demandam, a princípio, uma abstenção do Estado para serem preservados, necessitem de um aparato institucional para garantir o seu exercício, seja para proteger os cidadãos contra as ofensas perpetradas por outros particulares, seja para protegê-los contra a atuação abusiva do próprio Estado, o que reclama o aparelhamento do Judiciário, das Polícias, das Forças Armadas para fazer frente a essas afrontas.

brasileira é de que a norma orçamentária tem caráter meramente autorizativo, ou seja, seus preceitos não são tidos como comandos propriamente ditos.

Assim, o chefe do Executivo pode, sem quaisquer consequências jurídicas, deixar de realizar despesas previstas na Lei Orçamentária Anual (LOA), postergando ou simplesmente deixando de realizar ações que envolvam a implementação de direitos fundamentais e objetivos constitucionais, os quais dependem de gastos para serem concretizados. Dessa forma, de pouco adianta a configuração de um direito como fundamental ou de um objetivo (a redução das desigualdades, por exemplo) como central para a República se a verba que foi democraticamente destinada para a sua concretização for ignorada pelo Executivo.

Nosso objetivo neste tópico é avaliar se a execução orçamentária no Brasil, calcada no entendimento de que o orçamento é meramente autorizativo, é compatível com a Constituição Federal de 1988. Para tanto, analisaremos o nível de execução orçamentária dos investimentos previstos na LOA em um intervalo de 10 exercícios financeiros do governo federal. Antes de prosseguir na análise, entendemos necessário justificar essa escolha metodológica. É o caso de explicar as três escolhas básicas:

a) Por que os investimentos?
b) Por que 10 exercícios financeiros?
c) Por que o governo federal?

Segundo o art. 12, §4º, da Lei nº 4.320/64, os investimentos englobam "as dotações para o planejamento e a execução de obras, inclusive as destinadas à aquisição de imóveis considerados necessários à realização destas últimas, bem como para os programas especiais de trabalho, aquisição de instalações, equipamentos e material permanente". A opção por fazer um corte de análise, limitando-a aos gastos com investimento, deve-se a dois motivos: primeiramente, porque, do ponto de vista orçamentário, investimentos são as dotações discricionárias por excelência. Não obstante o entendimento de que o orçamento é autorizativo, na prática, cerca de 90% dos gastos públicos primários se referem a despesas obrigatórias (GREGGIANIN; MENDES; VOLPE, 2018, p. 3), que são aquelas cujo gestor não tem margem de escolha. Como observa Lima (2003, p. 5):

Há que se ressaltar que a maior parte do orçamento público já é de execução obrigatória, como as despesas com pessoal, com benefícios previdenciários, com transferências a estados e municípios, com pagamento de juros e amortização da dívida pública. Mesmo a ampla maioria das despesas de custeio é de execução obrigatória, já que não há como se deixar de pagar as contas de água, de luz, de serviços de limpeza, entre outras, inerentes ao funcionamento da máquina pública. Resta, portanto, parte do custeio, principalmente o referente a novos programas ou expansão dos existentes e o investimento público, em que há uma discricionariedade relativa, pois muitos projetos dependem de investimentos realizados ao longo de vários anos, tornando muito difícil interrompê-los. Por exemplo, considere a construção de um prédio de tribunal que tenha iniciado há três anos, em outra legislatura. Uma nova legislatura teria dificuldade em interromper a obra se 50%, 60% ou 70% dela já tivesse sido realizada.

Como nesse tipo de gasto não há espaço para escolha (tem que ser realizado), a execução dessas despesas tende a ser muito próxima da previsão orçamentária inicial. Já nas despesas discricionárias, o gestor tem uma margem para a sua execução, sendo aqui onde reside o seu poder de escolha na realização do gasto público. Despesas de investimento são tipicamente discricionárias. Ao centrarmos o foco nelas, poderemos aferir se as escolhas do gestor estão de fato em consonância com a prioridade que deve ser dada aos direitos fundamentais sociais e objetivos da República.

Um exemplo ajudará a elucidar o motivo de nossa opção por essa metodologia. Se analisarmos a execução orçamentária da função saúde no exercício 2013, por exemplo, veremos que, levando em conta a totalidade das despesas, o nível de execução orçamentária foi de 92%, ou seja, o montante empenhado foi 92% do que havia sido previsto na lei orçamentária para gastos com saúde naquele exercício.[9] Analisada apressadamente, uma diferença de apenas 8% em relação à previsão, a princípio, pode soar até razoável. Entretanto, boa parte desses recursos pode estar comprometida com despesas obrigatórias, como despesas de pessoal, por exemplo. Agora vejamos o nível de execução, no mesmo exercício, levando em conta somente os *investimentos* na função saúde: apenas 53% do que foi previsto inicialmente na lei orçamentária foram

---

[9] Dados extraídos do Parecer Prévio das Contas do Governo Federal, referente ao exercício 2013. Disponível em: http://portal.tcu.gov.br/tcu/paginas/contas_governo/contas_2013/index.html. Acesso em: 20 maio 2019.

de fato realizados como despesa,[10] ou seja, de tudo que foi previsto naquele ano para a construção de hospitais, instalação de equipamentos, etc., pouco mais da metade foi de fato utilizado. Salvo se o gestor conseguir demonstrar que conseguiu realizar todos os projetos que havia previsto para aquele ano com metade dos recursos disponíveis, não nos parece razoável tal índice de execução. Isso porque o montante de investimentos na área foi fixado em um processo de deliberação democrático, com iniciativa do Executivo e aprovação do Parlamento, com vistas a atender um setor por todos considerados extremamente sensível, com *status* de direito fundamental.

É possível, por outro lado, que a diferença entre o gasto planejado e o gasto real possa ser justificada por uma queda na atividade econômica, que, via de consequência, provoca uma frustração das receitas esperadas. Por esse motivo, analisaremos 10 anos de execução orçamentária, período suficientemente longo para englobar momentos distintos de alta e de baixa do produto interno bruto (PIB). Assim, poderemos verificar se o descompasso entre a previsão inicial e o realizado decorre de fatores puramente econômicos. Em outras palavras, se, em um período de crescimento econômico, o nível de execução orçamentário de investimentos for baixo, o fator econômico não justifica o desvirtuamento.

Já a escolha por restringir a análise aos dados do governo federal deveu-se a questões de ordem pragmática, tendo em vista as limitações materiais próprias desse tipo de pesquisa. Entendemos que a análise no âmbito federal já seria suficiente para atestar a existência do problema, como veremos a seguir. Ademais, a disponibilização dos dados não é uniforme nos vários estados da federação brasileira, variando o grau de dificuldade de obtê-los. No âmbito do governo federal, esses mesmos dados são encontrados de forma padronizada e confiável nos pareceres

---

[10] Importante destacar, ainda, que esse percentual, que já pode ser considerado baixo, foi apenas o montante empenhado, e não necessariamente pago ou, pelo menos, liquidado. Segundo o relatório das contas do presidente da República de 2013, p. 149-150, do valor total empenhado em investimentos na função saúde, apenas 26% se referem a despesas liquidadas e 74% ficaram como restos a pagar não processados, o que levou ao seguinte apontamento no parecer prévio: "Observa-se que, à exceção de Defesa Nacional, em todas as funções selecionadas a proporção de despesas inscritas em restos a pagar não processados foi superior à que foi liquidada no exercício. Esse quadro tem se repetido ao longo dos anos, o que tem gerado, no que se refere às despesas com investimentos, o recorrente distanciamento entre as dotações orçamentárias e os valores efetivamente liquidados no exercício, com o consequente aumento no estoque de restos a pagar e a diminuição do investimento, prejudicando o desenvolvimento do país, já que as despesas com investimento estão sendo postergadas para exercícios posteriores". Disponível em: http://portal.tcu.gov.br/tcu/paginas/contas_governo/contas_2013/index.html. Acesso em: 20 maio 2019.

prévios das contas de governo disponibilizados no sítio do Tribunal de Contas da União (TCU) na internet.

Feitos esses esclarecimentos, passemos aos dados. O quadro abaixo apresenta o nível de execução orçamentária da dotação *investimentos* ao longo de 10 exercícios financeiros recentes no âmbito do governo federal – 2008 a 2017.[11] Trata-se do percentual obtido através da comparação entre o que foi programado como despesa na LOA do respectivo exercício e o que foi efetivamente empenhado naquele ano na rubrica investimento:

Fonte: Pareceres prévios do TCU acerca das contas dos presidentes da República. Disponível em: https://portal.tcu.gov.br/contas/contas-do-governo-da-republica/. Acesso em: 15 maio 2019.

Analisando o gráfico acima, verificamos que, em todos os exercícios analisados, houve, em maior ou menor grau, uma diferença entre o planejamento fixado na LOA e o que foi efetivamente executado. Obviamente, não é razoável esperar que a execução dessas verbas se dê sempre de forma integral, uma vez que é normal certo descompasso entre o planejado e o que se apresenta como realidade. Entretanto, pode-se avaliar o que está fora do razoável. Em todos os exercícios

---

[11] Os dados são extraídos dos pareceres prévios das contas do governo federal. Como, no momento de elaboração deste estudo, ainda não fora emitido o parecer sobre as contas referentes ao exercício financeiro de 2018, este ficou de fora do gráfico.

analisados, a diferença entre o previsto e o executado ficou acima de 15%, o que não parece adequado em condições normais. No ano de 2015, o pior da série, o gasto em termos de investimentos foi menos da metade do previsto, o que demonstra um efetivo desvio em relação ao planejamento aprovado pelo Legislativo. Tal prática constitui uma anomalia, que acaba por lançar a pecha de que o orçamento, em vez de ser a cristalização da pauta de prioridades da sociedade, é, na verdade, uma peça de ficção. Como bem observa Mendonça (2010, p. 396-397):

> O orçamento deveria funcionar como uma pauta de prioridades, definida de forma deliberativa e com ampla publicidade. No entanto, como não é vinculante nem mesmo *a priori*, o resultado é exatamente o oposto. O orçamento se converte na saída fácil: uma forma de manter na pauta decisória formal e até de dar tratamento supostamente privilegiado a questões que não poderiam ser simplesmente esquecidas – como diversas necessidades sociais prementes –, sem, contudo, assumir compromissos reais. Cria-se uma *pauta simbólica de prioridades*, que acaba falseando o processo político. Tal constatação já bastaria para se pensar em levar a sério o orçamento público e sua execução.

Ora, os objetivos constitucionais da República, bem como os direitos fundamentais (na verdade, qualquer direito), especialmente os de segunda dimensão, dependem do gasto público para serem implementados. A organização de prioridades desses gastos é deliberada no Parlamento, resultando em uma lei. Se o Executivo, sem mais justificativas, distancia-se consideravelmente do que foi previamente fixado, deixando de realizar os gastos para compor uma espécie de "reserva inominada",[12] estamos diante de uma prática não compatível com a Constituição Federal, na medida em que se desvia do cumprimento dos objetivos constitucionais e implementação dos direitos fundamentais, além de ferir o princípio democrático, na sua dimensão representativa.

Para fazer frente a esse estado de coisas, a resposta geralmente é a proposição de que o orçamento se torne impositivo. De forma simples, poderíamos afirmar que impositivo é o orçamento em que as dotações devem ser obrigatoriamente executadas. As possibilidades de orçamento impositivo são bem sintetizadas por Lima (2003, p. 6):

---

[12] Expressão cunhada por Mendonça (2010, p. 85).

Numa versão extrema, trata-se de obrigar o governo a executar integralmente a programação orçamentária definida pelo Congresso Nacional. Numa versão intermediária, para a não-execução de parte da programação, exige-se a anuência do Congresso. Versões mais flexíveis determinam a obrigatoriedade de implementar apenas parte do orçamento, deixando alguma margem para o Executivo decidir sobre a implementação ou não.

Dentre os três modelos, o intermediário parece ser o mais adequado e é o modelo adotado nos EUA, país referência em termos de orçamento impositivo. Entretanto, a sua pura e simples incorporação ao nosso ordenamento jurídico não se daria sem problemas. Permanece atual a advertência de Lima (2003, p. 12-13):

> Contudo, no atual sistema político-eleitoral brasileiro, com os problemas de ausência de fidelidade partidária, de excesso de partidos políticos com representação no parlamento, entre outras dificuldades, o orçamento impositivo poderia ser um fator de imobilismo, de obstáculos para a implementação de uma agenda para o país. Afinal, como se comentou, a implementação seletiva do orçamento acaba por ser um importante instrumento de governabilidade. Sem ele, poderia haver óbices adicionais para a aprovação de emendas constitucionais, de projetos de lei, de medidas provisórias, enfim, dos projetos de poder que o Presidente da República tem. (...)
> Há, assim, que se ponderar os pesos das duas variáveis. Para diminuir os efeitos negativos de um possível imobilismo, seria importante que o orçamento impositivo viesse acompanhado de outras mudanças institucionais, tais como, a reforma política e a eleitoral. Por meio delas, apoios que formassem maioria no Congresso Nacional poderiam ser obtidos independentemente de execução maior ou menor de emendas dos parlamentares ao orçamento. Com efeito, se um partido está apoiando o governo, este conta com aqueles votos, independentemente de barganhas pontuais. É o resultado da disciplina partidária.

No mesmo sentido, argumenta Abraham (2015, p. 305):

> (...) no Brasil de hoje, em que prevalece o regime presidencialista de coalizão, veria sua implantação (do orçamento impositivo) envolvida na superação de uma série de dificuldades políticas a fim de que a aprovação das leis orçamentárias não seja emperrada anualmente, ou não gere um nefasto desequilíbrio fiscal, a partir da prevalência de

interesses individuais em detrimento de programas e planos nacionais decorrentes do modelo de federalismo fiscal cooperativo.

Portanto, temos boas razões para pensar que esse não seria o modelo adequado para a conjuntura política brasileira. Realizar a migração do modelo autorizativo para o impositivo sem alterações na estrutura das relações entre o Executivo e o Legislativo poderia gerar problemas de outra ordem, inclusive maiores. Porém, essa vem sendo a perspectiva no direito brasileiro, tendo já sido dado um passo rumo à impositividade do orçamento com a aprovação da Emenda Constitucional nº 86/15, a qual tornou impositivas as dotações oriundas de emendas parlamentares individuais (ainda que com uma série de condicionantes que limitam a sua execução).[13] Assim, por um lado, a prática orçamentária brasileira atual é incompatível com os ditames da Constituição Federal de 1988 e, por outro, a adoção do orçamento impositivo se mostra inadequada pelos riscos que encerra. É preciso encontrar outro caminho de solução.

3 A solução passa pelo aprofundamento da democracia

Ao longo do presente trabalho, procuramos demonstrar a existência de um grave problema na prática da gestão orçamentária brasileira, qual seja a baixa execução de dotações voltadas para os investimentos públicos. Sem investimentos adequados, acaba-se por comprometer o alcance dos objetivos constitucionais e a implementação dos direitos fundamentais sociais.

O problema é gerado por uma plêiade de causas, dentre as quais se destaca a "compressão" das verbas de investimento, tipicamente discricionárias, pelas despesas obrigatórias, notadamente previdência, pessoal, dívida pública e seus encargos. Scaff, debruçando-se longamente sobre o tema, chega a diagnóstico bastante assemelhado, vislumbrando que a prática orçamentária brasileira não seria republicana, uma vez que, em apertada síntese, arrecada-se mais de quem tem menos e gasta-se

---

[13] No momento em que este trabalho é escrito, tramita a proposta de Emenda Constitucional nº 34/2019, a qual visa tornar de execução obrigatória as dotações oriundas de emendas parlamentares de bancada.

menos com as parcelas menos privilegiadas da população. Vaticina (SCAFF, 2018, p. 560):

> Confrontado com a questão por que o orçamento no Brasil não é usado de forma republicana, para redução das desigualdades sociais?, a resposta seria: porque o sistema jusfinanceiro brasileiro está dominado por forças econômicas, públicas e privadas, que impedem o seu uso predominante em busca dessa finalidade.
> No Brasil se está muito longe de efetivar o verdadeiro Estado Social de Bem-Estar. O Estado brasileiro ainda se encontra enfeudado pelas corporações públicas e privadas que dominam sua estrutura e impedem que os recursos públicos sejam arrecadados e gastos de forma republicana, visando ampliar a isonomia entre as pessoas, a fim de que todas tenham o direito efetivo de gozar das liberdades asseguradas pelo ordenamento jurídico. Não há liberdade igual para todos e o âmbito jusfinanceiro não é utilizado para conseguir esse objetivo.

Segundo o professor da Universidade de São Paulo (USP), tal disfunção ocorre especialmente por haver verdadeiras "cláusulas pétreas orçamentárias" (SCAFF, 2018, p. 323)[14] que limitam a liberdade do legislador financeiro de destinar recursos em prol dos fins republicanos, especialmente a redução da desigualdade social. Seriam elas: as imunidades tributárias, as despesas obrigatórias e o serviço da dívida. Como parte do problema, aduz ainda a concessão arbitrária e não controlada de benefícios fiscais.

Diante desse quadro, apontar que a causa da baixa execução orçamentária se deve ao caráter autorizativo do orçamento é dizer muito pouco. Guardadas as proporções, equivale a afirmar que a causa do elevado número de homicídios é a liberdade humana. Por isso mesmo, a adoção do modelo antitético, o orçamento impositivo, não se apresenta adequada para o equacionamento do problema da baixa efetividade dos direitos sociais.

Tendo em vista as desvantagens dos sistemas de execução orçamentária postos, buscaremos apontar uma trilha pela qual a sociedade e as instituições do país possam seguir num processo de aprimoramento contínuo da execução orçamentária, que leva

---

[14] Guardo certa reserva quanto à adoção da nomenclatura "cláusulas pétreas orçamentárias", uma vez que apresenta certa ambiguidade, pois a utilização do termo "cláusula pétrea" pode levar à errônea compreensão de que não poderiam ser modificadas pelo constituinte derivado, o que não foi o desejo do autor, que bem diferenciou os institutos.

devidamente a sério os objetivos constitucionais, os direitos fundamentais e a participação democrática no governo, melhorando a qualidade do exercício da cidadania paulatinamente ao da qualidade da execução orçamentária, num sistema de retroalimentação que constitui uma verdadeira espiral virtuosa. Entendemos que o caminho para a solução do problema passa pelo fortalecimento da democracia participativa mediante a incrementação do debate público bem informado acerca do orçamento. Como afirma Amartya Sen: "O papel da argumentação pública irrestrita é bastante central para a política democrática em geral e para a busca da justiça social em particular" (2011, posição 1.134, edição Kindle).

Nosso raciocínio parte da consideração de que não existem soluções prontas capazes de viabilizar um orçamento verdadeiramente em consonância com os fins positivados na Constituição. Como bem apontou Scaff (2018, p. 305), o orçamento é um sistema de vasos comunicantes: se se aumenta a verba de determinada rubrica, isso vai repercutir em outra. Assim, tendo em vista que se trata do cumprimento do que foi planejado pelos representantes eleitos pelo povo na lei orçamentária e se a execução orçamentária afeta direta ou indiretamente a vida de todos os cidadãos, a solução deve ser buscada no próprio jogo democrático, na participação discursiva da sociedade na elaboração orçamentária e, especialmente quanto ao objeto específico deste estudo, no acompanhamento e controle da sua execução. Através de um amplo debate público bem informado, a sociedade pode se apropriar do tema da execução orçamentária, constatar os desvios nela envolvidos e, a partir desse diagnóstico, cobrar de seus governantes soluções que possam inclusive passar pela revisão das referidas "cláusulas pétreas orçamentárias", bem como pela incrementação dos recursos destinados a programas de educação cidadã. Como ensina Barcellos (2016, p. 110):

> Independentemente do debate teórico, como se vê, parece tranquilo concluir que a opção constitucional em matéria de democracia agrega ao seu conteúdo essencial, para além do voto, tanto a ampliação dos participantes quanto, sobretudo, a apresentação de razões por parte deles. E, se é assim, e se a apresentação de razões por parte dos agentes públicos é inerente à democracia, as instituições e as práticas públicas em um Estado democrático devem ser concebidas e desenhadas de forma a contribuir para esse resultado.

Dessa forma, na esteira de boa parte da filosofia política contemporânea, entendemos que a forma mais apropriada para o deslinde dessa problemática é o incremento que Amartya Sen chama de "governo por meio do debate" (2011). Deve existir um ambiente institucional propício a que os cidadãos possam checar a legitimidade das escolhas feitas pelo Executivo ao longo do exercício financeiro. Trata-se de fomentar, conforme defendido por Dominique Rousseau (2019), uma "democracia contínua", na qual os representados atuam para corrigir os desvios dos representantes no tocante ao respeito aos seus direitos constitucionalmente assegurados.[15]

Nessa esteira, no tocante à execução orçamentária, o princípio republicano conduz ao dever de motivar a decisão de não realizar a despesa prevista (MENDONÇA, 2010, p. 343), e tal motivação tem que ser avaliada de forma racional por instâncias públicas que gozem de legitimidade para tanto, enriquecidas pela participação social ampla e qualificada no debate. Como enfatiza Sen (2011, posições 1.140-1.143, edição Kindle):

> Na busca de decisões deliberadas através da argumentação pública, há claramente fortes razões para não deixarmos de fora as perspectivas e os argumentos apresentados por toda pessoa cuja avaliação seja relevante, quer porque seus interesses estejam envolvidos, quer porque suas opiniões sobre essas questões lançam luz sobre juízos específicos — uma luz que poderia ser perdida caso não se desse a essas perspectivas uma oportunidade para se manifestarem.

Tal caminho de solução teria as seguintes vantagens:

a) os cidadãos passariam de meros destinatários (ou vítimas) das (más, ou melhor, inconstitucionais) escolhas dos gestores públicos a ativos partícipes do processo de avaliação dessas escolhas, não necessitando a espera do final do mandato para decidir politicamente, através do voto, se aprovam ou não o governo;

b) o fomento da própria educação para a cidadania, na medida em que a participação na avaliação da execução orçamentária se

---

[15] Para Dominique Rousseau, a ideia de democracia contínua seria *"una democracia que no se agota para los ciudadanos en el acto de elegir a sus gobernantes, sino que permanece más allá de la elección mediante su actitud vigilante y su participación constante"* (2019, posição 135, edição Kindle).

daria pela participação em um debate público bem informado, construindo conhecimento acerca do tema, o que, por sua vez, elevaria a capacidade dos cidadãos para novas intervenções no controle externo;

c) eventuais intervenções nos rumos da administração gozariam de grande legitimidade, angariada justamente no debate público, com ampla participação dos vários interessados e afetados, não havendo que se falar, nem de longe, em intromissão de um poder na discricionariedade de outros, como comumente se critica quanto às intervenções do Judiciário.[16]

Assim, como trilha de solução para o grave problema do afastamento da prática orçamentária brasileira em relação à busca pelo atingimento dos objetivos da República e promoção dos direitos fundamentais, vislumbramos a necessidade da existência de arranjos institucionais que propiciem o eficaz acompanhamento da execução orçamentária, atentando especialmente para as justificativas acerca da decisão de não gastar em determinadas rubricas essenciais para o atingimento dos fins constitucionais, ao mesmo tempo em que forneçam os instrumentos necessários para a promoção do debate público amplo e bem informado. Como bem constatou Iocken (2018, p. 245), amparada nas lições de Rosanvallon:

> A aprendizagem da escolha do candidato é um processo lento de construção democrática, é o primeiro passo para a representação. Como formula Rosanvallon, a democracia cidadã construiu-se com a conquista do sufrágio universal, que permitiu o reconhecimento de um status social, conferindo ao indivíduo a sua autocompreensão como autônomo e participante de uma comunidade cívica sobre a base da igualdade. Mas um bom governo exige mais, pois pressupõe o exercício contínuo da legitimidade, ampliando continuamente a interação entre governantes e governados, que devem saber especificar, formular, peticionar. Um desafio longo e denso, e que, portanto, exige que as instituições de

---

[16] Nesse ponto, sintetiza bem toda a controvérsia a crítica de Scaff (2018, p. 303) à judicialização da saúde: "É como se a porta de entrada no sistema de saúde fosse o Ministério Público ou o Poder Judiciário, e não os centros de saúde ou hospitais públicos. Aplicam-se critérios de justiça comutativa onde devem existir critérios de justiça distributiva, pois, onde os serviços públicos não podem ser universalizáveis, não mais serão públicos, mas particulares – embora custeados pelos cofres públicos. Sem universalização do serviço, é como se tivesse havido a transformação do Poder Judiciário em um grande plano de saúde individual, custeado pelos cofres públicos".

controle tenham como missão não apenas estabelecer limites e frear os demais poderes, mas também auxiliar para que cada indivíduo seja capaz de formular, de modo autônomo, os seus próprios questionamentos.

Nesse cenário, a noção de *accountability* assume posição de destaque para a democracia. A existência de mecanismos eficazes de transparência e prestação de contas da gestão pública, bem como de responsabilização dos agentes governamentais, funciona como verdadeira seiva que nutre e propicia o aprofundamento da participação democrática no governo.

Em nosso ordenamento jurídico, a atividade de acompanhamento da execução orçamentária é exercida precipuamente pelo Legislativo, com auxílio dos tribunais de contas, compondo o sistema de controle externo. Nossa ideia é revisar o desenho constitucional dessas instituições, verificando se possuem instrumentos suficientes para realizar o escorreito acompanhamento dos gastos públicos, bem como de viabilizar a realização de um maior debate público sobre a execução orçamentária e, em caso negativo, propor mudanças que viabilizem esse intento.

Não basta apontar, como saída para os graves problemas expostos ao longo deste trabalho, a necessidade de incremento do debate público e do amadurecimento democrático da população. É preciso que haja um ambiente propício no qual esse debate possa se desenrolar, levando-se em conta fatores complexos, tais como a heterogeneidade do corpo social e o tecnicismo que permeia a lida com a matéria orçamentária, o que, sem dúvidas, dificulta a participação do cidadão comum. É fundamental, portanto, que haja um ambiente institucional adequado para receber e promover esse debate, com mecanismos jurídicos aptos a propiciar a consecução de tal fim.

3.1 A importância da mediação de um órgão técnico

Como ressaltamos no tópico anterior, a tentativa de solução para o problema passa por um movimento de apropriação do orçamento pela sociedade, como forma de exercício de democracia participativa, tão importante quanto as eleições ou a convocação de referendos e plebiscitos. De fato, o acompanhamento da execução orçamentária é a forma primordial de verificar o grau de importância que os gestores públicos estão dispensando aos direitos da população. A falta de medicamentos no posto de saúde, por exemplo, pode ter ligação direta com o contingenciamento indevido da dotação para esse fim.

Entretanto, é preciso considerar que essa apropriação democrática da execução orçamentária demanda um processo, possivelmente lento, de amadurecimento da democracia, que envolve uma série de fatores complexos, desde o incremento de uma educação voltada para a formação cidadã até mudanças culturais. Não é simples quebrar a inércia do cidadão, conduzindo-o do cuidado de sua lida diária ao cuidado do que é comum.

Com efeito, o custo para o cidadão exercer com desenvoltura o controle social e o acompanhamento da lida orçamentária ainda é muito alto. Em primeiro lugar, a análise dos gastos orçamentários envolve um investimento de tempo, o qual é subtraído das atividades privadas; outro dificultador é que a análise dos dados governamentais pode envolver algum nível de domínio técnico para a busca precisa das informações. Apesar dos avanços obtidos nos últimos anos com as normas atinentes à transparência da administração, as informações podem até estar disponíveis, mas muitas delas de maneira pouco clara, de difícil compreensão e manipulação por parte do cidadão comum que pretende acompanhar a maneira como foram alocados os recursos públicos. Por fim, outro dificultador de uma maior participação cidadã na fiscalização da aplicação dos recursos públicos ainda é o receio de sofrer represálias por parte da autoridade fiscalizada.

Dados esses fatores, não é difícil compreender o motivo pelo qual o controle social ainda é tão incipiente. Daí que, para além das sempre mencionadas mudanças no sistema educacional e, inclusive, no próprio ambiente cultural, necessária se faz a existência de instituições cujas atividades principais sejam justamente acompanhar e fiscalizar os gastos públicos.

Essa instituição, então, seria especialista em realizar essa atividade, que pode ser deveras custosa para a sociedade. Tal instituição teria o papel de analisar os gastos públicos e verificar a sua compatibilidade com as leis, a sua eficácia e economicidade, sendo que o produto de seu trabalho deve ser facilmente compreensível pelo cidadão comum. Não se trata de simplesmente substituir a sociedade na tarefa de controlar a administração, mas também de engajá-la nesse papel, funcionando como um verdadeiro agente indutor de uma execução orçamentária participativa.

Produzindo relatórios sobre o desenvolver da execução orçamentária, realizando auditorias nos gastos, nos programas de governo, nas renúncias fiscais, etc., e confeccionando tudo isso com a preocupação de tornar claros e acessíveis os conteúdos de seus produtos, essa instituição municiaria os cidadãos, bem como o próprio Parlamento, com informações técnicas e trabalhadas, fomentando o controle social e, via de consequência, o debate público acerca da execução orçamentária, influenciando os tomadores de decisões públicas, partícipes e destinatários do debate.

Por outro lado, num verdadeiro círculo virtuoso, o cidadão, municiado pelas informações de qualidade recebidas dessas instituições, poderia demandá-las para novas atuações. Assim, a título de exemplo, o cidadão, verificando o grande contingenciamento nas dotações atinentes a compra de medicamentos e, por outro lado, o gasto integral da verba de publicidade oficial, poderia sugerir atuação na fiscalização do uso desse tipo de verba.

Nas principais democracias do mundo, atribuem-se ao órgão Legislativo as funções normativas e de controle, reforçadas pela existência de instituições auxiliares externas (WILLEMAN, 2017, p. 57):

> De forma complementar, os chamados instrumentos auxiliares externos compreendem uma série de instituições desenhadas para incrementar a *accountability* das instâncias de governo, operando fora do Parlamento e do processo político que lhe é característico, mas em colaboração com ele. Paradoxalmente, a criação de tais instituições extralegislativas decorre da própria percepção de que a *accountability* realizada exclusivamente pelo Legislativo apresenta deficiências e falhas e, precisamente por isso, estruturas auxiliares tornam-se necessárias. Nesse cenário, costuma-se apontar para três estruturas importantes para essa finalidade: (i) as agências anticorrupção; (ii) os *ombudsman offices* (Ouvidorias ou Defensores do Povo); e, finalmente, com especial destaque nesse trabalho, (iii) as Instituições Superiores de Controle (*Supreme Audit Institutions – SAIs*) (WILLEMAN, 2017, p. 60).

No Brasil, a CF/88, em seu art. 70 e seguintes, concebeu que esse tipo de fiscalização seria exercido, a princípio, pelo Parlamento, mas com decisivo auxílio dos tribunais de contas, adotando o modelo de instituições superiores de controle. Esse é o modelo preponderante na tradição europeia. Willeman apresenta percuciente comparação entre os modelos disponíveis para a realização da chamada *accountability* horizontal. Ao final, abordando o modelo de cortes superiores, conclui (2017, p. 316):

Na perspectiva analítica e comparativa a respeito das experiências estrangeiras de accountability financeira, conclui-se que não existe um desenho que possa ser caracterizado como ótimo ou ideal. A obra examinou, em maior detalhamento, quatro exemplos estrangeiros que espelham a adoção de cada um dos blocos reconhecidos em macrocomparação e, como visto, todos apresentaram, em maior ou menor medida, dilemas e impasses.

Ao que nos parece, uma instituição que se proponha a fiscalizar os gastos públicos deve, no mínimo, ter autonomia em relação àqueles que são alvos de seu controle. Essa lógica está mais consentânea com a sistemática da Constituição de 1988, que, por exemplo, apartou o Ministério Público do Poder Executivo, conferindo-lhe autonomia funcional, administrativa e financeira e garantias fortes aos seus membros (vitaliciedade, inamovibilidade e irredutibilidade de subsídios).

Assim, em nosso entendimento, andou bem a Constituição de 1988 ao estabelecer cortes de contas com autonomia administrativa e financeira para realizar a atividade de controlar os gastos públicos. E não só isso, cercou os seus membros com garantias semelhantes às da magistratura, com o fito de permitir-lhes uma atuação altiva e independente.[17]

Cabem ainda mais algumas palavras sobre a real necessidade de existirem órgãos específicos para a realização do controle externo da administração. Poder-se-ia argumentar se não já seria suficiente a existência do Judiciário para tal mister. Em outras palavras, haveria vantagem em estruturar uma instituição para fiscalizar a execução orçamentária quando já se possui o sistema Justiça (Judiciário, Ministério Público, Advocacia), o qual, em tese, poderia responder por demandas nesse sentido (via ações de improbidade, ações civis públicas, ações populares, ações penais nos crimes contra a administração pública, etc.)?

---

[17] Para uma importante análise crítica sobre o modelo de recrutamento dos membros dos tribunais de contas, ver Willeman (2017). Ao fazer estudo comparado acerca das instituições superiores de controle e não tendo identificado "qualquer fórmula que rompesse significativamente com o padrão de indicação política compartilhada entre o Executivo e o Legislativo" (p. 316), conclui apontando a importância de um maior rigor, inclusive jurisprudencial, na aferição do preenchimento dos requisitos constitucionais do "notório saber" e da "idoneidade moral e reputação ilibada": "Nesse campo, que pode ser qualificado como o 'calcanhar de Aquiles' do recrutamento dos membros dos Tribunais de Contas, há considerável margem de aperfeiçoamento a ser alcançado mediante simples avanço jurisprudencial, com o escrutínio mais rígido acerca dos requisitos constitucionais para o provimento dos cargos. O *self-restranint* nessa temática não contribui para o aperfeiçoamento do sistema de controle externo" (p. 319).

A prática internacional nos dá indícios de que é necessário um órgão especializado na tarefa de fiscalização dos gastos públicos. Assim, na maior parte das democracias ocidentais, que contam com Ministério Público e Judiciário, existe também órgãos de controle, seja sob a forma de agências governamentais, seja na forma de tribunais.

Ademais, é de se destacar que o Judiciário, conforme seu próprio desenho institucional, tem como vocação principal a promoção da justiça comutativa, buscando resolver situações de ameaça ou lesão a direitos de pessoas ou grupos, sendo sua ocupação com a justiça distributiva apenas residual ou colateral. Já as cortes de contas possuem uma orientação nitidamente voltada para a promoção da justiça distributiva, pois, via de regra, sua atuação é direcionada para a correção (utiliza-se a expressão "correção" em sentido amplo, envolvendo tanto o caráter pedagógico quanto a responsabilização e sanção) dos desvios da administração pública, o que gera efeitos para toda a sociedade, sendo o direito ou interesse individual atingido apenas de forma residual.

Assim, quando o Tribunal de Contas, por exemplo, determina a anulação de um edital de licitação, tendo em vista a existência de cláusulas restritivas da concorrência, o benefício é geral para a sociedade, pois um novo edital sem tais restrições tende a conseguir uma contratação a um preço mais baixo. De forma colateral, as empresas que perderam a disputa na licitação anulada terão seus interesses momentaneamente contemplados, uma vez que terão nova chance de concorrer à contratação pública. Entretanto, esse eventual benefício ao particular não é a razão que anima a atuação do Tribunal de Contas.

Quando analisa uma conta de gestão de um secretário ou ministro de governo municipal, estadual ou federal, verificando a correção dos atos praticados sob os aspectos da legalidade, economicidade e legitimidade, o beneficiário último é todo o corpo social, pois as irregularidades e equívocos da gestão são corrigidos (o que beneficia todos os destinatários da atividade da pasta), e as responsabilizações por infrações são apuradas. Enfim, em todas as suas áreas de atuação – auditorias em políticas públicas, programas de governo, obras públicas, pagamento de pessoal, etc. –, o foco é sempre o interesse coletivo da sociedade, sendo, portanto, a corte aparelhada para esse fim.

Em estudo sobre o controle de políticas públicas pelos tribunais de contas, resumimos, assim, as vantagens dessas cortes em relação ao Judiciário para o desempenho dessa atividade (QUEIROZ, 2009, p. 81):

Em verdade, os Tribunais de Contas ocupam uma posição privilegiada no processo de implementação dos direitos sociais, em razão mesmo do desenho constitucional que lhes conforma. Com efeito, os Tribunais de Contas, devido à gama de atribuições que lhes foram constitucionalmente atribuídas (fiscalização orçamentária, contábil, financeira da administração, emissão de parecer prévio sobre as contas do chefe do Poder Executivo, julgamento das contas dos demais responsáveis por recursos públicos, etc.) possuem uma visão geral do desenrolar da Administração Pública, estando aptos a contextualizar as carências sociais detectadas com o volume de recursos gerais disponíveis. De outra parte, também em razão de suas atribuições constitucionais, o seu corpo de funcionários é dotado de formação técnica eclética, o que lhes confere (desde que aliado a investimentos em treinamento) a expertise necessária para a tarefa. Por fim, sendo a atividade dos Tribunais de Contas voltada para o aprimoramento da gestão como um todo, suas ações, no que toca ao controle das políticas públicas, tendem a promover a implementação gradual dos direitos sociais, trazendo benefícios à coletividade de forma indistinta, sem os riscos que corre o Judiciário de atender a pretensões individuais que, em face da limitação dos recursos, não poderiam ser universalizadas.

Assim, temos boas razões para admitir que o modelo de tribunais para o exercício do controle externo parece mais adequado e consentâneo com a lógica da Constituição de 1988. Outrossim, os tribunais de contas se apresentam mais vocacionados para o acompanhamento da execução orçamentária do que o sistema Justiça.

3.2 Parecer prévio e julgamento das contas de governo: local privilegiado para o debate acerca da execução orçamentária

A emissão de parecer prévio sobre as contas de governo do chefe do Executivo é considerada por muitos a principal atividade dos tribunais de contas. A par das opiniões a esse respeito, o que visualizamos é que essa atuação seria, no âmbito das cortes de contas, o principal palco para o desenrolar da participação da sociedade em um debate público bem informado acerca da execução orçamentária.

Com efeito, no parecer prévio das contas do chefe do Executivo, o Tribunal de Contas se debruça sobre os aspectos mais gerais da execução orçamentária, avaliando a condução da gestão financeira, orçamentária e fiscal do governo. É no parecer prévio, peça técnica que subsidia o julgamento das contas a ser realizado pelo respectivo Parlamento, que são analisados, entre outras questões, o grau de endividamento do ente, o nível de gastos com pessoal, o atingimento dos pisos (execução orçamentária em saúde e educação) e dos tetos constitucionais e legais, bem como as medidas adotadas para a recondução aos limites, no caso de ultrapassagem.

Portanto, nas contas prestadas pelo chefe do Executivo, pode-se fazer um cotejo global entre o que foi planejado em nível de lei orçamentária e o que foi efetivamente executado no exercício em análise. Dessa forma, o parecer prévio sobre as contas de governo é um dos espaços processuais mais importantes para a ocorrência do debate público acerca da efetiva execução orçamentária dos investimentos ligados aos direitos fundamentais e objetivos da República.

Analisemos, agora, se a condução desse processo permite que ele atinja o seu grande potencial de fomentar uma maior participação da sociedade no debate orçamentário. Em primeiro lugar, se o que se busca é a viabilização de um debate público, uma das vozes mais importantes a serem ouvidas é a do próprio chefe do Executivo. Se o tribunal realiza uma espécie de auditoria em suas contas, fornecendo um relatório que é objeto de deliberação pelos ministros e conselheiros, o qual subsidiará o julgamento do Parlamento, parece adequado, se se quer promover um debate público efetivo, ouvir as razões do governante acerca dos apontamentos do órgão de controle.

Já existem precedentes do STF sobre a matéria, preconizando a necessidade de oitiva do chefe do Executivo:

> Ementa: DIREITO CONSTITUCIONAL. MANDADO DE SEGURANÇA. CONTAS DO CHEFE DO PODER EXECUTIVO. PARECER PRÉVIO DO TCU. CONCESSÃO DE PRAZO PARA EXPLICAÇÕES. DEVIDO PROCESSO LEGAL.
> (...)
> 3. De todo modo, ainda que assim não fosse, a ausência de caráter deliberativo do parecer prévio não dispensa o órgão de controle do dever de observar o contraditório e a ampla defesa (nesse sentido: SS 1.197, Rel. Min. Celso de Mello).
> 4. Writ a que se nega seguimento. (MS 33671 / DF, rel. Min. Roberto Barroso, 15/09/2015, decisão monocrática)
> A circunstância de o Tribunal de Contas exercer atribuições desvestidas de caráter deliberativo não exonera essa essencial instituição de controle - mesmo tratando-se da apreciação simplesmente opinativa das contas anuais prestadas pelo Governador do Estado - do dever de observar

a cláusula constitucional que assegura o direito de defesa e as demais prerrogativas inerentes ao *due process of law* aos que possam, ainda que em sede de procedimento administrativo, eventualmente expor-se aos riscos de uma sanção jurídica. (SS 1197 / PE, rel. Min. Celso de Mello, 22/09/1997, decisão monocrática).

Como visto, a questão foi decidida levando em conta apenas os direitos individuais do gestor à ampla defesa e ao contraditório. Porém, seja pela questão do respeito aos direitos individuais do chefe do Executivo, seja pela necessária deferência ao princípio democrático, o qual, como defendemos, não se esgota no sufrágio secreto e universal, mas reclama formas de participação da sociedade na condução da gestão pública, especialmente a sua adequação ao cumprimento dos objetivos da República, entendemos que é fundamental a oitiva do chefe do Executivo.

Essa importante etapa processual, entretanto, não vem sendo observada, de forma geral, pelos tribunais, especialmente quando se trata de contas de governadores e do presidente da República. Utilizando como exemplo o TCU, que costuma ser paradigma para os demais tribunais de contas, de fato, até a análise das contas de governo do exercício de 2014, jamais um chefe do Executivo havia sido notificado para prestar esclarecimentos acerca dos apontamentos efetuados no relatório preliminar ao parecer prévio.

Há três empecilhos geralmente levantados como impeditivos da oitiva do chefe do Executivo no parecer prévio das contas de governo. O primeiro deles seria a própria natureza desse procedimento, o qual não seria um julgamento propriamente dito, mas apenas uma peça técnica que subsidia o julgamento político a ser realizado pelo parlamento respectivo. Outro argumento seria a dificuldade operacional de compatibilizar o prazo para a realização de uma defesa efetiva com o prazo constitucional para a emissão do parecer prévio (sessenta dias contados da data do seu recebimento, conforme o art. 71, I, da CF/88). Há ainda um argumento pragmático: a oitiva só seria necessária quando o tribunal encontrasse, de fato, falhas que, a seu ver, poderiam conduzir à proposição de reprovação das contas, sendo de pouca utilidade a oitiva quando não houvesse essa condição.[18]

---

[18] Corroborando essa linha de argumentação, na única oportunidade em que um presidente da República foi ouvido no âmbito do parecer prévio sobre as contas de governo, a manifestação

Em relação ao primeiro argumento, o próprio STF tem reconhecido a necessidade de oitiva do chefe do Executivo sobre as ocorrências apontadas no relatório do parecer prévio, antes da deliberação da Corte de Contas, a título de garantir os princípios do contraditório e da ampla defesa em sede de procedimentos administrativos, conforme noticiamos acima.

É bem verdade que a emissão do parecer prévio sobre as contas de governo é um procedimento que tem como produto final uma peça informativa, cujo objetivo é servir de base técnica para amparar o julgamento a ser realizado pelo Legislativo. Entretanto, dessa premissa não se pode extrair a conclusão de que a oitiva do chefe do Executivo é desnecessária ou incabível nesse momento. Primeiramente, porque a atuação do tribunal nessa seara é eminentemente técnica, enquanto o julgamento do Legislativo é preponderantemente político. Assim, é coerente com a promoção de um contraditório e ampla defesa efetivos conferir ao chefe do Executivo a oportunidade de buscar afastar, por meio de uma defesa técnica, as pechas que, porventura, tenham sido apontadas preliminarmente pelos auditores da Corte de Contas.

Assim, postergar para o momento do julgamento no Legislativo a única oportunidade de escuta do chefe do Executivo reduz fortemente a chance de defesa efetiva, pois argumentos técnicos que poderiam, uma vez apresentados ao tribunal, ter tido o condão de afastar pechas que maculariam as contas podem não ser devidamente analisados pelo Legislativo, seja por falta de *expertise* no trato da matéria, seja pela prevalência do caráter preponderantemente político de sua atuação.

Imaginemos o caso em que o Tribunal de Contas emite um parecer prévio sugerindo ao Legislativo a reprovação das contas do chefe do Executivo devido às irregularidades A e B. Não se pode desconsiderar que o parecer prévio recomendando a rejeição das contas é, por si só, um fato com considerável repercussão negativa na sociedade. Acrescenta uma carga, não só argumentativa, mas política ao governante para exercer a sua defesa perante o Parlamento, o qual vai ter que lidar com as consequências do fato de eventualmente contrariar um parecer técnico emitido pela Corte de Contas.

Imaginemos, por outro lado, que o chefe do Executivo e sua equipe disponham de documentos e argumentações técnicas capazes de

---

do tribunal foi, de fato, pela reprovação das mesmas. Nos demais casos, salvo o relativo ao exercício financeiro de 1937, a indicação do tribunal não foi pela reprovação.

modificar o entendimento do Tribunal de Contas acerca das falhas A e B. Destarte, o órgão que, em análise técnica, apontou falhas maculadoras das contas de governo é que tem melhores condições de analisar a argumentação técnica tendente a afastar essas falhas. Postergar essa oportunidade processual apenas para o julgamento do Legislativo é diminuir consideravelmente as chances de defesa do governante, elevando a carga política da decisão acerca de suas contas de governo. Mais grave ainda no caso das contas de prefeitos, nas quais o parecer prévio pela rejeição só pode ser superado se a aprovação das contas se der por maioria de 2/3 dos vereadores.[19]

Assim, do ponto de vista do contraditório e da ampla defesa, entendemos que a oitiva do governante antes da deliberação do Tribunal de Contas acerca do parecer prévio é essencial para o pleno exercício dessas garantias. Outrossim, para além do contraditório e ampla defesa, a escuta do chefe do Executivo se impõe também sob o viés da promoção do debate público bem informado acerca da execução orçamentária. Quanto a esse aspecto, é evidente que, se se quer promover um engajamento social na análise das contas de governo, permitindo que esse processo se torne também um palco para o debate público, ouvir as razões do governante sobre as pechas apontadas nas suas contas de uma forma geral e, no caso que interessa mais de perto a este estudo, sobre eventual mau uso da ferramenta do contingenciamento, com a consequente baixa execução de investimentos nas áreas conectadas a direitos fundamentais e objetivos da República, é medida inafastável.

Quanto ao argumento segundo o qual, ao se conferir oportunidade de manifestação ao chefe do Executivo, restaria inviabilizado o cumprimento do prazo constitucional para a emissão do parecer prévio, entendemos que também não deve prosperar. Com efeito, se, de um lado, há um prazo constitucional a seguir, de outro, há princípios, também constitucionais, com *status* de direitos fundamentais, a proteger, quais sejam, o contraditório e a ampla defesa. Também há o próprio princípio democrático, no seu viés de democracia participativa, que também reclama a oitiva. Esses três vetores constitucionais somados (contraditório, ampla defesa e princípio democrático) nos levam a considerar o mencionado prazo como impróprio, servindo não como

---

[19] Cabe ressaltar que, no tocante às contas de prefeitos, é comum a oportunização do contraditório e ampla defesa, o que não costuma ocorrer em relação às contas de governadores e presidentes da República.

comando, mas como baliza para a atuação do Tribunal de Contas. Na já citada decisão monocrática proferida pelo min. Roberto Barroso (MS nº 33.671), essa questão já foi enfrentada sob o prisma da ampla defesa e contraditório:

> 14. Ademais, a medida encontra respaldo no art. 224 do Regimento Interno do TCU, segundo o qual o relator pode "solicitar esclarecimentos adicionais e efetuar, por intermédio de unidade própria, fiscalizações que entenda necessárias à elaboração do seu relatório". Nessa linha, eventual extrapolação do prazo de sessenta dias previsto no art. 71, I, da Constituição, justificável à luz das circunstâncias do caso concreto, não serve de óbice ao exercício do contraditório e da ampla defesa.

Uma solução intermediária e que, a nosso ver, compatibilizaria, por um lado, o respeito ao prazo constitucional e, por outro, a observância aos direitos fundamentais do contraditório e ampla defesa, seria uma interpretação que desconsiderasse o tempo gasto com a oitiva do governante para o cômputo total do prazo que a Constituição conferiu ao Tribunal de Contas para emitir o parecer prévio.

Sobre o terceiro argumento contrário à oitiva do chefe do Executivo no parecer prévio das contas de governo, que preconiza a sua inutilidade no caso de o tribunal não encontrar falhas capazes de encaminhá-lo pela rejeição das contas, concluímos que também não é sustentável. Com efeito, não é um fato corriqueiro a sugestão dos tribunais de contas no sentido da rejeição das contas de governadores e de presidentes da República. Como dito, em toda a sua história, o TCU só propôs a rejeição das contas de um único governante, qual seja, a ex-presidenta Dilma Rousseff, no exercício de 2014.

Assim, há boas razões para supor que uma série de falhas de variáveis graus de importância é, via de regra, considerada como ressalva nas contas de governo, não sendo ensejadora de proposta de rejeição. Por esse motivo, o TCU jamais ouvira o chefe do Executivo até a análise das contas governamentais do exercício de 2014. Para ficar em apenas um exemplo, a problemática da baixa execução orçamentária de verbas destinadas a investimentos (dentre os quais os ligados à promoção dos direitos fundamentais sociais e objetivos da República) foi apontada em diversos pareceres prévios do TCU; porém, dada a prevalência do entendimento do orçamento como meramente autorizativo, nunca foi apontada como de grande relevância, motivo pelo qual nunca um presidente foi chamado a explicar suas escolhas quanto a esse aspecto da execução orçamentária.

Ora, o caminho de solução para esse gravíssimo problema passa justamente por colocar luzes democráticas e discursivas sobre ele. Para que a sociedade possa se apropriar do tema dos investimentos na implementação de seus direitos fundamentais, é imprescindível uma mudança de postura nas cortes de contas, transformando aquilo que é exceção (oitiva de governadores e presidentes da República no parecer prévio) em medida corriqueira. O momento do parecer prévio (e também o do julgamento das contas de governo pelo Legislativo) deve ser um dos pontos altos do processo democrático. É a ocasião na qual o governante tem avaliado o seu desempenho na condução da máquina pública. É imprescindível que ele submeta ao debate público as escolhas que fez no uso do dinheiro arrecadado de todos os contribuintes.

Como já enfatizamos no início deste estudo, a tese de que o orçamento é meramente autorizativo tem conduzido a uma execução orçamentária descuidada dos objetivos da República e da implementação dos direitos fundamentais, especialmente os sociais. Por outro lado, estabelecer o orçamento plenamente impositivo pode conduzir a distorções de outra ordem. Daí que entendemos que a saída passa pela necessidade de motivação da decisão de não gastar os recursos orçamentários.

Com isso em mente, entendemos que é justamente no momento da apreciação das contas de governo que se terá a oportunidade de efetivamente analisar as razões das escolhas governamentais de não executar determinados gastos. Apontada a situação de descompasso relevante entre a previsão orçamentária em despesas com investimentos (inclusive em áreas de grande necessidade social) e a sua efetiva execução, o chefe do Executivo deve ser ouvido especificamente sobre isso (e também, claro, sobre outras falhas eventualmente apontadas).

Várias justificativas podem ser apresentadas: calamidade pública, frustração de receitas, necessidade de *superavit* primário, etc. O Tribunal de Contas então terá condições de verificar a validade e legitimidade das alegações do gestor para a sua opção. Seria, por exemplo, a necessidade de atingir meta de *superavit* primário um motivo legítimo para deixar de executar verbas que estão diretamente ligadas à efetivação de direitos sociais e objetivos da República?

Trata-se de um tema bastante delicado, pois, muito embora não esteja, de fato, entre os objetivos da República, não se pode perder de vista que o atingimento consistente das metas de *superavit* tende a diminuir os juros da dívida pública, reduzindo os gastos com esse elemento de despesa, o que acaba por beneficiar a consecução desses objetivos. Dito de outro modo, a perseguição de *superavit* é instrumental (e relevante) para manter as políticas públicas que objetivam concretizar os objetivos constitucionais. Mas até que ponto o que é instrumental está se sobrepondo à busca de realizar a própria finalidade a que se destina?

Essas indagações nos conduzem ao próximo ponto que pretendemos abordar, qual seja, a necessidade (ou não) de audiências públicas no âmbito do parecer prévio sobre as contas de governo. Os conselheiros e ministros não podem ser os juízes Hércules imaginados por Dworkin (2002, p. 165). Entretanto, as suas diferentes origens e multidisciplinares conhecimentos[20] podem ser uma vantagem quando se analisa o procedimento de emissão de parecer prévio sob a ótica de palco de um debate público qualificado e bem informado. Assim, se não pode ser esperado dos conselheiros uma solução definitiva sobre o problema do exemplo dado, é possível que se possa utilizar a oportunidade da análise das contas de governo como um momento para se lançar luzes discursivas sobre questão tão importante.

Desse modo, entendemos ser relevante a abertura de espaço para a realização de audiência pública para debater os achados de auditoria nas contas de governo, especialmente no que diz respeito ao objeto do presente trabalho, quando está em jogo a baixa execução orçamentária de despesas tendentes à consecução dos objetivos da República e à concretização dos direitos fundamentais.

A realização de audiência pública com a participação dos conselhos profissionais de áreas ligadas à atuação do tribunal (administração, direito, economia e contabilidade), dos conselhos profissionais ligados às áreas cujas políticas públicas foram afetadas pela baixa execução dos investimentos (conselho de medicina, por exemplo, se a rubrica orçamentária for ligada à saúde; conselho de engenharia, no caso de verbas afeitas, por exemplo, à manutenção de barragens, etc.), movimentos sociais organizados, representantes do governo, etc., pode ter dois efeitos extremamente positivos: 1) aprimorar, devido ao acréscimo de informações e argumentos, a qualidade da deliberação da Corte de Contas na emissão do parecer prévio; 2) proporcionar um maior destaque para o tema da execução orçamentária, podendo o debate ali

---

[20] Ver ressalva na nota de rodapé nº 16.

realizado reverberar para a sociedade como um todo, a qual, então, terá melhores condições de avaliar o desempenho do governo, utilizando os mecanismos jurídicos e políticos à sua disposição, inclusive (mas não somente, enfatizemos) a avaliação final através do voto.

Por essas razões, aparentam ser consideráveis os ganhos com a realização de audiências públicas pelos tribunais de contas. O que tem que se verificar é se os ganhos superam os custos e dificuldades operacionais em todos os casos. Temos boas razões para defender que, em se tratando de contas de governador e do presidente da República, os ganhos já mencionados superam em muito os custos de realização dessas audiências. Entretanto, a dificuldade operacional pode não recomendar a realização em todas as contas de prefeitos. O estado de Minas Gerais, por exemplo, possui 853 municípios. A realização de audiências públicas na análise das contas de todos eles poderia inviabilizar o trabalho do Tribunal de Contas mineiro. Assim, no que toca às contas de governo dos chefes de executivos municipais, cada tribunal, atento à sua capacidade operacional, deve estabelecer critérios para a realização dessas audiências: municípios com população acima de determinado quantitativo; nos casos em que o conselheiro tiver uma dificuldade técnica que recomende a realização da audiência, desde que devidamente justificada no despacho que a solicita ao presidente, entre outros que se possa imaginar.

Ultrapassada a fase do parecer prévio, peça de natureza eminentemente técnica, o julgamento efetivo das contas de governo se dá no âmbito do Poder Legislativo. Aqui, diferentemente, o julgamento tem caráter predominantemente político; porém, não pode olvidar de balizas jurídicas, nem desprezar completamente o componente racional, no sentido de que devem ser apresentadas as razões de convencimento que conduziram à aprovação ou reprovação das contas apresentadas.

Importante investigarmos se o desenho institucional desse procedimento oferece, de fato, essas balizas jurídicas e racionais e, além disso, se também é receptivo a uma maior participação da sociedade, com abertura para o debate público acerca da execução orçamentária. Para tanto, analisaremos o procedimento no âmbito da União, modelo que serve de paradigma para estados e municípios.

A primeira constatação que fazemos chega a ser alarmante. O Congresso Nacional, desde 2002, não tem realizado o julgamento das contas dos presidentes da República. Mesmo nos exercícios financeiros anteriores em que houve o julgamento, constata-se, em grande parte deles, um descompasso temporal que esvazia a sua própria utilidade – as contas dos exercícios de 1993 e de 1995 a 1998, por exemplo, foram aprovadas somente em 2002. Isso mostra a pouca atenção que o Parlamento vem dispensando a essa sua prerrogativa, a qual, como já apontamos quando analisamos o parecer prévio, é de suma importância para o aprofundamento da democracia, na sua vertente participativa. Há fortes razões para inferir que essa postura do Congresso Nacional contribui decisivamente para que a execução orçamentária se desvie de forma tão contundente dos objetivos constitucionais. Esse tema, que deveria ser objeto de intenso debate cívico, uma vez que cristaliza como foi o desempenho do governo na utilização dos recursos públicos arrecadados de toda a sociedade, não é devidamente considerado. Tal fato reforça a nossa tese de que um caminho de solução para o problema seja lançar luzes discursivas sobre ele, o que atualmente simplesmente não ocorre.

Com vistas a transformar esse estado de coisas, pensamos que uma mudança de ordem constitucional é necessária. A análise empírica demonstrou que a simples previsão da prerrogativa de julgar as contas de governo não é suficiente para que isso de fato ocorra. Assim, é preciso estabelecer algum mecanismo de *enforcement* para essa norma. Entendemos que uma alternativa viável seria estabelecer, na Constituição Federal, um mecanismo de trancamento de pauta até que as contas do governo sejam apreciadas. Assim, uma vez entregue o parecer prévio ao Parlamento, o mesmo teria um prazo semelhante ao do Tribunal de Contas (60 dias), só que para realizar o julgamento.

Sobre o procedimento voltado à deliberação dos parlamentares sobre as contas de governo, pelos motivos já expostos quando discorremos sobre o parecer prévio, entendemos que deve ser dada nova oportunidade para que o chefe do Executivo apresente sua defesa perante o Legislativo. Isso porque, como já afirmamos, embora seja um processo preponderantemente político, não pode transcorrer sem as mínimas balizas jurídicas, dentre as quais se destacam os princípios do contraditório e da ampla defesa. O STF tem precedentes apontando para a nulidade de julgamentos de contas nos quais não se ofereceu a oportunidade para o governante se manifestar:

> EMENTA Medida cautelar. Referendo. Recurso extraordinário. Apreciação das contas do prefeito. Observância do contraditório e da ampla defesa pela Câmara Municipal. Precedentes da Corte. 1. A

tese manifestada no recurso extraordinário, relativa à necessidade de observância dos princípios constitucionais do contraditório e da ampla defesa pela Câmara Municipal quando da apreciação das contas do prefeito, após parecer prévio do Tribunal de Contas, encontra harmonia na jurisprudência desta Suprema Corte. Presentes o fumus boni iuris e o periculum in mora. 2. Decisão concessiva da cautelar refendada pela Turma. (AC 2085 MC, Relator(a): Min. MENEZES DIREITO, Primeira Turma, julgado em 21/10/2008, DJe-241 DIVULG 18-12-2008 PUBLIC 19-12-2008 EMENT VOL-02346-01 PP-00032 RT v. 98, n. 882, 2009, p. 106-108)

EMENTA: PREFEITO MUNICIPAL. CONTAS REJEITADAS PELA CÂMARA DE VEREADORES. ALEGADA OFENSA AO PRINCÍPIO DO DIREITO DE DEFESA (INC. LV DO ART. 5º DA CF). Sendo o julgamento das contas do recorrente, como ex-Chefe do Executivo Municipal, realizado pela Câmara de Vereadores mediante parecer prévio do Tribunal de Contas, que poderá deixar de prevalecer por decisão de dois terços dos membros da Casa Legislativa (arts. 31, § 1º, e 71 c/c o 75 da CF), é fora de dúvida que, no presente caso, em que o parecer foi pela rejeição das contas, não poderia ele, em face da norma constitucional sob referência, ter sido aprovado, sem que se houvesse propiciado ao interessado a oportunidade de opor-se ao referido pronunciamento técnico, de maneira ampla, perante o órgão legislativo, com vista a sua almejada reversão. Recurso conhecido e provido. (RE 261885, Relator(a): Min. ILMAR GALVÃO, Primeira Turma, julgado em 05/12/2000, DJ 16-03-2001 PP-00102 EMENT VOL-02023-05 PP-00996)

Pode-se objetar, quanto à necessidade de oitiva do chefe do Executivo no Legislativo, que seria desnecessária, uma vez que já se defendeu perante o Tribunal de Contas (uma vez tendo sido acolhido o nosso argumento a favor dessa oitiva no momento do parecer prévio). A objeção não merece prosperar: a uma, porque os parlamentares são, de fato, os "juízes" das contas de governo, sendo inafastável, se se levam a sério os princípios do contraditório e da ampla defesa, a possibilidade de apresentação de defesa perante o julgador; a duas, porque, no Tribunal de Contas, a defesa tende a ter um caráter mais técnico, enquanto no Parlamento ela pode assumir um caráter mais político. Assim, diante de falhas que não poderiam ser afastadas do ponto de vista técnico, o governante pode tecer argumentos, por exemplo, sobre o sucesso de sua administração na promoção do crescimento econômico, geração de empregos e elevação do IDH, o que pode convencer os parlamentares a aprovar as suas contas mesmo diante da constatação de, por exemplo, abertura de créditos suplementares sem autorização prévia do Congresso (um dos motivos, inclusive, que embasaram o *impeachment* de Dilma Rousseff).

Também devemos destacar que as casas legislativas têm uma vocação ainda maior para albergar o debate do que qualquer outra instituição pública. Portanto, para além do resguardo da ampla defesa e do contraditório, a visão do julgamento de contas como um momento privilegiado da prática democrática mediante o debate público bem informado requer a imprescindível oitiva do chefe do Executivo acerca daquilo que lhe foi apontado no parecer prévio, o qual subsidiará o julgamento do Legislativo.

Por essa mesma razão, deve o Parlamento também promover o debate mediante a realização de audiência pública. Aqui, há ainda uma questão adicional. A Lei de Responsabilidade Fiscal (LRF) prevê a necessidade de audiência pública previamente à aprovação da Lei Orçamentária Anual (art. 48, parágrafo único). Ora, é analisando a execução orçamentária que se verifica se as despesas que foram planejadas e aprovadas no orçamento foram efetivamente realizadas. Assim, se a elaboração do orçamento requer a participação popular via debate público, o momento da avaliação sobre a sua adequada execução, até por uma questão de simetria, também deve prever essa possibilidade. Dessa forma, propomos uma alteração na LRF no sentido de acrescentar ao parágrafo único do art. 48 a necessidade de realização de audiências públicas também por ocasião do julgamento das contas de governo. Nesse ponto, no que toca aos municípios, não existe a dificuldade operacional antes apontada aos tribunais de contas, uma vez que cada câmara municipal realizará o julgamento do prefeito da municipalidade, ao passo que um único Tribunal de Contas emitirá parecer prévio sobre as contas de todos os prefeitos, o que inviabiliza, como dito, a realização de audiências públicas em todos os casos.

Com esses aperfeiçoamentos (obrigatoriedade de oitiva do chefe do Executivo acerca dos achados de auditoria do parecer prévio, travamento da pauta uma vez ultrapassado o prazo para a realização do julgamento das contas e obrigatoriedade de realização de audiências públicas), temos boas razões para vislumbrar que o procedimento de julgamento de contas de governo passará a outro patamar de importância. Na verdade, receberá a importância que de fato merece. Se, como disse o ministro Carlos Ayres Britto, o orçamento é a norma mais importante do país depois da Constituição (com o que concordamos plenamente), a ocasião do julgamento da sua execução em dado exercício financeiro deve ser, do ponto de vista da cidadania, o principal julgamento a ser acompanhado pela sociedade.

4 Conclusão

O século XXI traz em seu bojo grandes desafios para as instituições públicas. Há um forte sentimento de que a democracia puramente representativa está em crise. Cidadãos mais conscientes de seus direitos e hiperconectados demandam, a todo momento, satisfações acerca da condução dos governos. Nesse cenário, avulta-se a importância de instituições capazes de fiscalizar a atuação governamental ao mesmo tempo em que são permeáveis à participação cidadã.

Dada a sua importância como peça de planejamento e organização da atividade governamental, a análise do orçamento público se configura como um dos temas mais importantes a serem acompanhados. Na Lei Orçamentária, estão materializadas as escolhas acerca das prioridades dos gastos a serem realizados. Através da análise das execuções orçamentárias de vários exercícios financeiros, constatamos a existência de um descompasso entre o que foi previsto na Lei Orçamentária e o que foi efetivamente despendido em investimentos públicos. Tal praxe compromete a consecução dos objetivos constitucionalmente previstos para a República, bem como a efetivação de direitos fundamentais, o que põe em xeque a sua compatibilidade com a Constituição Federal.

Como trilha de solução desse grave problema, para além das discussões acerca do modelo orçamentário desejável (autorizativo ou impositivo, ambos com grandes problemas para a sua operacionalização), propomos um aprofundamento da democracia participativa, ancorado em um movimento de apropriação crítica, por parte de sociedade, das informações sobre como é gasto o dinheiro arrecadado de todos. Nesse contexto, a análise das contas de governo é um momento privilegiado para a participação democrática. Os tribunais de contas devem estar atentos a esse movimento e se colocarem, ao mesmo tempo, como indutores, palcos e destinatários de um debate público bem informado acerca da execução orçamentária, com aptidão para promover uma espiral virtuosa de reforço mútuo da capacidade participativa dos cidadãos e da eficácia das instituições do controle externo. Quanto mais capacitado e participativo o cidadão, o controle externo tende a ser mais efetivo, e a maior efetividade do controle tende a fomentar as condições materiais (educação, saúde, etc.) para uma maior e mais qualificada participação democrática, em um movimento ascendente.

Nesse sentido, na tentativa de tornar a análise das contas de governo (parecer prévio dos tribunais de contas e julgamento do Legislativo) um ambiente permeável ao debate público, articulamos a necessidade de incrementar a prática de oitiva dos chefes do Executivo, especialmente governadores e presidente da República, além da realização de audiências públicas. Outrossim, como forma de reforçar a necessidade de julgamento tempestivo das contas de governo, propomos a veiculação de emenda constitucional estabelecendo o trancamento da pauta no Legislativo em caso de ultrapassagem do prazo de 60 dias desde o recebimento do parecer prévio.

The analysis of government accounts as a space for the development of democratic participation
Abstract: Throughout the 21st century, a certain state of "malaise" has been accentuated by representative democracy. Public institutions have been called to raise their legitimacy through openness to social demands and effectiveness in their care. In this scenario of greater population collection on the rulers, it is important to monitor budget execution, since it is in the budget that the choices are made on how to spend the resources obtained from all. In the present work, analyzing the Brazilian budget practice, a constant of low level of budgetary execution of the appropriations of investments of the federal government during 10 financial years was observed. This practice is not compatible with the Federal Constitution of 1988, which determines objectives to be achieved and fundamental rights to be implemented. In addition to the controversy over the choice between an authorizing or mandatory budget, the solution is to deepen democracy through a well-informed public debate on budget execution, with the main stage being the analysis of the accounts of the head of the Executive Branch (previous opinion of the Court of Accounts and trial of the Legislative).
Keywords: Government Accounts. Democracy. Fundamental rights. Objectives of the republic. Courts of Accounts.

Referências

ABRAHAM, Marcus. *Curso de direito financeiro*. 3. ed. Rio de Janeiro: Forense, 2015.

BARCELLOS, Ana Paula de. *Direitos fundamentais e direito à justificativa – devido procedimento na elaboração normativa*. Belo Horizonte: Fórum, 2016.

DWORKIN, Ronald. *Levando os direitos a sério*. São Paulo: Martins Fontes, 2002.

GREGGIANIN, Eugênio; MENDES, Graciano Rocha; VOLPE, Ricardo Alberto. *Vínculo obrigacional e grau de rigidez das despesas orçamentárias – estudo técnico nº 13/2018*. Brasília: Câmara dos Deputados, 2018. Disponível em: https://www2.camara.leg.br/orcamento-da-uniao/estudos/2018/et13-2018-vinculo-obrigacional-e-grau-de-rigidez-das-despesas-orcamentarias. Acesso em: 21 maio 2019.

HOLMES, Stephen; SUSTEIN, Cass R. *El costo de los derechos*: Por qué la libertad depende de los impuestos. 1. ed. 1. reimp. Buenos Aires: Siglo Veintiuno Editores, 2012.

IOCKEN, Sabrina Nunes. *Controle compartilhado das políticas públicas*. Belo Horizonte: Editora Fórum, 2018.

LIMA, Edilberto Carlos Pontes. Algumas observações sobre o orçamento impositivo no Brasil. *Planejamento e Políticas Públicas – PPP – IPEA*, Brasília, n. 26, p. 5-15, jun./dez. 2003.

MENDONÇA, Eduardo Bastos Furtado de. *A constitucionalização das finanças públicas no Brasil – devido processo legal orçamentário e democracia*. Rio de Janeiro: Renovar, 2010.

QUEIROZ, Rholden Botelho de. Democracia, direitos fundamentais e controle de políticas públicas pelos tribunais de contas. *Revista Controle*, Fortaleza, v. 7, n. 1, p. 63-83, abr. 2009.

ROUSSEAU, Dominique. *Radicalizar la democracia*: propuestas para una refundación. Spanish edition. Bogotá: Universidad Externado, 2019. Kindle edition.

SCAFF, Fernando Facury. *Orçamento republicano e liberdade igual – ensaio sobre direito financeiro, república e direitos fundamentais no Brasil*. Belo Horizonte: Fórum, 2018.

SEN, Amartya. *A ideia de justiça*. São Paulo: Companhia das Letras, 2011. Edição Kindle.

WILLEMAN, Mariana Montebello. *Accountability democrática e o desenho institucional dos tribunais de contas no Brasil*. Belo Horizonte: Fórum, 2017.

Informação bibliográfica deste texto, conforme a NBR 6023:2018 da Associação Brasileira de Normas Técnicas (ABNT):

QUEIROZ, Rholden Botelho de. A análise das contas de governo como um espaço de aprofundamento da participação democrática. *In*: LIMA, Edilberto Carlos Pontes (Coord.). *Tribunal de Contas do século XXI*. Belo Horizonte: Fórum, 2020. p. 279-312. (Coleção Fórum IRB, v. 3). ISBN 978-85-450-0713-5.

OS TRIBUNAIS DE CONTAS NA ERA DA GOVERNANÇA PÚBLICA: FOCOS, PRINCÍPIOS E CICLOS ESTRATÉGICOS DO CONTROLE EXTERNO

Rodrigo Flávio Freire Farias Chamoun

1 Introdução

Uma vez estabelecida a ordem política, a caminhada civilizatória deu seus primeiros passos e, com o início de sua organização em vilas, aldeias, comunas ou cidades, houve também a necessidade de criar poderes instrumentais para que alguns de seus integrantes gerissem os interesses coletivos. Os instrumentos de controle surgiram, então, muito antes do Estado Moderno e apontam para a Antiguidade.

No Egito, a arrecadação de tributos já era controlada por escribas; na Índia, o Código de Manu trazia normas de administração financeira; o Senado Romano, com o auxílio dos questores, fiscalizava a utilização dos recursos do Tesouro; e, na Grécia, os *legisperitos* surgiram como embriões dos atuais tribunais de contas.

Com o nascimento do Estado Democrático de Direito, torna-se inseparável dele a ideia de controle, visto que, para que haja Estado de Direito, é indispensável que haja instituições e mecanismos hábeis para garantir a submissão à lei. Desde então, consolidou-se, majoritariamente, a existência de dois sistemas de controle no mundo: o primeiro de origem anglo-saxã, denominado sistema de controladorias ou sistema de auditorias-gerais; e o segundo, de origem romano-germânica, denominado sistema de tribunais de contas.

A finalidade tradicional desses modelos de controle, que se convencionou chamar de entidade de fiscalização superior (EFS), é assegurar que a administração pública atue em consonância com os princípios que lhe são impostos pelo ordenamento jurídico, cuja finalidade principal é defender os interesses da coletividade. No Brasil, a arquitetura constitucional dedicou aos tribunais de contas essa tarefa.

Segundo Humberto Falcão Martins e Caio Marini (2010), o Estado Pré-Moderno, caracterizado pelo abuso do poder discricionário e confusão entre o público e privado, deu lugar ao Estado de Direito, com a garantia dos direitos civis e políticos. Por sua vez, o Estado Moderno consolidou-se a partir do surgimento dos direitos sociais, democracia de massa e gestão da ordem econômica. O Estado Contemporâneo, no entanto, desponta no início do século XXI como resposta à crise do Estado e após os primeiros movimentos de sua reforma. E ainda de acordo com os autores:

> O mundo contemporâneo impõe arranjos de governança não apenas estatais para lidar com problemas complexos. Esses arranjos requerem um modelo de governança social, em vez de tipicamente de gestão pública, o qual põe em operação o estado-rede, com caráter consensual, relacional e contratual, caracterizado pela coprodução ou cogestão de políticas públicas por arranjos multi-institucionais entre o Estado, a iniciativa privada e o terceiro setor.[1]

O contexto atual impõe condições complexas para governos e estados, cujos desafios se revelam excepcionais quando se somam, ao mesmo tempo, agudas crises fiscais, descrença nas instituições políticas, exigências crescentes por melhoria dos serviços públicos e o aparecimento das redes sociais como indutor para mobilizar protestos e reivindicações.

Nesse sentido, a questão principal a ser abordada neste artigo é: na era da governança pública, como os tribunais de contas devem atuar?

O presente artigo foi escrito a partir do levantamento de bibliografias e relatórios de instituições internacionais que atuam na área de governança e controle. Na primeira seção deste trabalho, será feita uma análise dos conceitos predominantes sobre a governança pública. Em

---

[1] MARTINS, Humberto Falcão; MARINI, Caio e outros. *Um guia de governança para resultados na administração pública*. Brasília: Publix, 2010. p. 25-27.

seguida, desenvolver-se-á a visão geral do controle contemporâneo, que tem como pilares os seguintes pontos:

- focos estratégicos do controle, quais sejam, controle da gestão fiscal, controle e avaliação de políticas públicas e controle antifraude;
- exame dos princípios do controle, com foco na legitimidade, eficiência e efetividade das ações governamentais;
- visão dos ciclos do controle, isto é, atuação nas auditorias tradicionais, avaliação dos ciclos das ações governamentais e fornecimento de subsídios aos governos em relação aos riscos e tendências futuras.

Por fim, a conclusão sugere que existe um potencial inexplorado que permite às cortes de contas atuarem para além da tradicional função de supervisão. Os tribunais de contas podem e devem prover visões sobre o conjunto estratégico de ações governamentais e previsões sobre os riscos e tendências que podem comprometer a atuação dos governos no futuro.

2 Governança pública

O termo governança despontou com o objetivo de descrever as mudanças que surgiram no processo governamental na atualidade, em um contexto de elevada complexidade, cujas mudanças são aceleradas. Assim, muitos governos passaram a prover serviços, bens e políticas públicas por meio de parcerias entre os agentes públicos, econômicos e sociais. A governança pública surge, portanto, como uma forma mais ampla de atuação governamental, na medida em que o processo de desenvolvimento se dá a partir de iniciativas conjuntas entre o governo e a própria sociedade.

Christopher Pollitit e Peter Hupe (2010) registram importantes acontecimentos históricos no século XX relacionados ao desenvolvimento dos governos no decorrer das evoluções econômicas e sociais. Para os autores, no século passado, após a era do planejamento, anos 1960 e 1970, e a era do capital, dos anos 1980 até os 1990, caminhou-se para a era da governança. Os governos deveriam, por esse ângulo, se dar conta de que não conseguem sobreviver por si mesmos, nem podem esperar que toda a solução dos problemas venha do mercado.[2]

No século XX, de acordo com Stephen Goldsmith e Willian Eggers (2014), a burocracia governamental hierárquica predominou como modelo de organização utilizado para fornecer serviços públicos e cumprir os objetivos das políticas públicas. Para os autores, em muitos aspectos os desafios do século XXI e os meios de resolvê-los são mais numerosos e complexos do que nunca.[3]

O modelo tradicional e hierárquico de governo simplesmente não atende às demandas da atualidade. Tais sistemas rígidos são particularmente inadequados para a resolução de problemas que, muitas vezes, ultrapassam as fronteiras organizacionais. Exige-se uma nova forma de governar, mais adequada, ágil e também mais efetiva a fim de cumprir as exigências das novas condições e problemas sociais. Nessa sequência, surgem os mais diferentes tipos de redes de organizações, nos quais o entrincheiramento dos cidadãos, com novas formas de mobilização, abrem espaços para participação nas decisões políticas (PATAPAS; RAIPA; SMALSKYS, 2014).[4]

No mesmo sentido, Mark Moore e Sanjeev Khagram (2004) destacam a necessidade de o gestor público, antes de tomar as principais decisões, avaliar se o "triângulo estratégico" está em consonância com a decisão que se pretende tomar. As questões colocadas são: (i) qual "valor público" o governo pretende produzir; (ii) quais as "fontes de legitimidade e apoio" garantidas para a ação governamental; e (iii) qual a "capacidade operacional" para entregar o resultado desejado. Todos são temas complexos, que se somam às variáveis não menos intrincadas, como as diferentes prioridades dos cidadãos e dos setores dos governos, todos impulsionados pelas velozes mudanças da tecnologia.[5]

Tudo isso exige dos gestores públicos muita capacidade de inovação, flexibilidade e versatilidade, habilidades necessárias para

---

[2] POLLITT, Christopher; HUPE, Peter. *The magic of good governance*. For special issue Policy and Society. Governance: is for everybody? 2010, p. 6-7.

[3] GOLDSMITH, Stephen; EGGERS, Willian D. *Governing by network*. The New Shape of the Public Sector. John F. Kennedy School of Government. Harvard University. 2 nov. 2014, p. 7-10.

[4] PATAPAS, Aleksandras; RAIPA, Alvydas; SMALSKYS, Vainius. New Public Governance. The Tracks of Changes. *International Journal of Business and Social Research*, v. 4, n. 5, 2014, p. 26.

[5] MOORE, Mark; KHAGRAM, Sanjeev. *On creating public value*. Jonh F. Kennedy School of Government. Harvard University: 2004, p. 2-3.

que os recursos públicos sejam utilizados com a maior efetividade possível. Essa transformação vem impondo grandes desafios para a gestão pública, que ainda segue os moldes tradicionais.

Nesse sentido, o Comitê de Especialistas em Administração Pública das Nações Unidas destacou que governança se refere ao conjunto de valores, instituições, regras, crenças e tecnologias, no qual o governo tende a gerir com os cidadãos e com a sociedade, e não em condição de supremacia diante deles.[6]

Esse ambiente forja o novo processo de governança pública, que tem como principal característica a sua crescente dependência das instituições dos setores privado e da sociedade civil para, juntos, cumprirem as metas governamentais de interesse da sociedade.

Humberto Falcão Martins e Caio Marini (2014) seguem a mesma reflexão teórica quando evidenciam que os agentes públicos e os privados (empresas e organizações não governamentais de distintos tipos, setores e escalas) formam redes de governança para coproduzir e cocriar (fazer com várias partes, inclusive e principalmente com o beneficiário) serviços, políticas e bens públicos nos mais distintos domínios temáticos.[7] Os indivíduos, dessa forma, vivem numa sociedade em rede, fazem parte de um Estado em rede e são cada vez mais partícipes da coprodução de políticas públicas.

Moore e Khagram (2004) chamam a atenção para o fato de que a capacidade das partes interessadas (atores do governo, do mercado e da sociedade) varia muito em função da conjuntura política, social e econômica da sociedade em determinado momento. Cada sociedade, então, molda o rumo pressionando seus representantes eleitos e utilizando aparatos jurídicos para fazer valer o que desejam como prioridade dos governos.[8]

Por esse ângulo, registra-se que a fragmentação social aumentou consideravelmente, formando uma estratificação cada vez maior de pessoas, grupos e organizações, que interagem mutuamente, impactam e influenciam os diferentes elementos de uma sociedade específica, que, por sua vez, exige dos governos novos mecanismos de gestão.

---

[6] COMMITTEE OF EXPERTS ON PUBLIC ADMINISTRATION (CEPA). Economic and Social Council. *Public governance for results*: a conceptual and operational framework. United Nations. 2011, p. 4-6.

[7] MARTINS, Humberto Falcão; MARINI, Caio. Governança pública contemporânea: uma tentativa de dissecação conceitual. *Revista do Tribunal de Contas da União*, 2014, p. 44.

[8] MOORE, Mark; KHAGRAM, Sanjeev. 2004, p. 14.

Na opinião de Goldsmith e Eggers (2014), a governança por meio de redes representa uma alteração na estrutura do setor público em todo o mundo, sendo tal constatação particularmente evidente na área de serviços.

Desde 1991, o número de tropas em serviço ativo no Exército dos Estados Unidos da América (EUA) caiu em 32%. As empresas privadas assumiram grande parte da lacuna na realização de muitas tarefas anteriormente reservadas aos soldados. A Nova Zelândia privatizou suas florestas e suas áreas de pesca, enquanto na África diversas entidades formaram a *Congo Basin Forest Partnership*, que visa ao combate da exploração de madeireira ilegal. A *National Aeronautics and Space Administration* (NASA) e o Departamento de Energia dos EUA gastam mais de 80% dos seus respectivos orçamentos em contratos. A questão-chave tornou-se como gerenciar diversas redes de relações a fim de criar valor público (GOLDSMITH, 2014).[9]

O surgimento de redes de governança não significa dizer que a burocracia estatal tenha perdido acentuadamente a sua importância estratégica, mas há, indiscutivelmente, um forte movimento de reposicionamento de funções. Para Francis Fukuyama, esse processo de transformações institucionais preserva a autonomia burocrática sem, contudo, autorizar a autossuficiência da burocracia. Não há espaço para decisões isoladas e em desacordo com as demandas da sociedade; muito pelo contrário, um bom grau de autonomia considera, sobretudo, uma ampla colaboração com o setor privado e com as organizações da sociedade civil na prestação de serviços públicos. Para Fukuyama (2013), a burocracia deve fazer julgamentos de quando, como e onde se engajar, praticando inovações e assumindo riscos, com um grau razoável de tolerância com falhas oriundas de experimentações necessárias para enfrentar os desafios contemporâneos.[10]

Dessa forma, no século XX, a burocracia governamental hierárquica predominou; todavia, o início do século XXI revelou que as adversidades do mundo moderno e os meios de resolvê-las são mais numerosos e complexos do que nunca. As circunstâncias exigem governos dinâmicos, que se organizam e se reorganizam, que se expandem e se contraem, que se adaptam dependendo do problema em questão. Ao mesmo tempo,

---

[9] GOLDSMITH, Stephen; EGGERS, Willian D. 2014, p. 10-21.
[10] FUKUYAMA, Francis. *What's Is Governance*. CGD Working Paper 314. Washington, DC: Center for Global Development, 2013. p. 9-10.

exige-se uma postura de compartilhamento do protagonismo estatal com a iniciativa privada e com as organizações da sociedade civil na produção de serviços, bens e políticas públicas. Não distante de todas essas transformações encontram-se os tribunais de contas, que, tão responsáveis quanto os governos, precisam desenvolver mecanismos de controle capazes de fazer frente aos enormes desafios da atualidade.

3 O controle externo na era da governança pública

As funções de controlar e promover a *accountability* são atribuídas especificamente às instituições independentes, que recebem a competência constitucional de examinar as ações e produzir informações, análises, avaliações e opiniões de caráter legal e técnico sobre a ação governamental. Além disso, são responsáveis pela aferição de limites e sanções aos agentes que atuarem de forma imprópria e ilegal.

A finalidade tradicional desses órgãos de controle, que se convencionou chamar de entidades de fiscalização superior (EFS), é assegurar que a administração pública atue em consonância com os princípios que lhe são impostos pelo ordenamento jurídico, cuja finalidade principal é defender os interesses da coletividade. É importante salientar, todavia, que há um longo processo histórico de amadurecimento das ferramentas de controle das ações estatais. Esse tema não é novo; pelo contrário, remete à antiguidade.

Uma vez estabelecida a ordem política, a caminhada civilizatória deu seus primeiros passos e, com o início de sua organização em vilas, aldeias, comunas ou cidades, surgiu também a necessidade de criar poderes instrumentais para que alguns de seus integrantes gerissem os interesses coletivos.

Os instrumentos de controle surgiram, então, muito antes do Estado Moderno e apontam para a Antiguidade. Segundo Aguiar, no Egito, a arrecadação de tributos já era controlada por escribas; na Índia, o Código de Manu já trazia normas de administração financeira; o Senado Romano, com o auxílio dos questores, fiscalizava a utilização dos recursos do Tesouro; e, na Grécia, os *legisperitos* surgiram como embriões dos atuais tribunais de contas.[11]

---

[11] AGUIAR, Simone Coêlho. *Origem e Evolução dos Tribunais de Contas*. Disponível em: http://www.publicadireito.com.br/artigos/?cod=d90d801833a681b1.

Em 1787, James Madison, um dos arquitetos da Constituição dos Estados Unidos da América, já destacava a importância do controle: "Se os homens fossem anjos, os governos não seriam necessários. Se os anjos governassem os homens, não seriam necessários controles externos nem internos sobre os governos".[12] Então, a partir dessa longa trajetória histórica, consolida-se que a ideia de Estado Democrático de Direito é inseparável da ideia de controle, visto que, para que haja Estado de Direito, é indispensável que haja instituições e mecanismos hábeis para garantir a submissão à lei.

Desde então, firmou-se, majoritariamente, a existência de dois sistemas de controle no mundo: o primeiro, de origem anglo-saxã, denominado *sistema de controladorias* ou *sistema de auditorias-gerais*; e o segundo, de origem romano-germânica, denominado *sistema de tribunais de contas*.

No Brasil, o modelo constitucional é o de tribunais de contas, responsáveis tradicionalmente pela supervisão e tomada de contas da administração pública quanto à utilização dos recursos públicos, em conjunto com o Poder Legislativo e com outros órgãos de supervisão, utilizando-se, para isso, de ferramentas como a auditoria.

A Constituição Federal da República Federativa do Brasil, promulgada em 5 de outubro de 1988 (CF/88), em seu artigo 71, definiu as competências do Tribunal de Contas da União,[13] que, por simetria, se aplicam às cortes estaduais e municipais. Dentre tais competências, destacam-se:

- apreciar as contas prestadas anualmente pelo presidente da República, governadores e prefeitos mediante parecer prévio;
- julgar as contas dos administradores e demais responsáveis por dinheiros, bens e valores públicos da administração direta e indireta, e as contas daqueles que derem causa à perda, extravio ou outra irregularidade de que resulte prejuízo ao erário público;
- apreciar, para fins de registro, a legalidade dos atos de admissão de pessoal, a qualquer título, bem como a das concessões de aposentadorias, reformas e pensões;

---

[12] UNITED STATES OF AMERICA. *The Federalist Papers*, n. 51, 1787. Disponível em: https://avalon.law.yale.edu/18th_century/fed51.asp.
[13] BRASIL. *Constituição Federal de 1988*. Promulgada em 5 de outubro de 1988. Disponível em: http://www.planalto.gov.br/ccivil_03/constituicao/constituição.htm.

- realizar, por iniciativa própria, inspeções e auditorias de natureza contábil, financeira, orçamentária, operacional e patrimonial, nas unidades administrativas dos Poderes Legislativo, Executivo e Judiciário e demais entidades;
- aplicar aos responsáveis, em caso de ilegalidade de despesa ou irregularidade de contas, as sanções previstas em lei, que estabelecerá, entre outras cominações, multa proporcional ao dano causado ao erário;
- assinar prazo para que o órgão ou entidade adote as providências necessárias ao exato cumprimento da lei, se verificada ilegalidade;
- sustar, se não atendida, a execução do ato impugnado, comunicando a decisão à Câmara dos Deputados e ao Senado Federal.

O amplo leque de competências outorgado aos tribunais de contas no Brasil define a elevada estatura constitucional consagrada pela CF/88 ao sistema de controle externo. Todavia, as cortes de contas brasileiras, ao buscarem controlar as ações governamentais produzidas a partir do modelo burocrático hierárquico de governo, firmaram-se, preponderantemente, nas auditorias de conformidade, tendo buscado recentemente as auditorias financeiras e operacionais como ferramentas de fiscalização da administração pública.

Como detalhado pelas teorias relacionadas à governança pública, as adversidades do mundo moderno e os meios de resolvê-las são mais numerosos e complexos do que nunca, contexto que pressiona à reinvenção da atuação governamental para agir em rede, no sentido de produzir bens, serviços e políticas públicas em uma "tríplice parceria" entre agentes públicos, privados e sociais.

Nessa linha de compreensão, o surgimento de atividades de avaliação e prospecção, bem como a atuação do controle durante todos os ciclos das políticas públicas (formulação, implantação, monitoramento e avaliação), demonstra que há outros e variados tipos instrumentais que não conflitam necessariamente com a ideia de conformidade.[14]

Sendo assim, nas palavras do secretário-geral da OCDE, Angel Gurría (OECD, 2015), a atuação contemporânea dos tribunais de contas precisa orientar-se no sentido de trabalhar para além da tradicional

---

[14] ORGANIZATION FOR ECONOMIC COOPERATION AND DEVELOPMENT (OECD). Supreme audit institutions and good governance: oversight, insight and foresight. *Public Governance Reviews*, OECD Publishing: Paris, 2015, p. 23.

função de supervisão, em uma era na qual se enfatiza o "fazer mais com menos":

> [...] governos estão sendo responsabilizados não somente pela execução do orçamento público, mas também pela efetividade, pela eficiência e pela economicidade no uso do dinheiro público dos contribuintes. Por meio de seu papel tradicional de controle externo das contas do governo, as EFS são um elo essencial na cadeia de prestação de contas e na responsabilização de um país. Contudo, esse não é o único caminho por meio do qual as EFS podem apoiar a boa governança.
> Por conseguinte, existe um potencial inexplorado que permite ir além da tradicional função de supervisão e fornecer insumos, por meio de trabalho, para a elaboração de políticas públicas e a tomada de decisões sobre tais políticas. É nesse processo que as EFS podem fornecer visões para aprimorar o funcionamento de processos e programas e a previsão para ajudar governos a se adaptarem a futuras tendências e riscos.[15]

A fim de que seja apresentada uma proposta de foco de atuação contemporâneo para os tribunais de contas. Para isso, faz-se necessário demonstrar os focos, princípios e ciclos estratégicos do controle externo.

3.1 Focos estratégicos do controle externo

As possibilidades de atuação da atividade estatal são muito amplas, tendo em vista que as demandas da sociedade são variadas no espaço e no tempo. O que é necessário para determinada comunidade pode não ser para outra, da mesma forma que o que é importante para certa população em dado momento pode deixar de ser em outro tempo ou circunstâncias. Esse cenário em constante mutação desafia os governos e, por consequência, os órgãos de controle.

Com a existência de muitos campos para a ação governamental, abre-se espaço para o enfraquecimento do senso de prioridade e para dispersão de força de trabalho, tanto para quem governa quanto para quem controla.

É justamente nesse ambiente que o estabelecimento de focos claros, objetivos e relevantes para as atividades dos tribunais de contas se apresenta com o primeiro grande desafio. Nesse sentido, o ordenamento jurídico brasileiro, ao lado de dispositivos constitucionais, dispõe de normas legais pertinentes ao controle, dentre as quais se destacam:

---

[15] ORGANIZATION FOR ECONOMIC COOPERATION AND DEVELOPMENT (OECD). 2015, p. 3.

- Lei Complementar nº 101, de 4 de maio de 2000 (Lei de Responsabilidade Fiscal – LRF);
- Decreto-Lei nº 200, de 25 de fevereiro de 1967 (Reforma Administrativa);
- Lei nº 8.666, de 21 de junho de 1993 (Lei de Licitações e Contratos);
- Lei nº 4.320, de 17 de março de 1964 (Normas Gerais de Direito Financeiro);
- Lei nº 10.028, de 19 de outubro de 2000 (Lei dos Crimes Fiscais).

A partir dessa ótica, propõe-se a adoção de três focos estratégicos do controle externo: controle da gestão fiscal, controle e avaliação das políticas públicas e controle antifraude.

Quanto ao foco 1, que diz respeito ao controle da gestão fiscal, tem-se a LRF, que preconiza que a responsabilidade na gestão fiscal pressupõe a ação planejada e transparente, em que se previnem riscos e corrigem desvios capazes de afetar o equilíbrio das contas públicas mediante o cumprimento de metas de resultados entre receitas e despesas e a obediência a limites e condições no que tange à renúncia de receita, geração de despesas com pessoal, seguridade social e outras, dívidas consolidada e mobiliária, operações de crédito, inclusive por antecipação de receita, concessão de garantia e inscrição em restos a pagar.

A CF/88, a LRF e a Lei dos Crimes Fiscais colocam os tribunais de contas, ao disponibilizarem poderosos instrumentos de *enforcement* das finanças públicas, no papel central de guardião da responsabilidade na gestão fiscal. Ainda assim, algo falhou, possivelmente devido à falta de foco no controle, possibilitando, por exemplo, que as contas do governo central apresentassem um elevado déficit primário (gastos maiores que as receitas, sem juros da dívida), que poderá acumular quase um trilhão de reais em menos de dez anos, considerando-se o realizado entre 2014 e 2018 e o que está por vir, conforme previsto na Lei de Diretrizes Orçamentárias Federal (Lei nº 13.473, de 8 de agosto de 2017).[16]

Da mesma forma, o cenário fiscal de um conjunto significativo de estados e municípios assemelha-se ao da União. Diversos entes estão com salários e fornecedores recebendo em atraso, altos índices de endividamento, baixos níveis de investimentos e serviços públicos se deteriorando numa rapidez preocupante. As despesas com pessoal ativo

---

[16] BRASIL. *Lei 13.473, de 8 de agosto de 2017*. Publicada em 9 de agosto de 2017. Disponível em: http://www.planalto.gov.br/ccivil_03/_Ato2015-2018/2017/Lei/L13473.htm.

e inativo estão no centro do problema porque consomem grande parte do orçamento da administração pública e crescem de forma acelerada.

Pelo exposto, o controle da gestão fiscal deve ser o alvo da atuação das cortes de contas. As despesas com pessoal, as despesas obrigatórias de caráter continuado (custeio), dívidas e investimentos devem passar por rigorosa fiscalização, considerando que a responsabilidade na gestão fiscal é a base essencial para o funcionamento da administração pública.

O segundo foco deve versar sobre o controle e a avaliação das políticas públicas sob a ótica dos princípios da legitimidade, eficiência e efetividade e será tratado mais adiante, nos itens 3.2 e 3.3.

Em relação ao terceiro e último foco, que consiste no controle antifraude, faz-se necessária uma breve contextualização. O fenômeno da corrupção surge em diversas partes do mundo, podendo ser tolerada, controlada ou endêmica.[17] No caso mais grave, nasce a cleptocracia, considerada aqui como corrupção em grande escala que ameaça em especial a democracia e o Estado de Direito (ROSE-ACKERMAN, 2009).[18]

Nesse ambiente, os governos das sociedades desenvolvidas contemporâneas colocaram, a partir dos anos 1990, a luta anticorrupção em suas prioridades e, no início do século XXI, a União Europeia investiu parte substantiva das suas agendas políticas no tema, considerando o potencial destrutivo provocado pela corrupção nas economias, sociedades democráticas e seus valores fundamentais.

No Brasil, a evolução legislativa, especialmente mais recente, fortaleceu os mecanismos de combate à corrupção conforme exemplos abaixo:

- Decreto-Lei nº 2.848, de 7 de dezembro de 1940 (Código Penal);
- Lei nº 1.079, de 10 de abril de 1950 (Lei de Crimes de Responsabilidade);
- Lei nº 8.429, de 2 de junho de 1992 (Lei de Improbidade Administrativa);
- Lei nº 9.613, de 3 de março de 1998 (COAF);

---

[17] FILGUEIRAS, F. 2009 apud MORAES, Alexandre Rocha Almeida de. A Teoria dos Mandados de Criminalização e o Combate Efetivo à Corrupção. *Revista Jurídica ESMP-SP*, v. 5, 2014. p. 46.

[18] ROSE-ACKERMAN, Susan. *Economía política de las raíces de la corrupción*: Investigación y políticas públicas. Irma Erendira Sandoval (coordinadora) Corrupción y transparencia. Debatiendo las fronteras entre Estado, Mercado y Sociedad, Siglo XXI, México, 2009, p. 28-29.

- Lei Complementar nº 135, de 4 de junho de 2010 (Lei da Ficha Limpa);
- Lei nº 12.527, de 18 de novembro de 2011 (Acesso à Informação);
- Lei nº 12. 683, de 9 de junho de 2012 (Lavagem de Dinheiro);
- Lei nº 12.813, de 16 de maio de 2013 (Conflitos de Interesses);
- Lei nº 12.846, de 1º de agosto de 2013 (Lei Anticorrupção ou Lei da Empresa Limpa);
- Lei nº 12.850, de 2 de agosto de 2013 (Organizações Criminosas, delação premiada);

Esse fenômeno evolutivo é estudado por Susan Rose-Ackerman (2009), que sugere três categorias de atuação que deveriam formar parte do debate sobre reformas estruturais contra a corrupção em cada Estado: (i) o redesenho institucional de programas anticorrupção, (ii) políticas públicas que incrementam a transparência e a prestação de contas e, em casos de extrema severidade, (iii) reformas constitucionais.[19] Na série de reformas que enfocam a prestação de contas e transparência, a autora defende que:

> Os governos devem fornecer melhores condições para os cidadãos monitorarem e participarem das decisões políticas, assim como uma maior fiscalização dos pontos de intercessão entre o público e privado. Ademais, se requer dos legisladores uma liberdade de informações que permita acesso às informações governamentais. Os processos de tomada de decisões deveriam estar abertos ao escrutínio público, oferecendo oportunidades de participação social.[20]

Muitas estratégias sugeridas por Rose-Ackerman possuem afinidade com a atuação dos tribunais de contas. Todavia, sugere-se cautela em relação ao tema. No Brasil, ferramentas como quebra de sigilo fiscal, telefônico e telemático, gravações ambientais, registros fotográficos, filmagens, acordos de delação e leniência são essenciais ao combate à corrupção. Entretanto, tais instrumentos de investigação policial e ministerial necessitam de autorização do Poder Judiciário e, a não ser por acordos institucionais de colaboração, não estão disponíveis às cortes de contas.

---

[19] ROSE-ACKERMAN, Susan. 2009, p. 40.
[20] *Ibid.*, p. 41.

Por isso, os tribunais de contas devem se concentrar em combater fraudes nas compras governamentais (bens, obras e serviços), em cobrar transparência dos órgãos estatais e em estabelecer parcerias estratégicas, fornecendo insumos das auditorias para os órgãos de investigação (polícias e ministérios públicos) e colocando-se à disposição do Poder Judiciário.

Figura 1 – Tribunais de contas e os focos estratégicos do controle externo

FOCO 1 — CONTROLE DA GESTÃO FISCAL (DESPESAS COM PESSOAL, CUSTEIO, DÍVIDA)

FOCO 2 — CONTROLE E AVALIAÇÃO DAS POLÍTICAS PÚBLICAS (LEGITIMIDADE, EFICIÊNCIA, EFETIVIDADE)

FOCO 3 — CONTROLE ANTIFRAUDE (COMPRAS GOVERNAMENTAIS, TRANSPARÊNCIA, PARCERIAS ESTRATÉGICAS)

OS TRIBUNAIS DE CONTAS E OS "TRÊS FOCOS ESTRATÉGICOS DO CONTROLE EXTERNO"

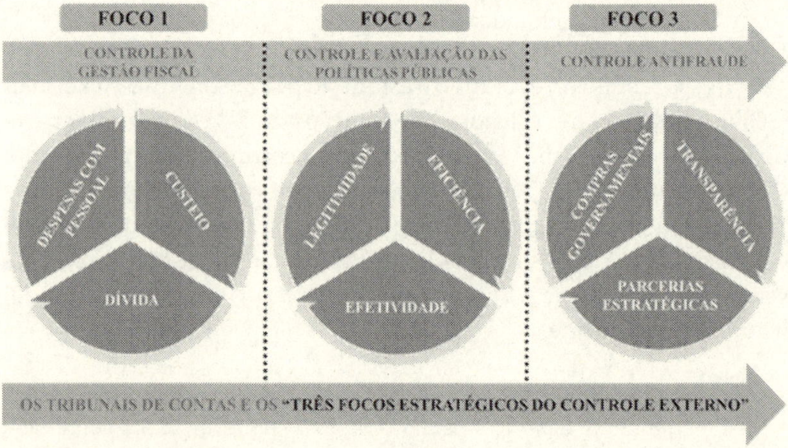

Elaboração: Próprio autor.

À medida que esses três focos estratégicos se consolidem, pode-se esperar que haja: (i) garantia da gestão fiscal responsável com o controle intertemporal das contas públicas; (ii) aperfeiçoamento das ações governamentais com o controle e avaliação de bens, serviços e políticas públicas; e (iii) diminuição de desperdícios e fraudes com o controle efetivo das compras governamentais, promovendo-se um choque de transparência das atividades públicas e o estreitamento das parcerias estratégicas com outros órgãos de controle.

3.2 Princípios estratégicos do controle externo

O art. 37 da CF/88 dispõe que a administração pública obedecerá aos princípios de legalidade, impessoalidade, moralidade, publicidade e eficiência. Já o art. 70 estabelece que a fiscalização contábil, financeira, orçamentária, operacional e patrimonial, quanto à legalidade, legitimidade, economicidade, será exercida pelo Congresso Nacional, mediante controle externo, e pelo sistema de controle interno de cada poder.

A fim de assegurar a eficiência, a legitimidade e a economicidade preconizadas no Texto Constitucional, os tribunais de contas devem adotar os seguintes princípios estratégicos para o alcance do melhor resultado das ações governamentais (legitimidade, eficiência e efetividade), partindo das seguintes premissas:

- a observância do princípio da legitimidade depende de uma ação governamental legal, desejada pelas partes interessadas e necessária para o interesse público em dado momento;
- o atendimento do princípio da eficiência está condicionado a uma ação governamental de qualidade, tempestiva e realizada ao menor custo possível;
- por fim, o cumprimento do princípio da efetividade decorre de uma ação governamental útil ao seu destinatário e eficaz no atingimento das metas estabelecidas e na obtenção do impacto pretendido.

Figura 2 – Tribunais de contas e os princípios estratégicos do controle externo

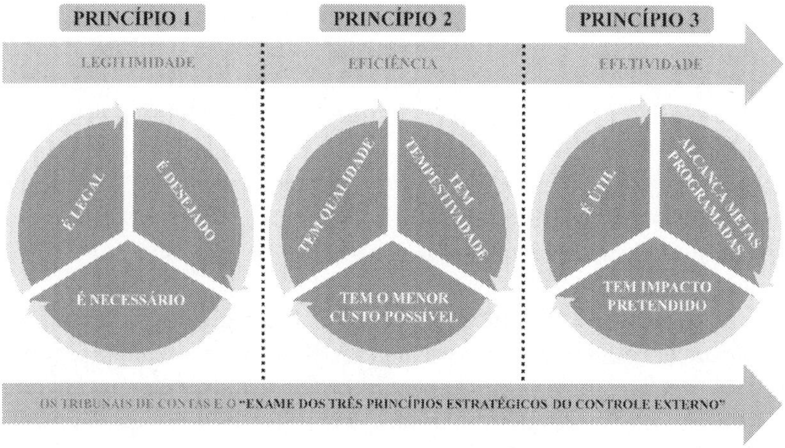

Elaboração: Próprio autor.

Hipoteticamente, no exame do princípio da legitimidade sobre a construção de um grande estádio de futebol em uma cidade de pequeno porte, pode-se concluir que a sua construção é legal, pois está prevista na legislação orçamentária, e sua contratação seguiu os ditames da Lei de Licitações e Contratos.

Noutro aspecto, pode-se inferir que tal empreendimento é desejado pela população local, pois pesquisas de opinião revelam que tal empreendimento figura entre as prioridades dos cidadãos.

Todavia, ainda assim, pode não ser necessário neste dado momento, na medida em que o estádio de futebol está disputando o mesmo espaço orçamentário com a construção de hospitais e escolas, por exemplo.

Com isso, pretende-se demonstrar que o respeito ao princípio da legitimidade por bens, serviços ou políticas públicas está condicionado ao atendimento dos três critérios simultaneamente, ou seja, para uma ação governamental ser legítima, ela, antes de tudo, deve ser legal, desejada e necessária. Tal avaliação, aliada aos critérios acima referenciados, deve ser usada no exame dos princípios da eficiência e da efetividade, estratégicos ao controle externo.

3.3 Ciclos estratégicos do controle externo

A CF/88 consagrou um amplo e importante campo de competências para os tribunais de contas, que se concretizaram majoritariamente sob a forma de auditorias de conformidade e, subsidiariamente, em auditorias financeiras e operacionais, contemplando-se, assim, o primeiro ciclo estratégico do controle que diz respeito às auditorias tradicionais.

A auditoria de conformidade permite que os tribunais de contas avaliem se as atividades do setor público estão em conformidade com as leis, regulamentos, acordos relevantes e princípios que regem a administração pública. Já a auditoria financeira é utilizada como sinônimo de auditoria contábil ou de auditoria de demonstrações financeiras ou contábeis.

Ao seu turno, a auditoria operacional examina os programas e organizações governamentais e avalia se os insumos escolhidos, a partir dos recursos disponíveis, representam a decisão mais econômica, que produziu o melhor resultado, cumpriu a meta estabelecida e conquistou o impacto esperado. Esse modelo não exige foco na formalidade, pois demanda muito mais do que isso: requer uma investigação com flexibilidade, imaginação e capacidade analítica.

Quanto ao segundo ciclo, sugere-se que os tribunais de contas atuem em todas as fases das ações governamentais, quais sejam, formulação, implantação, avaliação e monitoramento. Nos sistemas democráticos, os atores com posição central na formulação, via de regra, são os partidos políticos, o Legislativo e o Executivo (BID, 2016).[21] Assim sendo, conclui-se que uma política pública nasce quando a agenda é definida e pelo modo como uma questão é problematizada, envolvendo processos sociais e políticos complexos, tais como o surgimento de uma crise.[22]

A implantação ocorre na fase em que as decisões se traduzem em ações. Ela é considerada uma das etapas mais difíceis e críticas para os gestores públicos, pois eles serão julgados por sua capacidade de dominar a arte de fazer as coisas acontecerem, e não por suas boas intenções.[23]

No entendimento de Xun Wu *et al.* (2014), "a avaliação de políticas públicas é uma atividade fundamental, pois envolve o grau em que uma política pública está atingindo os seus objetivos e, se não estiver, o que pode ser feito para melhorá-la".[24]

Resumidamente, durante a formulação, estabelecem-se os objetivos da política pública. Na implantação, realizam-se as ações necessárias para colocar em prática tais objetivos. Já durante a fase de monitoramento e avaliação, examina-se o desempenho das políticas públicas em relação aos seus objetivos e metas.

A compreensão do que funciona e do que não funciona em relação aos bens, serviços e políticas públicas deve ser perseguida pelos governos e pelos órgãos de controle. Esse tema tornou-se mais importante quando a Organização das Nações Unidas (ONU) incluiu o objetivo 16, comumente chamado de meta da governança entre os objetivos de desenvolvimento sustentável. Esse objetivo estabelece a necessidade de "promover sociedades pacíficas e inclusivas para o desenvolvimento sustentável, proporcionar o acesso à justiça para todos e construir instituições eficazes, responsáveis e inclusivas em todos os níveis". E mais:

---

[21] BANCO INTERAMERICANO DE DESENVOLVIMENTO (BID). *A política das políticas públicas*: progresso econômico e social na América Latina – relatório 2006, p. 28. David Rockefeller Center for Latin America Studies, Harvard University. Rio de Janeiro: Elsevier, 2007. Disponível em: http://idbdocs.iadb.org/wsdocs/getdocument.aspx?docnum=1584309. Acesso em: 8 out. 2016.
[22] WU, Xun *et al.* 2014, p. 23.
[23] WU, Xun *et al.* 2014, p. 98.
[24] WU, Xun *et al.* 2014, p. 98-119.

16.6 - Desenvolver instituições eficazes, responsáveis e transparentes em todos os níveis;
16.7 - Garantir a tomada de decisão responsiva, inclusiva, participativa e representativa em todos os níveis.[25]

Os tribunais de contas recebem, portanto, uma carga adicional de responsabilidades e devem exercer seus deveres constitucionais de forma mais abrangente e inovadora. Passar a avaliar os ciclos das políticas públicas tornou-se central para a garantia da efetividade das ações governamentais, sem que isso induza, obviamente, a controles excessivos que causem mais burocracia e paralisia.

Em relação ao ciclo 3, propõe-se que os tribunais se capacitem para fornecer subsídios e alertas aos governos sobre tendências e riscos futuros, realizando a supervisão e provendo visões e previsões em torno das ações governamentais, conceitos que estarão detalhados no quadro 1.

Figura 3 – Tribunais de contas e os ciclos estratégicos do controle externo

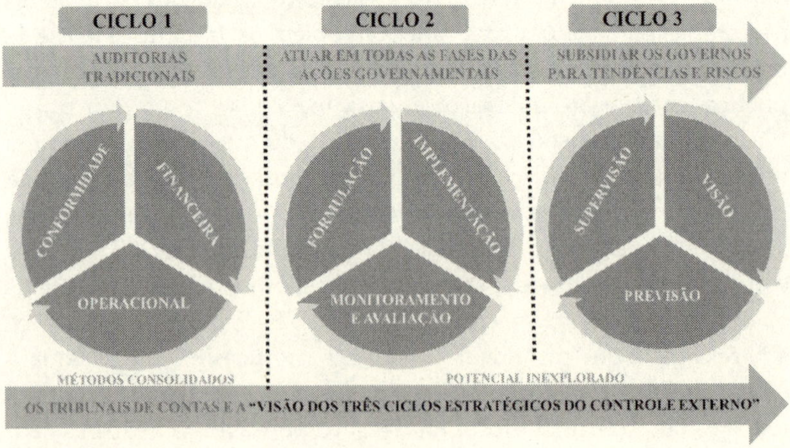

Elaboração: Próprio autor.

Os ciclos 2 e 3, sugeridos pela figura 3, ainda têm potencial inexplorado. Todavia, o relatório *Supreme Audit Institutions and Good Governance: Oversight, Insight and Foresight*, que envolveu o Tribunal de

---
[25] ORGANIZAÇÃO DAS NAÇÕES UNIDAS (ONU). 2015. *Objetivos de Desenvolvimento Sustentável*. ODS16. Disponível em: https://nacoesunidas.org/pos2015/.

Contas da União e as EFS do Canadá, Chile, França, Coreia, Holanda, Polônia, Portugal, África do Sul, Estados Unidos, União Europeia, México e Reino Unido, revelou boas práticas e iniciativas no sentido de haver visões externas e objetivas na formulação, implantação, avaliação e resultado de políticas públicas. É nesse contexto que o relatório mostra que a maioria das EFS pesquisadas é ativa na avaliação da boa governança no tocante a cada estágio do ciclo das políticas públicas, qual seja, formulação, implantação e monitoramento e avaliação (OECD, 2015).[26]

Portanto, os tribunais de contas, além de proverem opiniões externas relativas a todo o ciclo das políticas públicas, devem adquirir as habilidades necessárias para fornecer supervisão, visão e previsão sobre a atuação dos governos.

Quadro 1 – As EFS provêm previsão, visão e supervisão. Tradução parcial da publicação da Organização para a Cooperação e Desenvolvimento Econômico feita pelo Tribunal de Contas da União

(continua)

EFS provêm	Requer capacidades estratégicas, tais como	Baseando-se em atividades, tais como	Acessando informações, tais como	Exemplos de atividades das EFS incluem
Previsão	Antecipação e preparação para as tendências previsíveis que afetam o papel do governo e do Estado.	Busca e consulta contínua; reconhecimento de padrões; análise de *sinais fracos*; estudos sobre o futuro; visões consensuais.	Relatórios com perspectivas futuras; análise de horizontes; projeções fiscais de longo prazo; análise de cenários.	Avaliação da preparação do governo para lidar com o envelhecimento da população e de gestão da força de trabalho.
Visão	Antecipação e preparação para alterações previsíveis nas políticas governamentais, instituições e práticas de gestão.	Análise de dados históricos e tendências; informações comparáveis e análise do conjunto de governo; comparação de tendências nacionais e internacionais.	Programa do governo; quadro orçamentário de médio prazo; planos de ordenamento territorial e de investimento de capital; comparação de dados internacionais governamentais.	Fornecimento de sínteses de questões transversais com eventuais duplicações, lacunas e sobreposições em iniciativas de todo o governo.

---

[26] ORGANIZATION FOR ECONOMIC COOPERATION AND DEVELOPMENT (OECD). 2015, p. 17-18.

(conclusão)

EFS provêm	Requer capacidades estratégicas, tais como	Baseando-se em atividades, tais como	Acessando informações, tais como	Exemplos de atividades das EFS incluem
Supervisão	Identificação dos riscos que afetam a governança e a *accountability*, e identificação de boas práticas no âmbito da administração.	Compreensão dos programas de governo e do funcionamento do controle interno.	Ação do Executivo; orçamento anual; conclusões de trabalhos de auditoria anteriores e atividades de monitoramento e acompanhamento.	Avaliação da conformidade, bem como da eficácia e da eficiência da auditoria interna no apoio a um sistema de controle interno mais robusto.

Fonte e elaboração: CHILE'S SUPREME AUDIT INSTITUTION. Enhancing strategic agility and public trust. *OCDE Public Governance Reviews*, OCDE Publishing, Paris. 2014. Disponível em: http://dx.doi.org/10.1787/9789264207561-en. Acesso em: 03 nov. 2017.

Demonstrou-se, então, por meio dos estudos de caso do relatório, que as EFS estão se concentrando em programas de alto impacto para a sociedade e para a inclusão social, seguindo a cadeia de entregas de resultados. Isso sugere que tais entidades estão controlando sua carteira de atividades com base em recursos existentes, mas também no potencial de adaptação ao adquirirem, desenvolverem ou realocarem competências ou recursos.

Algumas das considerações acima demandaram mudança de cultura das EFS, exigindo o deslocamento da perspectiva orientada à conformidade para uma visão sistêmica, que visa compreender o que funciona e o que não funciona em ações governamentais.[27]

4   Considerações finais

O Estado Pré-Moderno evoluiu para o Estado de Direito. Este, por sua vez, progrediu para o Estado Social, que entrou em crise e provocou a reforma do Estado, forjando, finalmente, o surgimento do Estado Contemporâneo, que, no início do século XXI, se apresentou como resposta à crise do próprio Estado.

---

[27]   ORGANIZATION FOR ECONOMIC COOPERATION AND DEVELOPMENT (OECD). 2015, p. 27.

Da mesma forma, em um contexto de evolução, os governos mudaram as suas organizações como resultado de transformações econômicas, políticas e sociais que ocorreram nas sociedades. Nasceu, então, a governança pública.

Atualmente, a soma de muitas crises reais e de expectativa faz despontar um elevado nível de tensão entre sociedades e governos. A crise fiscal provoca estagnação econômica, desemprego, baixo nível de investimentos e alto grau de endividamento; as crises ambientais e humanitárias despertam a desilusão em relação ao futuro; e a descrença nas instituições políticas corrói o ânimo dos mercados e das sociedades.

Tudo isso, adicionado ao enraizamento da era da informação, cujas tecnologias estão ao alcance de todos, faz com que o ativismo da sociedade civil alcance um patamar jamais visto, no qual o cidadão não aceita mais um papel passivo, pelo contrário, organiza-se por meio de redes não só para exigir quais decisões governamentais devem ser priorizadas, mas também e principalmente, reivindicam o protagonismo na coprodução de bens, serviços e políticas públicas.

Portanto, o novo processo de governança pública tem como principal característica a crescente dependência das instituições dos setores privado e da sociedade civil para cumprir as metas governamentais de interesse geral.

É nesse contexto desafiador, composto por uma tríplice parceria entre agentes públicos, privados e organizações sociais, na quadra da governança pública, que os tribunais de contas devem atuar. Mas como deveria ser o controle externo a cargo dos tribunais de contas?

No Brasil, as auditorias de conformidade preponderam, ainda que recentemente, que as auditorias financeiras e operacionais tenham entrado no campo de prioridades dos tribunais de contas. Logo, o estabelecimento de focos claros, objetivos e relevantes para as atividades das cortes apresenta-se como o primeiro grande desafio. A partir dessa ótica, propõe-se neste artigo que as cortes exerçam suas funções de controle e fiscalização com base em focos, princípios e ciclos estratégicos do controle externo.

Quanto aos focos estratégicos, abordaram-se a gestão fiscal, as políticas públicas e o controle antifraude. O controle da gestão fiscal visa garantir o equilíbrio intertemporal das contas públicas. O controle e avaliação das políticas públicas destinam-se a assegurar a efetividade das principais ações governamentais, e o controle antifraude propõe-se a salvaguardar um ambiente sadio e competitivo em relação aos negócios do Estado.

Em relação aos princípios estratégicos do controle externo, tratou-se da legitimidade, da eficiência e da efetividade. Viu-se que, para que o princípio da legitimidade seja observado, a ação governamental deve ser legal, desejada pelas partes interessadas e necessária em dado momento. Para que o princípio da eficiência seja atendido, a ação governamental deve ter qualidade, respeitar os prazos pactuados e ser realizada no menor custo possível. Para observar o princípio da efetividade, a ação governamental deve ser útil ao destinatário que se pretende contemplar, além de alcançar as metas estabelecidas na fase de formulação e implantação, bem como alcançar o impacto pretendido.

Com referência aos ciclos estratégicos do controle externo, referiu-se às auditorias tradicionais, à atuação em todas as fases das políticas públicas e à preparação dos governos para tendências e riscos futuros. As auditorias de conformidade, financeira e operacional encontram-se em fase mais consolidada. Entretanto, encontram-se ainda com potencial inexplorado o acompanhamento e o controle das fases de formulação, implantação, monitoramento e avaliação das políticas públicas e fornecimento de subsídios aos governos acerca de tendências e riscos futuros, por meio de supervisão, visão e previsão das ações governamentais.

Dito isso, é inadiável que os tribunais de contas reorganizem sua carteira de atividades, desenvolvam novas competências e realizem controles e fiscalizações relevantes para governos e sociedades.

Para tanto, o controle externo deve atuar para garantir finanças públicas equilibradas, assegurar a obediência aos princípios da legitimidade, eficiência e efetividade, além de preservar ambientes éticos nos negócios governamentais. Além do papel de supervisão, esses órgãos constitucionais de controle devem dedicar-se a projetar visões sistêmicas de governos, identificando o que funciona e o que não funciona, traçando previsões sobre tendências e riscos que podem afetar governos e sociedades.

Referências

AGUIAR, Simone Coêlho. *Origem e Evolução dos Tribunais de Contas*. Disponível em: http://www.publicadireito.com.br/artigos/?cod=d90d801833a681b1.

BANCO INTERAMERICANO DE DESENVOLVIMENTO (BID). *A política das políticas públicas*: progresso econômico e social na América Latina – relatório 2006, p. 28. David Rockefeller Center for Latin America Studies, Harvard University. Rio de Janeiro: Elsevier, 2007. Disponível em: http://idbdocs.iadb.org/wsdocs/getdocument.aspx?docnum=1584309. Acesso em: 8 out. 2016.

BRASIL. *Constituição Federal de 1988*. Promulgada em 5 de outubro de 1988. Disponível em: http://www.planalto.gov.br/ccivil_03/constituicao/constituição.htm.

BRASIL. *Lei 13.473, de 8 de agosto de 2017*. Publicada em 9 de agosto de 2017. Disponível em: http://www.planalto.gov.br/ccivil_03/_Ato2015-2018/2017/Lei/L13473.htm.

COMMITTEE OF EXPERTS ON PUBLIC ADMINISTRATION (CEPA). *Economic and Social Council. Public governance for results*: a conceptual and operational framework. United Nations. 2011, p. 4-6.

FILGUEIRAS, F. (2009) apud MORAES, Alexandre Rocha Almeida de. A Teoria dos Mandados de Criminalização e o Combate Efetivo à Corrupção. *Revista Jurídica ESMP-SP*, v. 5, 2014, p. 46.

FUKUYAMA, Francis. *What's Is Governance*. CGD Working Paper 314. Washington, DC: Center for Global Development. 2013, p. 9-10.

GOLDSMITH, Stephen; EGGERS, Willian D. *Governing by network. The New Shape of the Public Sector*. John F. Kennedy School of Government. Harvard University. 2 nov. 2014, p. 7-10.

MARTINS, Humberto Falcão; MARINI, Caio e outros. *Um guia de governança para resultados na administração pública*. Brasília: Publix, 2010. p. 25-27.

MARTINS, Humberto Falcão; MARINI, Caio. Governança pública contemporânea: uma tentativa de dissecação conceitual. *Revista do Tribunal de Contas da União*, 2014, p. 44.

MOORE, Mark; KHAGRAM, Sanjeev. *On creating public value*. Jonh F. Kennedy School of Government. Harvard University: 2004, p. 2-3.

ORGANIZAÇÃO DAS NAÇÕES UNIDAS (ONU). 2015. *Objetivos de Desenvolvimento Sustentável*. ODS16. Disponível em: https://nacoesunidas.org/pos2015/.

ORGANIZATION FOR ECONOMIC COOPERATION AND DEVELOPMENT (OECD). *Supreme audit institutions and good governance*: oversight, insight and foresight. Public Governance Reviews. Paris: OECD Publishing, 2015. p. 23.

PATAPAS, Aleksandras; RAIPA, Alvydas; SMALSKYS, Vainius. New Public Governance. The Tracks of Changes. *International Journal of Business and Social Research*, v. 4, n. 5, 2014, p. 26.

POLLITT, Christopher; HUPE, Peter. *The magic of good governance*. For special issue Policy and Society. Governance: is for everybody? 2010, p. 6-7.

ROSE-ACKERMAN, Susan. *Economía política de las raíces de la corrupción*: Investigación y políticas públicas. Irma Erendira Sandoval (coordinadora) Corrupción y transparencia. Debatiendo las fronteras entre Estado, Mercado y Sociedad, Siglo XXI, México, 2009, p. 28-29.

UNITED STATES OF AMERICA. *The Federalist Papers*, n. 51, 1787. Disponível em: https://avalon.law.yale.edu/18th_century/fed51.asp.

Informação bibliográfica deste texto, conforme a NBR 6023:2018 da Associação Brasileira de Normas Técnicas (ABNT):

CHAMOUN, Rodrigo Flávio Freire Farias. Os tribunais de contas na era da governança pública: focos, princípios e ciclos estratégicos do controle externo. *In*: LIMA, Edilberto Carlos Pontes (Coord.). *Tribunal de Contas do século XXI*. Belo Horizonte: Fórum, 2020. p. 313-336. ISBN 978-85-450-978-85-450-0713-5.

FUNÇÃO SOCIAL DOS TRIBUNAIS DE CONTAS – UMA RELEITURA DA SUA MISSÃO CONSTITUCIONAL

Ronaldo Chadid

1 Introdução

A presente pesquisa destina-se ao estudo da função social dos tribunais de contas e do desenvolvimento de suas competências, com o escopo de assegurar o cumprimento da eficiência na consecução das políticas públicas como meio de efetividade dos direitos fundamentais e resguardo da dignidade da pessoa humana, promovendo a justiça social.

Tais abordagens contextualizam a problemática proposta, qual seja, identificar a função social atual dos tribunais de contas brasileiros dentro da missão constitucionalmente a eles atribuída. A investigação foi realizada por meio de levantamentos bibliográficos acerca do tema e do estudo dos diplomas legais que regem e norteiam a atuação do controle externo na fiscalização das políticas públicas.

O método de abordagem utilizado foi o dedutivo, partindo de premissas teóricas passíveis de conclusão acerca da problemática levantada. O método histórico foi empregado para compreensão dos institutos nos moldes atuais, fornecendo elementos para verificação da evolução dos direitos fundamentais e da atuação do Estado em favor da proteção desses direitos.

O trabalho tem por objetivo demonstrar que o controle exercido pelos tribunais de contas deve ser um instrumento de efetivação das políticas públicas, a partir da contextualização do controle com os novos paradigmas apontados pela doutrina contemporânea e em conformidade aos ditames constitucionais. Nessa perspectiva, almeja-se superar a ideia do controle formal limitado apenas aos aspectos inerentes à legalidade, buscando na Constituição Federal valores que propiciem uma atuação voltada para uma análise qualitativa das políticas públicas, em especial à luz do princípio da eficiência. Para tanto, buscar-se-á respaldo nos instrumentos de fiscalização que atuem prévia ou concomitantemente, evitando assim o dano ao erário e o desenvolvimento de políticas públicas ineficientes.

2 Estado Social e função social

A organização social se amolda em virtude dos anseios e interesses transformados em valores pelo ser humano. Essa mutação ocorre de maneira gradativa, na medida em que opressões, insatisfações e angústias colidem com os conceitos e princípios postos e vigentes, principalmente com respaldo legal.

Quanto mais esses valores recebem adesão da sociedade, maior a sua capacidade de mobilização política, econômica, ideológica, religiosa, cultural e jurídica.

Na história da humanidade, boa parte das grandes transformações sociais foi tão arduamente disputada que culminou em intolerâncias, guerras, revoluções e conflitos sociais. Lynn Hunt retrata bem parte das consequências da Revolução Francesa e o surgimento do Estado Social, baseado na proteção dos direitos individuais e de uma nova legitimidade para subsistência de um governo:[1]

> Os direitos do homem forneciam os princípios para um visão alternativa de governo. Como os americanos haviam feito antes, os franceses declararam os direitos como parte de uma crescente ruptura com a autoridade estabelecida... Num único documento, portanto, os deputados franceses tentaram condensar tanto as proteções legais dos direitos individuais como um novo fundamento para a legitimidade do governo. A soberania se baseava exclusivamente na nação (artigo 3º), e a "sociedade" tinha o direito de considerar que todo agente público devia prestar contas de seus atos (artigo 15). Não era feita nenhuma menção ao rei, tradição, história ou costumes franceses, nem à Igreja Católica. (...) O desafio à

---

[1] HUNT, Lynn. *A invenção dos direitos humanos*: uma história. São Paulo Companhia das Letras, 2009. p. 131-145. (tradução de Rosaura Eichenberg)

antiga ordem na Europa não poderia ter sido mais direta.(...) Declarar os direitos também teve consequências fora da França. A Declaração dos Direitos do Homem e do Cidadão transformou a linguagem de todo mundo quase da noite para o dia. (...) Como consequência, o emprego da linguagem do direito aumentou dramaticamente depois de 1789. As evidências dessa onda podem ser prontamente encontradas no número de títulos em inglês que usam a palavra "direitos": Ele quadruplicou na década de 1790 (418) em comparação com a de 1780 995) ou com qualquer década anterior durante o século XVIII. (...) Uma vez anunciados abertamente, os direitos propunham novas questões – questões antes não cogitadas e não cogitáveis. O ato de declarar os direitos revelou-se apenas o primeiro passo num processo extremamente tenso que continua até os nossos dias.

Os valores sociais represados antes de 1789 passaram a ser os norteadores dos princípios que emergiram fortemente, como a solidariedade, igualdade, liberdade e bem comum, e que contribuíram para construção do Estado Social sustentado pela tripartição de poderes, pela legalidade e pelo fortalecimento das instituições públicas e privadas. Nesse ponto, Dimoulis e Martins ressaltam o sentido plural da Revolução Francesa e comparam a declaração norte-americana com a dos direitos do homem e do cidadão:[2]

> Nela (na Declaração dos Direitos do Homem e do Cidadão), encontram-se o reconhecimento da liberdade, da igualdade, da propriedade, da segurança e da resistência à opressão, da liberdade de religião e do pensamento, garantias contra a repressão penal. A grande diferença está no fato de que o texto francês não segue a visão individualista das declarações norte-americanas e confia muito mais na intervenção do legislador enquanto representante do interesse comum.

Norberto Bobbio identifica a transformação e evolução dos direitos por meio do que denominou de gerações de direitos, sendo a primeira ligada à conquista dos direitos individuais civis e políticos, como o direito à vida, à propriedade particular e à liberdade, e que expressam o momento imediato ao da Revolução Francesa, que clamava pela menor intervenção do Estado na vida privada.[3]

---

[2] DIMOULIS, Dimitri; MARTINS, Leonardo. *Teoria geral dos direitos fundamentais.* 3. ed. São Paulo: Revista dos Tribunais, 2011. p. 25.
[3] BOBBIO, Norberto. *A era dos direitos.* 9. ed. Rio de Janeiro: Elsevier, 2004. p. 32.

Do século XVII ao início do século XX, a Revolução Industrial e a Primeira Guerra Mundial fizeram surgir novos problemas, gerados principalmente pela (i) busca incansável pelo lucro e (ii) exploração do homem pelo homem. Consolidou-se a ideia de atuação positiva do Estado para garantir os direitos de segunda geração, relacionados com os valores de igualdade, como os direitos sociais, culturais e econômicos.

Manoel Gonçalves Ferreira Filho[4] esclarece que:

> O aparecimento dos "direitos econômicos e sociais" ao lado das "liberdades" nas Declarações é o fruto de uma evolução que se inicia com a crítica logo feita pelos socialistas ao caráter "formal" das liberdades consagradas nos documentos individualistas. Essas liberdades seriam iguais para todos, é certo; mas a maioria, porém, seriam sem sentido porque a ela faltariam os meios de exercê-los.

Essa idealização do Estado Social foi elevada à ordem do dia em diversas constituições, como a russa, mexicana e a de Weimar.

Os direitos fundamentais de terceira geração são ligados a valores de solidariedade e fraternidade e se concretizam por direitos ligados ao meio ambiente, ao desenvolvimento, à autodeterminação dos povos, à propriedade sobre o patrimônio comum dos povos, à comunicação, ou seja, aos chamados direitos transindividuais ou difusos, que são conquistas que possibilitam a "ampliação dos horizontes de proteção e emancipação do cidadão".[5]

Conforme afirma Norberto Bobbio, os direitos fundamentais surgem ao longo do tempo e nascem quando devem nascer.[6] Após a década de 1970, a sociedade evolui para o mundo altamente conectado, despontando o fenômeno da globalização. As consequências das ações em qualquer parte do planeta passam a ser compartilhadas e a surtir efeito quase instantaneamente. Surgem daí os direitos de quarta geração, como o direito à democracia, à informação e ao pluralismo, que procuram preservar valores "em sua dimensão de máxima universalidade, para

---

[4] FERREIRA FILHO, Manoel Gonçalves. *Curso de direito constitucional*. 40. ed. São Paulo: Saraiva, 2015. p. 277.
[5] ARAUJO, Luiz Alberto David; NUNES JÚNIOR, Vidal Serrano. *Curso de Direito Constitucional*. 20. ed. São Paulo: Saraiva, 2016. p. 120.
[6] BOBBIO, Noberto. *A era dos direitos*. 9 ed. Rio de Janeiro: Elsevier, 2004. p. 14.

a qual parece o mundo inclinar-se no plano de todas as relações de convivência".[7]

Graças à evolução da sociedade tecnológica, outras consequências passaram a atormentar o ser humano: o mau uso das novas ferramentas e a possibilidade de manipulação genética. Os avanços biotecnológicos apresentam um novo desafio ligado à bioética, ou seja, à limitação do estudo do comportamento humano nas pesquisas da ciência da vida e da saúde, incluindo a manipulação de todos os organismos capazes de ser alterados em sua estrutura. Trata-se, portanto, dos direitos ligados à preservação do patrimônio genético do ser humano e de todas as formas de vida no planeta.

A evolução dos estudos doutrinários já aponta novas gerações de direitos e, sem que uma geração de direitos se sobreponha às anteriores, a crescente expansão dos direitos fundamentais e das necessidades humanas tornou corrente a sua implementação por meio do direito normativo – em especial, pelas constituições – para então alcançar sua concretização à luz de suas diversas formas de interpretação e sob os auspícios de uma concepção que se ousou denominar de função social.

3 Origem da função social

Abstrai-se dos ensinamentos de Francisco José Carvalho[8] que a função social é um conceito transcendental que reflete a razão de existir das instituições ao ampliar seus efeitos para o maior número possível de pessoas. Quanto mais se abstrai e se concretiza o sentido de solidariedade social, de bem comum, de paz e de justiça, mais o objeto irradiante desse conceito cumpre sua função social.

Assim, no Estado de Direito, no qual a norma jurídica estabelece as estruturas de poder e disciplina o comportamento humano, a função social do direito se concretiza na medida em que favorece a implementação e a determinação do valor social e das políticas públicas que concretizam direitos individuais básicos e coletivos.

A função social orienta a interpretação e norteia a proteção de importantes instituições, sejam públicas ou privadas.

---

[7] BONAVIDES, Paulo. *Curso de direito constitucional*. 31. ed. São Paulo: Malheiros, 2016. p. 571.

[8] CARVALHO, Francisco José. *Teoria da função social do direito*. 2. ed. Curitiba: Juruá, 2014. p. 56.

No campo privado, uma das primeiras discussões sobre a extração do conceito de função social sobre um instituto coube à definição do alcance da disponibilização da propriedade.

Do pós-Revolução Francesa até o início do século XX, seria inimaginável reivindicar tal interpretação quando o que se pretendia era a proteção absoluta da propriedade, inclusive constatada em textos constitucionais, como o do México, de 1917. Porém, à medida que novos valores de cunho coletivo vão sendo incorporados à sociedade, e o Estado Social se firma como paradigma de governança, a função social da propriedade passa a ser revelada, rompendo o tradicional conceito de propriedade, e não apenas modificando a terminologia das normas.[9]

Foi no início do século XX que se concebeu a noção de fim social para uma propriedade particular. Contrapondo os posicionamentos de cunho individualista em relação à propriedade privada, León Duguit a compreende como uma instituição jurídica e, uma vez assim entendida, deve atender a um preceito econômico voltado para a sociedade, evoluindo conforme tais necessidades.[10]

O autor francês não aceitava a ideia de propriedade enquanto um bem de direito subjetivo, sobretudo com a ideia de que apenas concedendo ao proprietário um direito subjetivo absoluto é que se poderia assegurar a plena autonomia individual. O correto, para o doutrinador, seria atribuir à propriedade uma natureza de função, isto é, a ser utilizada a serviço da coletividade.

Desde o seu nascedouro, a atribuição de uma função social à propriedade gira em torno da ideia de que, em que pese a relação se operar na seara privada, deve atender aos comandos dos direitos fundamentais, garantir a paz e o bem-estar social. Com a evolução de garantia de direitos e dentro dos preceitos de justiça social, passa-se a conceber função social como uma cláusula aberta.

Nesse contexto, compreende-se como um princípio que pode permear por todos os assuntos constitucionais, desde a ordem econômica e ambiental até aspectos de interesse social, que necessitam se servir da diretriz principiológica para o exercício de atividades econômicas, para as políticas urbanas e agrárias e, especialmente, para uso, gozo e disposição da propriedade.

---

[9] MARTÍNEZ, Fernando Rey. La propriedad privada em la Constitución española. *In*: *Boletín Oficial Del Estado*. Madrid: Centro de Estudios Constitucionales, 1994. p. 348.

[10] DUGUIT. *Las transformaciones del derecho publico y privado*. Bueno Aires: Editorial Heliasta S.R.L., 1975. p. 235.

De referidas premissas e observações, encontramos campo fértil para aplicação do conceito de função social para diversas outras instituições privadas e, também, aos organismos do Estado. Hodiernamente, verifica-se que algumas instituições são vistas como um meio de promoção do interesse social.

É o que acontece, por exemplo, com a família. Em que pese ser uma relação de direitos e obrigações entre seus membros, coligados por laços sanguíneos ou afetivos, ela possui um fim social em si mesma, que é promover a dignidade, a harmonia e a manutenção da paz entre seus membros, privilegiando a sua função social em detrimento de seu papel institucional.

E assim perpassam os institutos por uma releitura contemporânea, visando à funcionalização em prol do bem comum, sendo este um valor maior do que o sentido puramente institucional, chegando até o papel dos seus membros, como se exalta no caso do Ministério Público:

> A função social do membro do Ministério Público consiste no dever de se desenvolver intelectual e moralmente tão completamente quanto seja possível e de estar atento aos interesses mais lídimos da sociedade, suas reais prioridades e carências mais profundas, a fim de direcionar harmoniosamente o agir do órgão ministerial com o interesse da sociedade, promovendo da melhor maneira sua defesa. Isso implica o dever de proceder à adaptação para correção de atuação e para aperfeiçoamento cultural, impondo-se-lhe superar o grau de tecnicidade exigido quando de seu ingresso e ser exemplo de probidade e retidão.[11]

Portanto, o sentido da expressão função social:

> [...] deve corresponder à consideração da pessoa humana não somente *uti singulus* ou *uti civis*, mas também *uti socius*. Nesse contexto, a doutrina da função social emerge como uma matriz filosófica apta a restringir o individualismo, presente nos principais institutos jurídicos, face os ditames do interesse coletivo, a fim de conceder igualdade material aos sujeitos de direito.[12]

---

[11] SALDANHA, Gisela Potério Santos. *A função social do membro do Ministério Público*. Disponível em: http://promotordejustica.blogspot.com.br/2007/03/da-funo-social-do-membro-do-ministrio.html. Acesso em: 23 jun. 2019.

[12] GAMA, Guilherme Calmon Nogueira da; ANDRIOTTI, Caroline Dias. Breves notas históricas da função social no Direito Civil. In: GAMA, Guilherme Calmon Nogueira da (Coord.). *Função social no Direito Civil*. São Paulo: Atlas, 2007. p. 2.

Voltadas para nosso estudo, cumpre-nos trazer essa concepção evolucionista da função social aos tribunais de contas e aos aspectos que credenciam jungi-la às atividades desenvolvidas em prol da eficiência das políticas públicas e seus respectivos mecanismos de concretização.

4 Função social dos tribunais de contas

As transformações ocorridas nos Estados modernos ocidentais que ocasionaram profundas alterações nos sistemas jurídicos, com a adoção do modelo de constitucionalização e codificação como base de toda a estruturação e disciplina da vida em sociedade, têm se mostrado reflexo do Estado de Direito Social, fazendo-se presentes não somente no contexto jurídico, mas, sobretudo, na transformação do valor social positivado em políticas públicas que alcancem os anseios e necessidades da população.

Essa ideologia, ao mesmo tempo jusfilosófica e pragmática da ação do Estado, tem sido campo fértil para a efetiva afirmação do papel do Estado e dos órgãos de controle.

Está absolutamente claro na Constituição e na legislação brasileira que os valores mais caros e importantes para o atual momento histórico estão contemplados nos textos normativos, e a teoria da interpretação constitucional, que sempre esteve muito vinculada a um modelo de interpretação de uma "sociedade fechada", abre-se em uma hermenêutica com base na teoria de Peter Häberle, em que é acompanhado por Friedrich Müller e Castanheira Neves, alicerçada na participação de uma sociedade pluralista na legitimação de decisões e na concretização das normas jurídicas.[13]

O art. 1º da Constituição impõe que a República Federativa do Brasil, formada pela união indissolúvel dos estados e municípios e do Distrito Federal, constitui-se em Estado Democrático de Direito e tem como fundamentos a soberania, a cidadania, a dignidade da pessoa humana, os valores sociais do trabalho e da livre iniciativa e o pluralismo político e, além disso, que todo o poder emana do povo, que o exerce por meio de representantes eleitos ou diretamente.

---

[13] HÄBERLE, Peter. *Hermenêutica constitucional – a sociedade aberta dos intérpretes da Constituição*: contribuição para a interpretação pluralista e procedimental da Constituição. Tradução de Gilmar Ferreira Mendes. Porto Alegre: Sérgio Antônio Fabris editor, 1997. p. 12.

O art. 2º contempla a tripartição de poderes. O art. 3º determina como objetivos fundamentais da República Federativa do Brasil: construir uma sociedade livre, justa e solidária, garantir o desenvolvimento nacional, erradicar a pobreza e a marginalização, reduzir as desigualdades sociais e regionais, e promover o bem de todos, sem preconceitos de origem, raça, sexo, cor, idade e quaisquer outras formas de discriminação. O art. 5º dispõe que todos são iguais perante a lei, sem distinção de qualquer natureza, garantindo-se aos brasileiros e aos estrangeiros residentes no país a inviolabilidade do direito à vida, à liberdade, à igualdade, à segurança e à propriedade, seguindo-se 78 (setenta e oito) incisos e 4 (quatro) parágrafos que abarcam dezenas de regras e valores que deveriam ser cumpridos pela sociedade e pelo Estado.

Em outros exemplos, como no Código Civil, valores como socialidade, eticidade e boa-fé objetiva foram internalizados e passaram a ser paradigmas das situações nos casos concretos.

Se, por um lado, é absolutamente perceptível que o Estado, no desempenho de cada um de seus poderes, não consegue plenamente cumprir com sua função social, por outro, possui mecanismos indicados na própria Constituição Federal para auxiliá-lo nessa tarefa por meio dos órgãos de controle.

Dentre os órgãos que exercem a função de auxílio no cumprimento das demandas sociais e das execuções dos programas governamentais, temos os tribunais de contas, que fazem a defesa do indivíduo, do patrimônio público e dos valores sociais por meio de mecanismos que procuram incrementar a transparência na gestão e combater o desperdício e a corrupção e que detectam e impõem a correção dos rumos de implementação/consolidação de políticas públicas que possam concretizar benefícios à sociedade.

Na Constituição do Império de 1824, não havia previsão da instauração de um órgão de fiscalização e controle; porém, a ideia de criação já vinha de tempos anteriores. Na França, indícios de uma espécie de fiscalização das contas ocorreu com o rei Luís IX (século XIII), com a instituição da *Chambre de Comptes*, encarregada de vigiar os gastos em seu reinado,[14] Esta foi extinta com o advento da Revolução Francesa por

---

[14] BARROS, Lucivaldo Vasconcelos. TCU: Presença na história nacional. *In*: BRASIL. Tribunal de Contas da União. *Prêmio Serzedello Corrêa 1998*: Monografias Vencedoras. Brasília: TCU, Instituto Serzedello Corrêa, 1999. p. 223.

ser considerada como pertencente ao *Ancien Régime*.[15] Ensina Lucivaldo Barros que a *Chambre de Comptes* influenciou a criação, em 1807, da *Cour de Comptes*, incumbida de analisar as contas *a posteriori*, uma vez que o exame prévio havia sido atribuído ao Ministério Ordenador da Despesa e ao Ministério da Fazenda.[16]

Assim, o debate intelectual passou a ser considerado importante, mesmo que com a adoção da Constituição Imperial Outorgada. Sob a iniciativa dos senadores Visconde de Barbacena e José Inácio Borges, foi proposto projeto de lei para a criação de um tribunal de exame de contas, que teria, a exemplo do modelo francês, uma fiscalização posterior, o que foi rejeitado pelo senador Conde de Baependi, ex-ministro da Fazenda.[17]

Na Constituição de 1891 (art. 89), foi instituído o Tribunal de Contas, com a função de liquidar as contas da receita e despesa e verificar a sua legalidade antes de serem prestadas ao Congresso, numa evidente atribuição meramente formal e, obviamente, aquém da função social que merecia exercer.

Na Constituição de 1934, em 13 (treze) dispositivos há a menção da instituição "Tribunal de Contas" e, na Seção II do Capítulo VI (Dos Órgãos de Cooperação nas Atividades Governamentais), do Título I (Da Organização Federal), tem sua previsão estabelecida juntamente com suas atribuições (arts. 99 a 102): a) acompanhará a execução orçamentária e julgará as contas dos responsáveis por dinheiros ou bens públicos, b) registro de contratos que interessarem à receita ou à despesa, c) verificação prévia de qualquer ato de administração pública de que resulte obrigação de pagamento ao Tesouro Nacional, ou por conta deste, d) a fiscalização financeira dos serviços autônomos, na forma prevista em lei, e) dar parecer prévio das contas anuais do presidente da República. A localização topográfica do Tribunal de Contas foi determinada em seção distinta do Poder Legislativo, e as suas atribuições foram ampliadas, sendo que a preocupação com o controle financeiro e orçamentário (prévio, concomitante e posterior) passou a ser o centro de sua função social.

Na Constituição de 1937, há um retrocesso no trato da Corte de Contas, limitando a sua previsão em apenas dois artigos, sendo que

---

[15] SANTOS, Jair Lima. *Tribunal de Contas da União & controles estatal e social da administração pública*. Curitiba: Juruá, 2005. p. 35.

[16] BARROS, Lucivaldo Vasconcelos. TCU: Presença na história nacional. *In*: BRASIL. Tribunal de Contas da União. *Prêmio Serzedello Corrêa 1998*: Monografias Vencedoras. Brasília: TCU, Instituto Serzedello Corrêa, 1999. p. 224.

[17] Idem, p. 226.

a sua competência é estabelecida num único dispositivo (art. 114): acompanhar, diretamente ou por delegações organizadas de acordo com a lei, a execução orçamentária e julgar das contas dos responsáveis por dinheiros ou bens públicos e da legalidade dos contratos celebrados pela União. A redação utilizada não dividiu a organização estatal, os direitos e as atribuições em títulos, capítulos ou seções, pelo que o Tribunal de Contas e todos os demais assuntos foram previstos em itens isolados.

Na Constituição de 1946, o Tribunal de Contas volta a ter destaque, tendo suas competências reestabelecidas e ampliadas, mas, ainda assim, a sua função encontrava-se atrelada apenas a aspectos de legalidade. A sua previsão institucional encontra-se no Capítulo II (Do Poder Legislativo), Seção VI (Do orçamento), onde também foram definidas suas competências (art. 77): a) acompanhar e fiscalizar, diretamente ou por delegações criadas em lei, a execução do orçamento, b) julgar as contas dos responsáveis por dinheiros e outros bens públicos, bem como as dos administradores das entidades autárquicas, c) julgar da legalidade dos contratos e das aposentadorias, reformas e pensões, d) registrar os contratos que, por qualquer modo, interessarem à receita ou à despesa, podendo o Tribunal de Contas suspender a execução do contrato até o pronunciamento do Congresso Nacional e e) dar parecer prévio sobre as contas anuais do presidente da República.

Na Constituição de 1967, pela primeira vez utiliza-se a expressão "controle externo" como competência exercida pelo Congresso Nacional, com o auxílio do Tribunal de Contas, compreendendo a apreciação das contas anuais do presidente da República por meio de parecer prévio, o julgamento das contas dos administradores e demais responsáveis por bens e valores públicos, e o desempenho das funções de auditoria financeira e orçamentária sobre as contas das unidades administrativas dos três Poderes da União, que, para esse fim, deveriam remeter demonstrações contábeis ao Tribunal de Contas, a quem caberia realizar as inspeções que considerasse necessárias. Também concedeu competência para, de ofício ou mediante provocação do Ministério Público ou das auditorias financeiras e orçamentárias e demais órgãos auxiliares, verificar a ilegalidade de qualquer despesa, inclusive as decorrentes de contratos, bem como incumbiu a verificação da ilegalidade de qualquer despesa, inclusive as decorrentes de contratos, aposentadorias, reformas e pensões (arts. 71 a 73). Também incumbiu o Tribunal de Contas a elaborar do cálculo das quotas estaduais e municipais na repartição do produto da arrecadação dos impostos (art. 25, §1º).

A Emenda Constitucional nº 1, de 1969, atribuiu (art. 16) expressamente à Câmara Municipal o exercício do controle externo com o auxílio do Tribunal de Contas, sendo este incumbido de elaborar o parecer prévio sobre as contas anuais do prefeito, cuja decisão seria modificada pelo Legislativo mediante dois terços dos vereadores. Também manteve a incumbência na elaboração do cálculo das quotas estaduais e municipais na repartição do produto da arrecadação dos impostos (art. 25, §1º). Além dessas, manteve nos arts. 70 a 72 as atribuições da Constituição de 1967 que constavam dos arts. 71 a 73.

Finalmente, na Constituição Federal de 1988, o Tribunal de Contas tem suas atribuições fortalecidas como instituição de controle externo. Em 23 (vinte e três) dispositivos há menção sobre sua estrutura, competência e prerrogativas. Em 2 (dois) artigos, concentra-se o núcleo de suas competências de controle externo, atribuindo ao Tribunal de Contas, nos arts. 70 e 71, a fiscalização contábil, financeira, orçamentária, operacional e patrimonial da União e das entidades da administração direta e indireta quanto à legalidade, legitimidade, economicidade, aplicação das subvenções e renúncia de receitas; a apreciação das contas prestadas anualmente pelo presidente da República mediante parecer prévio; o julgamento das contas dos administradores e demais responsáveis por dinheiros, bens e valores públicos da administração direta e indireta, incluídas as fundações e sociedades instituídas e mantidas pelo poder público federal, e as contas daqueles que derem causa a perda, extravio ou outra irregularidade de que resulte prejuízo ao erário público; a apreciação, para fins de registro, a legalidade dos atos de admissão de pessoal, a qualquer título, na administração direta e indireta, bem como a das concessões de aposentadorias, reformas e pensões; a realização de inspeções e auditorias de natureza contábil, financeira, orçamentária, operacional e patrimonial, nas unidades administrativas dos Poderes Legislativo, Executivo e Judiciário; a fiscalização das contas nacionais das empresas supranacionais; a aplicação aos responsáveis, em caso de ilegalidade de despesa ou irregularidade de contas, das sanções previstas em lei, com força de título executivo extrajudicial (art. 75); e a competência para efetuar o cálculo das quotas dos fundos de participação na repartição de receitas (art. 161, parágrafo único). Além disso, impõe expressamente o dever de prestação de contas ao Tribunal de Contas a um rol extenso e abrangente de pessoas (art. 71), o que amplia o seu poder de fiscalização.

Pela primeira vez, no núcleo dos aspectos passíveis de fiscalização, foi expressamente fixado o elemento "economicidade", o que ampliou as possibilidades de atuação do Tribunal de Contas. Anterior à Constituição de 1988, a adequação dos fatos à norma apenas sob seu aspecto de legalidade contribuiu para restringir a fiscalização aos atos administrativos sob seu aspecto formal. Com o advento da Emenda Constitucional nº 19, de 04 de junho de 1988, que acresceu ao art. 37, *caput*, o princípio da "eficiência", consolidou-se a legitimidade da fiscalização de alcançar níveis nunca antes imagináveis.

A economicidade, segundo Régis Fernandes de Oliveira:[18]

> Diz respeito a se saber se foi obtida a melhor proposta para a efetuação da despesa pública, isto é, se o caminho perseguido foi o melhor e mais amplo, para chegar-se à despesa e se ela fez-se com modicidade, dentro da equação custo-benefício.

E Ricardo Lobo Torres ensina que "o conceito de economicidade, originário da linguagem dos economistas, corresponde, no discurso jurídico, ao de justiça", o que corresponderia "na eficiência na gestão financeira e na execução orçamentária, consubstanciada na minimização de custos e gastos públicos e na maximização da receita e da arrecadação", ou seja, no controle do custo-benefício, consubstanciada "na adequação entre receita e despesa, de modo que o cidadão não seja obrigado a fazer maior sacrifício e pagar mais impostos para obter bens e serviços que estão disponíveis no mercado a menor preço".[19]

Essa noção de eficiência na entrada e saída de recursos públicos implica na geração de tributos e taxas para que se arque com os custos dos direitos e do próprio funcionamento da máquina estatal, como explica Carlos Baptista Lobo:[20] "A tentação é demasiado forte: se o sujeito pretende uma prestação pública então terá que sustentar um encargo financeiro; não existe deslocalização possível, e, por outro lado, existe uma aparente justiça, já que quem beneficia de uma prestação sustenta o seu encargo".

---

[18] OLIVEIRA, Régis Fernandes de. *Curso de direito financeiro*. 5. ed. São Paulo: RT, 2013. p. 94.
[19] TORRES, Ricardo Lobo. O Tribunal de Contas e o controle da legalidade, economicidade e legitimidade. *Revista do TCE/RJ*, Rio de Janeiro, n. 22, jul. 1991. p. 37-44.
[20] LOBO, Carlos Baptista. *Reflexões sobre a (necessária) equivalência económica das taxas*: estudos jurídicos e económicos em homenagem ao professor doutor António Sousa Franco. v. I. Coimbra Editora, 2006.

Já a eficiência inserida no texto constitucional parametrizou o aspecto gerencial na fiscalização da gestão, indo além da noção de eficácia e efetividade. Assim, se por um lado o princípio da eficiência obriga a administração pública a reorganizá-la e a reestruturá-la para aumentar sua produtividade com qualidade, racionalizando seus procedimentos para torna-la mais ágil e competitiva, por outro, regula a atuação dos agentes públicos na busca do melhor desempenho possível para que os melhores resultados sejam atingidos.

Hely Lopes Meirelles[21] ensina que:

> Dever de eficiência é o que se impõe a todo agente público de realizar suas atribuições com presteza, perfeição e rendimento funcional. É o mais moderno princípio da função administrativa, que já não se contenta em ser desempenhada apenas com legalidade, exigindo resultados positivos para serviço público e satisfatório atendimento das necessidades da comunidade e de seus membros.

As vertentes econômica e de eficiência almejam a fraternidade no uso dos recursos disponíveis pelo Estado, colocando o Tribunal de Contas como guardião da utilização de uma complexa estrutura que deve servir aos anseios de uma sociedade inteira.

Nesse ponto, a função social dos tribunais de contas somente se concretiza quando do cumprimento de suas competências na busca pela aplicação de todos os princípios inerentes à administração pública. A verificação dos aspectos meramente legais e formais deixaram de ser a razão de existir dos tribunais de contas, cabendo-lhes transformar a previsão constitucional do princípio da eficiência, de uma categoria teórica para uma pragmática e concreta.

Portanto, os tribunais de contas não são a função social, mas, sim, possuem e cumprem uma função social na medida em que não são um fim em si mesmos. A função social consiste num núcleo vital e inerente a todas as ações humanas que pretendem atingir terceiros, como o Estado. Esse núcleo consiste no exercício do controle social quando o controle interno não é suficiente. Não que a necessidade de existir o controle seja pressuposto de ações de má-fé, mas, mesmo que de boa-fé, erros são cometidos, e a vigilância e a fiscalização precisam estar atentas, tanto para as más quanto para os atos eivados de boas intenções.

---

[21] MEIRELLES, Hely Lopes. *Direito administrativo brasileiro*. 42. ed. São Paulo: Malheiros, 2016. p. 62.

Essas considerações conduzem ao problema da compatibilidade dos conceitos de função e de direito subjetivo. Se o exercício da "função" é considerado um vínculo, o direito subjetivo constitui uma liberdade. Os tribunais de contas devem exercer suas funções constitucionais institucionais e os que, em tese, não possuem escolha, são obrigados a proceder à fiscalização da arrecadação e do destino do dinheiro público. No entanto, a onipresença não é uma característica que lhes possa ser atribuída, e os mecanismos de que dispõem são limitados, de modo que a conexão e a efetivação de suas funções devem procurar minimizar os efeitos do subjetivismo da escolha do que fiscalizar.

É preciso reconhecer que a Constituição Federal, ao atribuir aos tribunais de contas a função de fiscalização, também lhes concedeu o poder de determinar a correção das ações de Estado que acarretem prejuízo ou má aplicação do erário.

Portanto, para os tribunais de contas, a função social é uma reserva de lei reforçada, pois lhes permite exercer o controle técnico (e não político) das ações da administração pública e julgar o exercício dos atos praticados que envolvam cifras estatais. A interpretação atual dos arts. 70 e 71 da Constituição Federal reclama dos tribunais de contas o desenvolvimento de uma atividade que assegure o cumprimento de sua função social e que supere o controle meramente formal e documental, passando a se ocupar do processo administrativo como um todo, pois somente essa abrangência é capaz de se fazer compreender e controlar a eficiência dos atos de administração pública voltados às políticas públicas e que levem à paz e à satisfação das necessidades da população.

5 O alcance da atuação do Tribunal de Contas nos ciclos iniciais das políticas públicas

Demandas nacionais e que constituem a base da proteção de direitos fundamentais existem em todos os países. Pleitos e necessidades na área da educação, saúde, segurança pública, infraestrutura, assistência social, meio ambiente, transportes, economia, entre outros, devem ser solucionados por meio de implantação de políticas públicas sustentáveis e que resultem na obtenção realista da melhoria em médio ou longo prazo.

Por tal motivo, expomos que as políticas públicas devem ser firmadas como compromisso de políticas de Estado e com a coordenação simultânea em diversas áreas de atuação do poder público. Esforços que vão da montagem da agenda à avaliação da implementação da política pública formam o ciclo indispensável para mensuração de sua eficiência. Escolhas mal feitas, diagnósticos errôneos, execuções imprecisas e dimensionamentos irreais são algumas das graves falhas que comprometem o sucesso de uma política pública e que podem agravar um problema que já era lesivo, retrocedendo-se nas metas inicialmente traçadas ou causando outros problemas que precisarão de outras soluções.

É certo que problemas sociais encarados pelos políticos administradores como uma oportunidade meramente política tendem a apresentar soluções que caibam dentro de um único mandato, comprometendo as escolhas de mérito das quais procuram alijar os órgãos de controle na seleção dos meios de resolução.

Enquanto órgãos fiscalizadores das dimensões contábil, financeira, orçamentária, operacional e patrimonial da administração pública, os tribunais de contas possuem a capacidade de diagnosticar os problemas sociais que mobilizariam a abertura de discussões em torno da montagem da agenda.

Embora na fase de "tomada das decisões políticas" as escolhas sejam eminentemente políticas com o propósito de definir o direcionamento das ações e investimentos, há certo limite para a discricionariedade aplicável pela administração pública. Nesse ponto, em que o livre convencimento do administrador público colide com a razoabilidade das opções possíveis para solução de um problema social é que o Tribunal de Contas pode cumprir com sua função fiscalizatória *a priori*.

A interferência orientadora proporciona o feitio de um planejamento estratégico sustentável de médio e longo prazo, comprometido e mais seguro, tanto do ponto de vista da legalidade quanto da eficiência, minimizando assim os riscos de insucessos que fazem o administrador público incorrer em irregularidades para correção de projetos mal elaborados. Toda consolidação dessas tomadas de decisão desemboca nas leis orçamentárias, a iniciar pelo Plano Plurianual, o qual compete ao Tribunal de Contas a fiscalização de seu cumprimento.

6 Atuação com foco na eficiência

O controle externo realizado com foco na eficiência demanda análises mais apuradas, diferentemente do diagnóstico instantâneo, que normalmente a administração pública se limita a realizar em cumprimento estrito à norma legal que determina, por exemplo, a compra de qualquer produto sempre pelo menor preço. Nem sempre o menor preço ou a maior quantidade tem significado de eficiência.

Um hospital especializado em cirurgias cardíacas existe não com o objetivo de realizar tais cirurgias, que são o produto gerado pelo hospital, mas, sim, para reduzir o número de óbitos decorrentes desse tipo de doença (resultado). Porém, o número de óbitos depende de uma infinidade de fatores sobre os quais o *staff* do hospital não tem nenhum controle, tais como a dieta habitual da população atendida, seu estilo de vida, sua renda e aderência aos tratamentos prescritos. Esse exemplo dado por Rogério Boueri[22] ilustra bem o engendrado processo de aferição de um processo produtivo ou da entrega de um produto pelo viés da eficiência, já que produtividade não necessariamente tem o significado de eficiência, embora possa estar relacionada.

Todo um conjunto sistemático de ações compõe o conceito de eficiência e depende, antes das ações, da verificação do tamanho e da extensão do problema, além da definição dos instrumentos de solução disponíveis e do tempo para resolvê-lo.

A observância de aspectos relacionados exclusivamente à legalidade não supre as deficiências da atividade administrativa na concretização das políticas públicas.

De igual forma, a análise da efetividade, que leva em consideração a relação entre a ação e o resultado, ou seja, o alcance ou não do objetivo desejado, também não tem sido suficiente para o atendimento das necessidades da população. Isso porque efetividade tem a ver com o cumprimento do objetivo, não importando os meios para fazê-lo, se mais ou menos oneroso, se maior ou menor o número de pessoas envolvidas para realizá-lo.

Consequentemente, o que é legal e efetivo nem sempre será eficiente. Exemplo de serviço legalmente constituído e efetivo em seu resultado é a adoção pelo município da contratação do serviço de tapa-buracos para solucionar o problema de cavidades que surgem, principalmente em épocas de chuva, e que deixam as vias intransitáveis, com baixa segurança ao se dirigir por elas, e causando diversos prejuízos aos proprietários de veículos. Esses buracos surgem em vias urbanas

---

[22] BOUERI, Rogério; ROCHA, Fabiana; RODOPOULOS, Fabiana. *Avaliação da qualidade do gasto público e mensuração da eficiência*. Brasília: Secretaria do Tesouro Nacional, 2015. p. 270.

com asfalto antigo ou construídas sem muito esmero ou com material de baixa qualidade (mas barata na sua aquisição).

O serviço de tapa-buracos permite, de maneira paliativa, que os veículos transitem pela área urbana com relativa segurança. A consequência pela opção desse serviço é transformar as ruas em vias com diversas ondulações e abaulamentos, causando trepidações e desconfortos aos seus usuários. Referida solução, portanto, tem efetividade, pois permite que o trânsito flua, mas não é, de longe, eficiente. É menos custosa se considerada como solução em curto prazo, mas será muito mais dispendiosa em longo prazo, uma vez que a sua durabilidade é pequena e a repetição do serviço torna-se indefinida.

Os órgãos de controle já há muito tempo deveriam ter abandonado a fiscalização baseada na legalidade e efetividade.

O alcance e o atendimento dos requisitos exigidos pelo prisma da legalidade pareciam ser sempre o fim almejado para se considerar cumprida a missão da administração pública.

No entanto, esse parâmetro não tem sido suficiente para se atestar a realização de uma boa governança. As leis e as normas somente conferem certas diretrizes e limitações as quais os gestores precisam obedecer para que alguma ação possa ser desenvolvida.

Na ânsia de cumprir o estritamente legal, aspectos relevantes, como durabilidade do produto, custo de manutenção de equipamentos, satisfação da população, comodidade, qualidade de atendimento, expansão urbana, entre outros aspectos, não são avaliados, ficando a administração pública normalmente satisfeita em atender, dentro da legalidade e efetividade, situações momentâneas e que não dão solução em médio ou longo prazo.

O foco, portanto, precisa ser urgentemente invertido na atuação dos tribunais de contas. A eficiência do gasto, seja para corrigir irregularidades instantâneas ou outras, seja para que o investimento seja durável em médio e longo prazo, precisa ser considerada em todos os aspectos das políticas públicas.

Políticas públicas referem-se a instrumentos de planejamento que são materializados nas leis orçamentárias e executados com base em objetivos que devem ser alcançados em curto, médio e longo prazos. Os de curto prazo apenas remediam o problema, possuem duração de apenas um exercício financeiro e servem para atender situações emergenciais, exigidas para que as mazelas não se proliferem ou para estancar uma situação adversa de perigo iminente.

6.1 Eficiência pedagógica

Ao contrário do que se possa imaginar, a missão mais importante para os tribunais de contas é cumprir sua função pedagógica.

A realidade brasileira, permeada pelas escolhas políticas baseadas apenas num bem-querer, no qual se discute exclusivamente a plataforma de intenções dos candidatos, sem que se exija deles uma sólida formação humanística, de conhecimento da realidade e da administração pública, tem como consequência a quase completa inexperiência em lidar com procedimentos básicos que uma gerência requer.

Como desdobramento dessa consequência, temos as escolhas dos cargos técnicos atribuídas a políticos, que muito têm de discurso e pouco de experiência na gestão governamental.

Resultado de tudo isso é que frequentemente os tribunais de contas se deparam, a cada 4 (quatro) anos, com uma realidade diferente por conta da troca da administração pública, que, sem a manutenção da continuidade de procedimentos, implementa outra forma de governar.

Muitas das vezes, essa nova forma de administração deixa de observar até mesmo as regras elementares que se encontram nas formalidades exigidas, por exemplo, em licitações (Lei nº 8.666/93 e Lei nº 10.520/2002) e na observância de outras leis, como a Lei Complementar nº 123/2006, que trata do dever de fomentar a inserção das microempresas no mercado gerado pelas contratações públicas, ou a Lei nº 12.527/2011, que trata do dever do administrador público em dar transparência às contas públicas.

Daí que a eficiência pedagógica dos tribunais de contas deve ser rápida e constante, principalmente a cada início de mandato, para alertar os administradores e gestores públicos dos seus diversos deveres, em especial, o de prestar contas à população e aos tribunais de contas.

Essa função pedagógica consegue diminuir sensivelmente a ineficiência na implantação de políticas públicas prometidas na campanha eleitoral pelo candidato vencedor ou na continuidade de outras políticas públicas mais duradouras e, além disso, reflete a continuidade de políticas de Estado (e não de governo).

6.2 Cautelares

A teoria da cautelaridade, desenvolvida no âmbito do processo civil, principalmente por Chiovenda, Carnelutti e Calamandrei, teve neste último a complexa sistematização do instituto, concebida inicialmente para proteger a jurisdição.[23]

No Brasil, a adoção da cautelaridade como instrumento de resguardo à jurisdição foi modificada para uma estrutura de garantia ao direito substancial de cautela desenvolvida por Ovídio Batista da Silva,[24] da qual se atribui à função cautelar a proteção de um direito que se encontra aparentemente sob perigo de dano iminente, pelo que a tutela cautelar tem como objetivo proteger o direito, e não o processo.

Portanto, demonstra o autor que o que define a natureza da cautelaridade não é a provisoriedade da medida, ou a sumariedade da cognição, ou o intervencionismo no curso do processo, mas, sim, a sua função diante do direito material em perigo.

A tutela que satisfaz o direito material, ainda que, no curso do processo, seja definida como antecipação da tutela, não se confunde com a tutela cautelar. Enquanto aquela visa antecipar os efeitos da sentença, esta não satisfaz o direito antecipadamente, mas apenas visa garanti-lo ou preservá-lo, assegurando que as circunstâncias que o ameaçam deixem de produzir efeitos.

Conforme prelecionam Guilherme Marinoni e Sérgio Cruz Arenhart, a tutela cautelar procura garantir a frutuosidade da tutela do direito material.[25]

Na transposição do poder geral de cautela do processo civil para o controle externo, os tribunais de contas dispõem de um importante instrumento de preservação de direitos públicos, em especial os relacionados com as políticas públicas.

Além da importância da teoria da cautelaridade, o que põe os tribunais de contas na vanguarda da aplicação do instituto é que, ao contrário do Poder Judiciário, o controle externo dispõe de poder *ex officio* na adoção de medidas de preservação de direitos subjetivos coletivos relacionadas à aplicação de dinheiro, bens e valores públicos.

Além disso, no exercício do controle social, o art. 74, §2º, da Constituição Federal, cuja redação foi reproduzida nas constituições estaduais pelo princípio da simetria, dispõe que qualquer cidadão, partido político, associação ou sindicato é parte legítima para apresentar

---

[23] CALAMANDREI, Piero. *Introdução ao estudo sistemático dos procedimentos cautelares*. Tradução de Carla Roberta Andreasi Bassi. Campinas: Servanda, 2000. p. 293.
[24] SILVA, Ovídio Batista da. *Do processo cautelar*. 4. ed. Forense, 2009. p. 71-82.
[25] MARINONI, Luiz Guilherme; ARENHART, Sérgio Cruz. *Processo cautelar*. 3. ed. São Paulo: Revista dos Tribunais, 2011. p. 28.

denúncia ao Tribunal de Contas sobre atos ilegais sujeitos à sua competência.

Sob outro aspecto, nas leis orgânicas dos tribunais de contas também é possível encontrar as hipóteses de legitimidade para apresentação de representações por membros do Poder Legislativo, por integrantes do Poder Executivo, Ministério Público e Ministério Público de Contas, além dos próprios servidores dos órgãos de controle externo.

Também segundo art. 74, inc. IV, da Constituição Federal, os sistemas de controle interno dos Poderes Legislativo, Executivo e Judiciário possuem a finalidade de apoiar o controle externo no exercício de sua missão constitucional. Além disso, no §1º do dispositivo mencionado, os responsáveis pelo controle interno, ao tomarem conhecimento de qualquer irregularidade ou ilegalidade, dela darão ciência ao Tribunal de Contas da União, sob pena de responsabilidade solidária. Esses dispositivos também foram replicados nas constituições estaduais, bem como nas leis orgânicas de diversos municípios, uma vez que é obrigatória a atuação do controle interno de cada ente da Federação na administração direta e indireta de todos os poderes.

A Lei nº 8.666/93, em seu art. 113, §1º, dispõe que qualquer licitante, contratado ou pessoa física ou jurídica, poderá representar ao Tribunal de Contas ou aos órgãos integrantes do sistema de controle interno contra irregularidades na aplicação desta lei.

Dessa forma, além da jurisdição *ex officio* exercida pelo Tribunal de Contas na utilização dos instrumentos de fiscalização, diversos outros atores podem contribuir para que as medidas cautelares sejam cada vez mais utilizadas, prevenindo a realização de despesas desnecessárias e tornando eficiente a aplicação dos recursos públicos.

Para concessão da tutela cautelar pelos tribunais de contas, a teoria da cautelaridade do processo civil não exige em todos os casos os pressupostos já apresentados anteriormente: sumariedade da cognição, iminência de dano irreparável, temporariedade e sentença mandamental.[26]

No âmbito da cognição sumária pelos tribunais de contas, pode ocorrer que exista cognição exauriente ou definitiva do direito em questão. É o caso de irregularidades em editais de licitação em que a correção de eventual cláusula que impeça o caráter competitivo do certame. Uma vez regularizada por força da medida cautelar de natureza

---

[26] SILVA, Ovídio Batista da. *Do processo cautelar*. 4. ed. São Paulo: Forense, 2009. p. 81-102.

mandamental, permite que a licitação siga então o seu curso, sem que o Tribunal de Contas necessite realizar outras intervenções.

No entanto, regra geral, basta que a "aparência do bom direito" (*fumus boni juris*) indique a verossimilhança do fato em análise para que, nesse ponto, o requisito seja preenchido, como ocorre, por exemplo, nas medidas cautelares expedidas em razão da ausência de encaminhamento ao Tribunal de Contas de algum importante documento comprobatório da atividade administrativa e essencial para continuidade do processo (ex.: falta de apresentação do projeto básico ou executivo de uma obra, ausência de comprovação da economicidade da despesa realizada com a compra de equipamentos ou serviços, etc.).

Ainda que haja aparência da existência do direito, no Processo Civil cabe o juízo de consumação da violação ou da probabilidade de que o direito esteja em vias de ser ofendido e que Ovídio Batista prefere utilizar a expressão *iminência de dano irreparável*.[27] A irreparabilidade do dano iminente constitui uma das condições do chamado *periculum in mora*, na ordem processual civil. Isso porque muitas vezes o dano pode ser reparado, mas pode levar muito tempo para o retorno do *status quo ante*. Assim, também na hipótese em que o dano seja de difícil reparação, cabe a escolha da medida preventiva prioritariamente para que o direito seja protegido pela tutela cautelar. Já no processo de controle externo, não necessariamente a irreparabilidade do dano ou a difícil reparação constituem condições para deferimento da medida cautelar.

No caso dos tribunais de contas, a constatação de uma ilegalidade praticada ou na sua iminência de consumação pode levar à adoção de medidas cautelares com o fim de se evitar a nulidade do próprio ato administrativo, ainda que, nessa fase, qualquer dano esteja na iminência de ocorrer.

No entanto, cumpre observar que o juízo do perigo de dano com o *periculum in mora* (perigo da demora) possui consistência dúplice. A demora da prestação jurisdicional pode resultar no perigo do dano, assim como o dano irreparável ou de difícil reparação pode ser a causa da demora da própria prestação jurisdicional. Nesse ponto, a observação também se aplica aos tribunais de contas, em que a concessão da medida cautelar pode impedir que o dano ao erário ocorra ainda no transcurso, por exemplo, de uma contratação.

---

[27] Idem. p. 95.

Portanto, a causa de uma circunstância pode ser o efeito da outra, e vice-versa.

O terceiro aspecto a se destacar é a temporariedade da tutela cautelar, que deve ser mantida enquanto durar a situação de perigo. Assim, a cautelaridade tem características transitórias, uma vez que a cognição não é exauriente, embora seus efeitos possam perdurar até a decisão definitiva, o que, em tese, se confundiria com a antecipação de tutela. Essa característica, excluindo-se a cautelar exauriente, também é a regra no processo de controle externo, pelo que, cessados os efeitos da possibilidade de dano, a cautelar deve ser revogada, permitindo à administração pública manter suas atividades.

Por fim, destaca Ovídio Batista da Silva[28] que tutela cautelar só é possível mediante uma sentença que contenha "mais ordem do que julgamento, mais império do que cognição".

Com base nas premissas teóricas da cautelaridade, o Tribunal de Contas da União aprovou, por quatro votos a um, o bloqueio de cerca de R$1 bilhão em bens e ativos financeiros de Emílio e Marcelo Odebrecht, com o escopo de garantir o ressarcimento aos cofres públicos pelos danos causados pelo grupo, conforme elucida o eminente ministro em seu voto:[29]

> Não obstante, não houve alteração fática nos requisitos que autorizam a concessão de medida cautelar de decretação da indisponibilidade de bens, com fulcro no art. 44, § 2°, da Lei 8.443/1992. Transcrevo, por oportuno, excerto do voto relator da aludida deliberação:
> "61. Já no que concerne à cautelar de indisponibilidade de bens, a jurisprudência do TCU (v.g.: Acórdão 224/2015-TCU-Plenário) está se firmando no sentido de que, atendidos os pressupostos do perigo na demora e da fumaça do bom direito, a decretação dessa indisponibilidade não necessita de indícios concretos sobre a dilapidação do patrimônio por

---

[28] SILVA, Ovídio Batista da. *Do processo cautelar*. 4. ed. São Paulo: Forense, 2009. p. 98.

[29] Em decisão inédita, o Tribunal de Contas da União desconsiderou a personalidade jurídica e determinou a medida constritiva às pessoas físicas, conforme trecho do voto do Ministro Bruno Dandas: "(...) 54. Deve-se também, desde já, decretar a indisponibilidade dos bens de Emilio Alves Odebrecht e de Marcelo Bahia Odebrecht, inclusive os ativos financeiros, excetuados os bens necessários ao sustento e, em adição, determinar que a Seinfra Operações adote os procedimentos cabíveis para identificar outros responsáveis na cadeia acionária da Construtora Norberto Odebrecht e da holding Odebrecht S.A., com vistas a alcançá-los por meio do instituto da desconsideração da personalidade jurídica e, em última instância, obter garantias do integral ressarcimento ao erário. (TC 036.129/2016-0)". Disponível em: https://static.poder360.com.br/2019/06/VOTO-REVISOR-MIN-BD-REPAR-V7.pdf. Acesso em: 20 jun. 2019.

parte dos responsáveis ou de qualquer outra ação tendente a inviabilizar o ressarcimento ao erário, tratando-se de procedimento consentâneo com o modelo inerente à lei de improbidade administrativa e com os preceitos do direito público.

62. De todo modo, a jurisprudência do TCU tem indicado que a utilização dessa medida cautelar deve ser excepcional e deve ocorrer, assim, nos específicos casos em que restem configurados os indícios de vultoso prejuízo ao erário, sopesando a ocorrência de condutas especialmente reprováveis por parte dos responsáveis com significativos riscos de se prejudicar o ressarcimento aos cofres públicos. 63. No presente caso concreto, contudo, a materialidade do dano em apuração é evidente, restando destacado o elevado risco de se prejudicar o ressarcimento dos cofres públicos, a partir da observação feita pela unidade técnica no sentido de que a reprovabilidade das condutas dos responsáveis e a materialidade do prejuízo se assemelham às razões de decidir alinhadas pelo emérito Ministro José Jorge para promover a indisponibilidade de bens dos responsáveis por meio do Acórdão 1.927/2014-TCU-Plenário no âmbito do TC 005.406/2013-7, que trata dos prejuízos na aquisição da refinaria de Pasadena".

Portanto, as medidas cautelares devem ser largamente utilizadas pelos tribunais de contas, tendo em vista que, de fato, evitam danos ao erário, permitem a correção de ações de governo e garantem a efetividade das políticas públicas e o atendimento da população, ao menos em condições mínimas de preservação da dignidade da pessoa humana.

6.3 Atuação concomitante

O controle externo exercido com foco na legalidade e na efetividade normalmente tem como objeto esses dois aspectos da atividade administrativa, cuja fiscalização ocorre apenas em momento posterior à ação desenvolvida. Essa forma de atuação em nada previne os dispêndios desnecessários protagonizados pela administração pública. Essa opção por gastar ocorre muitas vezes pelo simples fato de o recurso estar disponível e ter prazo certo para utilização. Sem que haja um planejamento minucioso, seja para obras, seja para contratação de serviços ou aquisição de equipamentos, o que se considera importante é consumir o dinheiro para não "perder" o recurso dirigido a um programa de trabalho.

A atuação *a posteriori*, embora importante, apenas faz constar que o recurso foi mal gerido, que a gestão foi ineficiente, que o gasto foi excessivo ou que houve superfaturamento ou sobrepreço. A consequência desse tipo de fiscalização desemboca na possibilidade de ressarcimento pelos prejuízos causados ao erário. Porém, na grande maioria das vezes, aqueles que causaram o desfalque não conseguirão ressarcir integralmente os cofres públicos, principalmente quando se trata de grandes obras e serviços. Exemplos disso são as já citadas obras para Copa do Mundo de 2014,[30] cujas construções ou reformas de estádios foram realizadas em cidades-sedes que não possuem capacidade de uso, sequer para sua manutenção, o que tem gerado dispêndios absurdos para que a construção não se deteriore e fazendo migrar recursos que deveriam estar direcionados para políticas públicas em saúde, educação etc.

Fora isso, o propalado legado em transporte público, mobilidade urbana, modernização de aeroportos e melhoria do turismo não aconteceu, e as obras secundárias até hoje não se encontram concluídas, passados mais de 3 (três) anos de seu término, como o caso do VLT (veículo leve sobre trilhos) de Cuiabá, que consumiu mais de 1 (um) billhão de reais antes da Copa e precisa de pelo menos mais outro bilhão de reais para sua conclusão, deixando uma enorme cicatriz de obra inacabada que corta a cidade por quilômetros.[31]

A escolha de muitas das cidades-sedes deveria ter sido vetada ou, na pior das hipóteses, fiscalizada concomitantemente com as construções ou reformas para que suas respectivas conclusões fossem cobradas, evitando-se diversos superfaturamentos constatados *a posteriori*.

Nesse ponto é que a atuação dos tribunais de contas deve tornar efetiva a realização das políticas públicas, voltando seu olhar para o momento em que a atividade administrativa acontece, e não depois do fato já consumado, onde o remediamento da situação não conseguirá retornar ao *status quo ante*.

Os tribunais de contas brasileiros devem ser cientes de que necessitam dar proteção efetiva ao erário e, por consequência, à sociedade e à concretização das políticas públicas, dando respostas mais rápidas aos anseios da população.

Nesse contexto, insere-se o controle externo concomitante, que pode garantir, inclusive, o início do dispêndio público ou, no momento

---

[30] Disponível em: http://www.noticiavip.com.br/noticia/politica/2015/02/23/fantastico-expoe-propinas-milionarias-das-obras-da-copa/140.html.

[31] Disponível em: http://g1.globo.com/jornal-hoje/noticia/2017/06/tres-anos-apos-copa-obra-de-vlt-ainda-nao-esta-pronta-em-cuiaba-mt.html.

da realização da atividade, a verificação instantânea da irregularidade. Pode ainda exigir a correção da ação administrativa no momento em que esta se desenvolve, evitando, assim, práticas ilegais, ilícitas e desvios na gestão dos recursos públicos. Também é possível contribuir com uma fiscalização efetiva para a melhoria da gestão pública e assegurar a eficiência na aplicação dos recursos.

A Associação dos Membros dos Tribunais de Contas no Brasil (Atricon), no Projeto Qualidade/Agilidade do Controle Externo realizado em 2013, já tem diagnosticado que a atuação concomitante não é prática consolidada no âmbito dos tribunais de contas. Para tanto, já estabeleceu como prioridade estratégica a definição de diretrizes relativas à temática, tendo em vista a definição de parâmetros nacionais uniformes e suficientes à sua implementação pelos tribunais de contas.

Tais diretrizes encontram-se na Resolução nº 02, de 06 de agosto de 2014,[32] tendo como objetivo disponibilizar referencial para que os tribunais de contas aprimorem seus regulamentos, procedimentos, ferramentas e práticas de controle externo concomitante, de forma a possibilitar resposta célere, preventiva, tempestiva e efetiva às demandas crescentes e contínuas da sociedade.

Portanto, em um novo marco para os tribunais de contas e na busca pelo controle da eficiência das políticas públicas, a mudança de paradigma para uma fiscalização concomitante é absolutamente essencial para o reconhecimento e afirmação de sua existência e para o cumprimento de sua função social para a sociedade e para o país.

7 Considerações finais

Os Estados modernos ocidentais adotaram o modelo constitucionalista como garantidor da própria governabilidade e autonomia entre os Poderes. Além da estruturação interna do Estado e das regras gerais de seu funcionamento, o Constituinte de 1988 optou por reconhecer diversos direitos e atribuir deveres e competências a fim de garanti-los.

Para alguns desses direitos, a teoria geral do direito da personalidade e da essencialidade dos direitos fundamentais consagrou na redação do inciso III do art. 1º a *dignidade da pessoa humana*, dando mais coesão aos direitos e garantias fundamentais.

---

[32] Disponível em: http://www.atricon.org.br/normas/resolucao-atricon-no-022014-controle-externo-concomitante/.

Não bastasse essa importante conquista da sociedade brasileira, a Constituição Federal não hesitou em afirmar a obrigatoriedade da aplicação imediata dos direitos fundamentais, conforme determinação do §1º do art. 5º da Constituição Federal, não restando dúvidas de que a administração pública precisa cumprir o *mandamus* e realizar plenamente a dignidade da pessoa humana.

A forma de dar substância e realização aos direitos fundamentais passa pela análise das necessidades sociais, que impedem que tais direitos sejam efetivos e possam ser usufruídos pela população. Por meio de diagnósticos precisos, é possível tratar das diversas problemáticas que envolvem a gestão pública e a insatisfação da sociedade com a elevação dessas temáticas em políticas públicas.

Diversas áreas da vida social, como saúde e educação, devem ser tratadas por políticas de Estado (e não de governo), uma vez que são temas de solução contínua, não instantânea. Elas evoluem em conformidade à modernização, e a visão de futuro precisa estar consubstanciada em sólidas políticas públicas de longo prazo.

Ainda que idealizadas as políticas públicas como políticas de Estado, no Brasil é perceptível que o Estado, no desempenho de cada um de seus poderes, não consegue plenamente cumprir com sua função social, em grande parte pela falta de gestão administrativa, que não consegue dar tratamento adequado aos recursos disponíveis.

Por outro, o próprio Estado instituiu mecanismos para auxiliá-lo nessa tarefa por meio dos órgãos de controle, previstos nas constituições federais desde 1891, sendo o principal deles os tribunais de contas, responsáveis pelo chamado "controle técnico" dentro do controle externo, que devem preconizar a defesa do patrimônio público, dos valores sociais dos direitos fundamentais, por meio de mecanismos de combate ao desperdício e à corrupção, de incremento da transparência na gestão, e que detectam e impõem a correção dos rumos de implementação/consolidação/manutenção de políticas públicas que possam concretizar benefícios satisfatórios (e não somente mínimos) à sociedade.

Com o fortalecimento das competências dos tribunais de contas na Constituição Federal de 1988, o núcleo de suas competências de controle externo concentra-se em 2 (dois) dispositivos, atribuindo a fiscalização contábil, financeira, orçamentária, operacional e patrimonial da União e das entidades da administração direta e indireta, quanto à legalidade, legitimidade, economicidade, aplicação das subvenções e renúncia de receitas, e impondo expressamente o dever de prestação de contas ao

Tribunal de Contas a um rol extenso e abrangente de pessoas (art. 71), o que amplia o seu poder de fiscalização.

Todos os dispositivos constitucionais que tratam das competências do Tribunal de Contas da União foram reproduzidos por simetria nas constituições estaduais, aplicando-se aos tribunais de contas estaduais, e nas leis orgânicas dos municípios, que possuem tribunais de contas do município ou dos municípios.

Ainda na Constituição Federal de 1988, temos no núcleo dos aspectos passíveis de fiscalização a fixação do elemento "economicidade", que já possibilitou uma atuação maior dos tribunais de contas. Anterior à Constituição de 1988, a adequação dos fatos à norma limitava-se ao aspecto de legalidade, restringindo-se aos aspectos formais dos atos administrativos. E com a Emenda Constitucional nº 19, de 4 de junho de 1998, na qual fora acrescido ao art. 37, *caput*, o princípio da "eficiência" como princípio da administração pública, consolidou-se uma legitimidade à fiscalização verticalizada do controle externo e que se estende até mesmo à verificação da própria gestão administrativa.

Nesse ponto é que entendemos ser primordial para o Brasil o reconhecimento da existência de uma função social dos tribunais de contas. A partir da percepção e da consolidação desse conceito, é possível o aprimoramento da própria instituição Tribunal de Contas, na medida em que, a partir de então, passa ele a se assenhorar de suas competências para o cumprimento de sua missão maior: ajudar a melhorar a qualidade da gestão da administração pública e, principalmente, tornar eficientes as políticas públicas que devem atender a contento a população brasileira.

A interpretação dos arts. 70 e 71 da Constituição Federal de 1998 e das constituições estaduais e leis orgânicas municipais reclamam dos tribunais de contas o desenvolvimento de uma atividade que assegure o cumprimento de sua função social, superando o controle meramente formal e documental e passando a se ocupar da gestão administrativa, pois somente essa abrangência é capaz de se fazer compreender e controlar a eficiência dos atos de administração pública e, por consequência direta, da implantação, manutenção e desenvolvimento das políticas públicas, além de levar à paz social e à satisfação das necessidades da população, não apenas de maneira mínima, mas satisfatória, para se fazer cumprir o fundamento da dignidade da pessoa humana.

Referências

ARAUJO, Luiz Alberto David; NUNES JÚNIOR, Vidal Serrano. *Curso de Direito Constitucional*. 20. ed. São Paulo: Saraiva, 2016.

BARROS, Lucivaldo Vasconcelos. TCU: Presença na história nacional. *In*: BRASIL. Tribunal de Contas da União. *Prêmio Serzedello Corrêa 1998*: Monografias Vencedoras. Brasília: TCU, Instituto Serzedello Corrêa, 1999.

BOBBIO, Norberto. *A era dos direitos*. 9. ed. Rio de Janeiro: Elsevier, 2004.

BONAVIDES, Paulo. *Curso de direito constitucional*. 31. ed. São Paulo: Malheiros, 2016.

BOUERI, Rogério; ROCHA, Fabiana; RODOPOULOS, Fabiana. *Avaliação da qualidade do gasto público e mensuração da eficiência*. Brasília: Secretaria do Tesouro Nacional, 2015.

CALAMANDREI, Piero. *Introdução ao estudo sistemático dos procedimentos cautelares*. Tradução de Carla Roberta Andreasi Bassi. Campinas: Servanda, 2000.

CARVALHO, Francisco José. *Teoria da função social do direito*. 2. ed. Curitiba: Juruá, 2014.

DIMOULIS, Dimitri; MARTINS, Leonardo. *Teoria geral dos direitos fundamentais*. 3. ed. São Paulo: Revista dos Tribunais, 2011.

DUGUIT. *Las transformaciones del derecho publico y privado*. Bueno Aires: Editorial Heliasta S.R.L., 1975.

FERREIRA FILHO, Manoel Gonçalves. *Curso de direito constitucional*. 40. ed. São Paulo: Saraiva, 2015.

GAMA, Guilherme Calmon Nogueira da; ANDRIOTTI, Caroline Dias. Breves notas históricas da função social no Direito Civil. *In*: GAMA, Guilherme Calmon Nogueira da (Coord.). *Função social no Direito Civil*. São Paulo: Atlas, 2007.

HÄBERLE, Peter. *Hermenêutica constitucional – a sociedade aberta dos intérpretes da Constituição*: contribuição para a interpretação pluralista e procedimental da Constituição. Tradução de Gilmar Ferreira Mendes. Porto Alegre: Sérgio Antônio Fabris editor, 1997.

HUNT, Lynn. *A invenção dos direitos humanos*: uma história. São Paulo: Companhia das Letras, 2009.

LOBO, Carlos Baptista. *Reflexões sobre a (necessária) equivalência económica das taxas*: estudos jurídicos e económicos em homenagem ao professor doutor António Sousa Franco. v. I. Coimbra Editora, 2006.

MARINONI, Luiz Guilherme; ARENHART, Sérgio Cruz. *Processo cautelar*. 3. ed. São Paulo: Revista dos Tribunais, 2011.

MARTÍNEZ, Fernando Rey. La propriedad privada em la Constitución española. *In*: *Boletín Oficial Del Estado*. Madrid: Centro de Estudios Constitucionales, 1994.

MEIRELLES, Hely Lopes. *Direito administrativo brasileiro*. 42. ed. São Paulo: Malheiros, 2016.

OLIVEIRA, Régis Fernandes de. *Curso de direito financeiro*. 5. ed. São Paulo: RT, 2013.

SALDANHA, Gisela Potério Santos. *A função social do membro do Ministério Público*. Disponível em: http://promotordejustica.blogspot.com.br/2007/03/da-funo-social-do-membro-do-ministrio.html. Acesso em: 23 jun. 2019.

SANTOS, Jair Lima. *Tribunal de Contas da União & controles estatal e social da administração pública*. Curitiba: Juruá, 2005.

SILVA, Ovídio Batista da. *Do processo cautelar*. 4. ed. Forense: 2009.

TORRES, Ricardo Lobo. O Tribunal de Contas e o controle da legalidade, economicidade e legitimidade. *Revista do TCE/RJ*, Rio de Janeiro, n. 22, jul. 1991.

Informação bibliográfica deste texto, conforme a NBR 6023:2018 da Associação Brasileira de Normas Técnicas (ABNT):

CHADID, Ronaldo. Função social dos tribunais de contas – uma releitura da sua missão constitucional. *In*: LIMA, Edilberto Carlos Pontes (Coord.). *Tribunal de Contas do século XXI*. Belo Horizonte: Fórum, 2020. p. 337-366. (Coleção Fórum IRB, v. 3). ISBN 978-85-450-0713-5.

PARA (MUITO) ALÉM DE UM TRIBUNAL DE CONTAS: DA CONFORMIDADE À PREDIÇÃO

Sebastião Helvecio Ramos de Castro
Renata Ramos de Castro

"Não é o mais forte que sobrevive, nem o mais inteligente, mas o que melhor se adapta às mudanças."
Charles Darwin (1809-1882)

1 Noções gerais

Aprioristicamente quero destacar, como diria um auditor, a oportunidade, a materialidade e a relevância desta obra *Tribunais de contas no século XXI*, correspondendo à terceira edição do livro *Coleção Fórum do Instituto Rui Barbosa*, a casa do conhecimento do controle externo brasileiro, sob a inspiração do conselheiro Edilberto Carlos Pontes Lima, vice-presidente de ensino, pesquisa e extensão da instituição e com total apoio do nosso presidente Ivan Lélis Bonilha.

As instituições de controle têm uma longa tradição histórica e presença em todos os países, sendo que uma sistematização perfunctória permite reconhecer três grupos principais, quais sejam: o modelo de Westminster, também chamado de modelo anglo-saxão; o modelo de d'Orsay, judiciariforme ou, ainda, napoleônico; e o terceiro equivale aos comitês de auditoria vinculados ao Poder Executivo.

Não é objetivo do presente trabalho delinear vantagens e desvantagens de cada uma das tipologias de controle, mas, sim, aguçar o leitor a identificar cenários prospectivos em cada entidade fiscalizadora. Para tal, apresentarei sinopse de supramencionadas tipologias.

O controle é, inegavelmente, um dos pilares da democracia, e a prestação de contas é um valor constitucional que os tribunais de contas estão fortalecendo ao se organizarem como rede federativa. Têm extrapolado as preocupações originárias que lhes cabiam (de apenas controlar a legalidade da gestão contábil e financeira) e acompanhado as transformações do papel do Estado.

A força motriz que motiva os estudos nessa área é a busca de um Estado eficiente, eficaz e efetivo, que é capaz de responder aos anseios e necessidades da população. Essa consciência da necessidade de promover o controle e fomentar indicadores de medição precisa passar a fazer parte da cultura organizacional da administração pública e de outras instâncias de controle.

Hodiernamente, os tribunais de contas são postos frente a desafios até então desconhecidos pela gestão pública e, por conseguinte, por suas entidades fiscalizadoras. As mudanças às quais o próprio Estado Democrático de Direito está sendo constantemente submetido já anunciam a necessidade de reflexão prospectiva acerca de seu posicionamento junto ao cidadão e, principalmente, sua renovação para assegurar a adequação à realidade. Nessa esteira, urge a atuação dos tribunais de contas para desenvolverem ferramentas assertivas para sua atividade de controle. Ao mesmo tempo, o poder-dever de extrapolarem a atividade de controle clássica e fomentarem o desenvolvimento socioeconômico equilibrado da comunidade sob sua jurisdição.

2 Modelo de Westminster ou anglo-saxão

O controle no modelo de Westminster se assenta na prerrogativa de que o Parlamento (Poder Legislativo) autoriza o governo (Poder Executivo) a utilizar os recursos públicos para as finalidades definidas no orçamento aprovado, ou seja, o governo prepara e apresenta a prestação de contas anuais para cada unidade administrativa. A entidade fiscalizadora, então, audita tais prestações de contas, examinando a correspondência que guardam com a realidade factual e relata, na forma de relatório técnico, a sua opinião ao Parlamento. Na etapa final do ciclo avaliatório, o Parlamento recebe e examina os relatórios apresentados. Nessa atividade, questiona o governo, formula as recomendações que julgar pertinentes e decide sobre a alocação da receita pública no orçamento seguinte. É o que denomino de modelo *parlamentocêntrico*.

Qual o papel relevante das entidades de fiscalização nesse modelo acima descrito?

A resposta, em poucas palavras, é o exame das informações prestadas pelo governo e a produção de informes sobre a ação governamental. Cada vez mais, os informes produzidos pelas entidades fiscalizadoras são mais impactantes e, em alguns países, são aguardados com destaque pela mídia e repercutem fortemente na sociedade. A minha observação pessoal é que o diálogo entre as entidades fiscalizadoras e o Parlamento tem acrescido ao foco inicial da verificação financeira e contábil, a indispensável análise da qualidade da gestão e avaliação de políticas públicas e qualidade do gasto público. Sob o ponto de vista conceitual, os países que exercem tal modalidade de controle exibem na estrutura parlamentar as comissões que se debruçam sobre os informes, geralmente identificadas pela sigla inglesa PAC (*Public Accounts Comittee*).

Um viés de crítica nessa modelagem de controle é a perspectiva de que tais PACs não seriam as comissões parlamentares de maiores destaques. Eleitoralmente, não dão a visibilidade necessária a seus membros se os comparamos com aqueles que integram as comissões responsáveis pela elaboração do orçamento e, dessa forma, dialogam diretamente com as prioridades dos eleitores. O trabalho seminal de Pelizzo e Stapenhurst embasa a assertiva.

Nesse cenário de *expertise* de entidades fiscalizadoras *parlamentocêntricas*, o foco em auditorias de resultados ou auditorias de desempenho foi paulatinamente caminhando de um sistema de controle de contas públicas para um sistema de governança pública. Esse movimento constante de evolução das características representa a modificação mais emblemática. Exemplo dessa mudança de patamar é a proposta de alteração do nome do prestigioso GAO, dos Estados Unidos da América. Desde a sua fundação em 1º de julho de 1921 até o ano de 2004, denominava-se *General Accounting Office*, até que, em 07 de julho de 2004, foi rebatizado e passou a ser chamado de *Government Accountability Office*. O documento oficial da instituição, assinado pelo controlador-geral à época, David Walker, e disponível no sítio eletrônico da instituição, revela que o novo nome se ajusta melhor aos objetivos e necessidades da sociedade.

A mudança nominal do GAO não pode ser entendida de forma leviana. Em verdade, em que pese a sigla ter se mantido a mesma, a mudança vivida exara todo um momento de renovação das características das entidades fiscalizadoras inspiradas e embasadas no modelo de Westminster. Percebemos que, claramente, a questão do *accountability* protagoniza as discussões e estabelece o norte de ação.

O uso do termo *accountability* em terras lusófonas ainda não encontrou sua tradução consensual. Sem pretender harmonizar o entendimento, apenas realço as suas várias dimensões e, entre elas, a relação principal-agente, esteio da governança. O trabalho de Mainwaring e Christopher (2003)[1] baliza essa visão acadêmica e o Referencial Básico de Governança, aplicável a órgãos e entidades da administração pública, elaborado e publicado pelo Tribunal de Contas da União[2] no ano de 2014.

No âmbito brasileiro, o Instituto Rui Barbosa (IRB) iniciou o trabalho de harmonização das normas brasileiras de auditoria aplicadas ao setor público, sendo que, em 04 de agosto de 2017, na Assembleia Geral realizada no Instituto Serzedello Corrêa, em Brasília, foram aprovadas, por unanimidade, as Normas Brasileiras do Setor Público-NBASP Nível II, elaboradas com base nas Normas Internacionais de Auditoria das Entidades Fiscalizadoras Superiores (ISSAIs) 100, 200, 300 e 400, emitidas pela Organização Internacional de Entidades Fiscalizadoras Superiores (INTOSAI). Essas normas internacionais foram, inicialmente, traduzidas pelo Tribunal de Contas da União e, posteriormente, revisadas pelo Subcomitê de Normas de Auditoria do IRB, presidido pelo conselheiro Inaldo da Paixão, do Tribunal de Contas do Estado da Bahia, e lançado no III Congresso Internacional de Controle e Políticas Públicas, que ocorreu em Curitiba no período de 17 a 19 de outubro de 2017.

O resultado desses esforços foi a edição do *Livro azul de auditoria*, publicado pela primeira vez no ano de 2015. Esse material encontra-se em constante desenvolvimento e fluxo de melhorias constantes. Assim, está em vias de ser completado com o lançamento do nível III, previsto para novembro de 2019.

---

[1] MAINWARING, Scott; CHRISTOPHER, Welma. Introduction: Democratic Accountability in Latin America. *In*: *Democratic Accountability in Latin America*. 3-33. New York: Oxford University Press, 2003.

[2] O Referencial Básico de Governança encontra-se disponível no sítio eletrônico do Tribunal de Contas da União e detalha tanto o conceito utilizado pela instituição quanto a sua metodologia de aplicação. Disponível em: https://portal.tcu.gov.br/governanca/home/.

A experiência internacional e a prática da análise comparada dos modelos adotados pelas entidades fiscalizadoras, partindo do modelo de Westminster, me permitem assinalar que o binômio entidades fiscalizadoras-parlamento não é único, nem imutável. Por vezes, resta tensionado com a enorme dificuldade de definir com clareza a tênue diferença entre avaliação técnica e julgamento político, fundamento que justifica a excelência das auditorias de desempenho dessas instituições. Nessa esteira, referencio o *National Audit Office* (NAO) do Reino Unido, o supramencionado GAO, dos Estados Unidos da América, o Tribunal de Contas da Holanda, o Tribunal de Contas da Finlândia e o Tribunal de Contas Europeu, que, literalmente, não são tribunais de contas, vez que não têm jurisdição.

3 Modelo d'Orsay, judiciariforme ou napoleônico

Lado outro, os países que adotam o modelo de controle d'Orsay, judiciariforme ou, ainda, napoleônico se inspiram no modelo francês e exercem jurisdição. Em alguns países que adotam essa metodologia, esses órgãos integram o Poder Judiciário e, em outros, como no Brasil, são instituições com *status* constitucional de independência, o que fazem com que não pertençam a nenhum dos Poderes e sejam autônomas.

Entendo que, no caso do Brasil, os tribunais de contas são entidades essenciais à democracia. Nessa esteira, as entidades fiscalizadoras superiores têm reconhecida sua jurisdição específica e, via de regra, privativa (ou seja, as decisões exaradas no âmbito do controle não são revisadas por qualquer outro tribunal dotado de jurisdição). Exercem, ainda, o julgamento das contas de gestão e emitem pareceres para as contas de governo, que, por sua vez, são julgadas pelo Parlamento. Em apertada síntese, temos a coexistência do controle parlamentar (que aprova ou não a prestação de contas do governo a partir de um parecer prévio dos tribunais de contas) e o controle do tipo judicial da entidade fiscalizadora superior (que aprova ou rejeita as prestações de contas individuais daqueles que receberam dinheiros públicos).

No rol dos tribunais de contas que se assentam na matriz francesa, há grande diferença na estrutura de funcionamento, como se constata em países federais, como Brasil e Alemanha, em países quase-federais, como a Espanha, e em países unitários, como França e Portugal.

Os instrumentos de avaliação de políticas públicas pelos órgãos de controle têm sido cada vez mais destacados na alocação dos recursos públicos, e temas como governança e gestão integram o dia a dia do controle externo. Dada a complexidade do uso de indicadores que reflitam os resultados de políticas públicas, o Instituto Rui Barbosa implantou a Rede Nacional de Indicadores (Rede Indicon), estrategicamente afinada com a missão do instituto, que é:

> Promover a integração, o desenvolvimento e o aperfeiçoamento dos métodos e procedimentos de controle externo, aproximando instituições e sociedade, de modo a fortalecer ações que beneficiem a coletividade.[3]

O produto pioneiro da Rede Indicon é o Índice de Efetividade da Gestão Municipal (IEGM Brasil), que mede o desempenho dos municípios brasileiros em seus processos de gestão. Tem, portanto, como foco principal a avaliação da efetividade das políticas e atividades públicas desenvolvidas pelos gestores públicos em sete áreas consideradas de maior importância, quais sejam: saúde, educação, gestão fiscal, cidade protegida, segurança em TI, meio ambiente e planejamento. A partir da análise do desempenho das ações do gestor em cada uma dessas áreas, é possível condensar o resultado e obter um índice-resumo, que é o IEGM. Esse índice é produzido anualmente e evidencia a relação existente entre a ação dos governos e as exigências da sociedade, e ainda demonstra a efetividade das políticas públicas em prol da sociedade.

A métrica utilizada como metodologia desse índice foi a ponderação para que o grau de relevância das apurações pudesse transparecer no resultado final. Assim, carregam o maior peso (de 20%) a gestão fiscal, saúde, educação e o planejamento. Em seguida, com peso de 10%, está o meio ambiente. Por fim, carregando o menor peso (5%) estão a cidade protegida e a segurança em TI.

Os resultados obtidos são apresentados por meio de faixas de resultado, cuja interpretação é simplificada ao modelo de letras. São, assim, cinco faixas de resultados, definidas em função da consolidação das notas obtidas nos indicadores setoriais. Cada faixa é representada por uma letra e indica o nível de evolução/maturidade da gestão pública municipal. Essas faixas de resultado são: A (90% da nota máxima e, ao mínimo, cinco índices componentes com a nota A), B+ (entre 75% e 89,99% da nota máxima), B (entre 60 e 74,99% da nota máxima), C+

---

[3] A missão do Instituto Rui Barbosa pode ser lida em seu sítio eletrônico. Disponível em: https://irbcontas.org.br/sobre-o-irb/.

(entre 50% e 59,99% da nota máxima) e C (menor ou igual a 49,99%). As faixas de resultado relacionam-se às faixas de qualidade, quais sejam: A (altamente efetiva), B+ (muito efetiva), B (efetiva), C+ (em fase de adequação) e C (baixo nível de adequação).

Em 2016, ano da primeira publicação do IEGM, foi realizada a consolidação do maior estudo de gestão pública municipal do Brasil. Este alcançou 72% dos municípios do Brasil. Foram considerados um total de 4.037 (quatro mil e trinta e sete) municípios, espaçados em 22 (vinte e dois) estados e Distrito Federal. Importantíssimo realçar que a conclusão, inédita, foi a de que a média dos 4.037 (quatro mil e trinta e sete) municípios analisados em efetividade de gestão municipal é de 0,56 (onde zero é o pior, e 1 é o melhor resultado). Fracionando o desempenho por dimensão, a que teve o melhor resultado, surpreendentemente, foi a saúde, com 0,70; seguida de gestão fiscal (0,65); educação (0,62); governança em tecnologia da informação (0,45); meio ambiente (0,44); e os dois piores resultados foram em planejamento (0,41) e proteção dos cidadãos (0,39).

Essa pesquisa dialoga com o robusto trabalho de Bandiera, Prat e Valletti (2008),[4] que, ao analisarem as perdas ativas e passivas nos gastos governamentais em licitações na Itália, concluem que as perdas ativas (quando o desperdício de gastos cria benefícios para o tomador de decisão, isto é, corrupção) representam 17% (dezessete por cento) do problema, enquanto as perdas passivas (quando o desperdício não gera vantagem para o tomador de decisão, mas inclui regulamentação excessiva, má gestão, falta de esforço) significam 83% (oitenta e três por cento) das perdas. Essa descoberta vai de encontro às regras matemáticas de probabilidade e estatística, como, por exemplo, o princípio de Pareto. Vale a pena qualificar essa decisão, pois sabemos que, no âmbito dos 33 (trinta e três) tribunais de contas do Brasil, anualmente julgamos 350 (trezentos e cinquenta) mil processos, e o orçamento fiscalizado atinge 5 (cinco) trilhões de reais!

O Brasil é uma república federativa, e sua organização político--administrativa exige também a aferição da gestão nas demais esferas. Nesse sentido, impõe-se a medição da efetividade da gestão estadual. Daí nasce a inspiração para a criação do Índice de Efetividade da

---

[4] BANDIERA, Oriana; PRAT, Andrea; VALETTI, Tommaso. Active and Passive Waste in Government Spending: Evidence from a Policy Experiment. *American Economic Review*, 2009, p. 17-83.

Gestão Estadual (IEGE), atualmente em processo de harmonização pelo Instituto Rui Barbosa.

O Tribunal de Contas do Estado de Minas Gerais (TCEMG), em decisão inédita, no âmbito da análise do Balanço Geral do Estado alusivo ao ano-base 2017, aferiu a efetividade estadual. O índice contemplou sete dimensões: (1) saúde; (2) educação; (3) gestão fiscal; (4) meio ambiente; (5) planejamento; (6) segurança pública; e (7) desenvolvimento econômico. O ponto de referência é a consideração da gestão estadual efetiva através dos aspectos do bem-estar social. O resultado final foi a nota 74 (setenta e quatro), sendo a dimensão do desenvolvimento econômico a que alcançou maior nota (93 – noventa e três), seguida de planejamento (86 – oitenta e seis), educação (79 – setenta e nove), meio ambiente (74 – setenta e quatro), gestão fiscal (66 – sessenta e seis), segurança pública (66 – sessenta e seis) e saúde (64 – sessenta e quatro).

4 Modelo de comitê de auditoria junto ao Poder Executivo

O modelo de comitê de auditoria junto ao Poder Executivo pode ser encontrado em poucos países. Expoentes do modelo é a ilha de Cuba e, também, a região administrativa especial de Macau, na República Popular da China.

Nesse modelo, são instaurados comitês de auditoria dentro do próprio Poder Executivo e cabe a esses comitês a atividade de controle externo, ou seja, devem elaborar e publicar relatórios técnicos acerca da prestação de contas apresentada.

O grande inconveniente desse modelo é a vinculação do comitê de auditoria ao Poder Executivo, ou seja, o ente fiscalizador é ligado ao ente fiscalizado. É inevitável o receio de que as decisões exaradas representem interesses do governo, já que não há a concessão de imunidades de qualquer natureza para os membros do comitê.

5 Conclusão

Caminhando para o desfecho deste trabalho, fazemos uma síntese do grau de maturidade dos tribunais de contas a partir do seu olhar sobre as contas públicas.

Inicia-se com a ênfase na mera conformidade (*oversight*). O foco são os processos, a verificação de legalidade, a legitimidade de agentes e sua competência respectiva. É comparável, analogicamente, a uma atividade de um cão de caça que busca essencialmente a identificação de ilegalidades e/ou irregularidades para a devida sanção.

Uma segunda etapa de maturação é o momento em que a entidade fiscalizadora, além da conformidade, passa a verificar e analisar o resultado das políticas públicas: é uma atividade *insight*, ou seja, de supervisão. Continuando com nossa simpática analogia com o "melhor amigo do homem", temos o simpático cão de guarda ou vigia. Este tem o olhar que ultrapassa a mera conformidade para focar-se nos resultados das políticas públicas e seu respectivo impacto na vida dos cidadãos.

O terceiro e último grau de maturidade coincide com a capacidade preditiva. Nesse cenário, os tribunais de contas devem executar suas atividades de controle externo utilizando-se de análise de riscos e cenários em longo prazo para auxiliar e qualificar a tomada de decisão. Trata do status *foresight*, no sentido da predição do bom caminho. É como se tivéssemos o cão-guia, capaz de auxiliar na escolha do caminho mais seguro e confiável.

Em seara de conclusão, renovo a crença de que os tribunais de contas são instituições essenciais ao exercício pleno da democracia e contribuem, portanto, de modo decisivo para que os gastos públicos melhorem efetivamente a vida dos cidadãos.

Referências

BANDIERA, Oriana; PRAT, Andrea; VALETTI, Tommaso. Active and Passive Waste in Government Spending: Evidence from a Policy Experiment. *In*: American Economic Review, 2009, p. 17-83.

BARZELAY, Michael. *Central Auditing Institutions and Performance Auditing*: a comparative analysis of organization all strategies in the OECD. Governance: An International Journal of Policy and Administration, 1997.

BATISTA JÚNIOR, Onofre Alves. *Princípio constitucional da eficiência administrativa*. Belo Horizonte: Mandamentos, 2004.

BRASIL. Tribunal de Contas da União. *Governança Pública*: referencial básico de governança aplicável a órgãos e entidades da administração pública e ações indutoras de melhoria. Brasília: TCU. Secretaria de Planejamento, Governança e Gestão, 2014. p. 96.

CASTRO, Sebastião Helvecio R. C. *et al*. *Controle de Resultados*: a experiência do Tribunal de Contas do Estado de Minas Gerais para a melhoria da gestão pública e da accountability democrática. Publicado no VI Congreso Internacional del CLAD sobre la Reforma del Estado y de la Administración Pública, Asunción, Paraguay, 8-11 nov. 2011.

GRATERON, I. R. G. *Utilização de indicadores no setor público*. Dissertação (Mestrado em Ciências Contábeis) – Departamento de Contabilidade e Atuária, Faculdade de Economia, Administração e Contabilidade, Universidade de São Paulo, São Paulo, 1999.

INSTITUTO RUI BARBOSA. *Anuário IEGM Brasil 2016*. Publicação lançada no evento Governança e Gestão nos Tribunais de Contas do Brasil, no Instituto Serzedello Corrêa, no Distrito Federal, em 26 de março de 2017.

MAINWARING, Scott; CHRISTOPHER, Welma. Introduction: Democratic Accountability in Latin America. *In*: *Democratic Accountability in Latin America*. 3-33. New York: Oxford University Press, 2003.

MARINI, Caio; MARTINS, Humberto F. *Uma metodologia de avaliação de políticas de gestão pública*. *In*: XI Congreso Internacional del CLAD sobre la Reforma del Estado y de la Administración Pública, Ciudad de Guatemala, 7-10 nov. 2006.

OECD Public Governance Reviews. *Oversight, Insight and Foresight*. September. v. 29, 2016.

PALUMBO, S. *Um modelo de gestão do conhecimento e da inteligência organizacional adequado às estratégias do Tribunal de Contas da União*. (Monografia Prêmio Serzedello Corrêa 2005). Tribunal de Contas da União, Brasília, 2005.

PETERS, B. Guy. *Advanced Introduction to Public Policy*. Edward Elgar Publishing: June, 2015.

Informação bibliográfica deste texto, conforme a NBR 6023:2018 da Associação Brasileira de Normas Técnicas (ABNT):

CASTRO, Sebastião Helvecio Ramos de; CASTRO, Renata Ramos de. Para (muito) além de um tribunal de contas: da conformidade à predição. *In*: LIMA, Edilberto Carlos Pontes (Coord.). *Tribunal de Contas do século XXI*. Belo Horizonte: Fórum, 2020. p. 367-376. (Coleção Fórum IRB, v. 3). ISBN 978-85-450-0713-5.

A ADMINISTRAÇÃO PÚBLICA BRASILEIRA ENTRE A INFANTILIZAÇÃO E O EXPERIMENTALISMO DEMOCRÁTICO: UMA ANÁLISE DO DESAFIO DO SÉCULO XXI DA NECESSIDADE DE SE APRIMORAR O DIÁLOGO ENTRE OS TRIBUNAIS DE CONTAS E A SOCIEDADE CIVIL ORGANIZADA

Severiano José Costandrade de Aguiar
Dagmar Albertina Gemellir
Júlio Edstron S. Santos

> "Tão logo alguém diga dos negócios do Estado: que não importam eles, pode-se estar seguro de que o Estado está perdido."
> (Rousseau)

1 Introdução

O escritor e poeta francês Victor Hugo (2014, p. 243) anotou que "não há nada como o sonho para criar o futuro. Utopia hoje, carne e osso amanhã". Nesse sentido, é auspicioso que os tribunais de contas olhem para o seu presente e projetem as formas de superação dos seus desafios no século XXI; por exemplo, fomentar novas práticas de gestão, governança, *compliance*, *accountability* e também de controle das ações estatais.

Este capítulo foi elaborado com base na técnica da revisão bibliográfica e análise empírica da situação da crise financeira, política, orçamentária e social instaurada no Brasil desde os anos de 2010 e demonstrou que há uma necessidade de se alargarem os instrumentos de comunicação entre as cortes de contas e a sociedade civil organizada como forma de aplicação da teoria do experimentalismo democrático proposta pelo jurista e jusfilósofo Mangabeira Unger enquanto um desafio dos tribunais de contas para o século XXI.

Desde já, consigna-se que os tribunais de contas vêm mantendo constantes e profícuos diálogos com a sociedade em geral, inclusive com documentados resultados obtidos a partir do controle social efetivado em parceria com a comunidade, buscando-se ampliar o debate sobre a necessidade do incremento das interações entre os tribunais de contas e a sociedade civil organizada, sendo este um dos inúmeros desafios para o século XXI.

Para tanto, foram apresentadas as linhas gerais da evolução do Estado no Ocidente, pontuando que a função da criação dos entes estatais surgiu da necessidade de se promoverem os direitos e garantias fundamentais e também de se exercer controle sobre todas as decisões e ações governamentais, perpassando os paradigmas liberais, sociais e democráticos. Nesse sentido, no Brasil, o Tribunal de Contas recebeu *status* constitucional na primeira constituição republicana no ano de 1891, fortemente influenciada por Rui Barbosa.

Também se demonstrou que, desde a sua primeira previsão constitucional, houve a evolução das competências dos tribunais de contas com a Constituição de 1988, que passou a instrumentalizar as cortes de contas tanto para o exercício de funções de fiscalização quanto de promoção de ações democráticas, tal qual a inclusão do cidadão no exercício do controle externo, como ocorre com o controle social realizado em parceria com a sociedade.

Foi ressaltado que os tribunais de contas, bem como todos os outros instrumentos de controle, tanto devem atuar para prevenir e, se for o caso, responsabilizar pessoas naturais ou jurídicas que causem prejuízos ao erário como também devem evitar a prática de infantilizar a administração pública, como lecionado pelo professor e ministro do Tribunal de Contas da União Bruno Dantas (2018), substituindo a legitimidade democrática conferida pelo voto e pelas decisões proferidas por órgãos técnicos e/ou jurídicos, afastando-se a possibilidade de utilização da discricionariedade administrativa.

Por outro lado, também foram apresentados conceitos e números que apontam que a sociedade atual é cada vez mais complexa, plural, conectada e multifacetada, gerando demandas, problemas e desafios de toda ordem, inclusive o desafio de se alinharem discursos para a promoção da cidadania, dos direitos e também do controle das ações estatais.

Assim, o ponto fulcral deste capítulo é demonstrar a possibilidade de se alinhar a intensificação do diálogo das cortes de contas com a sociedade civil organizada, buscando-se promover o experimentalismo democrático, ou seja, devem-se criar condições para que os problemas sejam resolvidos através de consensos criados pela administração pública e sociedade.

Registrou-se que a sociedade civil organizada é o conjunto de entes, personalizados ou não, que compõem a esfera não estatal e atuam subsidiariamente ao Estado para a concretização dos direitos, garantias e o controle previsto na Constituição brasileira, tal como apontam as literaturas nacional e internacional sobre esse assunto de relevância para a atualidade.

Terminando esta parte, frisa-se a situação aparentemente singela que se desponta como um grande desafio, já que há grande tensão dentro da administração pública, de seus órgãos de controle interno e externo e da sociedade civil organizada, que reclama a cristalização dos direitos e garantias fundamentais, criando-se a sensação de que muito ainda há por acontecer nestes contatos entre os ambientes públicos e privados.

2   Administração pública brasileira e o desafio de efetivar os direitos fundamentais e colaborar com o controle externo

Em síntese, o Estado Ocidental surgiu da centralização do poder pelos soberanos em determinado território, como apontou Creveld (2004), criando-se o Estado Absolutista, que, de maneira geral, intervinha na esfera privada, já que era governado pela vontade pessoal do detentor do poder. Em consequência, ocorreram as grandes revoluções oitocentistas, como a estadunidense (1787) e francesa (1789), que auxiliaram na instauração do Estado Liberal de Direito, calcado nos ideais de liberdade e autonomia da vontade.

Porém, devido ao aumento da desigualdade social e à necessidade de uma maior participação estatal, houve outra mudança paradigmática[1] e a instauração de modelo denominado Estado Social de Direito, que buscou instaurar prioritariamente a igualdade material, ou seja, estabelecer um patamar mínimo de condições entre os seus cidadãos com a realização de ações estatais, como a instalação de escolas e hospitais públicos, por exemplo.

Em comum aos paradigmas do liberal e social, houve o reconhecimento da necessidade de fomento do controle das ações estatais e, principalmente, das atividades da administração pública, criando-se órgãos internos e externos de controle, como, por exemplo, os tribunais de contas, que paulatinamente passaram a responsabilizar os gestores públicos e os próprios entes estatais por ilegalidades, desvios de finalidade ou cometimento de crimes contra o erário.

Uma nota histórica é que, no Brasil, apenas com a Constituição Republicana de 1891, houve o reconhecimento do Tribunal de Contas com o *status* constitucional; assim, as suas funções foram descritas na obra original do jurista, jornalista, político e escritor Rui Barbosa, escrita há mais de um século, mas ainda são bastantes relevantes no contexto atual, porque, segundo o autor, as cortes de contas são:

> (...) um sistema protetor da ordem jurídica contra abusos do poder na administração e na legislatura, sistema pelo qual se defendem os atos do Poder Legislativo contra os do Executivo e as disposições da Constituição contra as leis que as transgridem (BARBOSA, 1934, p. 448).

Constata-se que, dos seus primórdios à atualidade, o controle externo vem constantemente evoluindo, chegando-se à conclusão de que, "em virtude das prerrogativas e das garantias que lhe foram atribuídas pela Constituição Federal de 1988, os órgãos de controle posicionam-se como peças-chave para o desenvolvimento das instituições" (DANTAS; DIAS, 2018, p. 105).

Frisa-se que os tribunais de contas, sejam da União, dos estados ou dos municípios, exercem, além da função de fiscalização, a prerrogativa de promover a indução do desenvolvimento da administração pública e

---

[1] Paradigma foi utilizado no sentido teorizado por Thomas Kuhn, que se refere ao modelo instaurado em determinado local e em certa época, como bem descrito em seu *Estrutura das revoluções científicas*.

da própria sociedade, podendo desenvolver diálogos interinstitucionais e com a coletividade, tal como se demonstrará à frente.

Porém, há de se lembrar de que os controles interno e externo são instrumentos de aperfeiçoamento da própria administração pública que devem buscar sempre a efetivação dos direitos e garantias fundamentais e não podem obstar as atividades legais e legítimas dos gestores públicos. Em alinhamento a essa ideia de Bruno Dantas (2018), apontou-se que os mecanismos de controle não podem infantilizar a administração pública, tutelando suas decisões, principalmente aquelas que envolvem o mérito e/ou a eficácia administrativa, como também lecionou Motta (2018).

De forma didática, os instrumentos de controles interno e externo devem atuar cada vez mais contundentes contra ilegalidades e desvios do erário, evitando danos e responsabilizando as pessoas naturais ou jurídicas que causem prejuízo à população, como os graves casos de corrupção que são documentados no Brasil, mas não podem substituir a legitimidade democrática conferida pelo voto, ou na lição de Bruno Dantas:

> A hipertrofia do controle gera a infantilização da gestão pública. Agências reguladoras e gestores públicos em geral têm evitado tomar decisões inovadoras por receio de terem atos questionados. Ou pior: deixam de decidir questões simples à espera de aval prévio do TCU. Para remediar isso, é preciso introduzir uma dose de consequencialismo (DANTAS, 2018, p. 4).

Portanto, a sociedade atual não pode coadunar com nenhum excesso, nem dos particulares e tampouco da administração pública em sentido amplo, incluindo os órgãos de controle, como, por exemplo, os tribunais de contas. Assim, as cortes de contas devem atuar como indutores da legalidade e regularidade e também têm o desafio para o século XXI, de promover o aperfeiçoamento da democracia, com a proposição de diálogos interinstitucionais com a sociedade civil organizada ou, ainda, conforme demostra a doutrina sobre esse assunto:

> A transposição ao Estado Democrático de Direito trouxe aos tribunais de contas alargamento do feixe de finalidades da atividade de controle externo que, deixando de lado unicamente o foco na legalidade, fundado na técnica positivista, formalista de subsunção à lei do objeto do controle, ganha novo colorido com a finalidade de também sindicar a legitimidade e economicidade da despesa pública, inclusive da aplicação

de subvenções e renúncia de receitas, consoante previsto no art. 74 da Constituição Federal (ELIAS, 2011, 45).

Avançando com os questionamentos feitos a partir dos modelos estatais, liberais e sociais, busca-se concretizar o paradigma do Estado Democrático de Direito, em que basicamente se objetiva, além da concretização dos direitos, garantias fundamentais e controle dos recursos públicos, a inserção da necessidade de participação dos cidadãos como um critério de legitimidade das ações estatais devido ao fundamento republicano da cidadania, tal como previsto no artigo, §1º, inciso II, da Constituição Cidadã.

Há de se lembrar que o atual modelo do Estado Democrático de Direito (EDD) é um paradigma em construção. Seus contornos ainda não estão totalmente definidos, sendo marcados principalmente pelo dever de se fazer o reconhecimento da cidadania e dignidade da pessoa humana, enquanto alicerces de toda a ação estatal, bem como ele é distinguido dos seus antecessores por recorrentes dificuldades consensuais, já que, atualmente, a sociedade é complexa, antagônica e até mesmo líquida, como teorizou Bauman (2003), amoldando-se às mais variadas situações.

Um dos principais progressos científicos reconhecidos no Estado Democrático de Direito é o entendimento de que ele é um meio para a efetivação da cidadania participativa e inclusiva, com a inserção das pessoas nos processos de tomadas de decisão e geração de resultados das atividades públicas, tais como os conselhos representativos e, dessa maneira, atua na cristalização dos direitos e garantias fundamentais com a participação da sociedade civil organizada, atuando como "uma chave interpretativa do Direito Constitucional democrático contemporâneo e suporte teórico para a interpretação e aplicação adequadas do Direito Constitucional brasileiro vigente" (CATTONI, 2002, p. 25).

A efetivação dos direitos fundamentais no EDD é um dos desafios da atualidade e, principalmente, do século XXI, inclusive para o controle feito pelos tribunais de contas, já que grupos sociais buscam a primazia da distribuição de recursos financeiros, que são cada vez mais escassos, ainda que sejam investidos vultosos valores oriundos do erário, como demonstra o quadro exposto a seguir, com base nas informações públicas divulgadas pelo Sistema Integrado de Planejamento e Orçamento (SIOP) do governo federal, incluindo os dados até o final do ano de 2018.

Constata-se, com os apontamentos oficiais, que, entre os anos de 2014 e 2018, houve um investimento federal exatamente dos seguintes valores na cultura, educação, saúde e segurança pública: R$1.105.560.612.513,25. Ou seja, foram arremetidos para a administração pública um trilhão, cento e cinco bilhões, quinhentos e sessenta milhões, seiscentos e doze mil, quinhentos e treze reais e vinte e cinco centavos para a promoção desses direitos fundamentais, gerando imensos desafios de planejamento, execução e controle, com a inclusão por parte dos tribunais de contas.

Adiantamos que, apesar do alto valor executado no orçamento federal e dos consideráveis avanços já presenciados pela sociedade brasileira, aqueles direitos ainda necessitam de melhorias no Estado brasileiro, ocorrendo uma sensação de que a administração pública ainda precisa ser mais eficiente, necessitando da manutenção e aprimoramento da atuação dos tribunais de contas enquanto agentes de controle externo dos bens, recursos e interesses públicos, como positivou a Constituição Republicana de 1988 quando: "(...) possibilita a averiguação das aspirações da sociedade na realização das despesas públicas, seus interesses e priorização" (SCAFF; SCAFF MACEDO, 2018, p. 1.254).

Portanto, do modelo de Estado Absoluto dos séculos XV a XVII ao contexto atual, houve uma mudança estrutural devido a fatores como a mundialização (SILVA, 2015) e globalização (BAUMAN, 1999), que proporcionaram avanços nas áreas de telecomunicações e transportes, mas também desafios como o aumento da volatilidade dos mercados nacional e internacional, impulsionado por esses fatores. Já se teorizou que deve ocorrer um Estado Constitucional Democrático Cooperativo, que se articula em rede com agentes públicos e privados, no contexto interno e internacional, como lecionou Peter Haberle (2003), atuando em um tecido de proteção aos direitos, garantias e controles fundamentais da administração pública e da sociedade.

Um exemplo da necessidade de atuação em rede, com desempenho de agentes estatais e sociais, é a alocação de recursos públicos pela União, ressaltando que aquele ente federativo tem o maior orçamento público do Brasil, devendo fomentar o desenvolvimento de áreas essenciais, como saúde, educação, segurança pública e cultura, tal como demonstra o gráfico abaixo, elaborado a partir dos dados públicos disponibilizados no SIOP, que aponta em tempo real os investimentos estatais, sendo, portanto, um exemplo de ferramenta de *compliance*, *accountability* e governança.

Salienta-se que foram escolhidos para exame neste capítulo os direitos fundamentais (cultura, educação, saúde e segurança pública) por caracterizarem os maiores orçamentos da União e por demonstrarem os espantosos valores destinados, na casa dos milhões de reais, a sensação de falta de investimentos nessas áreas tão sensíveis para a sociedade brasileira e, principalmente, o déficit de concretude que se apresenta nesses tocantes para a sociedade brasileira.

Ano Exercício	Função (desc.)	Dotação Atual	Empenhado	Pago	RP Pago	Total Pago
2014	06 - Segurança Pública	10.638.076.369,00	8.945.185.298,87	7.233.237.067,17	1.496.751.971,10	8.729.989.038,27
2014	10 - Saúde	100.313.538.371,00	94.065.346.000,55	86.327.540.676,13	7.518.600.406,75	93.846.141.082,88
2014	12 - Educação	102.438.345.117,00	93.897.290.662,71	80.903.901.144,69	13.296.878.806,81	94.200.779.951,50
2014	13 - Cultura	3.051.053.656,00	1.835.787.687,63	908.005.916,14	627.042.636,78	1.535.048.552,92
	Total 2014	**216.441.013.513,00**	**198.743.609.649,76**	**175.372.684.804,13**	**22.939.273.821,44**	**198.311.958.625,57**
2015	06 - Segurança Pública	10.807.229.620,00	9.035.951.435,95	7.753.719.483,82	1.138.256.047,74	8.891.975.531,56
2015	10 - Saúde	113.007.419.766,00	102.093.782.976,83	93.864.923.546,90	6.347.319.203,79	100.212.242.750,69
2015	12 - Educação	115.501.163.942,00	103.779.651.895,30	88.600.739.991,53	9.436.931.899,36	98.037.671.890,89
2015	13 - Cultura	2.797.362.737,00	1.867.416.088,67	855.175.441,96	913.886.102,00	1.769.061.543,96
	Total 2015	**242.113.176.065,00**	**216.776.802.396,75**	**191.074.558.464,21**	**17.836.393.252,89**	**208.910.951.717,10**
2016	06 - Segurança Pública	10.343.532.369,00	9.715.492.478,72	8.423.101.067,63	1.276.066.932,56	9.699.168.000,19
2016	10 - Saúde	112.333.047.757,00	108.268.384.482,46	100.190.605.307,83	8.536.244.819,32	108.726.850.127,15
2016	12 - Educação	109.900.303.710,00	106.738.195.557,73	95.184.512.946,82	13.911.819.367,51	109.096.332.314,33
2016	13 - Cultura	2.335.013.589,00	1.939.529.497,35	951.534.715,35	1.119.226.043,03	2.070.760.758,38
	Total 2016	**234.911.897.425,00**	**226.661.602.016,26**	**204.749.754.037,63**	**24.843.357.162,42**	**229.593.111.200,05**
2017	06 - Segurança Pública	11.548.518.830,00	10.860.870.233,63	9.133.214.442,06	1.020.888.956,16	10.154.103.398,22
2017	10 - Saúde	120.356.455.929,00	117.602.483.172,47	102.713.827.690,68	6.446.994.008,69	109.160.821.699,37
2017	12 - Educação	115.111.614.994,00	111.405.469.319,37	101.815.707.371,61	9.453.255.961,13	111.268.963.332,74
2017	13 - Cultura	2.183.255.676,00	1.904.144.069,80	1.020.637.184,93	881.132.545,55	1.901.769.730,48
	Total 2017	**249.199.845.429,00**	**241.772.966.795,27**	**214.683.386.689,28**	**17.802.271.471,53**	**232.485.658.160,81**
2018	06 - Segurança Pública	12.851.324.098,00	12.498.748.754,98	8.820.453.903,29	1.398.865.925,98	10.219.319.829,27
2018	10 - Saúde	121.864.792.265,00	120.876.845.472,00	108.179.162.954,58	12.445.288.288,95	120.624.451.243,53
2018	12 - Educação	114.309.381.798,00	112.236.392.167,94	95.590.465.024,47	7.922.570.796,83	103.513.035.821,30
2018	13 - Cultura	2.102.005.530,00	2.004.483.305,71	988.869.602,21	913.456.313,41	1.902.125.915,62
	Total 2018	**251.127.503.691,00**	**247.616.469.700,63**	**213.578.751.484,55**	**22.680.181.325,17**	**236.258.932.809,72**
	Total Geral	**1.193.793.436.123,00**	**1.131.571.450.558,67**	**999.459.135.479,80**	**106.101.477.033,45**	**1.105.660.612.513,25**

Fonte: SIOP

Seguindo, extrai-se do quadro acima uma das considerações necessárias ao se analisarem os dados constantes no material elaborado com os dados do SIOP: é que houve a aplicação de recursos. Contudo, há necessidade de revisão das técnicas de administração e gestão pública, principalmente pela ótica do princípio constitucional da eficiência e do dever fundamental de prestar contas, que impõe a atuação prévia, concomitante e superveniente efetuada pelos tribunais de contas.

Nesta parte do texto, resta claro que ocorreram avanços na construção estatal e da própria administração pública nos últimos anos, sendo que a gestão pública vem se alinhando ao modelo do Estado Democrático, inclusive com um complexo e presente sistema de controle interno e externo. Assim, os tribunais de contas, ao mesmo tempo em que devem fazer uma fiscalização contra ilegalidades, têm o desafio de fomentar o diálogo democrático e evitar a infantilização da administração pública, substituindo a soberania democrática.

3 Tribunais de contas e a proposta de aplicação da teoria do experimentalismo democrático

A partir os anos 2000, houve uma significativa mudança com a integração de transportes e comunicações no plano global. Como consequência, as pessoas estão cada vez mais conectadas virtualmente com todo o mundo, chegando-se à constatação de que essa situação traz dificuldades para o desenvolvimento econômico e social, como demonstram os teóricos da globalização, tais quais os exemplos de Zygmund Bauman (1999) e Antony Giddens (2009).

Também há constantes dificuldades em se realinhavar valores entre os países, principalmente os ocidentais e orientais, para a implementação dos direitos fundamentais, humanos e da efetivação da própria democracia, como doutrinou, por exemplo, Samuel Huntington (2014), sendo que essas situações impõem dificuldades, desafios e problemas, causando tensões e desarranjos frente ao Estado e, principalmente, à sociedade, como apontaram Leal e Zeni (2010) e Funardi e Del'Olmo (2012).

Especificamente no Brasil, como era de se esperar, essa situação potencializa sérias consequências, inclusive com o questionamento da legitimidade democrática do atual sistema político e jurídico nacional, como pontuaram Avritzer (2016), Hoppe (2014) e Santos (2013). Contudo, as dificuldades econômicas, sociais e políticas experimentadas pelos brasileiros a partir do ano de 2010 e as grandes manifestações populares assistidas no ano de 2013 permitiram a rediscussão empírica e acadêmica da situação da própria democracia do nosso país, neste sentido:

> O desafio democrático com o qual a sociedade brasileira se vê presentemente confrontada impõe uma vigilância e lucidez com respeito às relações concretas entre os dois polos que estruturam o campo de uma experiência democrática viável: a ideia de democracia e a efetiva prática democrática (VAZ, 2002, p. 345).

Seguindo, não se deve olvidar que a constante melhoria na democracia pode ser o objetivo de cada sociedade, porque, neste momento histórico, resta pacífico que o paradigma democrático é preferível a qualquer forma de autoritarismo, já que foi aceita a vetusta lição de se evitar a concentração de poder pelos agentes estatais, tendo em vista que quase invariavelmente podem ocorrer abusos, como aconteceu com a instauração de regimes imperiais em vários países em todos os continentes ao longo do século passado, especialmente na América Latina, que assistiu a uma série de avanços e retrocessos democráticos anteriormente experimentados.

Porém, também se pode reconhecer que a convivência na democracia impõe os desafios de aceitação das diferenças de crenças e intenções de cada cidadão e, principalmente, a percepção de que ocorrerão contraditórios argumentativos inevitáveis para a escolha dos passos que serão tomados por uma sociedade, devendo-se criar um padrão de tomada de decisão que evite os extremos ideológicos e a exclusão de pessoas na sociedade, conforme propugnado por Peter Haberle (2014) ou, ainda, segundo a doutrina nacional:

> Saber viver, portanto, em um ambiente democrático, para construir uma Constituição compromissória com os direitos fundamentais inclusive os sociais, pressupõe, para logo, saber movimentar-se no terreno das contradições, ultrapassando aquelas que sejam incompatíveis com a dignidade humana e preservando as diferenças que dão a cada mulher e a cada homem uma identidade própria (GONÇALVES, 2018, p. 3).

De forma prática, há de se admitir que a instauração de um ideal democrático absoluto no Brasil é como buscar uma utopia, ou seja, tem-se a ideia de se procurar por um lugar contrafactual nessa quadra histórica, cabendo à administração pública promover ações que levem a consensos e à concretização de uma agenda que possibilite o exercício da cidadania participativa.

Há urgência na promoção dessa agenda cidadã, já que o atual momento da sociedade brasileira é percebido com o agravamento de sérios problemas estruturais e atormentado por casos documentados de fome, miséria e corrupção sistêmicas e, até mesmo, graves casos de exclusão social, correndo-se mesmo o risco de o Brasil voltar a figurar no "mapa da fome" da Organização das Nações Unidas, segundo Caio Lecione (2019).

Esse conjunto de dificuldades impõe urgências na efetivação do exercício da cidadania participativa, idealizada por Paulo Bonavides (2008) e reconhecida juridicamente na Carta das Organizações dos Estados Americanos (2018), até trazendo a lembrança de que este documento jurídico internacional foi recepcionado pelo Estado brasileiro, tendo hierarquia supralegal, segundo a jurisprudência e doutrina dominantes sobre esse assunto, assim de maneira doutrinária:

(...) temos que o conceito de democracia sofreu, então, uma reviravolta em sua trajetória, apresentando como resposta a democracia participativa, sendo um método de exercício do poder baseada na participação dos cidadãos nas tomadas de decisão política. Através de tal meio, tem-se a formação de vontade política de baixo para cima, num processo de estrutura com a participação de todos os cidadãos, tomando, como base principal o princípio da igualdade, estampado no art. 5, caput, da CRFB/88 (FREITAS, 2017, p. 74).

Frente a essas dificuldades é que se fortalece a crítica à própria democracia, já que suas ideias, até este momento, não conseguiram assegurar a igualdade material apregoada pelo Estado Providência; contudo, coadunamos com o pensamento de Eleanor Roosevelt (2018, p. 43), para quem "o futuro pertence àqueles que acreditam na beleza de seus sonhos", ou seja, o ideal democrático deve ser perseguido porque possui o condão para minimizar todos esses problemas através do envolvimento social, trazendo a convicção de que se deve experimentar a reflexão imposta pela letra do poema interpretado pelo poeta Thiago de Mello: "Faz escuro, mas eu canto: porque a manhã vai chegar".

O atual momento de crise necessita que a democracia proporcione mudanças e crie condições para que sejam experimentadas outras opções de arranjos institucionais, avançando com a pauta de efetivação dos direitos humanos e fundamentais através do exercício da cidadania, que é o cerne do Estado Democrático de Direito e um fundamento da República Federativa do Brasil na atualidade. Nesse sentido, o atrito e a tensão entre os poderes constituídos devem ser vistos como possibilidades de avanços institucionais, tal como proposto por Oscar Vieira (2018).

Já a segunda vertente da democracia pode ser percebida pelo prisma da prática do exercício da cidadania participativa e é normatizada pelo princípio democrático, expresso no preâmbulo da nossa Constituição, que determina a efetivação do fundamento republicano da cidadania positivado no artigo 1º, inciso II, da Norma Ápice brasileira.

Do ponto de vista jurídico, o princípio democrático pode ser entendido como um "comando-norma-jurídico", que tem duas funções distintas: a primeira é ser uma lente interpretativa para todas as ações estatais no ambiente do Estado Democrático de Direito, como demonstrou a doutrina italiana de Francisco Paulo Volpe (2009); já a segunda é função hermenêutica desse princípio, buscando se estabelecer como um instrumento de instauração da participação dos cidadãos nos mecanismos de tomadas de decisão, de modo eficiente e prático, seja por meios presenciais ou ainda virtuais, com a inserção de instrumentos tecnológicos, como a internet, e especificamente no contexto dos tribunais de contas contribuírem para a efetivação do controle social.

Seguindo: "Da mesma forma que o princípio do estado de direito, também o princípio democrático é um princípio jurídico-constitucional com dimensões materiais e dimensões organizativo-procedimentais", como lecionou Joaquim Canotilho (2000, p. 287). Destarte, além da sua característica idealista, a democracia também deve ser utilizada como uma técnica de tomada de decisão, que deve se fundamentar na vontade da maioria, desde que suas intenções não oprimam as minorias da sociedade; nesse sentido, o ambiente democrático não coaduna com exclusões, desvios de recursos, abusos dos direitos ou intervenções autoritárias de qualquer maneira.

Pelo exposto, percebe-se que a democracia não é somente a vontade da maioria, sendo o fator numérico apenas um dos critérios de tomada de decisão estatal. A partir do ponto que se aceita a igualdade formal de participação em um ambiente democrático, que é próprio das sociedades hodiernas, são construídas outras especificidades que devem ser diluídas através da aceitação do dissenso e promoção de mecanismos de inclusão das necessidades alheias nas estruturas de tomadas de decisão.

Didaticamente, cada um que é envolvido em qualquer processo decisório público será representante de uma demanda específica, já que todos são intérpretes legítimos do texto e da realidade constitucional, tal como já propugnado por Peter Haberle (2002). Isso porque, através da aplicação de procedimentos democráticos, é possível aplicar a seguinte lição:

> Pela democracia, podemos aperfeiçoar as convivências humanas, reconhecer a pluralidade humana. É uma gramática do social que transforma a razão individual em razão pública, dando sentido à esfera pública, aos diálogos de entendimentos dos cidadãos para deliberações. Por isso é, provavelmente, uma das mais importantes categorias conceituais formuladas pela Teoria Política quando essa aborda o desenvolvimento das organizações sociais da atualidade (SILVA; SALDANHA, 2015, p. 81).

Ainda por esse prisma, todas as ações estatais devem se balizar pelos parâmetros do princípio democrático para a tomada das suas decisões, gerando repercussões tanto no plano da validade quanto no da legitimidade das normas jurídicas. Ou ainda, seguindo Jurgen Habermas (2015, p. 67): "O poder administrativo só pode ser utilizado com base nas políticas e nos limites das leis oriundas do processo democrático". Assim, tanto os tribunais de contas quanto todos os outros instrumentos de controle interno e externo devem se pautar por práticas legais e democráticas.

O princípio democrático também deve ser utilizado como um instrumento de transformação do atual Estado Democrático de Direito e da própria sociedade por meio de utilização de instrumentos de participação nas tomadas de decisões estatais, tendo, por exemplo, os conselhos de políticas públicas, como saúde, educação ou assistência social, ou mesmo com as ações da sociedade civil organizada em busca de ações democráticas, capitaneadas pela própria sociedade civil e potencializadas pelos tribunais de contas, tendo, nesse sentido, o desafio central de democratizar os vários níveis de interação estatal e social, tal como lecionou Alexandre de Coelho (2007).

Destarte, a sociedade civil organizada pode ser um agente na busca pela melhoria no padrão democrático brasileiro, com a implementação da teoria da democracia experimentalista proposta por Mangabeira Unger (2011), que foi idealizada como um procedimento necessário para se transformar a atual sociedade brasileira, adaptando as estruturas que precisam ser aprimoradas, como o próprio exercício da cidadania e o controle social da administração pública, que ainda necessitam de aperfeiçoamento para que haja mais engajamento das pessoas. Essa técnica foi denominada pelo autor de experimentalismo democrático e conceituada da seguinte maneira:

> O experimentalismo democrático é uma interpretação da causa democrática, o mais influente conjunto de ideias e compromissos em vigor no mundo de hoje. Ele une duas esperanças a uma prática de pensamento e de ação (UNGER, 1991, p. 13).

A lição doutrinária de Mangabeira Unger (1991) sobre os procedimentos democráticos aponta que "(...) a democracia é, entre outras coisas, um procedimento para criar o novo. É a forma institucional e coletiva da imaginação. É a ordem que reconhecem a imperfeição de todas as ordens históricas que podem existir no mundo" (UNGER, 2011, p. 14).

Um ponto de reflexão é que o experimentalismo democrático é teoricamente contrário à infantilização da administração pública, que possui autonomia e discricionariedade em busca da eficiência administrativa e deve concretizar os direitos e garantias fundamentais. É claro, sem se utilizar de expedientes imorais ou ilícitos.

Em alinhamento, o experimentalismo democrático representa, ao mesmo tempo, uma esperança de mudança e aperfeiçoamento da democracia e da estrutura estatal, que tem sérios problemas na atualidade, quanto um conjunto de ações que devem ser implementadas paulatinamente pela sociedade. Assim, essa teoria potencializa "(...) a mudança ao longo do tempo, buscando revisar o conteúdo, bem como o contexto dos interesses reconhecidos e dos ideais professados" (UNGER, 1991, p. 18).

Os tribunais de contas têm enquanto um dos mais significativos desafios para o século XXI abrir mais espaços de diálogo com o terceiro setor, que é reconhecido como representante da sociedade civil organizada, com presença constatada em mais de 99% (noventa e nove por cento) dos municípios brasileiros, atingindo no ano de 2016, segundo o IPEA, o número de 829.186 (oitocentos e vinte e nove mil, cento e oitenta e seis) entidades filantrópicas, que se cadastraram voluntariamente no Mapa das Organizações Sociais[2] do Instituto de Pesquisa Aplicada.

Salienta-se que a sociedade civil organizada foi conceituada pelo jurista italiano Norberto Bobbio (1982, p. 31) da seguinte maneira: "A sociedade civil compreende todo o conjunto das relações materiais entre os indivíduos, no interior de um determinado grau de desenvolvimento das forças produtivas". Registra-se que, neste capítulo, se utiliza a expressão "sociedade civil organizada", que representa as esferas não estatais, formadas por pessoas jurídicas, como fundações e associações, e os entes despersonalizados e difusos, que surgem, por exemplo, nas redes sociais como frutos de uma sociedade conectada, atual e fluida, também denominada de terceiro setor, já que atua subsidiariamente ao Estado (primeiro setor) e ao mercado (segundo setor).

A relevância da atuação da sociedade civil organizada pode ser vislumbrada no Relatório do Fórum Nacional de Filantropia (FONIF) sobre a contrapartida dessas entidades para a sociedade brasileira,

---

[2] Total de OSC, por ano (2010-2016). Disponível em: https://mapaosc.ipea.gov.br/dados-indicadores.html.

lançado no ano de 2019, contada na casa da dezena de milhões de reais, em áreas sensíveis como a assistência social, educação e saúde, tal como se demonstra abaixo:

Contrapartida Tangível das Instituições Filantrópicas no Brasil

INDICADOR	VALOR
EDUCAÇÃO	R$ 14.287.046.304,00
SAÚDE	R$ 41.578.851.248,00
ASSISTÊNCIA SOCIAL	R$ 11.179.785.068,00
TOTAL	R$ 67.045.682.620,00

Fonte: FONIF (2019).

Frisa-se que a sociedade civil organizada não deve buscar substituir a ação estatal, tampouco o Estado deve invadir a esfera privada das pessoas. O que se busca é o equilíbrio e a subsidiariedade e, nesse tocante, os tribunais de contas podem ser catalizadores do diálogo entre essas áreas distintas devido à sua *expertise* com o controle social, que já gera reconhecidos resultados práticos.

A ideia de aplicação do experimentalismo democrático se alinha com o alargamento do diálogo dos tribunais de contas com a sociedade civil organizada devido ao alcance desses dois agentes, que têm grande capilaridade democrática, já que ambos devem conversar com todos os cidadãos e possuem características e interesses específicos, mas também estão muito próximos na busca pela cristalização dos direitos, vigilância da probidade pública e consolidação da própria democracia participativa no Brasil.

Igualmente, um dos desafios do século XXI para os tribunais de contas é abrir novos diálogos com a sociedade civil organizada, em um ambiente próprio de uma sociedade plural. Sendo assim, o alargamento comunicativo é um potencial instrumento para a implantação do experimentalismo democrático proposto por Unger (2011), já que deve buscar realizar os interesses sociais da coletividade através de uma atuação efetiva da administração pública e, dessa maneira, concretizando os direitos essenciais que ainda não estão plenamente efetivados em nossa sociedade, tal como educação, saúde e segurança.

Nesse diapasão, o investimento na intensificação do diálogo entre os tribunais de contas e a sociedade civil organizada tem o condão de colaborar com o atual tumultuado ambiente democrático brasileiro, já que, "quanto mais ricas as redes e conexões que operam nas estruturas sociais, há mais chances de causar impactos positivos na democracia, tornando as instituições políticas mais eficazes", conforme demonstrou Luchmann (2014, p. 163).

Assim, cada um a seu modo, mas todas em comum atuam como uma extensão da vontade da sociedade civil organizada e devem ser objeto de pesquisa acadêmica e de divulgação dos resultados obtidos, para que os seus modelos possam ser replicados, já que "(...) pode-se concluir que se vive hoje em uma relação de aprofundamentos das relações entre o mercado, o Estado e a própria sociedade civil" (PAES, 2018, p; 75).

De forma didática, sob o prisma do reconhecimento de que a própria administração pública hoje deve atuar em rede, como proposto por Miragem (2013), os tribunais de contas podem capitanear a resolução dos desafios apresentados pelo século XXI, tal como o diálogo com uma sociedade com lideranças difusas e conectas a redes sociais, que, em tempo real, podem apresentar os problemas de cada comunidade e auxiliarem com a concretização de fiscalizações concomitantes, por exemplo, sendo que estas podem impedir os severos danos ao erário com irregularidades e ilegalidades, tal como ocorreram nos casos de "mensalão" e "petrolão", que ainda são bastantes debatidos no âmbito das cortes de contas.

Há de se reconhecer que, frente aos severos problemas econômicos, jurídicos e sociais que estão sendo presenciados no Brasil, a aplicação da teoria do experimentalismo democrático é uma pauta que deve ser vista com pressa e cuidado. Nenhum agente estatal ou particular pode ser visto como uma panaceia ou "salvador da pátria". A vantagem dessa proposta de Unger (2011) é que há uma margem de mudanças para o aprimoramento da administração pública (sendo uma pauta muito necessária!) e, nesse processo, os tribunais de contas podem inserir, cada vez mais, a sociedade civil organizada, seja para legitimação das prioridades, seja para o seu envolvimento no controle social, devendo-se evitar desperdícios e ilegalidades.

4 Considerações finais

O século XXI traz vários desafios para toda a estrutura estatal e social. Neste capítulo, discorreu-se sobre a possibilidade de se intensificar a comunicação entre as cortes de contas e a sociedade civil organizada como forma de se efetivar a teoria do experimentalismo democrático proposta pelo jurista e jusfilósofo Mangabeira Unger, com base na técnica da revisão bibliográfica e análise empírica do atual cenário de crise.

Para tanto, foram apresentados sinteticamente os principais fundamentos da evolução do Estado Ocidental, do seu início até o momento hodierno, passando pelo Estado Absolutista, Liberal, Social e Estado Democrático de Direito, para se reconhecer que cada um deles possui características próprias, mas todos se identificam com a concretização dos direitos e garantias fundamentais, bem como com o controle das ações estatais.

Demonstrou-se que o Tribunal de Contas foi reconhecido constitucionalmente pela Constituição Republicana de 1891 e recebeu maior atenção pela atual Constituição Cidadã, com competências fiscalizadoras e também de promoção da cidadania, com o incentivo do controle social, que tem documentados resultados e, principalmente, pode auxiliar no controle concomitante que atualmente vem sendo bastante debatido nas cortes de contas.

Porém, reconheceu-se que as formas de controle tanto interno quanto externo, como são exercidas pelos tribunais de contas, devem ser utilizadas de maneira a incentivar a construção de um espaço público democrático, e não serem usadas para infantilizar a administração pública, tal como demonstrado por Dantas (2018).

Dessa maneira, os tribunais de contas devem agir de maneira preventiva, concomitante e superveniente para coibir imoralidades e ilegalidades e, sobretudo, evitar a incorreta aplicação de recursos públicos, mas não devem cercear a autonomia e discricionariedade dos gestores públicos, que têm legitimidade democrática para estabelecer suas prioridades no contexto do Estado Democrático de Direito.

Avançando, foi analisado que a sociedade civil organizada é formada por todos os entes personalizados ou não que compõem a esfera não estatal e atuam subsidiariamente ao Estado, recebendo também o nome de terceiro setor, tendo capilaridade em virtualmente todos os municípios brasileiros e prestando imprescindíveis serviços em áreas como saúde, educação e assistência social e tal qual demonstrou o relatório do Fórum Nacional de Filantropia (FONIF) do ano de 2019.

Assim, o ponto central deste capítulo foi demonstrar que há um desafio no século XXI para os tribunais de contas, no sentido de aprimorar o seu diálogo com a sociedade civil organizada, possibilitando condições de aplicação da teoria de Mangabeira Unger sobre o experimentalismo democrático.

No experimentalismo democrático, deve haver espaços para acomodações de novas ideias, buscando-se a resolução de problemas existentes, com a participação da sociedade civil, já que ela é a destinatária dos direitos e garantias fundamentais, possibilitando, dessa maneira, a evolução das instituições públicas e privadas.

Por fim, reconheceu-se que, no atual ambiente de crise, tanto a administração pública quanto a esfera privada podem se aproximar ainda mais para resolverem problemas em comum, como a necessidade de cristalização de direitos, garantias e do controle previstos na Constituição de 1988.

Referências

ARRUDA NETO, Pedro Thomé de. *Direito das Políticas Públicas*. Belo Horizonte: Fórum, 2015.

ACRITZER, Leonardo. *Impasses da democracia no Brasil*. São Paulo: Civilização Brasileira, 2016.

BARBOSA, Rui. *Commentarios a Constituição Federal Brasileira*. VI volume, arts. 72 a 91. São Paulo: 1934.

BAUMAN, Zigmunt. *Comunidade:* a busca por segurança no mundo atual. Rio de Janeiro: Zahar, 2003.

BAUMAN, Zigmunt. *Estado de Crise*. Rio de Janeiro: Zahar, 2016.

BAUMAN, Zigmunt. *Globalização*: as consequências humanas. Rio de Janeiro: Zahar, 1999.

BOBBIO, Norberto. *O conceito de sociedade civil*. Rio de Janeiro: Edições Graal, 1982.

BONAVIDES, Paulo. *Do Estado Liberal ao Estado Social*. 11. ed. 2 tir. São Paulo: Malheiros, 2014.

BONAVIDES, Paulo. *Teoria Constitucional da Democracia Participativa*: Por um Direito Constitucional de luta e resistência. Por uma Nova Hermenêutica, por uma repolitização da legitimidade. 3 ed. São Paulo: Malheiros, 2008.

BRASIL. *Constituição da República Federativa do Brasil*. Disponível em: http://www.planalto.gov.br/ccivil_03/Constituicao/Constituicao.htm. Acesso em: 03 jan. 2019.

CANOTILHO, Joaquim J. Gomes. *Direito Constitucional e Teoria da Constituição*. 7 ed. Coimbra: Almedina, 2014.

CAMPIDELLI, Cristiano. *Teoria da graxa sobre rodas, teoria do Estado vampiro e teoria da exceção de Romeu e Julieta*. Disponível em: https://ccampidelli.jusbrasil.com.br/artigos/590426013/teoria-da-graxa-sobre-rodas-teoria-do-estado-vampiro-e-teoria-da-excecao-de-romeu-e-julieta. Acesso em: 03 jan. 2019.

CARBONELL, Miguel. *Una História de Los Derechos Fundamentales*. Buenos Aires: UNAN, 2005.

CATTONI, Marcelo. *Direito Constitucional*. Belo Horizonte: Mandamentos, 2002.

CANOTILHO, José Joaquim. *Direito Constitucional e Teoria da Constituição*. 7. ed. Lisboa: Almedina, 2003.

COELHO, Alexandre. *A participação social como processo de consolidação da democracia no Brasil*. Disponível em: http://cebes.org.br/site/wp-content/uploads/2014/03/A-Participacao-Social-como-processo-de-consolidacao-da-democracia-no-Brasil.pdf. Acesso em: 20 ago. 2018.

CREVELD, Martin van. *Ascensão e declínio do Estado*. São Paulo: Martins Fontes, 2004.

DANTAS, Bruno; DIAS, Frederico. A evolução do controle externo e o Tribunal de Contas da União nos 30 anos da Constituição Federal de 1988. *In*: *30 anos da Constituição Brasileira*: Democracia, Direitos Fundamentais. São Paulo: Forense, 2018.

DANTAS, Bruno. *O risco de 'infantilizar' a gestão pública*. Disponível em: https://oglobo.globo.com/opiniao/o-risco-de-infantilizar-gestao-publica-22258401. Acesso em: 06 jan. 2018.

ELIAS, Gustavo Terra. Controle Democrático de Contas Públicas: A Importância da Sinergia entre os Tribunais de Contas e a Sociedade. *Revista Controle*, Fortaleza, v. 9, n. 1, p. 57-86, jan./jun. 2011.

FILGUEIRAS, Fernando. Indo além do gerencial: a agenda da governança democrática e a mudança silenciada no Brasil. *Revista da Administração Pública – RAP*, Rio de Janeiro, v. 52, n. 1, p. 71-88, jan./fev. 2018.

FONIF. Fórum Nacional das Instituições Filantrópicas. Pesquisa: *Contrapartida do Setor Filantrópico para o Brasil*. Disponível em: http://fonif.org.br/pesquisas. Acesso em: 17 mar. 2019.

FREITAS, Cláudio Victor de Castro. O princípio democrático e a judicialização das relações sociais: um judiciário trabalhista atuante ou conivente? *Revista do Direito do Trabalho*, v. 181, 2017, p. 71-97.

GIDDENS, Anthony. *Un mundo desbocado*: los efectos de la globalización en nuestras vidas. Madri: Taurus, 2000

GONÇALVES, Claudia Maria da Costa. *O princípio democrático na Constituição Federal de 1988*: direitos de liberdade e direitos sociais. Disponível em: http://www.joinpp.ufma.br/jornadas/joinppIV/eixos/9_estados-e-lutas-sociais/o-principio-democratico-na-constituicao-federal-de-1988-direitos-de-liberdade-e-direitos-socia.pdf. Acesso em: 10 jun. 2018.

GRADVOLHL, Michel André Bezerra Lima. *Deveres Fundamentais*: Conceito, Estrutura e Regime. Disponível em: https://docplayer.com.br/22743212-Deveres-fundamentais-conceito-estrutura-e-regime.html. Acesso em: 03 jan. 2019.

HABERLE, Peter. *Nove Ensaios constitucionais e uma aula de jubileu*. São Paulo: Saraiva, 2012.

HABERLE, Peter. *El Estado Constitucional*. Ciudad del México: Universidad Nacional Autónoma del México, 2003.

HABERLE, Peter. Hermenêutica Constitucional – A Sociedade Aberta dos Intérpretes da Constituição: Contribuição para Interpretação Pluralista e "Procedimental" da Constituição. *Revista DPU*, n. 60, nov./dez 2014.

HABERMAS, Jurgen. *Obras Escolhidas*. São Paulo: Edições 70, 2015.

HOPPE, Hans Hermann. *Democracia, o Deus que falhou*. São Paulo: Mises Brasil, 2014.

HUGO, Victor. *Os miseráveis*. Tradução, adaptação e apêndice Silvana Salern. Ilustrações Renato Alarcão. São Paulo: Seguinte, 2014.

HUNTINGTON, Samuel P. *O Choque de Civilizações*: e a recomposição da Ordem Mundial. São Paulo: Objetiva, 2014.

KUHN, Thomas S. *A estrutura das revoluções científicas*. 5. ed. São Paulo: Editora Perspectiva S.A, 1997.

LENCIONI, Caio. *Relatório aponta que Brasil pode voltar ao Mapa da Fome*. Disponível em: https://observatorio3setor.org.br/noticias/relatorio-aponta-que-brasil-pode-voltar-ao-mapa-da-fome/. Acesso em: 20 abr. 2019.

LUCHMANN, Lígia Helena Hahn. Modelos contemporâneos de democracia e o papel das associações. *Rev. Sociol. Polít.*, Curitiba, v. 20, n. 43, recebido em 20 de maio de 2011. p. 59-80, out. 2012.

MATIAS-PEREIRA, José. *Finanças públicas*: foco na política fiscal, no planejamento e orçamento público. 6. ed. São Paulo: Atlas, 2012.

MIRAGEM, Bruno. *A nova Administração Pública e o Direito Administrativo*. 2. ed. São Paulo: RT, 2013.

MOTTA, Fabrício. Dilema entre controle de eficiência e de legalidade é falso. *Consultor Jurídico*, 2018.

PAES, José Eduardo Sabo. *Fundações, associações e entidades de interesse social*: aspectos jurídicos, administrativos, contábeis, trabalhistas e tributários. 9. ed. Rio de Janeiro: Forense, 2018.

ROCHA, Arlindo Carvalho. *Accountability na Administração Pública*: a Atuação dos Tribunais de Contas. In: XXXIII Encontro Nacional da ANPAD. São Paulo: setembro 2009.

ROOSEVELT, Eleanor. *O futuro pertence àqueles que acreditam na beleza de seus sonhos*. Disponível em: https://www.ibccoaching.com.br/portal/lideranca-e-motivacao/acredite-nos-seus-sonhos/. Acesso em: 20 out. 2018.

SCAFF, Fernando Facury; SCAFF MACEDO, Lumma Cavaleiro de. Artigo 71. *In*: *Comentários à Constituição do Brasil*. São Paulo: Saraiva, 2018.

SAMPAIO, José Adércio Leite. *Teoria da Constituição e dos Direitos Fundamentais*. Belo Horizonte: Del Rey, 2013.

SANTOS, Boaventura de Souza Santos. *Direitos Humanos, democracia e desenvolvimento*. São Paulo: Cortez, 2013.

SILVA, José Afonso da Silva. *Teoria do Conhecimento Constitucional*. São Paulo: Malheiros, 2014.

UNGER, Roberto Manguabeira. A constituição do experimentalismo democrático. *RDA – Revista de Direito Administrativo*, Rio de Janeiro, v. 257, p. 57-72, maio/ago. 2011.

UNGER, Roberto Manguabeira. *Democracia Realizada*: a alternativa progressista. São Paulo: Boitempo, 1991.

ORGANIZAÇÃO DOS ESTADOS AMERICANOS. Carta das Organizações dos Estados Americanos. Disponível em: http://www.oas.org/dil/port/tratados_A-41_Carta_da_Organiza%C3%A7%C3%A3o_dos_Estados_Americanos.htm. Acesso em: 20 out. 2018.

VAZ, H. C. Lima. Ética e Direito. São Paulo: Edições Loyola, 2002.

VENTURA, Tiago. Democracia e participação. Inovações democráticas e trajetória participativa no Brasil. *Cadernos EBAPE.BR*, v. 14, n. 3, artigo 3, Rio de Janeiro, jul./set. 2016.

VIEIRA, Oscar Vilhena. *A batalha dos poderes*. São Paulo: Cia das Letras, 2018.

VOLPE, Francisco Paulo. *Princípio Democrático e GiustiziaNell'amministrazione*. Rio de Janeiro: Lumen Juris, 2009.

VIII FESTIVAL de poesia de Medellin. Thiago de Mello (Brasil) em 1998. *Faz Escuro Mas Eu Canto*. Disponível em: http:// www.festivaldepoesiademedellin.org/pub.php/es/Festival/Historia/índex.htm. Acesso em: 03 jan. 2019.

Informação bibliográfica deste texto, conforme a NBR 6023:2018 da Associação Brasileira de Normas Técnicas (ABNT):

AGUIAR, Severiano José Costandrade de; GEMELLIR, Dagmar Albertina; SANTOS, Júlio Edstron S. A administração pública brasileira entre a infantilização e o experimentalismo democrático: uma análise do desafio do século XXI da necessidade de se aprimorar o diálogo entre os tribunais de contas e a sociedade civil organizada. *In*: LIMA, Edilberto Carlos Pontes (Coord.). *Tribunal de Contas do século XXI*. Belo Horizonte: Fórum, 2020. p. 377-397. (Coleção Fórum IRB, v. 3). ISBN 978-85-450-0713-5.

CONTROLE EXTERNO DA RECEITA: A EXPERIÊNCIA DO TCE/AP COM O LEVANTAMENTO DE GOVERNANÇA E GESTÃO FISCAL

Terezinha de Jesus Brito Botelho
Cirilo Alves Ferreira Neto
João Augusto Pinto Vianna
Rafaela Alves Fecury Lobato
Vitor do Espírito Santo Ferreira Côrtes

1 Introdução

A partir da década de 1990, sobretudo com as experiências dos Estados Unidos da América – EUA (*Budget Enforcement Act*, de 1990), da União Europeia (Tratado de Maastricht, de 1992), da Nova Zelândia (*Fiscal Responsibility Act*, de 1994) e do Fundo Monetário Internacional – FMI (Código de Boas Práticas para a Transparência Fiscal, de 1998), profundas mudanças no modelo de gestão fiscal brasileiro começaram a ser adotadas. Esse movimento marcou o início de um programa de transparência fiscal que se tornou realidade definitiva com a edição da Lei Complementar nº 101, de 4 de maio de 2000, amplamente conhecida como Lei de Responsabilidade Fiscal (LRF). O objetivo principal dessa lei é estabelecer normas para repensar a gestão pública no Brasil, com foco no planejamento, na prevenção de riscos e correção de desvios e na busca do equilíbrio entre receitas e despesas (BRAGA, 2015, p. 373).

A LRF, por ser direcionada à implementação da responsabilidade na gestão fiscal e ao consequente equilíbrio nas contas públicas, dá um enfoque especial para a receita pública, sendo destacado em seu artigo 1º, §1º (grifo nosso):

> A responsabilidade na gestão fiscal pressupõe a ação planejada e transparente, em que se previnem riscos e corrigem desvios capazes de afetar o equilíbrio das contas públicas, mediante o cumprimento de metas de resultados *entre receitas e despesas e a obediência a limites e condições no que tange a renúncia de receita*, geração de despesas com pessoal, da seguridade social e outras, dívidas consolidada e mobiliária, operações de crédito, inclusive por antecipação de receita, concessão de garantia e inscrição em Restos a Pagar.

O artigo 11 dessa lei ainda prevê que constituem requisitos essenciais da responsabilidade na gestão fiscal a instituição, previsão e efetiva arrecadação de todos os tributos da competência constitucional do ente da Federação, sendo o acompanhamento do cumprimento dessas normas, por força dos artigos 56, 59 e 73-A, competência dos tribunais de contas.

Não obstante os dispositivos da LRF mencionados, a maioria dos municípios amapaenses, historicamente, não exercia plenamente a sua competência tributária. Tal fato reforçou a preocupação do TCE/AP em contribuir com a mudança desse quadro.

Em 2016, a Associação dos Membros dos Tribunais de Contas do Brasil (ATRICON) emitiu a Resolução nº 6/2016, que estabelece as Diretrizes de Controle Externo nº 3.210/2016 para a temática receita e renúncia de receitas, exaltando os compromissos assumidos pelos tribunais de contas do Brasil no cumprimento de suas competências constitucionais, incluindo a de fiscalizar a receita e as renúncias de receitas públicas concedidas pelos jurisdicionados, por meio de processos de auditorias operacionais, financeiras e de conformidade, entre outros instrumentos de fiscalização.

O TCE/AP, em quase trinta anos de existência, até o ano de 2017 não havia realizado nenhum trabalho aprofundado na temática receita pública, pois eram priorizadas as auditorias com enfoque na execução das despesas públicas. Um passo importante foi dado com a normatização do levantamento como instrumento de fiscalização, a partir da aprovação do Manual de Auditoria do TCE/AP (Resolução Executiva nº 61/2015).

Seguindo o movimento nacional de priorização, pelas cortes de contas, do desenvolvimento de atividades de controle relacionadas à receita pública, o Tribunal de Contas amapaense, através da Resolução Executiva nº 55, de 2014, instituiu duas coordenadorias de controle da receita, uma de âmbito estadual e outra municipal, cujas competências englobam o levantamento de informações e a avaliação e análise da estrutura dos órgãos e entidades estaduais e municipais, da administração direta e indireta, que tenham a atribuição de arrecadar, gerenciar ou utilizar recursos decorrentes da receita pública e/ou conceder incentivos fiscais, entre outras.

Considerando os reflexos positivos de trabalhos anteriores, especialmente das auditorias operacionais e do levantamento da saúde supervisionados pelo Tribunal de Contas da União (TCU), as coordenadorias da receita, de maneira conjunta, solicitaram a inclusão na Programação de Fiscalização Anual de 2017 do Levantamento de Governança e Gestão Fiscal da Receita do Estado e dos municípios do Amapá, ciclo 2017, como primeiro trabalho relacionado à receita pública estadual e municipal e o primeiro levantamento realizado exclusivamente pelo TCE/AP, sem a coordenação de outra instituição, sendo um trabalho pioneiro na Corte de Contas.

2 Antecedentes

Em 1943, o Amapá foi desmembrado do estado do Pará com a criação do Território Federal do Amapá (TFA). Com a promulgação da Constituição Federal, em 1988, foi alçado à condição de estado da Federação, sendo composto por 16 (dezesseis) municípios. De acordo com o Instituto Brasileiro de Geografia e Estatística (IBGE), a população do estado está estimada em 829.494 mil habitantes, concentrando-se majoritariamente na capital Macapá e no município vizinho de Santana, que somam 613.244 mil habitantes.

No período territorial, os núcleos urbanos amapaenses apresentavam frágeis condições estruturais, oriundas, em parte, da escassez da arrecadação. A condição de dependência financeira era significativa, ora por pouca legitimidade para cobrança de tributos, ora por exclusiva dependência das transferências de recursos de outros entes (LEAL, 2012; TOSTES, 2012).

Apesar da transformação do Amapá em estado e, consequentemente, da atribuição constitucional da competência dele e de seus municípios para instituição, arrecadação e cobrança de tributos, o cenário ainda é muito semelhante ao anterior, visto que a dependência financeira dessas esferas por recursos oriundos de transferência ainda é considerável, pois representam a maior fonte de receita, em comparação ao recurso próprio. Conforme o Boletim de Finanças dos Entes Subnacionais de 2018, elaborado pela Secretaria do Tesouro Nacional (STN), o Amapá pode ser considerado o estado mais dependente do Brasil em relação às transferências constitucionais oriundas da União, adotando a participação das receitas de transferências no total de suas receitas primárias como critério (BRASIL, 2018, p. 16).

Por essa razão e em atenção à Lei de Responsabilidade Fiscal, à Resolução nº 06/2016 da ATRICON e à Resolução Executiva nº 55/2014 – TCE/AP, a Corte de Contas amapaense desenvolveu o Levantamento de Governança e Gestão Fiscal para ter um diagnóstico da realidade fiscal do Amapá e, assim, conseguir, com base nessas informações, auxiliar o estado e os municípios a aperfeiçoarem e estruturarem suas respectivas áreas fazendárias para que, por consequência, incrementem a arrecadação própria, de forma a minimizar a dependência das transferências de outros entes, e prestem serviços públicos de melhor qualidade para a sociedade.

3 Instrumento de levantamento

O levantamento foi realizado através da aplicação, no âmbito estadual e municipal, de questionários eletrônicos destinados aos gestores das Secretarias de Fazenda e Finanças e aos Conselhos de Gestão Fiscal, por meio de autoavaliação, por serem os principais atores da gestão fiscal e da governança organizacional da receita tributária, respectivamente.

A autoavaliação de controles (AAC) ou *control self-assessment* (CSA) é uma técnica que consiste em aprimorar os controles por uma ação participativa. Os próprios envolvidos no processo (servidores, dirigentes e agentes públicos em geral) avaliam e estabelecem as prioridades e as soluções de melhoria (MAFFEI, 2015, p. 103).

Os questionários foram disponibilizados para preenchimento no sítio eletrônico do TCE/AP para acesso exclusivo, por meio de *login* e senha, de cada gestor máximo da entidade respondente, ou responsável por ele designado, através da ferramenta livre de pesquisa LimeSurvey®, a qual foi instalada, configurada e mantida na infraestrutura tecnológica do Tribunal de Contas amapaense.

Os instrumentos foram baseados nas melhores práticas de governança e gestão afetas à receita pública nacionalmente reconhecidas e concebidos com base na legislação nacional, na Resolução ATRICON nº 6/2016 (Diretrizes de Controle Externo nº 3.210/2016), no Referencial Básico de Governança (RBG) do TCU, na Constituição Federal de 1988, na Lei Complementar nº 101, de 2000 (LRF), na Lei nº 4.320, de 1964, na Lei nº 5.172, de 1966 (CTN), na Lei nº 9.784, de 1999, no Manual de Contabilidade Aplicada ao Setor Público (MCASP/STN) e no Manual de Demonstrativos Fiscais (MDF/STN).

Devido à extensão dos questionários, a equipe do tribunal realizou a validação por meio de amostragem, selecionando tópicos pelo critério da relevância, elegendo, nos questionários de gestão fiscal, a dimensão instituição, arrecadação e cobrança e, nos questionários de governança, a dimensão controle.

Os dados oriundos das respostas das unidades jurisdicionadas foram categorizados em níveis chamados de "estágio de capacidade": inicial (subdividindo-se em inexistente, insuficiente e iniciando), intermediária e aprimorada.

A estrutura dos questionários e o modelo de avaliação, bem como a categorização das respostas em estágios de capacidade do levantamento, foram baseados no padrão adotado pelo Tribunal de Contas da União, adaptado do Acórdão nº 1.273/2015-TCU-Plenário e Acórdão nº 1130/2017-Pleno-TCU.

4 Governança fiscal

A governança, em termos gerais, é o sistema de direcionamento, monitoramento e incentivo das organizações, segundo os interesses dos proprietários. Envolve o relacionamento entre os proprietários, donos do negócio, e os agentes, delegatários da função de administrar os recursos postos à sua disposição.

De acordo com o Instituto Brasileiro de Governança Corporativa (IBGC), "as boas práticas de governança corporativa convertem princípios em recomendações objetivas, alinhando interesses com a finalidade de preservar e otimizar o valor da organização, facilitando seu acesso a recursos e contribuindo para sua longevidade" (MAFFEI, 2015, p. 73), assim direcionam, monitoram e incentivam as organizações segundo os interesses dos proprietários.

Essa lógica se impõe, urgentemente, à esfera pública. Na governança pública, o proprietário é redefinido como sendo a própria sociedade, que financia, através dos impostos, as tarefas do Estado. Nesse contexto, os agentes são os responsáveis por converter os recursos da sociedade, entregando bens e serviços de interesse público.

O conceito de governança no setor público abrange o pleno funcionamento dos diversos órgãos e entidades estatais, voltado para o atendimento ao interesse da sociedade. De acordo com o Tribunal de Contas da União, governança no setor público pode ser definida como "um conjunto de mecanismos de liderança, estratégia e controle postos em prática para avaliar, direcionar e monitorar a gestão, com vistas à condução de políticas públicas e à prestação de serviços de interesse da sociedade" (TCU, 2014, p. 5-6).

A governança pública compreende tudo que uma instituição pública faz para assegurar que sua ação esteja direcionada para objetivos alinhados aos interesses da sociedade, pois, sem governança adequada, é muito menos provável que os interesses identificados reflitam as necessidades dos cidadãos, as soluções propostas sejam as mais adequadas e os resultados esperados impactem positivamente a sociedade (BRASIL, 2018).

Para que a governança ocorra de forma satisfatória, é necessária a aplicação de alguns mecanismos compostos de elementos que contribuem direta ou indiretamente para o alcance dos objetivos. Os mecanismos de governança devem estar sempre alinhados com vistas a garantir que direcionamentos de altos níveis se reflitam em ações práticas pelos níveis menores.

O Tribunal de Contas da União adota como balizas principais dos mecanismos de governança os conceitos de liderança, estratégia e controle. A liderança compreende o conjunto de práticas, de natureza humana ou comportamental, que assegura a existência das condições mínimas para o exercício da boa governança. A estratégia envolve aspectos como avaliação do ambiente do interno e externo da organização, avaliação e prospecção de cenários e definição e alcance da estratégia organizacional. O controle abrange a prestação de contas das ações e a responsabilização pelos atos praticados (TCU, 2014, p. 37).

No âmbito das finanças públicas, a edição da LRF possibilitou avanços na estrutura de governança fiscal. Essa lei inovou ao trazer regras e mecanismos que proporcionam um maior grau de responsabilidade na condução das finanças públicas por parte dos agentes estatais.

No sentido de controlar as finanças públicas de forma atenta, robusta e responsável e baseando-se nos princípios da governança pública da transparência, equidade, prestação de contas e responsabilidade, a LRF estabeleceu que o Conselho de Gestão Fiscal é o responsável pelo acompanhamento e avaliação, de forma permanente, da política e operacionalidade da gestão fiscal.

O Conselho de Gestão Fiscal deve ser constituído por representantes de todos os Poderes e esferas de governo, do Ministério Público e de entidades técnicas representativas da sociedade. Conforme prevê o art. 67 da LRF:

> Art. 67. O acompanhamento e a avaliação, de forma permanente, da política e da operacionalidade da gestão fiscal serão realizados por conselho de gestão fiscal, constituído por representantes de todos os Poderes e esferas de Governo, do Ministério Público e de entidades técnicas representativas da sociedade, visando a:
> I – harmonização e coordenação entre os entes da Federação;
> II – disseminação de práticas que resultem em maior eficiência na alocação e execução do gasto público, na arrecadação de receitas, no controle do endividamento e na transparência da gestão fiscal;
> III – adoção de normas de consolidação das contas públicas, padronização das prestações de contas e dos relatórios e demonstrativos de gestão de que trata esta Lei Complementar, normas e padrões mais simples para os pequenos Municípios, bem como outros, necessários ao controle social;
> IV – divulgação de análises, estudos e diagnósticos.

Portanto, o Conselho de Gestão Fiscal atua como ator principal da governança fiscal, assumindo o papel de direcionar, monitorar e incentivar as organizações através de mecanismos internos e externos, buscando sempre harmonizar a relação entre a sociedade e a autoridade tributária para que as boas práticas, resultantes dessa simetria, proporcionem a simplificação fiscal e a gestão eficiente, o que torna as questões fiscais mais transparentes.

Muito embora a edição da Lei de Responsabilidade Fiscal defina para a gestão pública maior grau de responsabilidade em relação ao desempenho econômico e quanto à transparência das suas ações, o avanço prático é bastante pequeno. A maioria dos entes municipais não aplica os princípios da governança pública e não adota mecanismos de boa governança fiscal voltados para o atingimento do bem-estar social.

O levantamento mostrou um cenário preocupante, em que a boa governança voltada para as finanças públicas praticamente inexiste em âmbito estadual e nos municípios.

O questionário de governança do estado do Amapá foi composto por 69 (sessenta e nove) itens de controle distribuídos nas 3 (três) dimensões (liderança, estratégia e controle), sendo este aplicado ao Conselho Estadual de Gestão Fiscal (CEGF). Por sua vez, o questionário aplicado aos municípios apresentou 70 (setenta) itens de controle divididos entre as mesmas dimensões, tendo como destinatários os conselhos municipais de gestão fiscal; contudo, devido à ausência deles, o instrumento foi aplicado aos prefeitos.

Além do CEGF, o levantamento contou com a adesão de 85% (oitenta e cinco por cento) dos municípios amapaenses. Ressalta-se que, graças ao processo de validação *in loco*, o tribunal avaliou 100% (cem por cento) dos municípios na dimensão controle.

4.1 Liderança

Os componentes abrangidos pela dimensão liderança, nos questionários relacionados à governança fiscal, foram: sistema de governo, pessoas e competências, princípios e comportamentos e liderança organizacional.

Penedo e Quelhas (2016, p. 3) ressaltam a importância da liderança:

> Um dos mecanismos relevantes de governança em uma organização é a liderança por pessoas íntegras, capacitadas, responsáveis e motivadas ao exercício de governança. O exercício de liderança requer um conjunto harmonioso de práticas de natureza humana com fundamentação ética objetivando resultados possíveis.

Com fulcro nas respostas fornecidas pelo estado do Amapá, identificou-se que a dimensão liderança precisa ser aperfeiçoada e aprimorada, pois as práticas relacionadas ao sistema de governo se encontram no estágio de capacidade iniciando, enquanto que os demais componentes estão no estágio inexistente, demonstrando a necessidade daquele ente instituir os itens de controle abordados no instrumento de autoavaliação.

Em relação aos municípios, diagnosticou-se que nenhum deles implementou Conselho Municipal de Gestão Fiscal. Destaque-se que este auxilia na elaboração, na implementação, no acompanhamento e na avaliação das políticas públicas relacionadas à receita pública, visando sempre à transparência da gestão e maior eficiência na alocação e execução dos gastos, com o escopo de garantir o equilíbrio fiscal. O fato de os municípios não possuírem Conselho de Gestão Fiscal pode comprometer o alcance de práticas de governança.

De forma geral, a dimensão liderança foi considerada inexistente nos municípios do estado do Amapá, haja vista a ausência de práticas como o estabelecimento de código de ética para gestores e servidores da receita, entre outros instrumentos que garantam a liderança e a gestão de pessoas nos setores de finanças públicas.

Acrescente-se que o exercício da liderança promove uma gestão alinhada aos interesses da sociedade e deve ser exercido levando-se em conta a escolha ou seleção do sujeito com o perfil exigido para determinada função na administração pública; assim, melhores resultados são obtidos, e a expectativa das partes interessadas é atendida.

4.2 Estratégia

A dimensão estratégia foi composta pelos componentes relacionamento com as partes interessadas e alinhamento transorganizacional.

As organizações precisam satisfazer vários objetivos políticos, econômicos e sociais, exigindo que estas estejam abertas a ouvir as partes interessadas para conhecer necessidades e demandas, avaliem o desempenho e os resultados organizacionais e sejam transparentes, fornecendo informações completas, precisas, claras e tempestivas (TCU, 2014).

Com base nas informações prestadas pelos jurisdicionados em relação à estratégia, chegou-se ao seguinte cenário:

Gráfico 1 – Perfil da estratégia no âmbito estadual

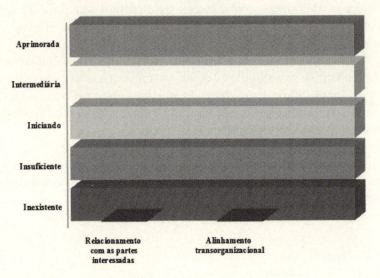

Fonte: TCE/AP.

Gráfico 2 – Perfil da estratégia no âmbito municipal

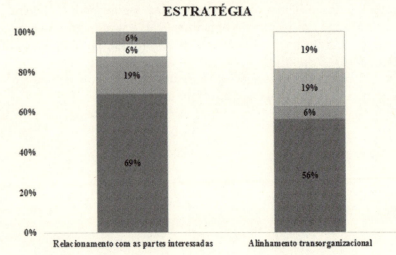

Fonte: TCE/AP.

No estado do Amapá, essa dimensão está no estágio de capacidade considerado inexistente, sugerindo baixa capacidade de envolver a sociedade em seus processos de tomada de decisão. Os componentes relacionamento com as partes interessadas e alinhamento transorganizacional não são adotados em ações integrantes de suas finanças públicas, o que, consequentemente, dificulta a avaliação e o monitoramento da gestão.

No âmbito municipal, os resultados demonstraram que as práticas relativas à estratégia estão em estágio inicial de capacidade, havendo jurisdicionados em estágio intermediário e aprimorado.

Embora nenhum município tenha instituído um Conselho de Gestão Fiscal, as secretarias municipais de planejamento e finanças integraram em suas estruturas funcionais práticas, que permitem certo relacionamento com as partes interessadas e alinhamento transorganizacional no que se refere às finanças públicas.

4.3 Controle

O controle é um dos pilares para o exercício da boa governança no setor público, pois as práticas a ele relacionadas garantem decisões mais eficazes. A implementação e pleno funcionamento dos controles internos, a *accountability* e a transparência são considerados itens indispensáveis para a prestação de contas dos órgãos públicos.

No questionário utilizado pelo tribunal, a dimensão controle abrangeu os componentes gestão de riscos e controles internos, controle interno e *accountability* e transparência.

Após a categorização das respostas prestadas no instrumento de autoavaliação, obteve-se o seguinte diagnóstico:

Gráfico 3 – Perfil de controle no âmbito estadual

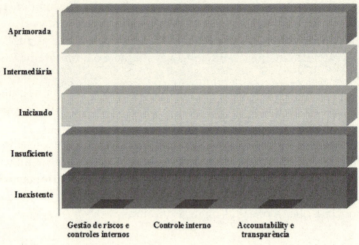

Fonte: TCE/AP.

Gráfico 4 – Perfil de controle no âmbito municipal

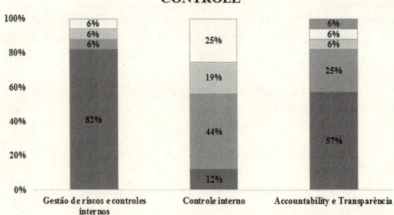

Fonte: TCE/AP.

Constatou-se que, no estado do Amapá, os componentes que possibilitariam exercer um controle efetivo e, consequentemente, a boa governança, enquadrando-se no mais baixo nível de capacidade, demonstrando que o ente não adota, em sua atuação fiscal, a gestão de riscos integrada ao controle interno, à *accountability* e à transparência.

No âmbito municipal, o cenário foi bem diferente se comparado com os resultados do levantamento no ente estadual, pois há unidades jurisdicionadas que se encontram em estágio intermediário de capacidade em todos os componentes. Quanto à *accountability* e transparência, foram, inclusive, identificados municípios em estágio aprimorado.

O resultado demonstrou que há municípios amapaenses interessados em estabelecer ações que previnam os riscos inerentes à gestão fiscal, em implementar controles internos visando à melhoria dos processos e em apresentar à sociedade prestações de contas com informações fidedignas.

5 Gestão fiscal

Em linhas gerais, gestão compreende o "sistema de controles e processos necessários para alcançar os objetivos estratégicos estabelecidos pela direção da organização", segundo o conceito técnico da NBR ISO/IEC 38500 (ABNT, 2009).

A gestão compreende as práticas de planejar, executar, verificar e agir corretivamente relacionadas ao funcionamento diário de programas e de organizações no contexto de estratégias, políticas, processos e procedimentos estabelecidos pelos órgãos, com foco na eficácia e eficiência, visando, respectivamente, cumprir as ações priorizadas e realizá-las da melhor forma possível, avaliando-se o custo-benefício.

No Levantamento da Gestão Fiscal, o instrumento de autoavaliação foi aplicado à Secretaria de Estado da Fazenda (SEFAZ) e às Secretarias Municipais de Finanças (SEFIMs), principais atores da gestão, abordando 8 (oito) dimensões: planejamento e orçamento; administração tributária; contabilidade; instituição, arrecadação e cobrança; dívida ativa e execução fiscal; gestão da informação; gestão da renúncia de receitas; e transparência. As dimensões continham, no total, 124 (cento e vinte e quatro) itens de controle.

A autoavaliação da gestão fiscal teve a adesão de 76,47% (setenta e seis inteiros e quarenta e sete centésimos por cento) das unidades jurisdicionadas, tendo participação do estado e mais 12 (doze) municípios, possibilitando um diagnóstico bastante abrangente.

Após a categorização das respostas apresentadas pelos entes, foi possível constatar que o estado do Amapá se encontra em estágio intermediário de capacidade, enquanto todos os municípios, com exceção de 1 (um), estão no estágio inicial de capacidade no que se refere à gestão fiscal, demonstrando a necessidade de aprimoramento dos itens de controle.

Observa-se nos gráficos que, para resguardar as autoavaliações, foram atribuídas letras aleatórias para representação de cada município.

Gráfico 5 – Gestão fiscal municipal

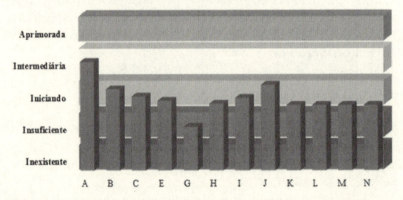

Fonte: TCE/AP.

Gráfico 6 – Gestão fiscal estadual

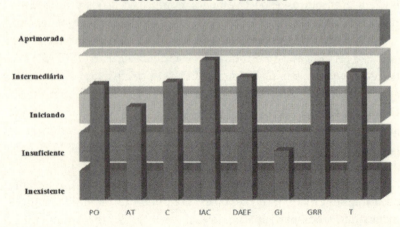

Fonte: TCE/AP.

Todas as dimensões autoavaliadas são importantes para o aperfeiçoamento da gestão fiscal; contudo, o TCE/AP, considerando a impossibilidade de auxiliar, ao mesmo tempo, os jurisdicionados em todas as áreas, identificou as que apresentaram a pior avaliação e, a partir desse ponto, vislumbra iniciar atividades de orientação e controle.

No âmbito do estado, a dimensão gestão da informação encontra-se no estágio de capacidade considerado insuficiente, sendo o mais mal avaliado. A prática abordada nesse item procurou verificar se a administração tributária atendia aos critérios de eficiência, efetividade, confidencialidade, integridade, disponibilidade, conformidade e confiabilidade, bem como se existia política de segurança da informação que assegurasse o gerenciamento e a mitigação dos riscos inerentes à administração tributária, se os sistemas informatizados das áreas finalísticas contemplavam os padrões mínimos exigidos pelos protocolos internacionais (COBIT 5) e se os sistemas fazendários, contábeis e financeiros eram integrados e possuíam o padrão mínimo de qualidade preconizado pela LRF.

As informações prestadas pela Fazenda Estadual apontaram grande deficiência do estado, demonstrando a necessidade de aperfeiçoar as atividades relacionadas a essa temática, tanto para que ocorra um melhor aproveitamento da utilização das informações produzidas pela própria Secretaria, como pelos órgãos de controle, sejam eles interno, externo e/ou social.

A Lei de Responsabilidade Fiscal determina que os sistemas fazendários, contábeis e financeiros devem ser integrados, de forma que disponibilizem a qualquer pessoa física ou jurídica o acesso à informação. Quanto à despesa, o sistema deverá informar todos os atos praticados pelas unidades gestoras no decorrer da sua execução, no momento de sua realização e com a disponibilização mínima de dados referentes ao número do correspondente processo. Quanto à receita, deve demonstrar o lançamento e o recebimento de toda a receita das unidades gestoras, inclusive recursos extraordinários.

Corroborando essa determinação legal, a ATRICON, através da Resolução nº 6/2016, recomenda a integração dos sistemas fazendários, contábeis e financeiros de forma que proporcionem um padrão mínimo que garanta a integridade e a confiabilidade dos registros e possam dispor de relatórios gerenciais que possibilitem efetivo auxílio à administração tributária e fazendária e a necessária transparência para o controle interno, externo e social.

A falta de projetos para o aperfeiçoamento da gestão da informação é experimentada diariamente no desenvolvimento dos trabalhos exercidos pelo Tribunal de Contas. Ao cruzar as informações prestadas pelo estado nos processos de cálculos para apuração da Receita Corrente Líquida (RCL), no acompanhamento dos limites de gastos com pessoal, educação e saúde, nos processos de prestação de contas e nos processos de fiscalização, com as informações disponibilizadas nos portais de transparência e no Sistema Integrado de Planejamento, Orçamento e Gestão (SIPLAG), é observada uma significativa discrepância dos valores, evidenciando a falta de informações fidedignas, prejudicando a correta análise das finanças estaduais.

Ademais, a deficiência da gestão da informação mostra-se lesiva à administração fazendária, visto que utiliza dados que não refletem a realidade, levando os gestores a tomarem decisões desalinhadas do cenário fiscal, comprometendo a atuação do estado na área econômica e social.

No âmbito municipal, a dimensão com pior avaliação foi a gestão de renúncia de receitas, na qual se buscou aferir se as formalidades legais e regulamentares exigidas para a concessão de incentivos ou benefícios de natureza tributária da qual decorra a renúncia eram observadas.

Detectou-se que 100% (cem por cento) dos municípios respondentes do Amapá estão no estágio de capacidade inicial, e 66,66% (sessenta e seis inteiros e sessenta e seis centésimos por cento) desse total no estágio considerado inexistente.

Com fulcro nas respostas prestadas, foi possível diagnosticar que os municípios não avaliavam as formalidades legais e regulamentares para a concessão de incentivos ou benefícios tributários, como também não avaliavam as medidas de compensação conforme disposições no anexo de metas fiscais da Lei de Diretrizes Orçamentárias.

As unidades jurisdicionadas municipais, além de possuírem reduzido controle e baixa capacidade de gerar informações gerenciais e quase não conseguirem instituir, arrecadar e cobrar os tributos de sua competência, ainda concediam incentivos e benefícios tributários sem respeitar os ditames legais, o que se classifica como um risco relevante para o seu equilíbrio financeiro, prejudicando a administração pública em sua totalidade, visto que a deficiência nessa dimensão faz com que o ente deixe de arrecadar receitas, assim como de usufruir dos benefícios advindos de programas de incentivos fiscais.

Além das dimensões que apresentaram pior desempenho, o TCE/AP concentrou esforços na dimensão instituição, arrecadação e cobrança, a qual foi objeto de validação por parte da comissão designada para o trabalho, ou seja, todos os jurisdicionados, com exceção de apenas 1 (um) município, tiveram informações coletadas e validadas, totalizando, neste item, quase 100% (cem por cento) do universo avaliado.

Nessa dimensão, o objetivo foi verificar se o ente observava os requisitos essenciais da responsabilidade na gestão fiscal através da instituição, previsão e efetiva arrecadação de todos os tributos de sua competência, bem como se era efetivo o exercício de sua competência constitucional tributária.

Constatou-se, no âmbito estadual, que, das 7 (sete) práticas avaliadas, 3 (três) se encontravam no estágio de capacidade aprimorada, e as demais, no de intermediária, apresentando um desempenho significativo em relação a este item, o que também pode ser verificado no gráfico 7 ao comparar o valor previsto dos tributos e o que efetivamente foi arrecadado.

Gráfico 7 – Comparativo da tributação em 2017: prevista e arrecadada

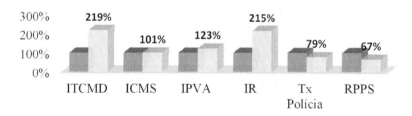

Fonte: TCE/AP.

Com fulcro nas informações prestadas ao tribunal, todos os impostos de competência do estado foram arrecadados além do previsto, o que aconteceu também com o Imposto de Renda Retido na Fonte. Em relação à taxa pelo exercício do poder de polícia e à contribuição previdenciária dos servidores públicos, estas ficaram aquém do previsto. Contudo, devido ao levantamento não objetivar, no primeiro momento, a análise da conformidade dos procedimentos e dos itens de controle, não foi possível identificar os motivos que fizeram com que o estado do Amapá arrecadasse menos do que o previsto em relação a esses tributos, o que ficará a cargo de trabalhos posteriores com foco na conformidade.

Considerando que a questão previdenciária merece uma atenção especial, inclusive por ser receita vinculada, destacou-se que a não efetivação da contribuição previdenciária por parte do ente federativo em sua plenitude e o não recolhimento das cotas de contribuição previdenciária, apesar de serem descontadas dos servidores públicos vinculados ao RPPS, violavam o exposto no artigo 40, *caput*, artigo 149, §1º, e artigo 195, incisos I e II, todos da Constituição Federal.

Em relação aos municípios do estado do Amapá, o cenário mostrou-se bem diferente pela análise dos valores dos impostos de sua competência efetivamente arrecadados, conforme demonstrado nos gráficos 8, 9 e 10.

Gráfico 8 – Comparativo IPTU 2017: previsto e arrecadado

Fonte: TCE/AP.

Gráfico 9 – Comparativo ITBI 2017: previsto e arrecadado

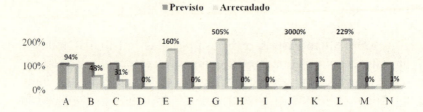

Fonte: TCE/AP.

Gráfico 10 – Comparativo ISS 2017: previsto e arrecadado

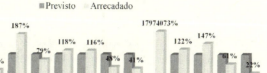

Fonte: TCE/AP.

Ao comparar os valores previstos com os efetivamente arrecadados, identificaram-se possíveis problemas, os quais foram constatados inclusive nas entrevistas realizadas no momento da validação *in loco*.

O Imposto sobre a Propriedade Predial e Territorial Urbana (IPTU) foi o tributo que mais despertou a atenção do tribunal, visto que, com exceção de 1 (um) município, todos os outros arrecadaram muito menos do que previsto, isto é, 9 (nove) arrecadaram menos de 3% (três por cento), 3 (três) menos de 33% (trinta e três por cento) e apenas 1 (um) arrecadou 61% (sessenta e um por cento) do orçado.

O tribunal, durante a validação, constatou que o único município que arrecadou mais que o previsto teve esse desempenho não em virtude da efetiva arrecadação, mas, sim, da deficiência na elaboração das peças orçamentárias que subestimaram a receita oriunda desse imposto.

Nas entrevistas realizadas pela equipe do TCE/AP, quantidade significativa dos responsáveis pelas pastas de planejamento e finanças informou que a ausência de arrecadação seria proveniente de decisão política, por parte do chefe do Poder Executivo municipal, de não realizar a cobrança do IPTU por considerar uma atitude antipopular. Em alguns casos, foram registrados contabilmente valores irrisórios, apenas com o objetivo de demonstrar que o imposto estava sendo arrecadado pelo ente.

Diferentemente do que foi constatado no IPTU, os municípios obtiveram, em sua maioria, uma arrecadação superior à previsão em relação ao Imposto sobre Serviços de Qualquer Natureza (ISS), porém, não sendo possível atribuir esse resultado a uma deficiência na previsão orçamentária ou a uma efetiva arrecadação superavitária. No entanto, em relação ao município J, que apresentou um percentual elevadíssimo de arrecadação, conforme demonstrado no gráfico 10, verificou-se que se tratava de distorção ocasionada pela ausência de previsão orçamentária de receita com ISS.

Por fim, em relação ao Imposto sobre a Transmissão de Bens Imóveis e de Direitos a eles Relativos (ITBI), identificou-se que 50% (cinquenta por cento) dos municípios não arrecadaram ou registraram valores irrisórios, como ocorreu nos outros dois impostos ora analisados.

Apenas 1 (um) município apresentou equilíbrio entre a previsão e a arrecadação, demonstrando a elaboração do orçamento baseada em padrões técnicos. Do restante, 2 (dois) arrecadaram menos da metade do previsto em sua LOA, e 4 (quatro) obtiveram arrecadação superior à previsão. Entretanto, não foi possível atribuir esses resultados a uma deficiência na previsão orçamentária ou a uma efetiva arrecadação superavitária. Acerca do município J, mencionado anteriormente, a exemplo do que ocorreu com o IPTU, apresentou um percentual elevadíssimo de arrecadação, em razão de ausência de previsão orçamentária de receita com ITBI.

Com base nessas informações, o tribunal conseguiu identificar questões políticas que têm impossibilitado o exercício pleno da competência tributária dos entes municipais e, além, que as informações contábeis registradas de forma não fidedigna prejudicam a gestão fiscal do ente como um todo, visto que estes deixam de arrecadar recursos próprios, utilizam como instrumento de decisão peças com dados imprecisos e prestam informações inverídicas à sociedade e aos órgãos de controle.

6 Conclusões

O Levantamento de Governança e Gestão Fiscal possibilitou ao TCE/AP obter e sistematizar informações sobre a governança e gestão das receitas do estado e municípios, conhecer a situação da governança fiscal, além de estimular o estado e os municípios a adotarem boas práticas e, ainda, a definir um panorama geral da receita pública estadual e municipal, identificando sua composição e apontando suas fragilidades, bem como os campos de atuação que necessitam de prioridade nas ações/fiscalizações do tribunal.

Pela massiva participação dos jurisdicionados, é possível afirmar que o interesse no tema governança e gestão fiscal foi despertado nos atores envolvidos, o que possibilitará uma mudança de comportamento nessas áreas. Também foi possível identificar onde se encontram as maiores fragilidades no que se refere ao tema, apesar de, com fulcro nas informações obtidas pelo preenchimento dos questionários, ter se constatado que tanto as instituições estaduais quanto as municipais apresentaram grandes deficiências em quase todas as práticas analisadas.

No tocante ao estado do Amapá, após análise, categorização e atribuição de valores das respostas dos questionários de governança e de gestão fiscal, constatou-se que este se encontra no estágio de capacidade inexistente, na média das 3 (três) dimensões de governança avaliadas (liderança, estratégia e controle); e no estágio intermediário de capacidade, na média das 8 (oito) dimensões de gestão fiscal (planejamento e orçamento; administração tributária; contabilidade; instituição, arrecadação e cobrança; dívida ativa e execução fiscal; gestão da informação; gestão da renúncia de receitas; e transparência).

Na governança estadual, os piores cenários encontrados foram os relacionados ao controle e à estratégia, cujas fases de capacidade se enquadram igualmente como inexistente.

Em relação à gestão fiscal estadual, identificou-se como pior cenário o relativo à gestão da informação, que se mostra no estágio de capacidade insuficiente.

Quanto aos municípios amapaenses, após análise, categorização e atribuição de valores das respostas dos questionários de governança e de gestão fiscal, constatou-se que, via de regra, se encontram no estágio inicial de capacidade, na média das 3 (três) dimensões de governança avaliadas (liderança, estratégia e controle); e a maioria, no estágio inicial de capacidade na média das 8 (oito) dimensões de gestão fiscal (planejamento e orçamento; administração tributária; contabilidade; instituição, arrecadação e cobrança; dívida ativa e execução fiscal; gestão da informação; gestão da renúncia de receitas; e transparência).

Na governança municipal, o pior cenário encontrado foi o relacionado à liderança, em que quase 100% (cem por cento) dos respondentes se enquadram no estágio inicial de capacidade.

Em relação à gestão fiscal municipal, identificou-se como pior cenário o relativo à gestão da renúncia da receita, em que 100% (cem por cento) dos respondentes estão no estágio de capacidade inicial.

Identificou-se, ainda, que 100% (cem por cento) dos municípios não possuem Conselho de Gestão Fiscal e que a maioria dos municípios, apesar de prever, não arrecada IPTU por decisão política do chefe do

Poder Executivo, por ser uma medida considerada antipopular na avaliação dos gestores.

O Plenário do Tribunal de Contas amapaense, de posse das informações fornecidas através do levantamento, apresentou recomendações para as unidades jurisdicionadas que participaram do trabalho.

Ao Conselho Estadual de Gestão Fiscal recomendou-se estabelecer critérios de seleção para secretário de estado da Fazenda e para gestores diretamente a ele subordinados; implementar plano de capacitação permanente dos atores da governança; adotar práticas visando aprimorar o relacionamento com as partes interessadas e o alinhamento transorganizacional das ações no âmbito das finanças públicas; implantar a gestão de riscos e desenvolver mecanismos de disponibilização dos resultados do monitoramento da gestão; avaliar a possibilidade de implantação de órgão setorial do sistema de controle interno dedicado à área da receita pública; e desenvolver diretrizes para abertura de dados e divulgação de informações, resguardando as sigilosas, assim consideradas por lei, relacionadas às finanças públicas.

Para a Secretaria de Estado da Fazenda, sugeriu-se verificar os motivos que ocasionaram uma arrecadação menor do que a prevista em relação às contribuições do RPPS e às taxas pelo exercício do poder de polícia, o que poderia decorrer tanto de um equívoco na previsão estabelecida na Lei Orçamentária quanto da deficiência no repasse das contribuições ao Instituto de Previdência do Amapá (AMPREV).

Recomendou-se, ainda, avaliar a possibilidade de implementar os itens de controle da dimensão gestão da informação, visando mitigar os riscos e diminuir as vulnerabilidades encontradas; identificar e compreender quais processos de TI estariam gerando impacto e possíveis riscos para o bom desempenho do negócio; e integrar os sistemas fazendários, contábeis e financeiros, garantindo às partes interessadas informações quanto às receitas e despesas.

No que se refere aos municípios, apesar de não haver Conselho de Gestão Fiscal, identificou-se que estes, de maneira empírica, praticam algumas ações típicas de governança afetas às finanças públicas. Considerando que o referido conselho é de extrema importância para a governança fiscal, o tribunal recomendou que os jurisdicionados estudassem a viabilidade da criação dos conselhos municipais de gestão fiscal e, em relação à gestão, aperfeiçoassem sua contabilidade através do intercâmbio entre os diversos órgãos da administração tributária, bem como implementassem um setor contábil próprio, eficiente e com estrutura organizacional adequada, principalmente no que se refere ao espaço físico, ao manuseio dos sistemas de informação necessários à atividade, tanto quanto ao exercício das funções contábeis por servidores públicos de carreira; realizassem de maneira efetiva a arrecadação de todos os tributos de sua competência; e observassem as formalidades legais e regulamentares para a concessão de incentivos ou benefícios de natureza tributária da qual decorressem renúncia de receita.

O TCE/AP tem desenvolvido institucionalmente outros trabalhos decorrentes do levantamento, como a criação do sistema de informação denominado *Audicontas*, que busca a integração com os sistemas financeiros para que haja maior segurança, integridade, disponibilidade, conformidade e confiabilidade das informações prestadas para o tribunal e para a sociedade, além de buscar uma forma para obter acesso direto ao sistema de administração tributária estadual e demais sistemas relacionados ao planejamento e execução orçamentária, superando os entraves do alegado sigilo fiscal.

Os próximos projetos estão sendo desenvolvidos conjuntamente com a Escola de Contas do TCE/AP para capacitar as equipes técnicas dos municípios com a finalidade de aperfeiçoar a gestão fiscal e, assim, auxiliá-los a encontrar soluções para alavancar sua arrecadação e, consequentemente, proporcionar a melhoria da qualidade de vida da população.

Ainda com base nos resultados obtidos no levantamento, as coordenadorias da Receita Estadual e da Receita Municipal iniciaram estudo e planejamento das fiscalizações com o escopo na gestão de renúncia de receitas.

Por fim, deve-se enfatizar que a experiência do TCE/AP com o Levantamento de Governança e Gestão Fiscal, além dos benefícios para o aprimoramento das estruturas fazendárias dos jurisdicionados anteriormente abordados, trouxe muitas vantagens para o controle externo. Destaque-se a aproximação dos jurisdicionados, o que possibilitou reconhecer as fragilidades vivenciadas pelos mesmos no campo da governança e gestão fiscal, assim como levar conhecimento que resulte, ao final, na melhoria da gestão pública.

Referências

ABNT. Associação Brasileira de Normas Técnicas. NBR ISO/IEC 38500: *Tecnologia da Informação – Governança da TI para a organização*. Rio de Janeiro, 2009.

ATRICON. Associação dos Membros dos Tribunais de Contas do Brasil. Resolução nº 06/2016. *Aprova as Diretrizes de Controle Externo Atricon 3210/2016*: relacionadas à temática "Receita e renúncia de receita". Disponível em: http://www.atricon.org.br/wp-content/uploads/2016/12/Diretrizes-receita-e-ren%C3%BAncia-de-receita.pdf. Acesso em: 22 abr. 2019.

BRAGA, Marconi A. F. C. Responsability. *In*: CASTRO, C. L. F.; GOTIJO, C. R. B. *et al.* (Org.). *Dicionário de políticas públicas*: volume 2. Barbacena: EdUEMG, 2015.

BRASIL. Casa Civil da Presidência da República. *Guia da política de governança pública*. Brasília: 2018. Disponível em: https://www.cgu.gov.br/noticias/2018/12/governo-federal-lanca-guia-sobre-a-politica-de-governanca-publica/guia-politica-governanca-publica.pdf. Acesso em: 23 abr. 2019.

BRASIL. Lei Complementar nº 101, de 4 de maio de 2000. *Estabelece normas de finanças públicas voltadas para a responsabilidade na gestão fiscal e dá outras providencias*. Brasília: Diário Oficial da União, 2000.

BRASIL. Secretaria do Tesouro Nacional (STN/MF). *Boletim de finanças dos entes subnacionais de 2018*. Brasília: STN/MF, 2018.

DE JESUS, Marlene Rodrigues; DALONGARO, Roberto Carlos. Governança corporativa na administração municipal: uma análise do resultado econômico da secretaria de Fazenda de Ijuí (RS) – Brasil. *Revista Observatorio de la Economia Latinoamericana*, 2018. Disponível em: https://www.eumed.net/rev/oel/2018/04/administracao-municipal-brasil.html. Acesso em: 25 abr. 2019.

LEAL, Victor Nunes. *Coronelismo, enxada e voto*: o município e o regime representativo no Brasil. 7. ed. São Paulo: Companhia das Letras, 2012.

MAFFEI, José. *Curso de Auditoria*: introdução à auditoria de acordo com as normas internacionais e melhores práticas. São Paulo: Saraiva, 2015.

PENEDO, Fabrício Ramos; QUELHAS, Luiz Gonçalves. *Práticas de governança pública*: aspectos da liderança em institutos de previdência municipal. São Paulo: ENGEMA - USP, 2016. Disponível em: http://engemausp.submissao.com.br/18/anais/arquivos/356.pdf. Acesso em: 24 abr. 2019.

TCE/AP. Tribunal de Contas do Estado do Amapá. *Resolução Executiva n. 61/2015*. Aprova o Manual de Auditoria e recepciona as "Normas de Auditoria Governamental Nacionais e Internacionais Aplicáveis ao Controle Externo Brasileiro", que orientarão a elaboração das normas específicas para o exercício do controle externo pelo Tribunal de Contas do Estado do Amapá. Disponível em: http://www.tce.ap.gov.br/consulta-legislacao. Acesso em: 22 abr. 2019.

TCE/AP. Tribunal de Contas do Estado do Amapá. *Resolução Executiva n. 55, de 2014*. Aprova o Regulamento dos Serviços Auxiliares da Diretoria da Área de Controle Externo do Tribunal de Contas do Estado do Amapá. Disponível em: http://www.tce.ap.gov.br/consulta-legislacao. Acesso em: 22 abr. 2019.

TCU. Tribunal de Contas da União. *Referencial básico de governança [RBG]*: aplicável a órgãos e entidades da administração pública. Brasília: TCU; Secretaria de Planejamento, Governança e Gestão, 2014.

TOSTES, José Alberto. *Transformações urbanas das pequenas cidades amazônicas (AP) na Faixa de Fronteira Setentrional*. Rio de Janeiro: Publit, 2012.

Informação bibliográfica deste texto, conforme a NBR 6023:2018 da Associação Brasileira de Normas Técnicas (ABNT):

BOTELHO, Terezinha de Jesus Brito *et al*. Controle externo da receita: a experiência do TCE/AP com o levantamento de governança e gestão fiscal. *In*: LIMA, Edilberto Carlos Pontes (Coord.). *Tribunal de Contas do século XXI*. Belo Horizonte: Fórum, 2020. p. 399-423. (Coleção Fórum IRB, v. 3). ISBN 978-85-450-0713-5.

SOBRE OS AUTORES

Adriana Lima Domingos
Técnica de Controle do Tribunal de Contas do Estado do Paraná desde 1993. Assessora de Conselheiro. Bacharel em Ciências Sociais pela UFPR (1998). Especialista em Administração Pública pela UNIBRASIL (2005). Mestranda em Ciência Política.

Benedito Antonio Alves
Doutor em Ciência Jurídica pela Universidade do Vale do Itajaí-SC (2018). Conselheiro e Presidente da 1ª Câmara do Tribunal de Contas do Estado de Rondônia. Mestre em Direito do Estado pela UNIFRAN – Universidade de Franca – Franca/SP (2001). Pós-Graduado em Direito Penal e Processual Penal pela Universidade Tiradentes – UNIT – Aracajú/SE (1997). Pós-Graduado em Direito Processual Civil pela Universidade do Vale do Rio Doce – UNIVALE, Governador Valadares/MG (1998). Professor de Graduação e Pós-Graduação dos cursos de Direito da FCR – Faculdade Católica de Rondônia. Autor e Coautor de diversas obras jurídicas, dentre elas: *Direito Financeiro Didático; Curso de Direito Financeiro; Direito Financeiro Esquematizado; Lei de Responsabilidade Fiscal Comentada*, 5ª ed.; *Aspectos Penais da Lei de Responsabilidade Fiscal; Dicionário Jurídico Universitário; Lei de Responsabilidade Fiscal Comentada, Revista, Ampliada e Atualizada; Amazônia Brasileira: Soberania Ameaçada* e *Constituição Federal Interpretada: artigo por artigo, parágrafo por parágrafo*, 10ª ed.

Celmar Rech
Natural de São Marcos/RS, foi funcionário do Banco do Brasil de 1982 a 1996, ano em que assumiu o cargo de analista de Finanças e Controle da Secretaria do Tesouro Nacional, em Brasília, até novembro de 2008, quando tomou posse como auditor do Tribunal de Contas do Estado de Goiás. Em 31 de agosto de 2011, tornou-se Conselheiro na vaga destinada aos conselheiros substitutos (auditores). Técnico em Contabilidade. Graduado em Economia pela Universidade de Caxias do Sul e em Direito pelo Uniceub de Brasília. Pós-Graduado em Direito Público pelo Instituto Processus. Mestre em Economia do Setor Público pela Universidade de Brasília. Assumiu o cargo de Corregedor-Geral, gestão 2015-2016, e de Vice-Presidente (2017-2018). É o Presidente do TCE-GO na gestão 2019-2020.

Cinthya Hayashida de Carvalho Zortéa
Natural de Goiânia/GO, graduou-se em Direito pela PUC-GO, especializou-se em Direito Administrativo e Administração Pública pela Universidade Estácio de Sá e em Criminologia pela Universidade Federal de Goiás. Já foi Servidora

no Executivo, Judiciário e atualmente nesta Corte de Contas. Já atuou como Consultora do PNUD (Programa das Nações Unidas para o Desenvolvimento), na área de presídios. Atuou como Advogada da área imobiliária para uma grande instituição financeira. Atualmente é aluna especial do Mestrado em Ciência Política da Universidade Federal de Goiás.

Cirilo Alves Ferreira Neto
Bacharel em Direito pela Universidade Federal do Amapá (UNIFAP). Especialista em Docência do Ensino Superior pela Faculdade de Tecnologia do Amapá e em Gestão Pública pela Faculdade de Teologia e Ciências Humanas. Pós-Graduando em Teoria e Filosofia do Direito pela Pontifícia Universidade Católica de Minas Gerais (PUC Minas). Técnico de Controle Externo e Inspetor de Controle Externo do TCE/AP.

Claudia Stancioli César
Auditora de Controle Externo do Tribunal de Contas do Estado do Espírito Santo (TCEES). Bacharel em Direito pela Universidade Federal do Espírito Santo (UFES). Pós-Graduada em Gestão Pública. Foi Coordenadora da Secretaria Geral de Controle Externo e da Corregedoria do TCEES.

Dagmar Albertina Gemellir
Doutorado em Direito Público e Direito Privado pela Universidade Ilhas Baleares –Espanha. Mestrado em Políticas Públicas pelo Centro Universitário de Brasília – UniCEUB. Especialização em Direito de Estado e Administração e Planejamento para Docentes. Possui Graduação em Direito pela UNICRUZ – Universidade de Cruz Alta RS. Atualmente é Professora do Curso de Direito do Centro Universitário Luterano de Palmas-TO, Coordenadora do Grupo de Estudos de Direito Administrativo – GEDA e Instrutora do Instituto de Contas 5 de Outubro. Ministrou aulas nos cursos de Pós- Graduação do Centro Educacional do Norte e no Instituto Tocantinense de Pós-Graduação. Aprovada em concurso público para o cargo de Auditora de Controle Externo do TCE-TO.

Domingos Augusto Taufner
Conselheiro do Tribunal de Contas do Estado do Espírito Santo. Graduado em Engenharia Mecânica pela Universidade Federal do Espírito Santo (UFES). Bacharel em Direito pela Faculdade de Direito de Vitória (FDV). Pós-Graduado em Direito Tributário pelo Instituto de Ensino Consultime. Mestre em Direitos e Garantias Fundamentais pela Faculdade de Direito de Vitória. Foi Procurador do Ministério Público de Contas, exercendo a função de Procurador-Geral.

Doris T. P. C. de Miranda Coutinho
Conselheira do Tribunal de Contas do Estado do Tocantins. Doutoranda em Direito Constitucional da *Facultad de Derecho de la Universidad de Buenos Aires* (UBA). Mestranda em Prestação Jurisdicional e Direitos Humanos pela Escola Superior da Magistratura Tocantinense (UFT). Especialista em Política e Estratégia pela Universidade do Tocantins e em Gestão Pública com ênfase

em controle externo pela FACINTER/FATEC. Membro Honorário do Instituto dos Advogados Brasileiros – IAB.

Edilberto Carlos Pontes Lima
Pós-Doutor em Democracia e Direitos Humanos (Faculdade de Direito da Universidade de Coimbra). Doutor em Economia (Universidade de Brasília). Presidente do Tribunal de Contas do Estado do Ceará, Vice-Presidente de Ensino, Pesquisa e Extensão do Instituto Rui Barbosa e Presidente do Comitê de Gestão de Informação dos Tribunais de Contas do Brasil.

Fernando Augusto Mello Guimarães
Conselheiro do Tribunal de Contas do Estado do Paraná desde 2002, tendo exercido as funções de Corregedor Geral (2005-2008), Vice-Presidente (2009-2010) e Presidente (2011-2012). Foi Procurador junto ao TCE/PR (1994-2002), cargo no qual exerceu a função de Procurador-Geral do Ministério Público junto ao Tribunal de Assessor Jurídico do TCE/PR (1992-1994) e Assessor Jurídico de Minerais do Paraná S.A. – MINEROPAR (1981-1992). Bacharel em Direito pela Faculdade de Direito de Curitiba (1980), com Especialização em Direito Público pelo Instituto dos Advogados do Paraná.

Gleison Mendonça Diniz
Pós-Doutor em Administração e Controladoria (Universidade Federal do Ceará). Doutor em Administração de Empresas (Universidade de Fortaleza). Analista de Controle Externo do Tribunal de Contas do Estado do Ceará.

Inaldo da Paixão Santos Araújo
Contador. Mestre em Contabilidade. Pós-Graduado em Auditoria Contábil, em Auditoria Governamental, em Administração para Auditores Públicos e em Metodologia e Didática para o Ensino Superior. Conselheiro-Corregedor do Tribunal de Contas do Estado da Bahia. Professor Universitário. Autor de livros e artigos.

Iran Coelho das Neves
Presidente do Tribunal de Contas do Estado de Mato Grosso do Sul. Graduado em Ciências Econômicas, em 1977, e Direito, em 1987, pela FUCMAT – Faculdades Unidas Católicas de Mato Grosso. Nomeado Conselheiro do Tribunal de Contas em julho de 2009, Diretor-Geral da Escoex nos anos de 2010, 2011 e 2012, Vice-Presidente no biênio 2011/2012 e Corregedor-Geral nos biênios 2015/2016 e 2017/2018.

Ivan Lelis Bonilha
Graduado em Direito pela UFPR e Mestre em Direito do Estado pela PUC de São Paulo. Conselheiro do Tribunal de Contas do Estado do Paraná. Foi Servidor de Carreira do TCE-PR, ingressou em março de 1993 após aprovação em concurso público. Foi Professor da Faculdade de Direito de Curitiba, Procurador-Geral do Município de Curitiba, Procurador-Geral do Governo

do Estado e Conselheiro Estadual da OAB/PR. Foi Conselheiro Corregedor do TCE-PR, eleito para o biênio de 2013/2014 e Presidente do Tribunal de Contas do Estado do Paraná (TCE-PR) no biênio 2015/2016. Atual Presidente do Instituto Rui Barbosa, biênio 2018/2019.

Joaquim Alves de Castro Neto
Conselheiro do Tribunal de Contas dos Municípios do Estado de Goiás (TCMGO) desde 2015. Graduado em Direito. Pós-Graduado em Direito Penal e Processual Penal. Atualmente desempenha suas atividades na Presidência do TCMGO. É também Vice-Presidente do Colégio de Presidentes dos Tribunais de Contas do Brasil e Membro da Diretoria da Vice-Presidência de Relações Internacionais da ATRICON.

João Augusto Pinto Vianna
Bacharel em Direito pela Universidade Federal do Pará (UFPA). Especialista em Direito Tributário pela Universidade Anhanguera e em Regime Próprio de Previdência Social pela Faculdade Damásio de Jesus. Auditor de Controle Externo do TCE/AP.

Júlio Edstron S. Santos
Doutorando em Direito pelo Centro Universitário de Brasília – UNICEUB. Mestre em Direito Internacional Econômico pela UCB/DF. Diretor-Geral do Instituto de Contas 5 de Outubro do TCE-TO Professor do IDASP/Palmas. Membro dos grupos de pesquisa Núcleo de Estudos e Pesquisas Avançadas do Terceiro Setor (NEPATS) da UCB/DF, Políticas Públicas e Juspositivismo, Jusmoralismo e Justiça Política do UNICEUB.

Karina Ramos Travaglia
Auditora de Controle Externo do Tribunal de Contas do Estado do Espírito Santo (TCEES). É Coordenadora da Corregedoria do TCEES. Pós-Graduada em Gestão Pública. Mestra em Ciências Contábeis pela Universidade Federal do Espírito Santo (UFES). Autora do livro *AFO e Orçamento Público na CF e LRF*.

Leandro Bottazzo Guimarães
Auditor de Controle Externo do Tribunal de Contas dos Municípios do Estado de Goiás (TCMGO) desde 2017. Mestre em Educação (2009) pela Universidade Estadual Paulista (UNESP). Atualmente desempenha suas atividades na Comissão Especial de Auditoria, responsável pelo programa De Olho nas Escolas.

Luciane Maria Gonçalves Franco
Analista de Controle do Tribunal de Contas do Estado do Paraná. Bacharel em Ciências Contábeis, Administração pela UNIFAE e em Teologia pela FEPAR. Pós-graduada em Direito Administrativo pelo Instituto Bacellar e em Gestão Pública com ênfase em Controle Externo pela UNIFAE. Mestre em Contabilidade e Finanças pela UFPR. Doutora em Gestão Urbana pela PUCPR. Articulista em

eventos nacionais e internacionais e palestrante nas áreas de administração pública, controle esterno, contabilidade e finanças públicas.

Luciano Chaves de Farias
Advogado. Mestre em Políticas Sociais e Cidadania. Pós-Graduado em Direito Público. Secretário Geral do Tribunal de Contas do Estado da Bahia. Professor Universitário e Autor de livros e artigos.

Marco Aurélio Batista de Sousa
Auditor de Controle Externo do Tribunal de Contas dos Municípios do Estado de Goiás (TCMGO) desde 2010. Pós-Graduado em Gestão e Políticas Públicas. Atualmente desempenha suas atividades na Secretaria de Licitações e Contratos, onde atua como Chefe de Divisão. É também supervisor da Comissão Especial de Auditoria, responsável pelo programa De Olho nas Escolas.

Milene Dias da Cunha
Conselheira Substituta no Tribunal de Contas do Estado do Pará (2012-atual). Mestre em Ciência Política pela UFPA (2019). Especialista em Direito Público com ênfase em Gestão Pública pelo Complexo Jurídico Damásio de Jesus (2015). Especialista em Gestão de Pessoas e *Marketing* pela UNIPAM (2004). Graduada em Administração pela UNIPAM/UEMG (2002). Diretora de Defesa de Direitos e Prerrogativas e de Assuntos Corporativos da Associação dos Membros dos Tribunais de Contas do Brasil (ATRICON) (2018-atual). Vice-Presidente da Associação Nacional dos Ministros e Conselheiros-Substitutos dos Tribunais de Contas (AUDICON) – Região Norte (2016-2017). Docente, Autora de artigos e Conferencista na área de controle externo e políticas públicas.

Moises Maciel
Mestre e Doutorando em Direito pela FADISP. Graduado em Ciências Contábeis pela Universidade Federal do Rio de Janeiro (UFRJ) e em Direito pela Faculdade de Direito de Cachoeiro de Itapemirim (FDCI). Especialista em Direito Processual pela UNAMA e em Direito Público pela Faculdade Damásio de Jesus. Conselheiro Substituto e Interino do Tribunal de Contas do Estado de Mato Grosso. Instrutor e Palestrante da Escola Superior de Contas do TCE/MT. Exerceu o mandato de Coordenador da Rede de Controle da Gestão Pública do Estado de Matogrosso (2016) e foi eleito Vice-Presidente da AUDICON – Associação Nacional dos Ministros e Conselheiros Substitutos dos Tribunais de Contas do Brasil. É Superintendente Geral da Escola de Contas do TCE/MT. Conferencista, Palestrante e Debatedor em eventos científicos de renome nacional e internacional.

Nestor Baptista
Presidente do Tribunal de Contas do Estado do Paraná. Formado em Direito pela UFPR. Jornalista Profissional. Foi apresentador de rádio (Rádio Iguaçu de Curitiba), de televisão (Televisão Iguaçu, Canal 4), Deputado Estadual,

Presidente da Assembleia Legislativa do Paraná. Participou da Constituinte estadual de 1989. É Conselheiro do TCEPR desde 1989.

Rafaela Alves Fecury Lobato
Bacharel em Ciências Contábeis pela Universidade Federal do Pará (UFPA). Especialista em Controladoria e Avaliação de Empresas e em Contabilidade para Gestão Empresarial pela Faculdade Ideal. Auditora de Controle Externo e Coordenadora do Controle da Receita Estadual do TCE/AP.

Renata Ramos de Castro
Bacharel em Direito. Mestre em Direito pela Universidade Federal de Minas Gerais. Especialista em Direito Público Global pela *Universidad Castilla La-Mancha*. Especialista em Gerenciamento de Projetos pelo IBMEC-MG. Especialista em Direito Internacional pelo CEDIN. Advogada. Consultora Jurídica na área de Gestão e Administração Pública. Professora.

Rholden Botelho de Queiroz
Conselheiro do Tribunal de Contas do Estado do Ceará. Graduado em Direito pela Universidade Federal do Ceará (UFC). Especialista em Direito Tributário e Processo Tributário pela Universidade de Fortaleza (UNIFOR). Mestre em Direito Constitucional pela UFC. Doutorando em Direito Constitucional pela UFC.

Rita de Cassia Bompeixe Carstens Mombelli
Analista de Controle do Tribunal de Contas do Estado do Paraná desde 1997. Inspetora de Controle. Formação em Administração pela Faculdade de Ciências Administrativas e Comércio Exterior do Paraná (1986). Bacharel em Direito pela UFPR. Administração Pública (MPA em Controle Externo) pela FGV (2002).

Rodrigo Flávio Freire Farias Chamoun
Conselheiro do Tribunal de Contas do Estado do Espírito Santo (TCEES). Foi Ouvidor, Vice-Presidente e atualmente exerce o cargo de Corregedor do TCEES. Mestre em Administração Pública pelo Instituto Brasiliense de Direito Púbico (IDP). Foi Secretário de Estado de Desenvolvimento, Infraestrutura e Transportes (Sedit) e Secretário de Estado de Saneamento, Habitação e Desenvolvimento Urbano no Governo do Estado do Espírito Santo. Foi Presidente da Assembleia Legislativa.

Ronaldo Chadid
Empossado no cargo de Conselheiro em 28.02.2012. Eleito Corregedor-Geral do TCE/MS para completar o mandato no período de 2012. Reeleito Corregedor--Geral do TCE/MS para o biênio 2013/2014. Eleito Vice-Presidente em 10.02.2015 para o biênio 2015/2016. Reeleito Vice-Presidente para o biênio 2017/2018. Designado Diretor Geral da Escola Superior de Controle Externo (Escoex) para o biênio 2017/2018. Conselheiro Corregedor Geral do Tribunal de Contas do Estado de Mato Grosso do Sul - TCE/MS - Biênio 2019-2020. Doutorando em Direito Administrativo pela Universidade de Salamanca/Espanha. Doutor

em Função Social no Direito Constitucional pela FADISP. Mestre em Direito do Estado pela Universidade de Franca/SP. Cursou MBA em Gestão Pública pela Uninter de Curitiba – Paraná. Especialista em Direito Administrativo pela Pontifícia Universidade Católica de São Paulo em convênio com a Escola Superior de Advocacia de MS. Especialista em Direito Civil e Empresarial pelo Instituto Nacional de Pós-Graduação/UCDB. Graduado em Direito pela Pontifícia Universidade Católica do Paraná, em Curitiba.

Rubens Custódio Pereira Neto
Auditor de Controle Externo do Tribunal de Contas dos Municípios do Estado de Goiás (TCMGO) desde 2010. Pós-Graduado em Auditoria e Contabilidade Aplicada ao Setor Público (PUC-GO). Atualmente desempenha suas atividades na Assessoria de Pesquisa em Informação Estratégica, onde atua como Chefe de Divisão. É também supervisor da Comissão Especial de Auditoria, responsável pelo programa De Olho nas Escolas.

Sebastião Helvecio Ramos de Castro
Médico. Bacharel em Direito. Doutor em Saúde Coletiva. Especialista em Didática do Ensino Superior. Especialista em Gestão e Controle da Administração. Especialista em Análise de Dados. Conselheiro do Tribunal de Contas do Estado de Minas Gerais. Vice-Presidente de Relações Institucionais do Instituto Rui Barbosa.

Severiano José Costandrade de Aguiar
Presidente e Conselheiro do Tribunal de Contas do Estado do Tocantins. Bacharel em Direito pela Universidade Federal do Piauí, com pós-graduação em Administração da Educação, pela Universidade de Brasília (UNB), Direito Processual Civil, pela Universidade Tiradentes, e Estudos de Política e Estratégia, pela ADESG/UFT. Atualmente cursa, pela *Universidad del Museo* Social Argentino-UMSA, Doutorado em Ciências Jurídicas e Sociais. No Tocantins, já ocupou diversos cargos de relevância, entre eles o de secretário de Desenvolvimento Comunitário de Palmas, coordenador do curso de Ciências Contábeis da Fundação Universidade do Tocantins (Unitins), defensor público e procurador do Estado, entre outros. A partir de 2000, passou a ocupar, cumulativamente, os cargos de presidente do Instituto Social Divino Espírito Santo (Prodivino) e de secretário estadual do Trabalho e Ação Social. Foi Presidente do IRB 2010-2011 e 2012-2013.

Terezinha de Jesus Brito Botelho
Bacharel em Ciências Contábeis pela Universidade Federal do Pará (UFPA). Licenciada em Letras (UFPA) e Bacharel em Direito pela Estácio-FAMAP. Especialista em Auditoria pela Pontifícia Universidade Católica de Minas Gerais (PUC Minas), Auditoria e Controladoria pelo Centro de Ensino Superior do Amapá (CEAP), Gestão Pública e Privada (CEAP) e Direito Administrativo pela Universidade Anhanguera. Conselheira Substituta do TCE/AP.

Vitor do Espírito Santo Ferreira Côrtes
Bacharel em Administração pela Faculdade Madre Tereza. Técnico de Controle Externo do TCE/AP.

Esta obra foi composta em fonte Palatino Linotype, corpo 10
e impressa em papel Pólen Bold 70g (miolo) e Supremo 250g (capa)
pela Formato Artes Gráficas.